Manual de Direito Administrativo Digital

Manual de Direito Administrativo Digital

2024

Carolina Zancaner Zockun
Flávio Garcia Cabral
Leandro Sarai
Maurício Zockun

ALMEDINA

MANUAL DE DIREITO ADMINISTRATIVO DIGITAL

Autores: Carolina Zancaner Zockun, Flávio Garcia Cabral, Leandro Sarai e Maurício Zockun

Diretor Almedina Brasil: Rodrigo Mentz
Editora-Chefe: Manuella Santos de Castro
Editor Pleno: Aurélio Cesar Nogueira
Produtora Editorial: Erika Alonso
Assistentes Editoriais: Laura Roberti, Tacila da Silva Souza e Patrícia Romero

Diagramação: Almedina
Design de Capa: Roberta Bassanetto

ISBN: 9788584937110
Maio, 2024

Dados Internacionais de Catalogação na Publicação (CIP)
(Câmara Brasileira do Livro, SP, Brasil)

Manual de direito administrativo digital Carolina Zancaner Zockun... [et al.].
1.ª ed. – São Paulo : Almedina, 2024.

Outros autores: Flávio Garcia Cabral, Leandro
Sarai, Maurício Zockun

ISBN 978-85-8493-711-0

1. Direito administrativo – Brasil 2. Direito digital 3. Inteligência artificial – Legislação
4. Proteção de dados – Direito – Brasil 5. Proteção de dados – Leis e legislação
I. Zockun, Carolina Zancaner. II. Cabral, Flávio Garcia. III. Sarai, Leandro. IV. Zockun, Maurício.

24-201586 CDU-34:004

Índices para catálogo sistemático:

1. Direito digital 34:004

Aline Graziele Benitez – Bibliotecária – CRB-1/3129

Este livro segue as regras do novo Acordo Ortográfico da Língua Portuguesa (1990).

Editora: Almedina Brasil
Rua José Maria Lisboa, 860, Conj. 131 e 132, Jardim Paulista | 01423-001 São Paulo | Brasil
www.almedina.com.br

"We may hope that machines will eventually compete with men in all purely intellectual fields."

("Podemos esperar que máquinas eventualmente irão competir com humanos em todos os campos puramente intelectuais" – tradução livre).

ALAN MATHISON TURING

SOBRE OS AUTORES

Carolina Zancaner Zockun

Procuradora da Fazenda Nacional, Chefe da Divisão de Consultoria e Assessoramento em Direito Administrativo da Procuradoria da Fazenda Nacional na 3ª Região, Subprocuradora Regional da Fazenda Nacional Substituta na 3ª Região, Coordenadora do Grupo de Trabalho e Estudos de Compras Colaborativas da AGU, Co-coordenadora da Câmara Nacional de Modelos de Licitações e Contratos da AGU. Pós-doutorado em Democracia e Direitos Humanos pela Universidade de Coimbra-Portugal. Doutora e Mestre em Direito Administrativo pela PUC/SP. Professora de Direito Administrativo dos cursos de graduação e especialização da PUC/SP. Autora de "Intervenção do Estado no Domínio Social" (Malheiros, 2009) e "Terceirização na Administração Pública" (Malheiros, 2013).

Flávio Garcia Cabral

Pós-Doutorado pela PUC-PR; Doutor e especialistaem Direito Administrativo pela PUC-SP; Mestre em Direito Constitucional e Teoria do Estado pela PUC-RJ; Mestre em Direito pela Universitat de Girona/Espanha; Coordenador e Professor da Pós-Graduação em Direito Público da Escola de Direito do Ministério Público em Mato Grosso do Sul (EDAMP). Professor de Direito Administrativo da UNIGRAN-Capital e INSTED. Professor do Mestrado em Direito e Políticas Públicas da UNIRIO. Ex-Advogado da União. Procurador da Fazenda Nacional, atualmente exercendo a função de Coordenador-Geral de Contratação Pública na PGAD. Autor de "O Tribunal de Contas da União na Constituição Federal de 1988" (Verbatim), "O conteúdo jurídico da eficiência administrativa" (Fórum), "Medidas cautelares administrativas: regime jurídico da cautelaridade administrativa" (Fórum) e "Manual de Direito Administrativo" (Mizuno).

Leandro Sarai

Procurador do Banco Central. Subprocurador-Chefe Substituto da Coordenação dos Processos do Contencioso Judicial e de Consultoria em São Paulo. Membro da Câmara Nacional de Modelos de Licitações e Contratos da AGU. Membro da Câmara Permanentes de Licitações e Contratos Administrativos da Procuradoria-Geral Federal. Doutor e Mestre em Direito Político e Econômico e Especialista em Direito Empresarial pela Universidade Presbiteriana Mackenzie. Professor convidado do Curso de Extensão da PUC/SP e do curso de Pós-Graduação *Lato Sensu* da Unianchieta. Instrutor credenciado da Escola da AGU. Autor de "Fiscalização de obrigações trabalhistas e gestão contratual: o lado social das contratações sustentáveis" (Editora Thoth), "Contratações Públicas sustentáveis: crítica da norma pura e caminho da transformação" (Editora Thoth), "Crédito direcionado à luz do Direito Econômico" (editora Mackenzie), "Crise financeira e medidas prudenciais: a experiência brasileira" (editora NEA); e coautor de "Manual de Direito Administrativo" (editora Mizuno), entre outras obras acadêmicas.

Maurício Zockun

Advogado. Professor de Direito Administrativo na PUC/SP. Livre-Docente e Doutor em Direito Administrativo pela PUC/SP. Mestre em Direito Tributário pela PUC/SP.

APRESENTAÇÃO

Num contexto de crescente desigualdade, igualmente crescente são as demandas sociais que batem às portas do Estado. Afinal, como assinalou Ignace Ramonet, "o serviço público é o patrimônio dos que não têm patrimônio". Por outro lado, a prestação do serviço público se vê constantemente embaraçada pela carência de recursos para dar conta dessas necessidades.

Assim, a concretização dos direitos fundamentais exige inovação para fazer mais com menos. A digitalização da administração pública não é uma opção; é uma necessidade.

Uma administração pública digital é apenas uma mudança de forma na ação estatal ou haveria outras repercussões?

Quando serviços passam a ser prestados via *internet*, ainda é necessário manter prédios públicos para atendimento ao cidadão? Seria adequado deixar de prestar presencialmente serviços públicos que estão disponíveis na internet?

O que fazer com os cidadãos que não possuem os recursos necessários para acessar os serviços prestados digitalmente?

Continua havendo sentido em exigir que servidores públicos estejam reunidos em um prédio público quando os cidadãos que tomam seu serviço não precisam comparecer a esse prédio?

É possível estabelecer regras para tecnologias que ainda nem nasceram? Essa regulação ajudaria ou inibiria a inovação?

Essas são apenas algumas das questões que começam a surgir com a transição da administração pública para o meio digital.

Nesse cenário, as máquinas feitas pelos humanos para trabalharem para si parecem estar provocando uma mudança na velocidade com que as coisas acontecem em nossas vidas[1]. Quais os limites que poderemos alcançar por meio da ciência para concretizar os direitos fundamentais e quais os limites que nós seres humanos poderemos suportar na convivência com nossas criações tecnológicas são questões ainda sem resposta.

Como forma de organizar as questões emergentes da transição da administração pública para o mundo digital, procuramos percorrer os temas tradicionais do Direito Administrativo para traduzi-los para esse novo mundo.

Assim, tópicos como princípios da administração pública, atos administrativos, serviço público, responsabilidade do Estado e regulação administrativa são abordados a partir dessas transformações digitais.

Este livro não objetiva trazer respostas definitivas. Ele é um desvelamento para um novo mundo que pode passar despercebido de nossos olhos. É preciso perceber para refletir. O caminho da reflexão constroi novas realidades que nos permitem progredir.

Nesse progresso, a academia tem papel fundamental. Muito já alcançamos para colocar o Estado em seu devido lugar, que é o de servir a humanidade.

Mesmo o poder econômico vem com o tempo tendo seu espaço delineado para não avançar nos direitos individuais. Assim, por exemplo, a proteção dos dados pessoais, as medidas para salvaguardar as minorias e, recentemente, uma reforma que se espera possa tornar o sistema tributário mais justo.

O que muda agora é a forma como o Estado e o poder econômico agem. A tecnologia tem o poder de revolucionar a concretização de direitos fundamentais, mas também pode inviabilizar esses direitos.

Por isso, mais do que nunca a academia precisa trazer ao debate as questões que as inovações fazem surgir.

Os atuais programas de computador nada mais são do que a evolução e sofisticação das máquinas. Máquinas "inteligentes" são melhores do que máquinas "burras".

[1] SARAI, Leandro. Comentários sobre o direito na era da abstração. **Conjur**. 2.dez. 2021. Disponível em: https://www.conjur.com.br/2021-dez-02/leandro-sarai-comentarios-direito-abstracao/ Acesso em: 27 jan. 2024.

Mas precisamos garantir que elas, as máquinas, por um lado, não se tornem meros instrumentos especiais de dominação a serviço de interesses escusos e, por outro, não obtenham autonomia para dominar por si próprias.

Convidamos você, leitor, para também refletir conosco.

Janeiro de 2024.

OS AUTORES

SUMÁRIO

1.
NOÇÕES CONCEITUAIS – O ÓTIMO COMO NORTE

Existe um norte, ou seja, um rumo ou sentido que unifica as inovações e os conceitos que aqui serão tratados?

A natureza parece ter como norma a busca da eficiência ou otimização, como indica Pierre Louis Moreau de Maupertius que, por sugestão de René Descartes, propôs o *Principe de la Moindre Action*, ou Princípio da Mínima Ação, aplicado no *Essai sur la formation des Corps Organisés* em 1754[2]. Esse princípio também pode ser chamado de Lei do Mínimo Esforço, algo que tem todo sentido quando se pensa, por exemplo, em economia de energia. Na natureza, o nível do gasto energético pode ser a diferença entre a vida e a morte.

Os seres humanos são seres da natureza e há indicações de que também estão sujeitos a tal lei natural. Recentemente, Daniel Kahneman[3] demonstrou que o cérebro humano também busca economizar energia. Para isso, o cérebro funcionaria com dois sistemas, dos quais um para uso em atividades que exijam mais esforço e, portanto, mais energia, e o outro responsável pela maioria das atividades cotidianas, de caráter automático e repetitivo, com menor consumo energético.

Assim, uma tentativa de responder a questão colocada inicialmente seria que os seres humanos sempre buscam fazer mais atividades com o

[2] *Apud* RICIERI, Aguinaldo Prandini. **Matemática aplicada à vida**: P2. 2019. Apostila.

[3] KAHNEMAN, Daniel. **Rápido e devagar**: duas formas de pensar. São Paulo: Objetiva, 2012.

mínimo esforço. Para sermos mais precisos, podemos afirmar que os seres humanos esperam que mais atividades sejam feitas, uma vez que, de sua parte, buscam fazer o mínimo possível de atividades, de modo a poupar energia. Daí, tentam transferir o esforço e, portanto, o consumo energético, para outras pessoas ou máquinas. Quando os seres humanos conseguem transferir as atividades para máquinas, elas se tornam automáticas. Mas essa transferência não se resume a tornar as atividades mais eficientes. Ela também aproveita a capacidade das máquinas e dos programas de computador para torná-las melhores.

Essa ideia ficará mais clara no decorrer do livro, a partir dos conceitos que serão abordados.

1.1. Ciência e tecnologia

Para Abbagnano, a ciência seria o conhecimento que garantiria sua própria validade e grau máximo de certeza, opondo-se ao conceito de opinião (ou δόξα, em grego, que se pronuncia "dóquissa"). Haveria três concepções de ciência, segundo a forma de garantir essa validade. A primeira, tradicional, parte da demonstração, num sistema único e fechado em que as proposições podem ser deduzidas como necessárias a partir de outras proposições dele. A ciência, então, não estaria no acidente ou no contingente, mas apenas no necessário, naquilo que não pode ser diferente do que é. Esse sistema ideal é exemplificado pela geometria de Euclides[4].

A segunda concepção de ciência se baseia na descrição, inaugurando uma perspectiva baseada na indução, ou seja, na observância dos fenômenos particulares para extrair, por meio de experimentos, as leis da generalidade dos fenômenos. Seriam tais experimentos os instrumentos para obter a prova da validade das leis. Essas leis seriam as relações entre os fenômenos, é dizer, a ciência não estaria tanto nos fatos ou nos objetos observados, mas nas relações entre eles, cuja descrição permitiria antecipar e prever os fatos ou fenômenos futuros. A física de Newton seria um bom exemplo dessa segunda concepção[5].

[4] ABBAGNANO, Nicola. **Dicionário de filosofia**. Tradução Alfredo Bosi. São Paulo: Martins Fontes, 2007, p. 157-158.

[5] ABBAGNANO, Nicola. **Dicionário de filosofia**. Tradução Alfredo Bosi. São Paulo: Martins Fontes, 2007, p. 158-159.

A terceira concepção da ciência garantiria a validade do conhecimento a partir da possibilidade de correção, isto é, a autocorrigibilidade. A ciência, dessa forma, não seria dotada de verdades absolutas, mas traria o melhor conhecimento até então obtido, sem prejuízo de admitir a correção ou modificação desse conhecimento a partir de novas evidências. Entre os autores dessa concepção mencionados por Abbagnano convém mencionar Karl Popper, segundo o qual o método científico seria destinado a provar a falsidade das proposições científicas, de modo a buscar sempre aprimorá-las. Por outra perspectiva, ainda segundo Abbagnano, e na vanguarda do que seria o conhecimento científico, Thomas Khun teria sugerido que a ciência estaria num consenso vigente em determinado tempo e local quanto a certos paradigmas[6].

Karl Popper afirmou expressamente que "nós não sabemos: apenas podemos supor (*guess*)"[7]. Para ele, o conhecimento absolutamente certo e demonstrável seria um mito[8]. O objetivo da ciência, assim, não seria dar respostas finais nem mesmo prováveis. Seria, em vez disso, perseguir um objetivo infinito, mas atingível, de descobrir continuamente "novos problemas, mais profundos e mais gerais, e de submeter nossas tentativas de respostas sempre a testes sempre renovados e cada vez mais rigorosos."[9]

Por sua vez, Thomas Khun mostra que o desenvolvimento do conhecimento científico não seria uma linha contínua e incremental, ou seja, o conhecimento atual não seria a simples soma de conhecimentos acumulados até aqui. Para ele haveria verdadeiras revoluções pela substituição de determinadas teorias por outras, pela adoção de novos compromissos profissionais incompatíveis com os anteriores, sem que as teorias anteriores deixassem de ser consideradas científicas[10].

[6] ABBAGNANO, Nicola. Dicionário de filosofia. Tradução Alfredo Bosi. São Paulo: Martins Fontes, 2007, p. 159-161.

[7] POPPER, Karl. **The logic of scientific discovery**. London & New York: Routledge, 2002, p. 278.

[8] POPPER, Karl. **The logic of scientific discovery**. London & New York: Routledge, 2002, p. 280.

[9] POPPER, Karl. **The logic of scientific discovery**. London & New York: Routledge, 2002, p. 281.

[10] KUHN, Thomas S. **A estrutura das revoluções científicas**. 5.ed. São Paulo: Perspectiva, 1998, p. 21-25.

As diferentes formas de conceber a ciência ao longo do tempo também se refletem nas diferentes formas de pensar. Bernardo Carlos S. C. M. de Oliveira e Luís Miguel Luzio dos Santos classificam tais formas em pensamento clássico, pensamento quântico, pensamento sistêmico e pensamento complexo. O pensamento clássico seria representado pelo método científico moderno e baseado nos pilares da ordem, da separabilidade e da razão. Esse pensamento levou à especialização das ciências e à submissão desta às técnicas que, por sua vez, seriam motivadas apenas pelo interesse financeiro. O pensamento quântico, a partir da física quântica, quebraria o determinismo do pensamento clássico e o princípio da não contradição e mostraria que, mais do que os objetos, a realidade estaria nas conexões entre suas partes. O pensamento sistêmico teria contribuído para superar a segregação da ciência e a falta de visão de conjunto, que prejudicaria a compreensão dos fenômenos que se inter-relacionam com outros de forma recíproca. Aqui, o todo seria algo mais complexo do que a simples soma das partes. Finalmente, o pensamento complexo, representado principalmente por Edgar Morin, tentaria conferir uma maior abrangência da realidade de forma mais coerente, admitindo assim a incompletude do conhecimento, a imprevisibilidade dos fenômenos, o fato de as partes da realidade trazerem em si elementos do próprio todo e o fato de o antagonismo não necessariamente ser resolvido por uma síntese uniformizadora[11].

Colocadas essas noções acerca da ciência, é necessário agora esclarecer o conceito de técnica e de tecnologia. Segundo Abbagnano, além de o termo técnica possuir múltiplos significados, teria despertado preocupações distintas nos pensadores que o trataram. Técnica, numa acepção mais geral, seria simplesmente arte, ou seja, conjunto de regras que conduziriam uma atividade qualquer. Essa acepção ampla se dividiria em dois grupos, estando em um deles a acepção de técnica religiosa, com sentido de rito, e no outro grupo a técnica racional, dividida em três tipos: a) técnica simbólica; b) técnica de comportamento; e c) técnica de produção[12].

[11] OLIVEIRA, Bernardo Carlos S. C. M. de. LUZIO DOS SANTOS, Luís Miguel. **Diálogos com a mãe terra**. Rio de Janeiro: Pachamama, 2021, p. 25-55.

[12] ABBAGNANO, Nicola. **Dicionário de filosofia.** Tradução Alfredo Bosi. São Paulo: Martins Fontes, 2007, p. 1106.

As técnicas simbólicas também seriam chamadas de cognitivas, estéticas ou artísticas, que seriam utilizadas na ciência e nas belas artes, com manipulação de símbolos para explicar, prever e comunicar. A técnica de comportamento abrangeria um vasto campo de possibilidades, como as morais, econômicas e sociais. A técnica de produção relaciona o homem à natureza, isto é, as formas pelas quais, intervindo na natureza, ele pode sobreviver e satisfazer seus desejos[13].

A grande preocupação desse último tipo de técnica está nos efeitos nefastos que ela teria produzido, como a degradação ambiental, a desumanização, a alienação e até mesmo a subordinação do homem às máquinas. Além disso, num mundo sujeito à técnica, a própria ciência correria o risco de se submeter a ela. Apesar das críticas, estaria na própria técnica a solução para os problemas[14]. Apenas para dar um exemplo para corroborar essa afirmação, pode-se dizer que sem as técnicas agrícolas atuais não haveria produtividade suficiente para atender a demanda alimentar do planeta.

Por sua vez, tecnologia, termo originário da palavra grega τέχνολογία, seria o tratado ou dissertação sobre uma arte ou a exposição das regras de uma arte[15]. O sufixo grego λογία se origina na palavra grega λόγος ("logos") que é polissêmica, mas cujo sentido mais apropriado para o caso seria estudo, razão ou exercício do pensamento. A tecnologia seria então o estudo para aprimoramento das técnicas existentes e para a invenção de novas técnicas. Seria então um ramo da ciência voltado à aplicação prática dos conhecimentos. Vulgarmente é o conjunto de conhecimentos, técnicas e métodos empregados para o atingimento de determinados resultados. Normalmente a tecnologia é utilizada principalmente para a produção de bens ou serviços[16].

A divisão entre ciência e tecnologia ou entre ciência e técnica existe desde os gregos antigos. Na obra "Íon" de Platão já se encontrava

13 ABBAGNANO, Nicola. **Dicionário de filosofia**. Tradução Alfredo Bosi. São Paulo: Martins Fontes, 2007, p. 1106.

14 ABBAGNANO, Nicola. **Dicionário de filosofia**. Tradução Alfredo Bosi. São Paulo: Martins Fontes, 2007, p. 1106.

15 BAYLLY, Anatole. **Dictionnaire Grec Français**. Paris: Hachette, 2000, p.1924.

16 ABBAGNANO, Nicola. **Dicionário de filosofia**. Tradução Alfredo Bosi. São Paulo: Martins Fontes, 2007, p. 1109.

τέχνη καὶ ἐπιστήμη[17] (lê-se "*techne cai episteme*"), como lembra Anatole Bailly[18]. A "*techne*" seria a técnica, atividade relacionada à arte ou habilidade manual ou mecânica. A "*episteme*" ou ciência seria o saber ou conhecimento. Há obviamente uma conexão entre ambas, com a técnica normalmente envolvendo o emprego prático da ciência.

Ainda hoje existe essa divisão, inclusive no ordenamento jurídico. Para dar um exemplo, o art. 37, XVI, da Constituição, ao tratar da vedação de cumulação remunerada de cargos públicos, excepciona na alínea "b" a acumulação de um cargo de professor com outro técnico ou científico. Não há unanimidade quanto ao significado dessas expressões no meio jurídico. Alguns atribuem o adjetivo de científico aos cargos cujo desempenho exige formação em curso superior, enquanto o técnico seria o cargo que exigiria formação profissionalizante[19].

Uma expressão que vem sendo usada recentemente é tecnologia disruptiva. Numa tentativa de conceituar essa expressão, indicaríamos, antes de tudo, que não se trata de um conceito discreto, mas de um conceito contínuo. Dito de outra forma, não se pode dizer simplesmente que algo é ou não é disruptivo. Pode-se no máximo dizer que algo é mais ou menos disruptivo. Assim, há tecnologias que causam mais ou menos disrupção, ou seja, que interrompem de modo mais ou menos brusco o seguimento normal de costumes, práticas, processos, padrões, enfim, paradigmas. Os aplicativos de transporte, por exemplo, abalaram de forma importante o serviço de táxi, mas contribuíram de forma significativa para facilitar aos usuários a localização de veículos disponíveis. Os serviços de televisão por assinatura praticamente extinguiram os serviços de videolocadoras. As vendas pela internet prejudicaram o funcionamento de muitas lojas físicas. Esses são apenas alguns exemplos de como a tecnologia acaba mudando até mesmo o modo de vida das pessoas.

O aspecto principal deste tópico diz respeito a uma característica fundamental da ciência. Se o conhecimento científico busca encontrar

[17] Há algumas imperfeições na grafia em razão de limitação das fontes do computador utilizadas.

[18] BAYLLY, Anatole. **Dictionnaire Grec Français**. Paris: Hachette, 2000, p. 1923.

[19] TJDF, Acórdão 1221410, 07138587620198070016, Relator: ARNALDO CORRÊA SILVA, Segunda Turma Recursal, data de julgamento: 11/12/2019, publicado no DJE: 17/12/2019. TJ/DF, Acórdão 1207945, 07101523620198070000, Relatora: SIMONE LUCINDO, Primeira Câmara Cível, data de julgamento: 7/10/2019, publicado no DJE: 17/10/2019.

padrões ou regularidades, essa busca encontra mais sentido, pelo menos do ponto de vista da técnica, em fenômenos reprodutíveis, ou seja, repetíveis. É que sem a perspectiva de que haveria uma reprodução do fenômeno, de que haveria necessidade de repetir determinada atividade no futuro, os seres humanos poderiam priorizar outras questões que continuariam no radar de suas necessidades.

Imagine-se, por exemplo, que se descubra que houve um planeta a mais no sistema solar e que foi destruído há milhões de anos. Poderia ter todo sentido compreender sua órbita e seus efeitos no sistema, pela perspectiva científica do conhecimento desinteressado de mera contemplação. Aliás, essa compreensão permitiria entender eventualmente a causa da destruição desse planeta, conhecimento que poderia talvez contribuir para proteger o próprio planeta Terra. Mas se esse aspecto não estiver na percepção compartilhada entre os cientistas, eles acabarão direcionando seus esforços para compreender objetos que ainda existem, como é o caso de asteroides, que podem eventualmente colidir com o planeta.

Voltando ao que foi exposto acima, acerca da busca dos seres humanos de otimizar suas atividades, só haverá sentido em descobrir soluções otimizadoras se essas atividades precisarem ser repetidas. O conhecimento desinteressado e contemplativo pode ser um ideal, mas a voz da necessidade é ainda muito forte para ditar os rumos. E não deixa de ser totalmente compatível com a dignidade da pessoa humana a tentativa de automatizar atividades rotineiras, delegando-as para máquinas, deixando para os seres humanos atividades mais elevadas do ponto de vista espiritual e intelectual[20]. O grande desafio é realizar essa transição sem que alguns seres humanos sejam considerados meros instrumentos e sem que o processo seja guiado apenas pela busca de lucro.

Sem desconhecer esse aspecto crítico, fato é que grande parte dessa automatização hoje é possível graças a computadores. Para compreender como as instruções são passadas a essas máquinas é necessário ter algumas noções de algoritmo.

[20] FRESCO, Jacque. **The best that Money can't buy**: beyond politics, poverty & war. 8.ed. Florida: Global Cyber Visions, 2018.

1.2. O algoritmo e o digital

Algoritmo é um conjunto finito de instruções, normalmente organizado de maneira cronológica, de modo que haja um procedimento mecânico, é dizer, não criativo, com ordem sequencial no cumprimento de cada instrução para que determinado objetivo seja alcançado. A origem da palavra algoritmo, assim como da palavra algarismo, é associada ao nome do matemático Mohammed ibn Musa Al-Khowârizmî (780-850 d.C.), considerado criador da álgebra, palavra que teria derivado de seu livro *Kitâb Hisab Al-Jebr Wa'l Muqâbalah* (Livro do Cálculo da Restauração com Balanceamento)[21].

Exemplo simples de algoritmo é uma receita gastronômica. Imagine o leitor uma mera receita de bolo. Nela constam os ingredientes necessários e as ações que precisam ser tomadas para o preparo. Há algoritmos mais complexos como os processos de trabalho das organizações ou das linhas de produção das fábricas. E um uso muito comum dos algoritmos, que vai interessar para o presente trabalho, é aquele empregado em computadores.

A palavra "computador" vem do verbo "computar", que significa calcular. Embora atualmente computadores possam realizar uma diversidade imensa de atividades, a ideia inicial deles era realizar meras operações matemáticas. Usavam, assim, algoritmos simples para realizar as operações aritméticas básicas.

Os primeiros computadores foram os seres humanos. Posteriormente, os seres humanos passaram a usar invenções técnicas e instrumentais para facilitar as operações matemáticas. Historicamente, a mais importante delas foi o registro das operações por meio da escrita. A escrita permitiu expandir imensamente a capacidade de memória. Para compreender essa afirmação, basta comparar a diferença entre realizar mentalmente a multiplicação de 123.456.789 por 34.567.543 e realizar essa mesma operação utilizando lápis e papel. Aliás, até mesmo a notação empregada na escrita faz muita diferença no que diz respeito à facilidade de operação. Basta comparar a facilidade de realizar essa mesma operação caso, em vez de algarismos arábicos, fossem utilizados algarismos romanos.

[21] RICIERI, Aguinaldo Prandini. **Prandiano**: Matemática aplicada à vida, São José dos Campos, 2019. Apostila.

Para facilitar ainda mais operações como essa, foi inventado o ábaco, considerado o primeiro mecanismo de calcular, provavelmente surgido nos anos 300 a.C. na Babilônia[22]:

FIGURA 1: **Ábaco**

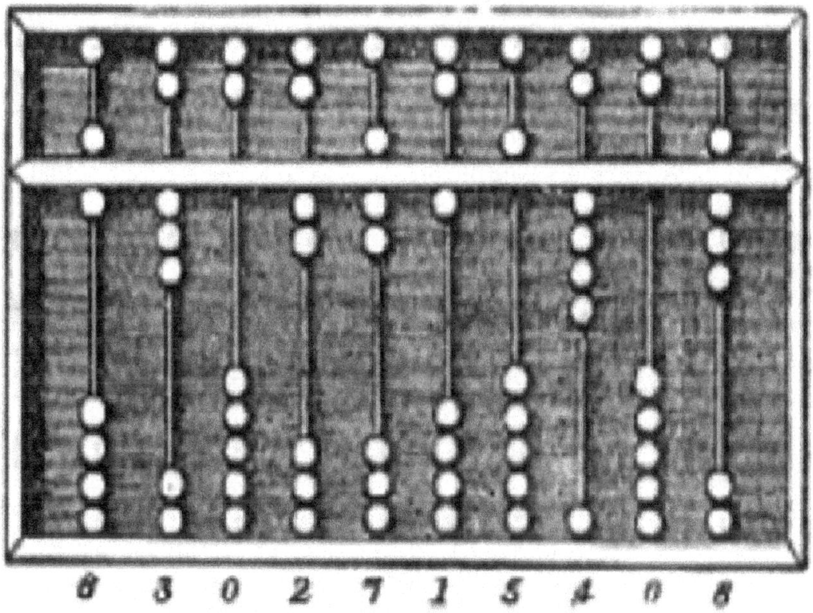

Fonte: SOUSA FILHO, Gilberto Farias de; ALEXANDRE, Eduardo de Santana Medeiros. **Introdução à computação.** 2.ed. João Pessoa: UFPB, 2014, p.3.

Além de instrumentos como esse, os humanos também desenvolveram técnicas para aprimorar e facilitar suas atividades. Exemplo clássico de técnica está nos logaritmos que, para explicar de modo bem sucinto, permitem substituir complicadas operações de multiplicação por simples operações de adição em razão da propriedade segundo a qual o logaritmo da multiplicação de dois números é igual à soma do logaritmo de cada

[22] SOUSA FILHO, Gilberto Farias de; ALEXANDRE, Eduardo de Santana Medeiros. **Introdução à computação.** 2.ed. João Pessoa: UFPB, 2014, p.2.

número ($Log^{a.b} = Log^{a} + Log^{b}$). A descoberta é atribuída a John Napier (1550-1617) em seu livro *Mirifici Logarithmorum Canonis Descriptio* (Descrição das Maravilhosas Leis da Evolução dos Números) de 1614[23].

Esses exemplos permitem ver que invenções podem consistir tanto em simples técnicas quanto em meros instrumentos. Embora todo instrumento exija uma técnica de uso (como no caso do ábaco), nem toda técnica depende de um instrumento para ser empregada (como no exemplo dos logaritmos). A escrita, por exemplo, é uma invenção que mistura técnica (como registrar) e instrumento (materiais usados para o registro).

Nessa evolução, cada vez o ser humano consegue transferir mais algoritmos para que máquinas realizem suas atividades. E os algoritmos se tornam cada vez mais complexos. Voltando ao norte mencionado no início, a busca de otimização, vale ressaltar que a satisfação humana não termina com a transferência de atividades para máquinas. Algoritmos podem ser mais ou menos eficientes, podem consumir mais ou menos energia (elétrica) e tempo. Assim, há uma evolução paralela do conteúdo dos algoritmos (daquilo que podem fazer) e da forma dos algoritmos (da forma como o conteúdo pode ser executado).

Abbagnano elenca como propriedades características de um algoritmo: a) finitude das instruções; b) uniformidade das instruções em relação aos possíveis argumentos, ou seja, em relação às entradas ou *inputs* que serão processados pelo algoritmo; c) disponibilidade de agente ou instrumento para execução mecânica; e d) efetividade, no sentido de obtenção do resultado em tempo finito a partir de finitos passos[24] ou, melhor, a possibilidade de sua implementação em um computador ou em uma máquina de Turing[25].

[23] ABBAGNANO, Nicola. **Dicionário de filosofia**. Tradução Alfredo Bosi. São Paulo: Martins Fontes, 2007, p.27; RICIERI, Aguinaldo Prandini. **Prandiano**: Matemática aplicada à vida, São José dos Campos, 2019. Apostila; MEDINA, Marco; FERTIG, Cristina. **Algoritmos e** programação: teoria e prática. São Paulo: Novatec, 2006, p. 13.

[24] ABBAGNANO, Nicola. **Dicionário de filosofia**. Tradução Alfredo Bosi. São Paulo: Martins Fontes, 2007, p. 27.

[25] Máquina de Turing é um objeto matemático, uma construção ideal matematizada de caráter genérico para solução de problemas (PORTO EDITORA. **Máquina de Turing na Infopédia** [em linha]. Porto: Porto Editora. [consult. 2022-03-08 18:00:37]. Disponível em https://www.infopedia.pt/$maquina-de-turing; FONSECA FILHO, Cléusio. **História da computação**: o caminho do pensamento e da tecnologia. Porto Alegre: EDIPUCRS, 2007, p. 80-84).

Um conceito que merece algumas considerações, até porque faz parte do título desta obra, é o conceito de digital. Foi dito acima que há uma busca de automatização e que esta é realizada principalmente por meio de computadores. Também foi exposto no presente tópico que a instrução dos computadores é realizada por meio de algoritmos.

É importante então esclarecer que a forma como os computadores processam as informações é digital. Os algoritmos são inseridos em programas que são convertidos para o formato digital, o formato da linguagem de máquina.

A palavra digital deriva de dígito, que pode significar tanto um sinal que representa um número quanto um dedo. A relação entre ambos os significados está no fato de os cálculos primitivos (às vezes os atuais também) serem efetuados com os dedos, inclusive para contar pedrinhas ou manipular o ábaco. Aliás, a palavra cálculo vem do latim *calculus*, que significa pedrinha.

Os dígitos que o computador opera são apenas dois, o zero (0) e o um (1), ou seja, um sistema numérico binário. Daí a expressão inglesa ***binary digit*** (dígito binário) de onde se origina a palavra *bit*. Para o computador, zeros e uns são sinais elétricos com uma voltagem menor ou maior dentro da faixa de 0 a 5 volts. Para sermos mais exatos, uma corrente de 0 a 2,5 volts equivaleria ao dígito 0 e uma corrente de 2,5v a 5v equivaleria ao dígito 1. Assim, zeros e uns também são representados como sinais de desligado e de ligado.

A concepção do sistema numérico binário é atribuída a Gottfried Wilhelm Leibniz. Ela parte da ideia de que as informações podem ser convertidas em qualquer conjunto ordenado de símbolos. A partir desse sistema, George Boole elaborou um sistema lógico para realizar operações utilizando zeros e uns, a lógica booleana. Essa lógica foi implementada em circuitos elétricos por Claude Shannon em 1937[26]. Há nessa evolução

[26] KAPLAN, Jerry. **Artificial intelligence**: what everyone needs to know. New York: Oxford University, 2016, p. 5; SOUSA FILHO, Gilberto Farias de; ALEXANDRE, Eduardo de Santana Medeiros. **Introdução à computação**. 2.ed. João Pessoa: UFPB, 2014, p. 6; SANTOS, Ricardo. Você sabe a história, entende como funciona o Sistema Binário? **Portal GSTI**. Disponível em: https://www.portalgsti.com.br/2020/02/voce-sabe-a-historia-entende-como-funciona-o-sistema-binario.html Acesso em: 11 mar. 2022.

outros nomes importantes, como Charles Babbage e Ada Byron, por exemplo[27], mas não é o objetivo aqui aprofundar nesses detalhes.

A evolução acima descrita e essas características colocam duas questões fundamentais que se entrelaçam e que envolvem a ciência e a tecnologia: o que pode ser algoritmizado e qual é o limite do que um computador pode fazer?

É aqui que entra o tema da "inteligência artificial", expressão que teria sido utilizada pela primeira vez por John McCarthy em 1956 em uma Conferência no Dartmouth College em New Hampshire. O nome teria sido escolhido para diferenciar o objetivo da pesquisa daquelas realizadas no âmbito da cibernética[28].

1.3. Inteligência artificial

A utilização de instrumentos para facilitação do trabalho humano é algo muito antigo. Essa facilitação representa a concretização da ideia inicial exposta acima da busca de otimização e de eficiência.

A invenção de máquinas nada mais é do que uma evolução natural desse processo associado à percepção de que seria possível delegar atividades para torná-las automáticas. Mas se o uso de escravos, depois de servos e atualmente de empregados já torna possível essa delegação, o que justificaria o emprego de máquinas? Segundo Marx, o motivo estaria no fato de ser mais vantajoso para o capitalista o emprego de máquinas, pois elas poderiam trabalhar ininterruptamente, de forma mais rápida e com um custo menor. Paradoxalmente, a substituição de pessoas por máquinas, segundo ele, faria diminuir a proporção do capital humano (capital variável) em relação às máquinas e equipamentos (capital constante). Como, para ele, a riqueza seria gerada apenas pelo trabalho humano, ou seja, como a mais-valia decorreria do trabalho humano, a substituição desse trabalho por máquinas acarretaria uma diminuição da taxa de lucro geral[29].

[27] SOUSA FILHO, Gilberto Farias de; ALEXANDRE, Eduardo de Santana Medeiros. **Introdução à computação**. 2.ed. João Pessoa: UFPB, 2014, p. 7-9.

[28] KAPLAN, Jerry. **Artificial intelligence**: what everyone needs to know. New York: Oxford University, 2016, p. 13.

[29] MARX, Karl. **O capital**: crítica da economia política. Tradução de Régis Barbosa e Flávio R. Kothe. São Paulo: Abril Cultural, v. III, t. I, 1984, p. 163-176.

Não importa se Marx estava certo ou não, mas é inegável que cada vez mais presenciamos a substituição de seres humanos por máquinas, o que só pode ser explicado pelo fato de elas serem, na visão das pessoas que as empregam, mais vantajosas do ponto de vista da otimização, se partirmos da premissa colocada no início do texto. Essa tendência é tão real que a Constituição previu expressamente no inciso XXVII do art. 7º, entre os direitos dos trabalhadores, a "proteção em face da automação, na forma da lei".

Não há como negar também que as máquinas podem realizar alguns processos de forma muito mais precisa e rápida do que humanos. Podem ser citados, como exemplos, a velocidade com que máquinas realizam cálculos e a velocidade com que podem fazer a montagem de veículos, além da capacidade de memória e segurança quanto à integridade dos dados guardados. É fundamental também lembrar do imensurável valor de substituir humanos por máquinas em atividades que oferecem perigo, como a manutenção de equipamentos em locais com radiação, com muita pressão atmosférica (locais submarinos, por exemplo) e em locais inóspitos, como o espaço sideral e o ambiente de outros planetas.

Máquinas existem há muito tempo, mas qualquer máquina pode ser chamada de inteligente? Em qualquer discussão filosófica séria se poderá deparar com a dificuldade de definir o que seria inteligência e o que seria artificial. Mas para o que importa ao presente livro podemos reduzir um pouco o rigor conceitual para pelo menos trazer uma noção de inteligência artificial.

Nessa linha, pode-se dizer, assim como foi apontado em relação à tecnologia disruptiva, que as máquinas podem ser mais ou menos inteligentes, de modo que haveria variados graus de inteligência.

A inteligência artificial começa a nascer quando seres humanos começam a transferir para máquinas não apenas tarefas mecânicas, mas tarefas relativamente intelectuais ou abstratas. Talvez a capacidade de decisão de forma autônoma seja uma boa representação do sentido de inteligência, mas, em princípio, ela não abrangeria tudo o que inteligência significa. Quanto mais o comportamento da máquina se aproxima do comportamento humano ou quanto mais adequada é a reação de uma máquina a determinada situação, mais se diz que ela é inteligente. Inteligência artificial nada mais seria do que a capacidade de máquinas realizarem atividades intelectuais que humanos realizam. Poderia, por isso, ser simplesmente chamada de automação de atividades cognitivas[30] ou simplesmente automação[31].

Porém, Jerry Kaplan afirma que pouco importa se máquinas realizam essas atividades da mesma forma que humanos ou se elas seriam ou não autoconscientes. Para ele, a inteligência artificial seria "a habilidade de fazer generalizações adequadas num tempo apropriado e com base em dados limitados." Ainda segundo esse autor, quanto mais rápidas são produzidas conclusões a partir de mínimas informações e quanto maior o campo de aplicação, mais inteligente é considerado o comportamento[32].

Aliás, a partir dessa comparação de semelhanças entre máquinas e humanos surge a distinção entre inteligência artificial forte e inteligência artificial fraca. A inteligência artificial fraca, para Gellers, é um sistema desenhado para atingir certos objetivos estipulados ou um conjunto de objetivos, em uma forma ou usando técnicas que a qualifiquem como inteligente. Na inteligência artificial fraca, segundo ele, o computador é meramente uma ferramenta que aparenta ter inteligência. Por outro lado, na inteligência artificial forte os computadores teriam a capacidade de compreender e de possuir outros estados cognitivos, ou seja, eles aparentemente teriam uma mente com estado interno próprio[33].

De outra perspectiva, Jerry Kaplan resume o debate afirmando que o conceito de inteligência artificial forte estaria relacionado à existência ou duplicação de mentes em computadores enquanto a inteligência artificial fraca seria apenas uma simulação de inteligência real[34]. O problema desse debate é que ele exige uma comparação entre a máquina e os humanos. Porém, para realizar essa comparação é imprescindível clareza conceitual e critérios de aferição, algo que, em princípio, ainda não teríamos desen-

[30] KAPLAN, Jerry. **Artificial intelligence**: what everyone needs to know. New York: Oxford University, 2016, p. 1-4. WHITTAKER, Jason. **Tech giants, artificial intelligence, and the future of journalism**. New York and London: Routledge, 2019, p. 7; 27.

[31] KAPLAN, Jerry. **Artificial intelligence**: what everyone needs to know. New York: Oxford University, 2016, p. 17.

[32] KAPLAN, Jerry. **Artificial intelligence**: what everyone needs to know. New York: Oxford University, 2016, p. 5-6.

[33] GELLERS, Joshua C. **Rights for robots**: artificial intelligence, animal and environment law. New York & London: Routledge, 2021, p. 6.

[34] KAPLAN, Jerry. **Artificial intelligence**: what everyone needs to know. New York: Oxford University, 2016, p. 68.

volvido. Basta pensar, por exemplo, em qual seria o significado de pensar, de sentir, de ter consciência ou livre arbítrio[35].

Esse debate faz lembrar a distinção aristotélica entre as atividades de governo e as de subordinados ou entre pessoas livres e escravas. No livro I da Política, Aristóteles sustenta que haveria pessoas que aparentemente teriam uma vocação natural para atividades intelectuais e, portanto, para comandar, e pessoas que teriam vocação natural para obedecer[36]. A escravidão se transformou em servidão no regime do feudalismo e, com a necessária evolução, no trabalho subordinado do sistema capitalista atual. Na atualidade, uma pessoa pode trabalhar como empreendedora ou como empregada. Em princípio, ninguém ousaria dizer que faltaria inteligência aos seres humanos que trabalham como empregados ou mesmo como contratados para prestação de serviços, ou seja, o simples fato de uma pessoa ficar à disposição para cumprir ordens de outra pessoa não a torna menos inteligente do que a pessoa que comanda. Se se exige inteligência até mesmo para o cumprimento de ordens, então não se pode afirmar que computadores não são inteligentes apenas com base no fato de eles meramente cumprirem ordens ou executarem atividades previamente programadas. O critério de distinção deve ser outro.

Fato é que a chamada inteligência artificial fraca ou aplicada está avançando num ritmo extraordinário e dando conta das demandas que lhe são impostas, fazendo com que se perca o interesse pela inteligência artificial forte, pelo menos do ponto de vista do mercado, como se vê pelo anúncio de 2018 de pesquisadores do Carnegie Mellon de que cessariam as pesquisas com esse tipo de inteligência[37].

O que importa, em termos técnicos ou práticos, não é se uma máquina tem ou não consciência. Importa se ela pode realizar atividades autonomamente com o mínimo de atividade humana ou com o mínimo de esforço humano[38].

[35] KAPLAN, Jerry. **Artificial intelligence**: what everyone needs to know. New York: Oxford University, 2016, p. 67-88.

[36] ARISTÓTELES. **Política.** Tradução Mário da Gama Kury. Brasília: Universidade de Brasília, 1985, Livro I.

[37] WHITTAKER, Jason. **Tech giants, artificial intelligence, and the future of journalism.** New York and London: Routledge, 2019, p. 24.

[38] A autonomia também é destacada em FREITAS, Juarez; FREITAS, Thomas Bellini. **Direito e inteligência artificial**: em defesa do humano. Belo Horizonte: Fórum, 2020, p. 147-148.

Para compreender essa transição, tomemos, como exemplo, uma máquina de fazer café, que, após ligada, possui um único botão para ser apertado. Quando esse botão é acionado, a máquina prepara o café. É uma atividade meramente mecânica. Não se percebe uma tomada de decisão pela máquina, afinal, em princípio, quem decidiu fazer o café foi o humano que pressionou o botão. Não se notaria diferença se houvesse diversos botões, para bebidas diferentes, pois a decisão continuaria sendo da pessoa que os acionasse. A máquina estaria apenas se sujeitando aos comandos acionados.

Vamos imaginar que essa mesma máquina, com diversas opções de bebida, fosse acionada com comandos de voz. Aqui já poderia começar a discussão sobre haver ou não inteligência artificial. A máquina continua meramente se sujeitando aos comandos humanos, não havendo decisão autônoma dela. Mas o fato de reconhecer comandos de voz já a aproxima do comportamento humano em comparação com a outra máquina. Da mesma forma se, ao se aproximar da máquina, ela percebesse essa aproximação e emitisse uma mensagem: "olá, gostaria de uma bebida?". Num grau mais avançado, utilizando câmeras, essa máquina poderia reconhecer a pessoa que está se aproximando e cumprimentá-la, além de já sugerir a bebida preferida dessa pessoa. Poderia também, com base no horário que está em seu sistema, dizer "bom dia", "boa tarde" ou "boa noite". Para humanos, essas interações são tão comuns que não causam estranheza, mas quando uma máquina faz isso ela ainda causa espanto, pelo menos no atual grau de desenvolvimento.

Avançando um pouco, o que se poderia dizer se, além de cumprimentar pessoas que se aproximam e de oferecer bebidas, essa máquina também pudesse estabelecer diálogos simples ou pelo menos responder perguntas simples como, por exemplo, sobre a temperatura ou a previsão do tempo? Ainda se pode continuar a discussão sobre haver ou não inteligência artificial, mas é evidente que essa máquina é de certa forma mais "inteligente" que a anterior.

O grau de inteligência de uma máquina é diretamente proporcional ao seu nível de capacidade de processar entradas ou situações possíveis e de dar uma resposta ou uma decisão adequada. Decisão é meramente a escolha de uma resposta ou reação para uma situação.

Num nível mais primitivo, os seres humanos programam as entradas, situações ou comandos possíveis, ou seja, um menu de opções. Esses algoritmos, então, são limitados aos comandos que foram programados. No exemplo de nossa primeira máquina de café, o algoritmo mais simples seria preparar o café quando o botão é acionado. Num estágio mais avançado, mais opções possíveis são programadas, mas o algoritmo continua limitado a tais opções. Qualquer opção ou situação fora do menu terá como resposta uma ausência de reação da máquina ou talvez uma mensagem de voz dizendo: "não compreendi". O último estágio de desenvolvimento seria a máquina "aprender" a reconhecer e a adotar reações para situações inicialmente não programadas, nada diferente do que um humano faria em uma organização quando diante de situações não previstas em seu processo de trabalho, ainda que para responder que a atividade solicitada não se encontra dentro do que ela pode oferecer. É nesse último estágio que está a discussão acima sobre a existência de inteligência artificial forte ou inteligência geral artificial, que também abrangeria a existência ou não de consciência nas máquinas[39].

Se o que move o avanço da tecnologia é a busca por uma ampla automação, pode-se concordar que o ideal seria as máquinas não apenas realizarem as atividades para os humanos, mas realizarem essas atividades sem que os humanos precisassem comandá-las o tempo todo ou mesmo "ensiná-las". Esse processo envolve uma abordagem: a) do conceito de aprendizagem; b) da tentativa de simular o processamento de informações como ocorre na mente humana; e c) da forma de prever quais condutas seriam esperadas de um ser humano e, portanto, também de uma máquina nas mais diversas situações.

Essas três abordagens nos remetem, respectivamente, aos temas do aprendizado de máquina (*machine learning*), das redes neurais e do *Big Data*.

1.3.1. Máquinas aprendem a prever o futuro?

O conceito de *machine learning*, normalmente traduzido como aprendizado de máquina, tem como primeiro problema o próprio conceito de aprendizado. De todo modo, reconhece-se que o processo ou a capacidade de aprendizagem é um importante elemento do conceito de inteligência[40].

[39] WHITTAKER, Jason. **Tech giants, artificial intelligence, and the future of journalism**. New York and London: Routledge, 2019, p. 24.

[40] KAPLAN, Jerry. **Artificial intelligence**: what everyone needs to know. New York: Oxford University, 2016, p. 27.

A ideia geral de aprendizado parece se relacionar com experiência, armazenamento ou memória da experiência e emprego dessa experiência para solucionar problemas em situações semelhantes. Envolve também a percepção de padrões nos dados obtidos da experiência[41].

De forma simples, na linha do que exposto acima, busca-se automatizar cada vez mais as atividades humanas rotineiras e, quando possível, as não rotineiras também. Programas elaborados para situações pré-definidas tendem a se tornar obsoletos quando começam a aparecer situações não previstas que também precisam ser solucionadas. A busca de automação desse crescente desenvolvimento para abranger cada vez mais situações está no cerne do que se pretende com o aprendizado de máquina[42].

O aprendizado de máquina surge com uma mudança de abordagem na perspectiva do que seria aprendizado ou inteligência. Num primeiro momento, a abordagem da inteligência estava relacionada com a análise e o processamento lógico de símbolos, algo muito próximo do que humanos faziam com problemas matemáticos. Mas há uma mudança nessa abordagem quando se busca compreender como funciona o cérebro humano e se tenta replicar esse sistema em máquinas. Essa mudança de perspectiva dá início ao que se chama *machine learning* e o ramo dessa abordagem que busca reproduzir o sistema de funcionamento do cérebro é que se chama rede neural (*neural network*)[43].

Uma aplicação do aprendizado de máquina, dentro da ideia de reconhecimento de padrões, está no reconhecimento de imagens. Por exemplo, pode-se fazer o computador processar diversas imagens contendo ou não contendo gatos para que ele "aprenda" o que é um gato, isto é, pelo menos compreenda o padrão "visual" ou a forma de um gato. Esse processo pode ser efetuado com um humano indicando nas imagens

[41] KAPLAN, Jerry. **Artificial intelligence**: what everyone needs to know. New York: Oxford University, 2016, p. 27-28.

[42] FIGUEIREDO, Carla Regina Bortolaz de; CABRAL, Flávio Garcia. Inteligência artificial: machine learning na Administração Pública. **International Journal of Digital Law**, Belo Horizonte, ano 1, n. 1, p. 79-95, jan./abr. 2020, p. 85.

[43] KAPLAN, Jerry. **Artificial intelligence**: what everyone needs to know. New York: Oxford University, 2016, p. 20-28; MATTIELO, Felipe et al. Decifrando a computação quântica. **Caderno de Física da UEFS**, v. 10, n. 1, p. 31-44, jan.-dez. 2012, Disponível em: http://dfisweb.uefs.br/caderno/vol10n12/a4MattielCQuantica.pdf Acesso em: 31 mar. 2022, p. 42.

quais teriam gatos e quais não teriam. Nesse caso, chama-se o processo de aprendizado supervisionado (*supervised learning*). Mas existe a possibilidade de simplesmente fornecer as imagens e deixar que o computador encontre sozinho os padrões relativos ao gato, o que seria chamado de aprendizado não supervisionado (*unsupervised learning*)[44].

Uma outra classificação do aprendizado de máquina também inclui o aprendizado por reforço (*reinforcement learning*). Segundo essa classificação o aprendizado supervisionado seria aquele capaz de realizar inferências de classificações e de regressões, ou seja, procedimentos estatísticos de previsão, a partir de dados rotulados para seu treinamento, isto é, haveria uma tabela determinando entradas e saídas correspondentes. O aprendizado não supervisionado seria o processo de aprendizado a partir de dados brutos sem rótulos de determinados. Finalmente, o aprendizado por reforço seria um sistema com punições e recompensas que levaria o agente a buscar maximizar progressivamente as recompensas por meio da interação com o ambiente[45].

A possibilidade de realizar atividades desse tipo tem se tornado cada vez mais viável graças à evolução da tecnologia que ampliou a capacidade de memória e de processamento dos computadores. Aliás, dentro da ideia das redes neurais, computadores passaram a usar, em vez de um único processador, vários processadores que dividiriam as tarefas demandadas, algo semelhante ao funcionamento do cérebro. É nesse contexto que se enquadra o chamado *deep learning* ("aprendizado profundo"), que seria o uso de redes neurais com muitas camadas internas[46], uma abordagem que

[44] KAPLAN, Jerry. **Artificial intelligence**: what everyone needs to know. New York: Oxford University, 2016, p. 30.

[45] BOCHIE, Kaylani et al. **Aprendizado profundo em redes desafiadoras**: Conceitos e aplicações. Sociedade Brasileira de Computação, 2020, Disponível em: https://sol.sbc.org.br/livros/index.php/sbc/catalog/download/50/231/468-1 Acesso em: 14 mar. 2022, p. 4-5; FRANÇOIS-LAVET, Vincent; HENDERSON, Peter; ISLAM, Riashat; BELLEMARE, Marc G.; PINEAU, Joelle. An Introduction to Deep Reinforcement Learning. *In:* **Foundations and Trends in Machine Learning**: v. 11, n. 3-4,
2018, DOI: 10.1561/2200000071. Disponível em: https://arxiv.org/pdf/1811.12560.pdf Acesso em: 14 mar. 2022, p. 6.

[46] KAPLAN, Jerry. **Artificial intelligence**: what everyone needs to know. New York: Oxford University, 2016, p. 30.

se baseia diretamente nos dados fornecidos pela realidade e não apenas em entradas pré-definidas com respostas também pré-programadas[47].

Esse contato direto e automático com imensas quantidades de dados de diversos tipos e formatos, cujo tratamento somente se tornou viável pela ampliação da capacidade de armazenamento e da velocidade de processamento dos computadores, aliados ao barateamento dos custos e miniaturização desses equipamentos, leva à ideia do *Big Data*. Não há uma tradução adequada para *Big Data*. Sua ideia não se liga apenas à grande quantidade de dados, mas também à velocidade, variedade, veracidade e valor, segundo Fernando Amaral. Para ele, *Big Data* não seria uma tecnologia, mas um fenômeno que envolveria vários aspectos conjugados[48]. Esse fenômeno é possível pelo fato de o acesso à tecnologia permitir hoje registros eletrônicos de praticamente qualquer atividade, fornecendo insumo para tratamento desses dados brutos. Apenas para dar alguns exemplos, celulares permitem registrar locais em que a pessoa esteve, compras que fez, sites que acessou, pessoas que contatou entre outros registros. Com base em tais dados, programas podem tanto elaborar campanhas de *marketing* direcionado às necessidades das pessoas quanto prever suas possíveis ações. Simples ações do cotidiano, como o envio de mensagens de e-mail ou a digitação de certas palavras, podem ser auxiliadas pelo computador, como por exemplo, ao sugerir um endereço de e-mail após digitar apenas a primeira letra desse endereço ou ao sugerir uma palavra após digitar apenas a primeira letra dela. Essas funções simples podem economizar uma grande porção de tempo ao se considerar quantas vezes as pessoas as executam diariamente.

A depender do volume de dados pode ser necessário algum procedimento de obtenção de amostras. Por outro lado, pode haver situações em que todos os dados precisarão ser analisados. Tudo dependerá de uma relação de custos e benefícios, bem como de necessidades e recursos disponíveis[49]. Enfim, segundo Fernando Amaral, *Big Data* poderia ser definido como o "fenômeno de massificação de elementos de produção e

[47] SEJNOWSKI, Terrence J. A **Revolução do Aprendizado Profundo**. Alta Books, 2020, p. 1.

[48] AMARAL, Fernando. **Introdução à ciência de dados**: mineração de dados e big data. Rio de Janeiro: Alta Books Editora, 2016, p. 7-12.

[49] AMARAL, Fernando. **Introdução à ciência de dados:** mineração de dados e big data. Rio de Janeiro: Alta Books Editora, 2016, p. 10.

de armazenamento de dados, bem como os processos e tecnologias para extraí-los e analisá-los."[50]

Se há padrões nesses dados que muitas vezes humanos não são capazes de detectar, máquinas, por outro lado, por seu poder de processamento e armazenamento, conseguem realizar essa atividade com muita facilidade. A detecção desses padrões permite realizar previsões que aparentemente remetem à ideia de poder prever o futuro.

Cabe mencionar ainda que os campos de aplicação da inteligência artificial estão sendo cada vez mais ampliados, podendo ser citados a robótica, a visão de computador, o reconhecimento de voz e o processamento de linguagem natural[51].

1.4. Descentralização e automação: *blockchain e smart contracts*

Para explicar o *Blockchain* é recomendável esclarecer conjuntamente o funcionamento do sistema *Bitcoin* que objetivou criar uma espécie de sistema monetário digital com uma moeda própria, a *bitcoin*[52]. O sistema *Bitcoin* se baseia no sistema *Blockchain*. Aliás, foi o sistema *Bitcoin* que tornou popular a tecnologia *Blockchain*[53]. A tecnologia *Blockchain* é uma espécie do gênero de *Distributed Ledger Technologies* (DLTs), ou seja, de tecnologias de registro distribuído.

Com a crise financeira de 2008, algumas pessoas inconformadas com o sistema financeiro oficial buscaram criar um sistema monetário digital independente do governo e dos bancos. Esse sistema deveria garantir o anonimato de seus operadores, eliminar intermediários e buscar evitar o gasto duplo, além de, obviamente, ser seguro. Um sistema que obteve relativo sucesso é o sistema *Bitcoin*, cuja base é descrita em um artigo de

[50] AMARAL, Fernando. **Introdução à ciência de dados**: mineração de dados e big data. Rio de Janeiro: Alta Books Editora, 2016, p. 12.

[51] KAPLAN, Jerry. **Artificial intelligence**: what everyone needs to know. New York: Oxford University, 2016, p. 49.

[52] NAKAMOTO, Satoshi. **Bitcoin**: A Peer-to-Peer Electronic Cash System. 2008. Disponível em: https://bitcoin.org/bitcoin.pdf Acesso em: 22 mar. 2022; SARAI, Leandro. **Moedas digitais e os bancos.** In: BARBOSA, Tatiana Casseb B. (coord.) A revolução das moedas digitais: bitcoins e altcoins. Cotia/SP: Revoar, 2016, p. 133-192.

[53] WIKIPEDIA. ***Blockchain.*** 20th mar. 2022. Disponível em: https://en.wikipedia.org/wiki/Blockchain Acesso em: 22 mar. 2022.

2008 elaborado por Satoshi Nakamoto[54]. Porém, não se sabe se se trata de uma pessoa ou grupo de pessoas que usaram um pseudônimo[55].

O sistema se baseou nas tecnologias então disponíveis, valendo citar a internet, a criptografia, a transferência e o armazenamento digital de dados, além da percepção de que, mesmo no sistema monetário oficial, praticamente a maioria das transações já era realizada digitalmente como meros registros contábeis de crédito e débito, sem circulação de moeda em papel[56].

Para garantir o anonimato, esse sistema divulga todas as transações nele efetuadas, porém sem divulgar dados pessoais de quem as realizou, o que é feito mantendo anônimas as chaves públicas criptográficas. Os intermediários são eliminados porque os usuários realizam as transações diretamente entre si, servindo o próprio sistema como mecanismo de garantia de autenticidade das operações. O sistema evita o gasto duplo por meio da primazia da primeira operação realizada na ordem cronológica associada com a aceitação dessa transação por outros participantes. Finalmente, a segurança do sistema se baseia na premissa de que o poder computacional do conjunto dos participantes honestos seria maior do que o dos desonestos[57].

Cada transação do sistema *Bitcoin* é validada por outros participantes. O primeiro a realizar a validação realiza a integração da transação no histórico de transações do sistema e divulga essa integração para todos os demais participantes realizarem a verificação. Feita a verificação, os participantes começam a realizar a validação de outras transações. As transações que vão sendo incluídas vão formando blocos de transações. Todos os blocos são interligados e interdependentes, pois cada bloco gera um código que se baseia no conjunto de blocos anterior, de modo que

[54] NAKAMOTO, Satoshi. **Bitcoin**: A Peer-to-Peer Electronic Cash System. 2008. Disponível em: https://bitcoin.org/bitcoin.pdf Acesso em: 22 mar. 2022.

[55] WIKIPEDIA. **Satoshi Nakamoto**. 16th mar. 2022. https://en.wikipedia.org/wiki/Satoshi_Nakamoto Acesso em: 22 mar. 2022.

[56] SARAI, Leandro. O futuro do sistema financeiro no passado da humanidade. *In:* IWAKURA, Cristiane Rodrigues; LIMA, Felipe Herdem (org.). **Novas tendências do Sistema Financeiro Nacional**. Londrina, PR: Thoth, 2021, p. 253-272.

[57] NAKAMOTO, Satoshi. **Bitcoin**: A Peer-to-Peer Electronic Cash System. 2008. Disponível em: https://bitcoin.org/bitcoin.pdf Acesso em: 22 mar. 2022.

qualquer alteração invalida o código. Assim, como todos os blocos são interligados, é daí que surge o nome *Blockchain*, que poderia ser traduzido como cadeia ou corrente de blocos[58].

Pelo fato de haver a supressão da figura do intermediário e a transferência da responsabilidade pela manutenção do funcionamento do sistema para seus próprios participantes, diz-se que esse sistema é descentralizado. E como não são pessoas, mas seus equipamentos, que realizam as operações solicitadas, o sistema é de certa forma autônomo.

Como a tecnologia do *Blockchain* pode evoluir e mudar, é difícil conceituá-la. Pode-se no máximo, como foi feito, trazer algumas de suas características atuais, como o fato de funcionar como um sistema de registro distribuído compartilhado por todos os participantes, que contempla todas as operações nele efetuadas e que garante a autenticidade e segurança dos registros[59].

A tecnologia do *Blockchain* não tem sua aplicação restrita a servir para sistemas monetários. Cada vez mais aplicações são propostas, tais como serviços de registros públicos (serviços cartorários), gerenciamento de redes, gestão de créditos de carbono, troca de energia descentralizada e certificação de cadeia de suprimentos. No setor público algumas iniciativas incluem a gestão de dados públicos, o registro de votos, a gestão do transporte público e a gestão da saúde[60]. A utilidade dessa tecnologia ficará mais clara ao longo do livro, mas se pode dizer que, em princípio, qualquer sistema de controle por meio de registros pode ser beneficiado

[58] RIBEIRO, Lucas; MENDIZABAL, Odorico. **Introdução à Blockchain e Contratos Inteligentes**: Apostila para
Iniciante. Relatório Técnico INE 001/2021. Universidade Federal de Santa Catarina. ago. 2019, Disponível em: https://repositorio.ufsc.br/bitstream/handle/123456789/221495/RT-INE2021-1.pdf?sequence=1&isAllowed=y Acesso em: 22 mar. 2022, p. 21-27.

[59] ALHARBY, Maher; VAN MOORSEL, Aad. Blockchain-based smart contracts: a systematic mapping study. ***Computer Science & Information Technology (CS & IT).*** p. 125-140, 17 Oct. 2017. Disponível em: https://arxiv.org/abs/1710.06372 Acesso em: 22 mar. 2022, p. 126; SCHWAB, Klaus. **A Quarta Revolução Industrial**. Tradução Daniel Moreira Miranda. São Paulo: Edipro, 2016, p. 30-31.

[60] RIBEIRO, Lucas; MENDIZABAL, Odorico. **Introdução à Blockchain e Contratos Inteligentes**: Apostila para
Iniciante. Relatório Técnico INE 001/2021. Universidade Federal de Santa Catarina. ago. 2019, , Disponível em: https://repositorio.ufsc.br/bitstream/handle/123456789/221495/RT-INE2021-1.pdf?sequence=1&isAllowed=y Acesso em: 22 mar. 2022, p. 14-19.

por ela, como, por exemplo, registros civis e empresariais, registros de direitos autorais (com garantia da prioridade) e registros de direitos em geral[61].

A partir do momento que se consegue garantir autenticidade de transações realizadas eletronicamente e de forma automatizada, a ideia dos chamados *smart contracts* é uma decorrência natural. Há quem os conceitue como protocolos de transações computadorizadas que executam os termos de um contrato com o objetivo de reduzir exceções maliciosas ou acidentais, bem como a necessidade de intermediários para garantir segurança ao negócio[62]. Também há quem os defina como um sistema que distribui bens digitais para partes determinadas quando certos requisitos pré-definidos são satisfeitos[63].

Maher Alharby e Aad van Moorsel fazem referência à classificação de Josh Stark[64], segundo o qual, apesar da diversidade de definições, todas poderiam ser organizadas em dois grupos. Num deles estariam as definições que veriam os *smart contracts* do ponto de vista tecnológico ou mais propriamente do código de programação executado no *Blockchain*. No outro grupo estariam as definições jurídicas, que analisariam os *smart contracts* apenas como instrumentos para fins jurídicos, isto é, meros substitutos ou complementos digitais de práticas tradicionais, ou seja, o registro digital de um contrato antes feito no papel.

É comum a utilização da tecnologia *Blockchain* para as operações com *smart contracts* e há quem restrinja o conceito de *smart contracts* para contratos executados no *Blockchain*. Isso porque ambas as tecnologias partem de um mesmo pressuposto: permitir que partes que não se conhecem e não se confiam possam realizar transações sem precisar de um

[61] Cf. Capítulo 5.

[62] SZABO, Nick. **Smart Contracts**. 1994. Disponível em: https://www.fon.hum.uva.nl/rob/Courses/InformationInSpeech/CDROM/Literature/LOTwinterschool2006/szabo.best.vwh.net/smart.contracts.html Acesso em: 22 mar. 2022.

[63] ALHARBY, Maher; van MOORSEL, Aad. Blockchain-based smart contracts: a systematic mapping study. ***Computer Science & Information Technology (CS & IT).*** p. 125-140, 17 Oct. 2017. Disponível em: https://arxiv.org/abs/1710.06372 Acesso em: 22 mar. 2022, p. 125.

[64] STARK, Josh. Making Sense of Blockchain Smart Contracts. **Coindesk**. 11 Sept. 2021. Disponível em: https://www.coindesk.com/markets/2016/06/04/making-sense-of-blockchain-smart-contracts/ Acesso em: 22 mar. 2022.

terceiro para dar segurança a tais transações[65]. Para dar um exemplo que esclareça esse aspecto, basta pensar em um contrato simples tradicional de exportação, em que o vendedor está no Brasil e o comprador está nos Estados Unidos. Ambos combinam o negócio à distância. Daí a primeira dificuldade é estabelecer quem irá tomar a iniciativa de cumprir sua parte primeiro. Caso o vendedor realize a remessa do item comprado, não terá garantia de que irá receber o preço. Caso o comprador pague primeiro, não terá garantia de que irá receber o item comprado. Uma solução encontrada tradicionalmente foi confiar a execução do negócio a um terceiro, normalmente um banco que possua representações tanto na sede do comprador quanto na do vendedor. Com isso, esse banco tem como verificar se o vendedor cumpriu sua parte de remeter o item e se o comprador cumpriu sua parte de efetuar o pagamento. Mas o que garante que o banco irá cumprir sua parte? Não há garantia, mas apenas um costume que se forma e uma confiança que se ganha ao longo do tempo.

Enfim, embora numa tradução literal *smart contracts* possa corresponder a "contratos inteligentes", uma melhor tradução seria "contratos automáticos", isto é, esses contratos nada mais seriam do que resultado de automação de atividades relacionadas à formação e execução contratual. Qualquer coisa além disso é mera sofisticação e muitas vezes *marketing* para vender serviços.

No máximo se pode expandir a ideia para fatos jurídicos em geral, mas a ideia é sempre a de automação de atividades, algo que não é novo. Basta pensar no exemplo da prática do cheque pré-datado. Embora o cheque seja um título de crédito para pagamento à vista, criou-se um costume de colocar data futura no cheque a partir de um acordo entre as partes para que o portador somente efetuasse o desconto na data aposta. Porém, nada impediria o portador de apresentar o cheque antes disso. Atualmente, muitas operações podem ser agendadas nos portais dos bancos na internet. É possível, *e.g.*, agendar pagamentos para serem realizados somente em determinada data. Exemplo mais sofisticado é a programação de operações na bolsa de valores, em que o usuário pode pré-programar uma ordem

[65] ALHARBY, Maher; VAN MOORSEL, Aad. Blockchain-based smart contracts: a systematic mapping study. ***Computer Science & Information Technology (CS & IT).*** p. 125-140, 17 Oct. 2017. Disponível em: https://arxiv.org/abs/1710.06372 Acesso em: 22 mar. 2022, p. 126-127.

de compra de determinada ação caso seu preço de mercado atinja certo patamar.

Esse último exemplo é interessante porque não há apenas uma ordem de execução contratual. A ordem compreende a própria formação do contrato de compra, além da execução do pagamento correspondente. As novidades que começam a surgir mais recentemente dizem respeito apenas à possibilidade de automação de outras atividades.

O que é importante frisar é que sempre haverá uma pré-programação para a realização da execução automática de determinadas atividades. Apenas aparentemente as máquinas estarão eventualmente celebrando o contrato, pois já houve antes uma manifestação de vontade humana aceitando essa forma de celebração.

Há então um pacto prévio entre as partes quanto à forma de interpretar as atividades que serão realizadas pelas máquinas. Essas atividades terão efeitos jurídicos porque as partes assim acordaram.

Um grande desafio para o avanço de contratos, atos e fatos jurídicos em geral está no fato de muitas vezes a execução das atividades depender de alguma verificação empírica para fornecer os dados para os computadores. Nesse caso, a dificuldade está em garantir que os sensores não cometerão erros. Por exemplo, como diferenciar chuva de uma situação em que água é atirada de uma mangueira ou de um regador?

Outro desafio parece existir desde sempre e está no fato de que parece inviável prever todas as hipóteses possíveis. É por isso que para elas Aristóteles afirma ser necessário aplicar a equidade, que seria um ajuste das regras gerais de justiça para o caso concreto[66]. Essa atividade pode exigir

[66] "O que origina o problema é o fato de o equitativo ser justo, porém não o legalmente justo, e sim uma correção da justiça legal. A razão disto é que toda lei é universal, mas não é possível fazer uma afirmação universal que seja correta em relação a certos casos particulares. Nos casos, portanto, em que é necessário falar de modo universal, mas não é possível fazê-lo corretamente, a lei leva em consideração o caso mais frequente, embora não ignore a possibilidade de erro em consequência dessa circunstância. E nem por isso esse procedimento deixa de ser correto, pois o erro não está na lei nem no legislador, e sim na natureza do caso particular, já que os assuntos práticos são, por natureza, dessa espécie. Por conseguinte, quando a lei estabelece uma lei geral e surge um caso que não é abarcado por essa regra, então é correto (visto que o legislador falhou e errou por excesso de simplicidade), corrigir a omissão, dizendo o que o próprio legislador teria dito se estivesse presente, e que teria incluído na lei se tivesse previsto o caso em pauta. Por isso o equitativo é justo e superior a uma espécie de justiça, embora não

o emprego mais complexo de interpretação e, se tal atividade não pode ser definida de forma geral nem para seres humanos, é ainda mais difícil fazer essa definição para máquinas. Serão os seres humanos que precisarão pré-determinar as soluções para cada hipótese. Se algo não puder ser expresso de forma objetiva, não poderá ser objeto de programação.

Embora essas restrições possam trazer a impressão de que o campo de aplicação dos *smart contracts* seja limitado, essa impressão pode ser enganosa[67]. Algumas aplicações já existentes de *smart contracts* abrangem a internet das coisas, a propriedade automática, a gestão de direitos autorais e o comércio digital[68].

Quanto ao *Blockchain*, não se trata da única tecnologia que buscou elaborar uma rede que garantisse a segurança dos dados registrados digitalmente sem a intervenção de um intermediário para tanto. Há, por exemplo, o *Tangle*, cuja tecnologia se basearia nos *Directed Acyclic Graphs (DAG)*, ou grafos acíclicos dirigidos, que para alguns seriam mera evolução do *Blockchain*[69] e para outros uma nova tecnologia[70]. Assim como o *Bitcoin* se baseia no *Blockchain*, o Iota se baseia no *Tangle*. Essa última tecnologia teria sido desenvolvida para superar as dificuldades do *Blockchain* e para

seja superior à justiça absoluta, e sim ao erro decorrente do caráter absoluto da disposição legal. Desse modo, a natureza do equitativo é uma correção da lei quando esta é deficiente em razão da sua universalidade. É por isso que nem todas as coisas são determinadas pela lei: é impossível estabelecer uma lei acerca de algumas delas, de tal modo que se faz necessário um decreto. Com efeito, quando uma situação é indefinida, a regra também é indefinida, tal qual ocorre com a régua de chumbo usada pelos construtores de Lesbos para ajustar as molduras; a régua adapta-se à forma da pedra e não é rígida, da mesma forma como o decreto se adapta aos fatos" (ARISTÓTELES. **Ética a Nicômaco**. Tradução Pietro Nassetti. São Paulo: Martin Claret, 2003, p. 125).

[67] Cf. Capítulo 5.

[68] ALHARBY, Maher; van MOORSEL, Aad. Blockchain-based smart contracts: a systematic mapping study. ***Computer Science & Information Technology (CS & IT)***. p. 125-140, 17 Oct. 2017. Disponível em: https://arxiv.org/abs/1710.06372 Acesso em: 22 mar. 2022, p. 128-129.

[69] RIBEIRO, Lucas; MENDIZABAL, Odorico. **Introdução à Blockchain e Contratos Inteligentes**: Apostila para Iniciante. Relatório Técnico INE 001/2021. Universidade Federal de Santa Catarina. ago. 2019, Disponível em: https://repositorio.ufsc.br/bitstream/handle/123456789/221495/RT-INE2021-1.pdf?sequence=1&isAllowed=y Acesso em: 22 mar. 2022, p. 13.

[70] ROSA, Reginaldo José da; SILVA, Rogério Hermínio da; MARCELINO, Roderval; GRUBER, Vilson. Tecnologias de contabilidade distribuídas (DLTs): evolução, diferenças, similaridades e vantagens. **Revista Humanidades e Inovação**. v.7, n.9, p. 231-243, 2020, p. 237-239.

ser aplicada principalmente na *Internet das coisas* (IoT). O DAG se baseia nos grafos, que são conceitos matemáticos com múltiplas aplicações[71]. No DAG, cada transação é representada por um ponto, que é adicionado ao histórico de transações existente após validar tais transações, porém o funcionamento dessa rede consome menos energia e é mais rápido conforme aumenta o número de transações, permitindo, por isso, alto grau de escalabilidade[72].

O conjunto de inovações é tão grande e seus impactos podem ser tão significativos que há quem já afirme que esse conjunto integre uma nova Revolução Industrial.

1.5. Revolução industrial 4.0 (e 5.0?)

A utilização de contratos automatizados interage com algumas inovações que integram a chamada "indústria 4.0" ou "Revolução Industrial 4.0". O termo "4.0" seria para indicar que essa Revolução Industrial seria a quarta. O termo "Revolução Industrial" se refere a alguma transformação profunda na forma de produção. Sempre há evolução nessa forma, mas algumas inovações parecem ter impacto mais importante, que chega a mudar até mesmo o modo de vida das pessoas[73]. Elas teriam um caráter não-linear, ou seja, seriam abruptas. Segundo Klaus Schwab[74], autor normalmente citado quando a expressão "Quarta Revolução Industrial" é utilizada, lembra que a Primeira Revolução Industrial estaria associada principalmente à mecanização do trabalho humano por meio da máquina a vapor entre 1760 e 1840. A Segunda decorreria do uso da eletricidade e da linha de produção, que permitiram a produção em massa a partir do

[71] FEOFILOFF, P.; KOHAYAKAWA, Y.; WAKABAYASHI, Y. **Uma Introdução Sucinta à Teoria dos Grafos**. 12 jul. 2011. Disponível em: https://www.ime.usp.br/~pf/teoriadosgrafos/texto/TeoriaDosGrafos.pdf Acesso em: 31 mar. 2022; WIKIPEDIA. **Teoria dos grafos**. 4 jan. 2022. Disponível em: https://pt.wikipedia.org/wiki/Teoria_dos_grafos Acesso em: 31 mar. 2022.

[72] ROSA, Reginaldo José da; SILVA, Rogério Hermínio da; MARCELINO, Roderval; GRUBER, Vilson. Tecnologias de contabilidade distribuídas (DLTs): evolução, diferenças, similaridades e vantagens. **Revista Humanidades e Inovação**. v.7, n.9, p. 231-243, 2020, p. 238.

[73] WIKIPEDIA. **Industrial Revolution**. 22th Feb. 2022. Disponível em: https://en.wikipedia.org/wiki/Industrial_Revolution Acesso em: 22 mar. 2022.

[74] SCHWAB, Klaus. **A Quarta Revolução Industrial**. Tradução Daniel Moreira Miranda. São Paulo: Edipro, 2016, p. 18-19.

final do século XIX e início do século XX. A Terceira, ainda segundo ele, seria caracterizada pelo uso do computador e da internet, abrangendo o período de 1960 até 1990.

O que marcaria a Quarta Revolução Industrial seria o avanço das tecnologias digitais e sua integração com outras inovações tecnológicas não apenas físicas, mas também biológicas. Haveria assim uma convergência de descobertas e numa velocidade nunca vista[75]. Essas inovações indicariam três megatendências, na visão de Klaus Schwab: a) físicas; b) digitais; e c) biológicas. As físicas estariam presentes no mundo tangível sendo representadas pelos veículos autônomos, impressão 3D, robótica avançada e novos materiais (incluindo os nanomateriais). As digitais apareceriam na internet das coisas (que se liga à megatendência física), nas tecnologias colaborativas como a *Blockchain*, nas plataformas tecnológicas que moldam a chamada economia por demanda ou compartilhada (Uber, AirBnB, Amazon etc.). Finalmente, a terceira megatendência na área biológica estaria na genética, incluindo a biologia sintética e a engenharia genética (usando *Clustered Regularly Interspaced Short Palindromic Repeats* – CRISPR[76], por exemplo), a fabricação de tecidos vivos e a incorporação de dispositivos ao corpo[77].

Já há quem mencione uma quinta Revolução Industrial, ou Revolução 5.0. Se a Revolução 4.0 aparentemente colocava a humanidade na dependência da tecnologia ou perdendo seu papel para a automação, a Revolução 5.0 busca a retomada de controle do humano, sem desconsiderar as potencialidades da tecnologia. Ou seja, a ideia é buscar colocar humanos e tecnologia trabalhando colaborativamente para tornar mais

[75] SCHWAB, Klaus. **A Quarta Revolução Industrial**. Tradução Daniel Moreira Miranda. São Paulo: Edipro, 2016, p. 19-20.

[76] DU, Dan; QI, Lei S. An introduction to CRISPR technology for genome activation and repression in mammalian cells. **Cold Spring Harbor Protocols**, v. 2016, n. 1, p. pdb. top086835, 2016; VYAS, Valmik K.; BERNSTEIN, Douglas A. An Introduction to CRISPR-Mediated Genome Editing in Fungi. **Journal of microbiology & biology education**, v. 20, n. 3, p. 90, 2019; BARBOSA, K. L.; CAVALCANTE, G. S. S. A biotecnologia envolvida no sistema CRISPR. **Revista de Ciências Médicas e Biológicas**, [S. l.], v. 18, n. 1, p. 123-127, 2019. DOI: 10.9771/cmbio.v18i1.25090. Disponível em: https://periodicos.ufba.br/index.php/cmbio/article/view/25090. Acesso em: 23 mar. 2022.

[77] SCHWAB, Klaus. **A Quarta Revolução Industrial**. Tradução Daniel Moreira Miranda. São Paulo: Edipro, 2016, p. 26-35.

eficientes e inteligentes os processos. Esse novo estágio incluiria: 1) o uso de realidade virtual e aumentada; 2) equipamentos de segurança e de trabalho sofisticados; 3) reconhecimento computacional de voz e de gestos; 4) modelos virtuais de objetos físicos (gêmeos digitais) e simulações; 5) robôs que trabalham em conjunto; 6) integração entre humano e máquina; 7) alta adaptabilidade das máquinas; 8) redução de preços e de tamanhos; 9) uso fácil e intuitivo; 10) ampliação das atividades automatizadas; e 11) aumento da segurança[78].

Um aspecto dessa nova Revolução Industrial já é notado há algum tempo. Trata-se do fenômeno da convergência, ou seja, da integração de utilidades. Esse fenômeno é bem representado pelo telefone celular. Esse aparelho nasceu apenas como um telefone. Com o tempo, a ele foram integradas outras funções como agenda, relógio, alarme, câmera fotográfica, câmera de vídeo, rádio e TV para citar apenas algumas. Essa convergência está avançando ainda para se juntar cada vez mais ao corpo humano, para tornar-se portável ou vestível. Isso é possível graças ao avanço das descobertas de novos materiais, mais leves, resistentes e eficientes, bem como à miniaturização dos aparelhos, ou seja, a nanotecnologia. Muitos deles são meros auxiliares que ampliam as capacidades humanas: agendas ampliam a capacidade de memória, calculadoras aumentam a eficiência para realização de cálculos, meios de comunicação tornam o contato entre as pessoas instantâneo.

Tomando apenas os equipamentos, a junção de automação e conexão permite, como já mencionado acima, a realização de contratos relativamente automáticos. É possível programar, por exemplo, uma geladeira para efetuar a compra de determinado produto quando um sensor detectar que esse produto está acabando. Da mesma forma, em uma fazenda, podem ser instalados sensores para detectar quando chove ou quando há estiagem para que medidas sejam adotadas automaticamente. Assim, sensores podem acionar equipamentos de irrigação em caso de seca. Podem também realizar a contratação de certos insumos que só podem ser aplicados em caso de chuva. Um veículo pode enviar um pedido de compra de bateria pela internet quando detectar que a bateria instalada está com sua vida útil no final.

[78] MUSARAT, M.A.; IRFAN, M.; ALALOUL, W.S.; MAQSOOM, A.; GHUFRAN, M. A Review on the Way Forward in Construction through Industrial Revolution 5.0. **Sustainability 2023**, 15, 13862. https://doi.org/10.3390/su151813862.

Esses exemplos dão apenas uma pequena noção do que é chamado "Internet das Coisas" (*Internet of Things – IoT*, em inglês). É a junção de equipamentos, automação e conexão, que pode ser associada a outras tecnologias, como o *Big Data*, para citar apenas uma[79].

Ao mesmo tempo que muitas coisas passam a realizar atividades até então inimagináveis, um novo fenômeno vem surgindo, sendo, de certa forma, paradoxal. É que as pessoas passam a perceber que precisam apenas das utilidades fornecidas por algumas coisas e não das coisas em si ou, para sermos mais precisos, a propriedade da coisa usada deixa de ser essencial.

Esse fenômeno é percebido, por exemplo, no uso do transporte público, mas se tornou mais evidente no uso de transporte por aplicativos. Ele é ainda mais importante quando se trata de bens sujeitos a alto grau de obsolescência, como é o caso de computadores.

Aliás, no campo dos computadores, um novo serviço surgiu para oferecer grande capacidade de processamento e de armazenamento de forma relativamente mais segura do que a proporcionada pelos computadores pessoais. É o conceito de "computação em nuvem" ou *cloud computing*. A ideia é simples: em vez de a pessoa possuir um equipamento caro com grande poder de processamento e de armazenamento, ela paga apenas pelo serviço de processamento e de armazenamento. Daí, a empresa que fornece o serviço fica responsável por atualizar equipamentos e programas para manter sempre atualizada e disponível a capacidade de processamento e armazenamento de ponta, além de serviços de proteção contra invasão e contra perda de dados[80].

A propósito, há uma tecnologia de computação que provavelmente será oferecida apenas como serviço e não com fornecimento de equipamento. Trata-se da computação quântica. Ela nasce em razão de dois fenômenos. De um lado, seguindo a chamada Lei de Moore, foi possível fabricar processadores cada vez menores, com maior capacidade de processamento e com cada vez menos átomos necessários para representar um único bit. Por outro, quando os processadores se tornam muito pequenos, no limite, com um único átomo representando um bit, as leis da física tradicionais para os computadores comuns que são usadas para registrar o sistema

[79] MAGRANI, Eduardo. **A internet das coisas.** Rio de Janeiro: FGV, 2018, p. 19-24.

[80] TAURION, Cezar. **Cloud computing:** computação em nuvem: transformando o mundo da tecnologia da informação. Rio de Janeiro: Brasport, 2009, p. 1-13.

binário (com zeros e uns) darão lugar às leis da física quântica, em que um único bit, o bit-quântico ou q-bit pode, de certa forma, representar ao mesmo tempo zeros e uns sobrepostos, em razão da probabilidade de ambos os resultados no nível atômico[81]. A noção é um tanto quanto complexa, mas o importante é que esse fenômeno faz com que a capacidade computacional se multiplique imensamente. Quais os impactos disso? Citaremos apenas dois. Num problema de otimização clássico, o problema é descrito em uma função matemática e, de forma analítica, por meio do cálculo diferencial, busca-se o ponto ótimo da função, para, por exemplo, economizar materiais ou energia. Muitas vezes a função exige muitos cálculos e se utiliza o computador para realizá-los de forma mais rápida. O computador quântico não apenas realizaria tais cálculos de forma imensamente mais rápida como dispensaria toda atividade de análise e de modelagem matemática. Bastaria inserir no computador o resultado esperado e a máquina, por meio da força bruta, ou seja, por mera tentativa e erro, acharia tal resultado de forma extremamente rápida. O segundo exemplo é bem preocupante. Toda segurança cibernética hoje por meio de senhas se baseia em probabilidades e tempo de processamento que um computador comum atual levaria para quebrar tal bloqueio. Computadores quânticos furariam tais sistema de segurança sem qualquer dificuldade. Para se ter uma ideia comparativa, enquanto um computador clássico levaria 100 mil anos para realizar determinada atividade de fatoração, um quântico levaria apenas 4,5 minutos[82].

Um último conceito para fechar essa parte introdutória e que merece ser mencionado é o de token não fungível, ou *non-fungible token* (NFT), em inglês[83]. Existem várias traduções para a palavra *token*, tais como

[81] MATTIELO, Felipe et al. Decifrando a computação quântica. **Caderno de Física da UEFS**, v. 10, n. 1, p. 31-44, jan.-dez. 2012, Disponível em: http://dfisweb.uefs.br/caderno/vol10n12/a4MattielCQuantica.pdf Acesso em: 31 mar. 2022.

[82] MATTIELO, Felipe et al. Decifrando a computação quântica. **Caderno de Física da UEFS**, v. 10, n. 1, p. 31-44, jan.-dez. 2012, Disponível em: http://dfisweb.uefs.br/caderno/vol10n12/a4MattielCQuantica.pdf Acesso em: 31 mar. 2022, p. 37.

[83] FAIRFIELD, J. Tokenized: The law of non-fungible tokens and unique digital property. **Indiana Law Journal**, Apr. 6th 2021. (Forthcoming) Disponível em: https://ssrn.com/abstract=3821102 Acesso em 31 mar. 2022; WANG, Qin et al. **Non-fungible token (NFT)**: Overview, evaluation, opportunities and challenges. arXiv preprint arXiv:2105.07447, 2021, Disponível em: https://arxiv.org/pdf/2105.07447.pdf Acesso em: 31 mar. 2022.

ficha, sinal, prova e passe. A ideia é de uma coisa que indica ou prova outra coisa. De forma superficial, pode-se dizer que um *token* é a prova de que alguém é titular de algo. Ocorre que o *token* pode ser a própria coisa titulada e digitalizada. Para compreender melhor essa ideia, tomemos como exemplo uma obra de arte ou, mais especificamente, um quadro. Normalmente, quadros são únicos e é essa unicidade ou raridade que, além do talento de seu criador, garante o valor da obra. Essa mesma obra pode ser fotografada e digitalizada ou eventualmente até mesmo criada diretamente no computador. Ocorre que, a partir do momento em que ela é digitalizada, tal obra passa a ser facilmente copiada, acabando com o requisito da raridade. Aliás, é essa facilidade de cópia que gerou o mercado de pirataria de livros, filmes, músicas, jogos de videogames e programas de computador, para dar alguns exemplos. Essas criações intelectuais continuam tendo valor de uso e valor econômico, porém a pirataria muitas vezes, por não ter custos, retira todo valor monetário de tais bens.

Como visto acima, o *Blockchain* foi o primeiro avanço no meio digital para garantir a inalterabilidade de registros digitais. Mas, tomando o *Bitcoin* como exemplo, embora uma transação e, por conseguinte, um saldo de *bitcoins* titularizado por determinada pessoa possa ser mantido inalterável de forma segura até que ela resolva realizar alguma transferência, fato é que cada *bitcoin* é fungível em relação a qualquer outra e tem o mesmo valor. Foi necessário, então, ir adiante e, além de garantir inalterabilidade, garantir também unicidade, exclusividade e, portanto, raridade, no meio digital. E isso foi possível também a partir da tecnologia *Blockchain*. Assim, ao digitalizar, por exemplo, uma criação artística, como uma música, passa a ser possível manter esse registro não apenas inalterável, mas único e exclusivo. É nesse contexto que nascem os NFT's, que inicialmente tiveram aplicação justamente no ramo das obras de arte. Os NFT's tanto podem ser um ativo totalmente digital como meramente um registro que se refere a algo do mundo físico[84].

Os NFT's apontam não apenas para uma nova forma de registrar propriedade mas também para novos objetos do direito de propriedade, o que pode gerar novas reflexões sobre bens públicos e sobre contratações públicas.

[84] FAIRFIELD, J. Tokenized: The law of non-fungible tokens and unique digital property. **Indiana Law Journal**, Apr. 6th 2021. (Forthcoming) Disponível em: https://ssrn.com/abstract=3821102 Acesso em 31 mar. 2022, p. 14-24.

1.6. Administração pública no cenário digital

Esses conceitos introdutórios levam a refletir sobre como a Administração Pública será afetada e principalmente como ela poderá se beneficiar dessas inovações.

Uma Administração Pública mais conectada e mais transparente faz com que possa ser mais controlada pela população, gerando um incentivo para o governo de plantão se manter adequado às expectativas públicas e às normas vigentes.

Decisões importantes podem facilmente ser submetidas a prévias consultas públicas, possibilitadas pelos meios digitais. A abertura da Administração à população permite somar conhecimentos e colaboração. Por outro lado, esse empoderamento dos indivíduos que passam a poder participar mais da vida pública exige também um espírito democrático, principalmente para aceitar a decisão tomada pela maioria ou pela autoridade competente.

A carência de recursos materiais e humanos pode ser compensada pelas inovações que permitem a automação de diversas atividades, permitindo alocar os recursos escassos onde são mais necessários.

Mas a relação entre Administração e novas tecnologias não se resume ao mero uso delas pelo Poder Público. Elas têm a capacidade de alterar o próprio conceito de Administração, podem levar à criação de novos serviços públicos e mesmo à extinção de órgãos e serviços tradicionais. A extinção de postos de trabalho no mercado privado poderá levar a novas demandas sociais perante o Poder Público. Questões antes nem sequer formuladas agora batem à porta e precisarão ser enfrentadas. O compartilhamento de dados pessoais permitirá serviços mais adequados e eficientes, mas também grandes riscos para seus titulares. Serviços disponíveis digitalmente facilitam acesso aos administrados, mas também permitem ataques cibernéticos. O papel regulador do Estado precisará ser aperfeiçoado de modo fundamental, buscando ao mesmo tempo garantir segurança e desenvolvimento. Novas fronteiras serão desenhadas para o papel da sociedade, do indivíduo e da Administração[85].

[85] Cf. SCHWAB, Klaus. **A Quarta Revolução Industrial**. Tradução Daniel Moreira Miranda. São Paulo: Edipro, 2016, p. 75-110.

Mas não se deve deixar de lembrar o lado sombrio que essas ferramentas podem trazer. Da mesma forma que os meios de comunicação permitem ao Poder Público perscrutar preferências, prever e aprimorar políticas públicas, pode também sondar indevidamente informações pessoais, invadindo a privacidade dos cidadãos. Pode ainda manipular as pessoas com informações inadequadas[86].

Referências

ABBAGNANO, Nicola. **Dicionário de filosofia**. Tradução Alfredo Bosi. São Paulo: Martins Fontes, 2007.

ALHARBY, Maher; van MOORSEL, Aad. Blockchain-based smart contracts: a systematic mapping study. **Computer Science & Information Technology (CS & IT)**. p. 125-140, 17 Oct. 2017. Disponível em: https://arxiv.org/abs/1710.06372 Acesso em: 22 mar. 2022.

AMARAL, Fernando. **Introdução à ciência de dados**: mineração de dados e big data. Rio de Janeiro: Alta Books Editora, 2016.

ARISTÓTELES. **Ética a Nicômaco**. Tradução Pietro Nassetti. São Paulo: Martin Claret, 2003.

ARISTÓTELES. **Política**. Tradução Mário da Gama Kury. Brasília: Universidade de Brasília, 1985, Livro I.

BARBOSA, K. L.; CAVALCANTE, G. S. S. A biotecnologia envolvida no sistema CRISPR. **Revista de Ciências Médicas e Biológicas**, [S. l.], v. 18, n. 1, p. 123–127, 2019. DOI: 10.9771/cmbio.v18i1.25090. Disponível em: https://periodicos.ufba.br/index.php/cmbio/article/view/25090. Acesso em: 23 mar. 2022.

BAYLLY, Anatole. **Dictionnaire Grec Français**. Paris: Hachette, 2000.

BOCHIE, Kaylani et al. Aprendizado profundo em redes desafiadoras: Conceitos e aplicações. **Sociedade Brasileira de Computação**, 2020, Disponível em: https://sol.sbc.org.br/livros/index.php/sbc/catalog/download/50/231/468-1 Acesso em: 14 mar. 2022.

DU, Dan; QI, Lei S. An introduction to CRISPR technology for genome activation and repression in mammalian cells. **Cold Spring Harbor Protocols**, v. 2016, n. 1, p. pdb. top086835, 2016.

FAIRFIELD, J. Tokenized: The law of non fungible tokens and unique digital property. **Indiana Law Journal**, Apr. 6th 2021. (Forthcoming) Disponível em: https://ssrn.com/abstract=3821102 Acesso em 31 mar. 2022.

[86] MARGOLIS, Michael. E-government and democratic politics. *In*: NIXON, Paul G.; KOUTRAKOU, Vassiliki N. (Editors). **E-government in Europe:** Re-booting the State. Routledge Advances in European Politics. New York: Routledge, 2017 (e-book), p. 12.

FEOFILOFF, P.; KOHAYAKAWA, Y.; WAKABAYASHI, Y. **Uma Introdução Sucinta à Teoria dos Grafos.** 12 jul. 2011. Disponível em: https://www.ime.usp.br/~pf/teoriadosgrafos/texto/TeoriaDosGrafos.pdf Acesso em: 31 mar. 2022.

FIGUEIREDO, Carla Regina Bortolaz de; CABRAL, Flávio Garcia. Inteligência artificial: machine learning na Administração Pública. **International Journal of Digital Law**, Belo Horizonte, ano 1, n. 1, p. 79-95, jan./abr. 2020.

FONSECA FILHO, Cléusio. **História da computação:** o caminho do pensamento e da tecnologia. Porto Alegre: EDIPUCRS, 2007.

FRANÇOIS-LAVET, Vincent; HENDERSON, Peter; ISLAM, Riashat; BELLEMARE, Marc G.; PINEAU, Joelle. An Introduction to Deep Reinforcement Learning. In: **Foundations and Trends in Machine Learning**: v. 11, n. 3-4, 2018, DOI: 10.1561/2200000071. Disponível em: https://arxiv.org/pdf/1811.12560.pdf Acesso em: 14 mar. 2022.

FREITAS, Juarez; FREITAS, Thomas Bellini. **Direito e inteligência artificial: em defesa do humano**. Belo Horizonte: Fórum, 2020.

FRESCO, Jacque. **The best that Money can't buy:** beyond politics, poverty & war. 8.ed. Florida: Global Cyber Visions, 2018.

GELLERS, Joshua C. Rights for robots: artificial intelligence, animal and environment law. **New York & London**: Routledge, 2021.

KAHNEMAN, Daniel. **Rápido e devagar:** duas formas de pensar. São Paulo: Objetiva, 2012.

KAPLAN, Jerry. **Artificial intelligence:** what everyone needs to know. New York: Oxford University, 2016.

KUHN, Thomas S. **A estrutura das revoluções científicas.** 5.ed. São Paulo: Perspectiva, 1998.

MAGRANI, Eduardo. **A internet das coisas.** Rio de Janeiro: FGV, 2018.

MARGOLIS, Michael. E-government and democratic politics. In: NIXON, Paul G.; KOUTRAKOU, Vassiliki N. (Editors). **E-government in Europe**: Re-booting the State. Routledge Advances in European Politics. New York: Routledge, 2017 (e-book).

MARX, Karl. **O capital**: crítica da economia política. Tradução de Régis Barbosa e Flávio R. Kothe. São Paulo: Abril Cultural, v. III, t. I, 1984.

MATTIELO, Felipe et al. Decifrando a computação quântica. **Caderno de Física da UEFS**, v. 10, n. 1, p. 31-44, jan.-dez. 2012, Disponível em: http://dfisweb.uefs.br/caderno/vol10n12/a4MattielCQuantica.pdf Acesso em: 31 mar. 2022.

MEDINA, Marco; FERTIG, Cristina. **Algoritmos e programação:** teoria e prática. São Paulo: Novatec, 2006.

MUSARAT, M.A.; IRFAN, M.; ALALOUL, W.S.; MAQSOOM, A.; GHUFRAN, M. A **Review on the Way Forward in Construction through Industrial Revolution 5.0. Sustainability 2023**, 15, 13862. https://doi.org/10.3390/su151813862

NAKAMOTO, Satoshi. Bitcoin: **A Peer-to-Peer Electronic Cash System**. 2008. Disponível em: https://bitcoin.org/bitcoin.pdf Acesso em: 22 mar. 2022.

OLIVEIRA, Bernardo Carlos S. C. M. de. LUZIO DOS SANTOS, Luís Miguel. **Diálogos com a mãe terra**. Rio de Janeiro: Pachamama, 2021.

POPPER, Karl. **The logic of scientific discovery**. London & New York: Routledge, 2002.

PORTO EDITORA. **Máquina de Turing na Infopédia** [em linha]. Porto: Porto Editora. [consult. 2022-03-08 18:00:37]. Disponível em https://www.infopedia.pt/$maquina-de-turing;

RIBEIRO, Lucas; MENDIZABAL, Odorico. Introdução à Blockchain e Contratos Inteligentes: Apostila para Iniciante. Relatório Técnico INE 001/2021. Universidade Federal de Santa Catarina. ago. 2019, Disponível em: https://repositorio.ufsc.br/bitstream/handle/123456789/221495/RT-INE2021-1.pdf?sequence=1&isAllowed=y Acesso em: 22 mar. 2022.

RICIERI, Aguinaldo Prandini. **Matemática aplicada à vida**: P2. 2019. Apostila.

RICIERI, Aguinaldo Prandini. Prandiano: **Matemática aplicada à vida**, São José dos Campos, 2019. Apostila.

ROSA, Reginaldo José da; SILVA, Rogério Hermínio da; MARCELINO, Roderval; GRUBER, Vilson. Tecnologias de contabilidade distribuídas (DLTs): evolução, diferenças, similaridades e vantagens. **Revista Humanidades e Inovação**. v.7, n.9, p. 231-243, 2020.

SANTOS, Ricardo. Você sabe a história, entende como funciona o Sistema Binário? **Portal GSTI.** Disponível em: https://www.portalgsti.com.br/2020/02/voce-sabe-a-historia-entende-como-funciona-o-sistema-binario.html Acesso em: 11 mar. 2022.

SARAI, Leandro. Moedas digitais e os bancos. In: BARBOSA, Tatiana Casseb B. (coord.) **A revolução das moedas digitais:** bitcoins e altcoins. Cotia/SP: Revoar, 2016.

SARAI, Leandro. O futuro do sistema financeiro no passado da humanidade. In: IWAKURA, Cristiane Rodrigues; LIMA, Felipe Herdem. **Novas tendências do Sistema Financeiro Nacional.** Londrina, PR: Thoth, 2021.

SCHWAB, Klaus. **A Quarta Revolução Industrial**. Tradução Daniel Moreira Miranda. São Paulo: Edipro, 2016.

SEJNOWSKI, Terrence J. **A Revolução do Aprendizado Profundo**. Alta Books, 2020.

SOUSA FILHO, Gilberto Farias de; ALEXANDRE, Eduardo de Santana Medeiros. **Introdução à computação**. 2.ed. João Pessoa: UFPB, 2014.

STARK, Josh. Making **Sense of Blockchain Smart Contracts. Coindesk**. 11 Sept. 2021. Disponível em: https://www.coindesk.com/markets/2016/06/04/making-sense-of-blockchain-smart-contracts/ Acesso em: 22 mar. 2022.

SZABO, Nick. **Smart Contracts**. 1994. Disponível em: https://www.fon.hum.uva.nl/rob/Courses/InformationInSpeech/CDROM/Literature/LOTwinterschool2006/szabo.best.vwh.net/smart.contracts.html Acesso em: 22 mar. 2022.

TAURION, Cezar. **Cloud computing:** computação em nuvem: transformando o mundo da tecnologia da informação. Rio de Janeiro: Brasport, 2009, p. 1-13.

TJDF, Acórdão 1221410, 07138587620198070016, Relator: ARNALDO CORRÊA SILVA, Segunda Turma Recursal, data de julgamento: 11/12/2019, publicado no DJE: 17/12/2019. TJ/DF, Acórdão 1207945, 07101523620198070000, Relatora: SIMONE LUCINDO, Primeira Câmara Cível, data de julgamento: 7/10/2019, publicado no DJE: 17/10/2019.

VYAS, Valmik K.; BERNSTEIN, Douglas A. An Introduction to CRISPR-Mediated Genome Editing in Fungi. **Journal of microbiology & biology education**, v. 20, n. 3, p. 90, 2019.

WANG, Qin et al. **Non-fungible token (NFT)**: Overview, evaluation, opportunities and challenges. arXiv preprint arXiv:2105.07447, 2021, Disponível em: https://arxiv.org/pdf/2105.07447.pdf Acesso em: 31 mar. 2022.

WHITTAKER, Jason. **Tech giants, artificial intelligence, and the future of journalism**. New York and London: Routledge, 2019.

WIKIPEDIA. **Blockchain**. 20th mar. 2022. Disponível em: https://en.wikipedia.org/wiki/Blockchain Acesso em: 22 mar. 2022.

WIKIPEDIA. **Industrial Revolution**. 22th Feb. 2022. Disponível em: https://en.wikipedia.org/wiki/Industrial_Revolution Acesso em: 22 mar. 2022.

WIKIPEDIA. **Satoshi Nakamoto**. 16th mar. 2022. https://en.wikipedia.org/wiki/Satoshi_Nakamoto Acesso em: 22 mar. 2022.

WIKIPEDIA. **Teoria dos grafos**. 4 jan. 2022. Disponível em: https://pt.wikipedia.org/wiki/Teoria_dos_grafos Acesso em: 31 mar. 2022.

2.
ADMINISTRAÇÃO PÚBLICA E INOVAÇÃO
A EXPERIÊNCIA INTERNACIONAL

O movimento da Administração Pública rumo à digitalização e ao emprego de novas tecnologias não é algo exclusivo do Brasil. O Banco Mundial, a propósito, já cunhou o termo *e-Government* para se referir a esse fenômeno. Ele abrangeria o uso de tecnologias da informação pelo governo, que tem a habilidade de transformar as relações com cidadãos, empresas e outros órgãos governamentais. Ainda segundo o Banco Mundial, essas tecnologias teriam diversos empregos, como o aprimoramento da prestação de serviços públicos, o empoderamento dos cidadãos por meio da informação, a melhoria do relacionamento com as empresas e o aperfeiçoamento da gestão pública, tudo contribuindo para diminuir a corrupção, aumentar transparência, reduzir custos e melhorar a arrecadação[87].

Há quem acredite que os benefícios decorrentes do *e-Government* se dividiram em dois grupos: o aprimoramento da gestão pública e o aumento da participação[88]. Porém, acreditamos que os impactos podem melhor ser

[87] THE WORLD BANK. **e-Government**. May 19th 2015, Disponível em: https://www.worldbank.org/en/topic/digitaldevelopment/brief/e-government Acesso em: 1º abr. 2022.

[88] NIXON, Paul G.; KOUTRAKOU, Vassiliki N. (Editors). **E-government in Europe:** Re-booting the State. Routledge Advances in European Politics. New York: Routledge, 2017 (e-book), pos. 248. LIPS, Miriam. E-government under construction: Challenging traditional

organizados em quatro grupos. Em primeiro lugar, como já mencionado, a tecnologia da informação permite maior acesso pelos cidadãos e órgãos de controle sobre as informações da gestão pública, possibilitando um maior controle e gerando incentivo para melhoria da gestão. Em segundo lugar, a tecnologia possibilita uma melhor gestão dos recursos públicos, independentemente do papel de controle social e institucional. Em terceiro, talvez o principal, a tecnologia possibilita uma melhor prestação de serviços públicos. Em quarto, não menos importante, ela se apresenta como ferramenta a serviço da democracia, como meio de voz e até mesmo de voto, caso isso venha a ser regulamentado.

Miriam Lips, tratando da União Europeia, salienta que a Declaração Ministerial apresentada na Conferência de Manchester sobre *e-Government* de 2005 teria trazido como objetivos da implantação dessa inovação tornar os serviços centrados no cidadão para melhorar sua qualidade de vida, reduzir custos administrativos e impostos pagos, aumentar a confiança dos cidadãos no governo e na democracia[89].

Conforme apontado no Capítulo anterior, todavia, nem todas as inovações podem representar benefícios para os cidadãos. As tecnologias podem trazer preocupações com a privacidade e com outros direitos das pessoas, que podem ser indevidamente prejudicados por outras pessoas ou mesmo pelo governo[90].

No que diz respeito a outras pessoas, a grande preocupação está no uso da internet para causar prejuízos a bens e a pessoas. Para alguns, o extremo desse abuso está no terrorismo cibernético, que, aliás, seria algo distinto do uso da internet por terroristas. A concepção de terrorismo cibernético

conceptions of citizenship. *In*: NIXON, Paul G.; KOUTRAKOU, Vassiliki N. (Editors). **E-government in Europe:** Re-booting the State. Routledge Advances in European Politics. New York: Routledge, 2017 (e-book), p. 43.

89 LIPS, Miriam. E-government under construction: Challenging traditional conceptions of citizenship. *In*: NIXON, Paul G.; KOUTRAKOU, Vassiliki N. (Editors). **E-government in Europe:** Re-booting the State. Routledge Advances in European Politics. New York: Routledge, 2017 (e-book), p. 33; EU. **Manchester Ministerial Declaration 2005**. 24 nov. 2005. Disponível em: https://joinup.ec.europa.eu/collection/egovernment/document/eu-manchester-ministerial-declaration-2005 Acesso em: 5 abr. 2022.

90 MARGOLIS, Michael. E-government and democratic politics. *In*: NIXON, Paul G.; KOUTRAKOU, Vassiliki N. (Editors). **E-government in Europe:** Re-booting the State. Routledge Advances in European Politics. New York: Routledge, 2017 (e-book), p. 12.

estaria ligada normalmente a ataques ou ameaças de ataques por meio de computadores com objetivos políticos, religiosos ou ideológicos e capazes de causar medo e danos importantes a pessoas e bens, incluindo dados ou o funcionamento de equipamentos, ou seja, efeitos comparáveis aos meios tradicionais do terror. Seriam excluídos assim os ataques com meros efeitos econômicos ou a serviços não essenciais[91]. A noção do terrorismo cibernético é útil porque ela traz luz a situações que, embora menos graves, podem ser do interesse da Administração, como ilícitos sujeitos ao poder de polícia estatal e mesmo questões de segurança pública.

O foco na questão do terrorismo também permite refletir sobre o fato de o medo que ele provoca acabar servindo de pretexto para abusos governamentais. Ou seja, com a desculpa de garantir a segurança das pessoas, o governo pode eventualmente abusar de seu poder invadindo indevidamente a privacidade das pessoas[92]. Não seria diferente com a utilização de crimes cibernéticos comuns como justificativa para uma maior intervenção governamental. A preocupação é cada vez maior porque os avanços estão chegando ao ponto de praticamente ser possível ler a mente das pessoas, ou seja, saber o que as pessoas pensam, mesmo quando elas não queiram falar. Não por outro motivo, recentemente o Chile se tornou o primeiro país a incluir em sua Constituição o direito à integridade "psíquica" ao lado da integridade física[93].

Por isso, a grande questão que a sociedade precisa enfrentar é como encontrar o equilíbrio ideal entre segurança e liberdade.

[91] CONWAY, M. Reality bytes: Cyberterrorism and terrorist 'use' of the Internet. **First Monday**, [S. l.], v. 7, n. 11, 2002. DOI: 10.5210/fm.v7i11.1001. Disponível em: https://firstmonday.org/ojs/index.php/fm/article/view/1001 Acesso em: 5 apr. 2022. DENNING, Dorothy. "Is Cyber Terror Next?" New York: **U.S. Social Science Research Council**, 2001, at http://essays.ssrc.org/sept11/essays/denning.htm Acesso em: 5 abr. 2022.

[92] RAWAL, Rajash. Danger mouse? The growing threat of cyberterrorism. *In*: NIXON, Paul G.; KOUTRAKOU, Vassiliki N. (Editors). **E-government in Europe:** Re-booting the State. Routledge Advances in European Politics. New York: Routledge, 2017 (e-book), p. 56.

[93] REPÚBLICA DE CHILE. Senado. **Constituición Política de la República.** 28 abr. 2021. Disponível em: https://www.senado.cl/constitucion-politica-capitulo-i-bases de la -institucionalidad Acesso em: 5 abr. 2022. VICK. Mariana. A tecnologia que consegue ler e transmitir pensamentos. **Nexo**. 31 mar. 2022. Disponível em: https://www.nexojornal.com.br/expresso/2022/03/31/A-tecnologia-que-consegue-ler-e-transmitir-pensamentos?posicao=8 Acesso em: 5 abr. 2022.

O fato de a internet dificultar a identificação dos interlocutores também já levanta reflexões sobre a necessidade de se instituirem identidades digitais[94]. Curiosamente, a possibilidade de as pessoas atuarem e manifestarem sua vontade digitalmente a partir de qualquer lugar já começa a trazer questões sobre os critérios até mesmo para definição de cidadania, ou seja, além dos critérios tradicionais de *jus sanguinis* e *jus soli*, o mundo digital faz com que se cogite de adotar o *jus informationis*[95].

Fato é que apesar das dificuldades e riscos trazidos pelas inovações, elas são necessárias para vencermos diversos desafios, o que traz à mente a investigação de fatores responsáveis por incentivar ou inibir inovações. Quanto a isso, é interessante o apontamento lembrado por Paul Nixon, no sentido de que, enquanto no setor privado o inovador seria recompensado pela inovação, no setor público essa recompensa iria para o Estado, o que retiraria o incentivo para inovadores dentro da Administração[96]. Esse apontamento é feito por Elaine Karmack[97], porém, obviamente que se trata de uma percepção que não pode ser generalizada, até porque nada impede de serem criados incentivos para que também haja inovação no setor público. Basta ver, por exemplo, a figura jurídica do concurso, já prevista pelo menos desde o art. 144 do Decreto-lei nº 200, de 25 de fevereiro de 1967, que possibilitava a instituição de prêmios para vencedores na elaboração de projetos. E agora, na Lei nº 14.133, de 1º de abril de 2021,

[94] LIPS, Miriam. E-government under construction: Challenging traditional conceptions of citizenship. *In*: NIXON, Paul G.; KOUTRAKOU, Vassiliki N. (Editors). **E-government in Europe:** Re-booting the State. Routledge Advances in European Politics. New York: Routledge, 2017 (e-book), p. 41.

[95] LIPS, Miriam. E-government under construction: Challenging traditional conceptions of citizenship. *In*: NIXON, Paul G.; KOUTRAKOU, Vassiliki N. (Editors). **E-government in Europe:** Re-booting the State. Routledge Advances in European Politics. New York: Routledge, 2017 (e-book), p. 44.

[96] NIXON, Paul G. Ctrl, Alt, Delete: Rebooting the European Union via e-government. *In*: NIXON, Paul G.; KOUTRAKOU, Vassiliki N. (Editors). **E-government in Europe:** Re-booting the State. Routledge Advances in European Politics. New York: Routledge, 2017 (e-book), p. 23.

[97] KAMARCK, Elaine C. **Government Innovation around the World**. Ash Institute for Democratic Governance and Innovation. John F. Kennedy School of Government. Harvard University, 2004. Disponível em: https://ash.harvard.edu/publications/government-innovation-around-world Acesso em 4 abr. 2022, p. 2.

as figuras do Diálogo Competitivo, do Procedimento de Manifestação de Interesse e do contrato de eficiência, também podem ter potencial para serem importantes instrumentos de inovação.

Paul Nixon chama atenção também, a partir da perspectiva europeia, para dois aspectos preocupantes com a implantação do *e-Government*. O primeiro deles é que a redução de custos com essa implantação não pode ocorrer com a simples transferência desses custos para o cidadão, principalmente quando as condições econômicas dos cidadãos são distintas, pois isso representaria uma espécie de tributação regressiva, ou seja, onerando mais pesadamente aqueles com menor capacidade contributiva. O segundo aspecto é que de nada adianta passar serviços e atendimentos para a internet se a população não tiver acesso a tais serviços, por falta de conhecimento ou de meios materiais para tanto[98]. Nesse caso, a transição ou implantação do serviço digital levaria à exclusão do cidadão.

Ainda na Europa, se tomarmos a sua principal economia, a Alemanha, há muito tempo já se percebeu um problema comum de seu serviço público: sua estrutura governamental era complexa e o cidadão não tinha como saber qual o órgão ou autoridade seria competente para atender suas demandas[99]. É esse problema que faz nascer a ideia de plataformas digitais únicas, ou seja, um único portal para todos os serviços do governo, que facilita para o cidadão encontrar informações sobre como ser atendido, algo que no Brasil já começa a ser feito com o Portal Gov.br.

A visão do *e-Government* na Alemanha começa simplesmente com a preocupação em oferecer serviços online aos cidadãos, mas evolui para buscar a modernização da Administração, chegando a levantar a questão de quais serviços deveriam ser prestados pelo Estado ou pelo setor privado. Também coloca em questão a necessidade ou não do atendimento presencial e a concepção da localização do serviço,

[98] NIXON, Paul G. Ctrl, Alt, Delete: Rebooting the European Union via e-government. *In*: NIXON, Paul G.; KOUTRAKOU, Vassiliki N. (Editors). **E-government in Europe:** Re-booting the State. Routledge Advances in European Politics. New York: Routledge, 2017 (e-book), p. 28.

[99] SIEGFRIED, Tina. E-government in Germany. *In*: NIXON, Paul G.; KOUTRAKOU, Vassiliki N. (Editors). **E-government in Europe**: Re-booting the State. Routledge Advances in European Politics. New York: Routledge, 2017 (e-book), p. 96.

quando prestado remotamente[100]. Outra questão relacionada a esse aspecto diz respeito à decisão entre produzir as próprias soluções de TIC ou contratá-las no mercado. Por um lado, a contratação no mercado, a depender de sua formatação, pode dispensar a necessidade de se preocupar com constante atualização e capacitação de servidores. Porém, por outro, deixa a Administração na dependência do mercado, que muitas vezes não possui soluções adequadas para a realidade do serviço público[101].

O fato de a Alemanha ser um Estado federado, assim como o Brasil, também mostra como é importante a cooperação federativa na implantação de um sistema que funcione nesse contexto de entes autônomos e que permita a interlocução entre eles e a padronização de seus serviços. Essa cooperação é determinada pelo art. 91-c da Lei Fundamental da República Federal da Alemanha (*Grundgesetz für die Bundesrepublik Deutschland*)[102]. Outro fato que não pode deixar de ser mencionado é que, apesar de grande parte (93%) da população alemã ser ativa em redes sociais e em compras online, apenas 5% utilizavam serviços públicos digitais até por volta de 2005. A causa parece ser desconfiança do governo e a necessidade de equipamentos adicionais, como tokens para identificação digital[103]. Isso mostra a importância de se conhecer a cultura e as expectativas da população para que não haja desperdício ou má alocação de recursos

[100] SIEGFRIED, Tina. E-government in Germany. *In*: NIXON, Paul G.; KOUTRAKOU, Vassiliki N. (Editors). **E-government in Europe**: Re-booting the State. Routledge Advances in European Politics. New York: Routledge, 2017 (e-book), p. 97-98.

[101] KUHLMANN, S.; PROELLER, I.; SCHIMANKE, D.; ZIEKOW, J. (eds). **Public Administration in Germany**. Part of: Governance and Public Management. Springer Publishing. Palgrave Macmillan, Cham., 2021, DOI http://dx.doi.org/10.1007/978-3-030-53697-8, p. 332.

[102] FEDERAL REPUBLIC OF GERMANY. **Basic Law for the Republic of Germany.** in the revised version published in the Federal Law Gazette Part III, classification number 100-1, as last amended by Article 1 of the Act of 29 September 2020 (Federal Law Gazette I p. 2048). Disponível em: https://www.gesetze-im-internet.de/englisch_gg/englisch_gg.html#p0504 Acesso em: 7 abr. 2022.

[103] KUHLMANN, S.; PROELLER, I.; SCHIMANKE, D.; ZIEKOW, J. (eds). **Public Administration in Germany**. Part of: Governance and Public Management. Springer Publishing. Palgrave Macmillan, Cham., 2021, DOI http://dx.doi.org/10.1007/978-3-030-53697-8, p. 333.

públicos com soluções que ficarão ociosas ou sem aproveitamento adequado.

Uma iniciativa adotada recentemente na Alemanha, que merece menção, diz respeito ao "Governo Aberto" (*Open Government*), que somente se tornou possível justamente em razão dos atuais recursos tecnológicos. Segundo a OCDE, essa iniciativa seria uma cultura de governança com políticas inovadoras e sustentáveis baseadas em princípios de transparência, prestação de contas, controle e participação social, que fomentam a democracia e o crescimento inclusivo[104].

Note o leitor que, ao olhar para apenas um país, muitos aspectos já interessaram para iluminar o caminho do Brasil na modernização de sua Administração Pública. Imagine então se fosse possível analisar todos os países? Ocorre que tal aprofundamento fugiria do escopo da presente obra. Além disso, dada a velocidade com que se movimenta a inovação, quando terminássemos de analisar todos os países, a situação dos países analisados em primeiro lugar provavelmente já se teria modificado. É essencial, então, que sejam escolhidos apenas alguns. E é necessário também que seja eleito algum critério de seleção.

Além do critério para selecionar os países, precisamos definir o que iremos analisar em cada país.

Num primeiro momento, pensamos em adotar uma abordagem de Direito Comparado. Nessa perspectiva precisaríamos abordar a legislação de cada país selecionado para apurar as principais normas ligadas à transição para o governo digital. Na Alemanha, como visto, até mesmo sua Norma Fundamental já apresenta dispositivo específico ligado ao assunto. Na Itália, a propósito, curiosamente há até um Código Administrativo Digital[105], para tratar da informatização das relações entre a Administração Pública e os cidadãos e empresas. Ocorre que, como cada país adota caminhos diferentes na transição digital, seria difícil fazer o levantamento

[104] OECD. **Open government:** the global context and the way forward. Paris: OECD Publishing, 2016. Disponível em: https://www.oecd.org/publications/open-government-9789264268104--en.htm Acesso em: 7 abr. 2022, p. 20-22.

[105] ITÁLIA. Governo Italiano. Presidenza del Consiglio dei Ministri. **Codice Amministrazione Digitale.** Decreto legislativo 7 marzo 2005, n. 82, modificato e integrato con il decreto legislativo 22 agosto 2016 n. 179 e con il decreto legislativo 13 dicembre 2017 n. 217. Disponível em: https://www.agid.gov.it/it/agenzia/strategia-quadro-normativo/codice-amministrazione--digitale. Acesso em: 10 abr. 2022.

das normas pertinentes, principalmente quando se nota que até mesmo no Brasil essa tarefa é árdua. Mais do que isso, como a inovação está cada vez mais acelerada, tal tarefa poderia ser inútil, até porque o retrato obtido ficaria obsoleto muito rapidamente.

Assim, em vez de adotar uma perspectiva de Direito Comparado, preferimos buscar compreender o contexto como um todo da experiência dos países selecionados, seja quanto a estratégias adotadas, seja quanto a soluções específicas que se mostrem relevantes.

Todas essas questões colocadas até aqui servem apenas para demonstrar como os impactos da tecnologia representam um fenômeno mundial. Por isso, antes de compreender o impacto da tecnologia na Administração Pública brasileira, convém fazer esse breve giro ao redor do mundo para verificar algumas experiências internacionais, que poderão servir para previsão e preparação para possíveis situações que eventualmente surgirão aqui, além de oferecer soluções e elementos comparativos.

No restante do Capítulo pretendemos então organizar a exposição por país. Na medida do possível, iniciativas que estejam presentes em mais de um país não serão repetidas.

Para selecionar os países foi utilizado o *GovTech Maturity Index* (GTMI) do Banco Mundial[106]. Desse índice foram escolhidos os seis primeiros países: Coreia do Sul, Estônia, França, Dinamarca, Áustria e Reino Unido. Ressalte-se que nesse *ranking*, que avaliou 198 países, o Brasil aparece em sétimo lugar, o que é algo espetacular, considerando as dimensões continentais e demográficas do país em comparação com os demais[107]. Com efeito, a população somada de todos esses seis países é de algo em torno de 200 milhões de pessoas enquanto o Brasil sozinho possui uma população de mais de 215 milhões de pessoas. Quanto ao espaço territorial,

[106] DENER, Cem; NII-APONSAH, Hubert; GHUNNEY, Love E.; JOHNS, Kimberly. **GovTech Maturity Index**: The State of Public Sector Digital Transformation. International Development in Focus. Washington, DC: World Bank, 2021. doi:10.1596/978-1-4648-1765-6. License: Creative Commons Attribution CC BY 3.0 IGO. Disponível em: https://openknowledge.worldbank.org/handle/10986/36233 Acesso em 7 abr. 2022.

[107] WIKIPEDIA. **Lista de países e territórios por área**. 13 jan. 2022. Disponível em: https://pt.wikipedia.org/wiki/Lista_de_pa%C3%ADses_e_territ%C3%B3rios_por_%C3%A1rea. Acesso em: 10 abr. 2022. WIKIPEDIA. **Lista de países por população.** 3 abr. 2022. Disponível em: https://pt.wikipedia.org/wiki/Lista_de_pa%C3%ADses_por_popula%C3%A7%C3%A3o Acesso em: 10 abr. 2022.

todos os seis países somados têm uma área territorial de aproximadamente 980 mil km², enquanto o Brasil possui mais de 8,5 milhões de km². Esses dados dão alguma ideia do que representa a posição do Brasil no *ranking*.

O GTMI analisa quatro aspectos: a) sistemas do governo central; b) prestação de serviços; c) participação cidadã; e d) ambiente institucional para a promoção do governo digital. Ele foi desenvolvido para sanar uma lacuna nos índices existentes, que sozinhos não conseguem capturar todo progresso nesses principais aspectos de análise. A abrangência do GTMI é garantida pela utilização de 48 indicadores[108].

Preferiu-se utilizar esse índice, como dito, porque ele é mais recente e mais abrangente (inclusive levando em conta outros índices como o das Nações Unidas[109]).

2.1. Coreia do sul

A Coreia do Sul tem sido um dos países mais bem avaliados em termos de associação entre administração pública e tecnologias da informação e de comunicação (TIC). É essencial que haja aceitação e satisfação dos usuários, bem como que haja vontade política dos líderes para conscientizar todos sobre a importância da inovação. Apesar da mudança de administrações, a contínua busca de aprimoramento desse país ocorre por uma série de razões como uma infraestrutura completa já nos anos 2000, uma política nacional que influencia inovações, um ambiente cultural que busca continuamente o aumento da velocidade nos serviços e uma demanda social por políticas que atendam essa cultura[110].

[108] DENER, Cem; NII-APONSAH, Hubert; GHUNNEY, Love E.; JOHNS, Kimberly. **GovTech Maturity Index**: The State of Public Sector Digital Transformation. International Development in Focus. Washington, DC: World Bank, 2021. doi:10.1596/978-1-4648-1765-6. License: Creative Commons Attribution CC BY 3.0 IGO. Disponível em: https://openknowledge.worldbank.org/handle/10986/36233 Acesso em 7 abr. 2022, p. ix; xiii-xiv.

[109] DENER, Cem; NII-APONSAH, Hubert; GHUNNEY, Love E.; JOHNS, Kimberly. **GovTech Maturity Index**: The State of Public Sector Digital Transformation. International Development in Focus. Washington, DC: World Bank, 2021. doi:10.1596/978-1-4648-1765-6. License: Creative Commons Attribution CC BY 3.0 IGO. Disponível em: https://openknowledge.worldbank.org/handle/10986/36233 Acesso em 7 abr. 2022, p. xiv.

[110] CHUNG, Choong-Sik; CHOI, Hanbyul; and CHO, Youngmin. Analysis of Digital Governance Transition in South Korea: Focusing on the Leadership of the President for

Mas qual seria o motivo de a Coreia ter se destacado tanto? Para dar uma explicação abrangente, Chung, Choi e Cho percorrem os últimos 30 anos e utilizam um esquema de análise baseado no novo institucionalismo, isto é, na abordagem teórica que enfoca a importância das instituições para promover ou impedir o desenvolvimento. No caso, os autores utilizaram principalmente o institucionalismo histórico, partindo do pressuposto de que além do contexto institucional, o passado também teria influência nos fatos subsequentes (*path dependence*). Assim, eles integram contexto institucional e o papel dos atores como fatores explicativos, ou seja: a) as características políticas constituiriam um fator ambiental que influenciaria o contexto institucional; b) o presidente seria um ator fundamental para superar entraves institucionais; e c) cada órgão governamental também representaria um ator na implantação do governo digital e ainda poderia fazer avançar o contexto institucional por meio da interação com os demais órgãos[111].

Do ponto de vista das condições políticas, dessa forma, é essencial uma agenda nacional voltada à implantação do governo digital. O presidente, por sua vez, precisa ter vontade política e comprometimento em fazer cumprir a agenda nacional, dando o exemplo e forçando a mudança de cultura na Administração. Finalmente, é indispensável a cooperação entre os órgãos governamentais e na Coreia o fato de haver um órgão encarregado da política de TIC, independente dos demais ministérios, parece ter tido peso importante na implantação e avaliação dessa política[112].

Government Innovation, **Journal of Open Innovation**: Technology, Market, and Complexity, v. 8, n. 1: 2, 2022, https://doi.org/10.3390/joitmc8010002, Acesso em: 8 abr. 2022, p. 1-2.

111 CHUNG, Choong-Sik; CHOI, Hanbyul; and CHO, Youngmin. Analysis of Digital Governance Transition in South Korea: Focusing on the Leadership of the President for Government Innovation, **Journal of Open Innovation**: Technology, Market, and Complexity, v. 8, n. 1: 2, 2022, https://doi.org/10.3390/joitmc8010002, Acesso em: 8 abr. 2022, p. 2-3.

112 CHUNG, Choong-Sik; CHOI, Hanbyul; and CHO, Youngmin. Analysis of Digital Governance Transition in South Korea: Focusing on the Leadership of the President for Government Innovation, **Journal of Open Innovation**: Technology, Market, and Complexity, v. 8, n. 1: 2, 2022, https://doi.org/10.3390/joitmc8010002, Acesso em: 8 abr. 2022, p. 3-4.

2.2. Estônia

Perto de 99% dos serviços públicos da Estônia estão disponíveis online 24 horas por dia e 7 dias por semana, com exceção de serviços relativos a casamentos, divórcios e transações imobiliárias. Um dos grandes feitos desse país tem relação com a interoperabilidade[113].

Segundo Cristiane Rodrigues Iwakura, a interoperabilidade é a possibilidade de sistemas operacionais trabalharem em conjunto, inclusive para troca de informações[114]. Göran Goldkuhl considera a interoperabilidade como o maior desafio para o sucesso do *e-Government*[115]. Pode parecer irrelevante, mas quando cada órgão adota suas próprias soluções digitais de modo independente, há grande risco de as soluções não interagirem. Com isso, todos os órgãos acabam tendo que manter dados em redundância, gerando retrabalhos e prejudicando a Administração e principalmente os cidadãos.

A solução da Estônia para garantir a interoperabilidade, considerada o último estado da arte por João Pedro Rego Santos, foi adotar um cartão de identificação nacional com um microchip contendo todos os dados pessoais criptografados. Com esse cartão, utilizando um leitor ou mesmo um telefone celular, os cidadãos da Estônia podem acessar todos os serviços no portal do Governo, o Eesti.ee[116]. Além da identidade digital, os cidadãos da Estônia também possuem cartão de identidade físico e assinatura

[113] SANTOS, João Pedro Rego. **Portuguese Public Administration's eServices**: The Case of Technology in the Portuguese Public Administration's Services portrayed against Estonia's reality. 2022. Dissertação (Mestrado em Gestão da Informação)- Universidade Nova de Lisboa, 2022, Disponível em: https://run.unl.pt/bitstream/10362/134204/1/TGI0544.pdf. Acesso em: 8 abr. 2022, p. 1; 37.

[114] IWAKURA, Cristiane Rodrigues. **Princípio da interoperabilidade**: acesso à justiça e processo eletrônico. [s.l.]: Dialética, 2020, e-book, p.122.

[115] GOLDKUHL, Göran. The challenges of Interoperability in E-government: Towards a conceptual refinement. **pre-ICIS 2008 SIG eGovernment Workshop**, Paris, jan. 2008. Disponível em: https://www.researchgate.net/publication/228903679. Acesso em: 8 abr. 2022, p. 1.

[116] SANTOS, João Pedro Rego. **Portuguese Public Administration's eServices**: The Case of Technology in the Portuguese Public Administration's Services portrayed against Estonia's reality. 2022. Dissertação (Mestrado em Gestão da Informação)- Universidade Nova de Lisboa, 2022, Disponível em: https://run.unl.pt/bitstream/10362/134204/1/TGI0544.pdf. Acesso em: 8 abr. 2022, p. 2.

digital, que permitem, entre outras coisas, até mesmo votar[117]. Aliás, trata-se do primeiro país a permitir o voto pela internet e, curiosamente, a motivação para tanto foi atrair os mais jovens, partindo-se da premissa de que eles se interessariam mais pela política se houvesse o acesso via internet[118].

A Estônia também se destaca por utilizar a tecnologia *Blockchain* nas identidades[119].

Uma funcionalidade peculiar da Estonia é o *X-Road*. Trata-se de um ambiente técnico e organizacional que permite a troca de dados não apenas entre órgãos governamentais, mas também entre cidadãos e empresas[120]. No *X-Road* cada cidadão determina que dados pessoais serão armazenados e com quem serão compartilhados[121], ou seja, é uma infraestrutura que ao mesmo tempo garante facilidade de acesso para quem necessita legitimamente dos dados e também protege tais dados do acesso indevido. O esquema do *X-Road* é mostrado na figura seguinte:

[117] SANTOS, João Pedro Rego. **Portuguese Public Administration's eServices**: The Case of Technology in the Portuguese Public Administration's Services portrayed against Estonia's reality. 2022. Dissertação (Mestrado em Gestão da Informação)- Universidade Nova de Lisboa, 2022, Disponível em: https://run.unl.pt/bitstream/10362/134204/1/TGI0544.pdf. Acesso em: 8 abr. 2022, p. 36.

[118] ERNSDORFF, Marc; BERBEC, Adriana. Estonia: The short road to e-government and e-democracy. *In*: NIXON, Paul G.; KOUTRAKOU, Vassiliki N. (Editors). **E-government in Europe:** Re-booting the State. Routledge Advances in European Politics. New York: Routledge, 2017 (e-book), p. 171; 178.

[119] SCHWAB, Klaus. **A Quarta Revolução Industrial**. Tradução Daniel Moreira Miranda. São Paulo: Edipro, 2016, p. 150.

[120] REPUBLIC OF ESTONIA. **X-Road Factsheet.** Disponível em: https://www.ria.ee/sites/default/files/content-editors/publikatsioonid/x-road-factsheet-2014.pdf. Acesso em: 8 abr. 2022.

[121] SANTOS, João Pedro Rego. **Portuguese Public Administration's eServices**: The Case of Technology in the Portuguese Public Administration's Services portrayed against Estonia's reality. 2022. Dissertação (Mestrado em Gestão da Informação)- Universidade Nova de Lisboa, 2022, Disponível em: https://run.unl.pt/bitstream/10362/134204/1/TGI0544.pdf. Acesso em: 8 abr. 2022, p. 36.

FIGURA 2: **Esquema do *X-Road***

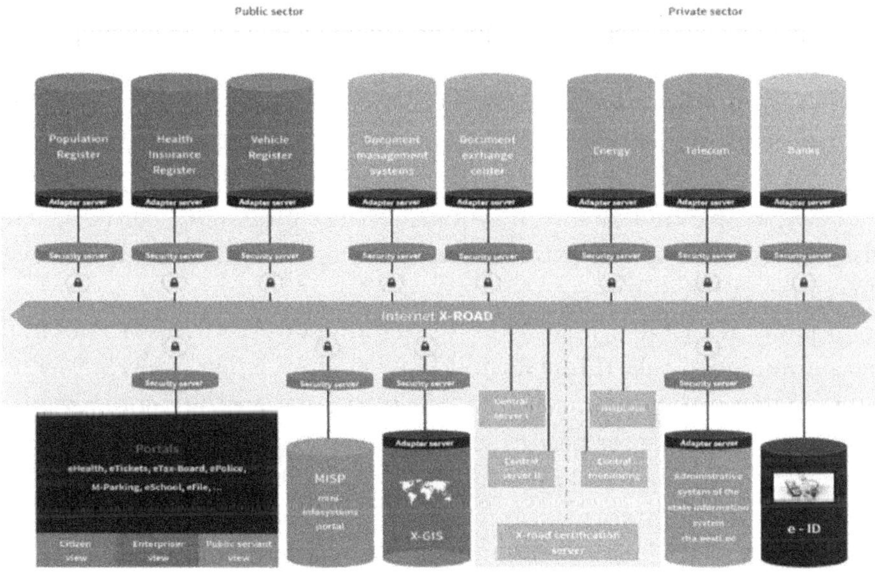

Fonte: REPUBLIC OF ESTONIA[122]

Além de toda essa estrutura, a Estônia também garante WiFi para 100% da população[123]. Finalmente, cabe destacar que a Estônia é o país mais bem avaliado no *ranking* do Europa em termos de fornecimento de serviços públicos digitais[124] e que grande parte desse sucesso decorreu do

[122] REPUBLIC OF ESTONIA. **X-Road Factsheet.** Disponível em: https://www.ria.ee/sites/default/files/content-editors/publikatsioonid/x-road-factsheet-2014.pdf. Acesso em: 8 abr. 2022.

[123] SANTOS, João Pedro Rego. **Portuguese Public Administration's eServices**: The Case of Technology in the Portuguese Public Administration's Services portrayed against Estonia's reality. 2022. Dissertação (Mestrado em Gestão da Informação)- Universidade Nova de Lisboa, 2022, Disponível em: https://run.unl.pt/bitstream/10362/134204/1/TGI0544.pdf. Acesso em: 8 abr. 2022, p. 37.

[124] SANTOS, João Pedro Rego. **Portuguese Public Administration's eServices**: The Case of Technology in the Portuguese Public Administration's Services portrayed against Estonia's reality. 2022. Dissertação (Mestrado em Gestão da Informação)- Universidade Nova de Lisboa, 2022, Disponível em: https://run.unl.pt/bitstream/10362/134204/1/TGI0544.pdf. Acesso em: 8 abr. 2022, p. 38.

maciço investimento feito nessa área. Por volta de 2002, o país já estava investindo algo em torno de 5% do PIB em TIC[125].

2.3. França

Na França o *e-Government* também é concebido de três perspectivas: a) provimento de serviços digitais; b) uso de tecnologia na gestão pública; e c) participação democrática via digital. Porém, a aplicação dessas tecnologias aparenta ter um viés consumerista e profissional, ou seja, uma visão a partir da iniciativa privada, que não compreenderia a complexidade do regime público[126].

A partir de 1998 é instituído o Programa de Ação Governamental para a Sociedade da Informação (*Programme d'Action Gouvernemental pour la Société de l'Information* – PAGSI), para durar até 2007, objetivando ampliar o acesso a informações sobre os serviços públicos e aos próprios serviços[127]. Uma iniciativa digna de nota, no âmbito dos serviços digitais, é o VITALE, um sistema computadorizado nacional de seguro de saúde nacional implantado em 1998, que permitiu o reembolso de forma ágil por meio do uso um cartão eletrônico em vez do preenchimento e envio de formulários de papel. Esse sistema reduziu o tempo do reembolso de duas a três semanas para cerca de cinco dias[128].

Entre 2004 a 2007 é criado o Plano de Administração Eletrônica (*Plan ADministration ÉLEctronique* – ADELE) para implementar o governo digital e a modernização do Estado. A partir de 2008 o Plano *Digital France* procurou aprimorar o acesso aos sites públicos, permitir pagamentos

[125] KRULL, Andre. ICT Infrastructure and E-readiness Assessment Report: Estonia. **Praxis.** Apr. 2003. Disponível em: https://core.ac.uk/download/pdf/11870795.pdf. Acesso em: 9 abr. 2022.

[126] GREFFET, Fabienne. The digital republic: Renewing the French state via e-government. In: NIXON, Paul G.; KOUTRAKOU, Vassiliki N. (Editors). **E-government in Europe**: Re-booting the State. Routledge Advances in European Politics. New York: Routledge, 2017 (e-book), p. 75-76.

[127] RÉPUBLIQUE FRANÇAISE. E-administration: du PAGSI au programme Action publique 2022. **Vie publique.** 4 oct. 2021. Disponível em: https://bit.ly/3x7Ii4Q Acesso em: 6 abr. 2022.

[128] GREFFET, Fabienne. The digital republic: Renewing the French state via e-government. *In*: NIXON, Paul G.; KOUTRAKOU, Vassiliki N. (Editors). **E-government in Europe**: Re-booting the State. Routledge Advances in European Politics. New York: Routledge, 2017 (e-book), p. 76.

online e melhorar a interoperabilidade entre órgãos e seus dados. Em 2016, a França implantou o *France Connect*[129] com a ideia de permitir aos usuários acessarem todos os serviços mediante uma única conta e senha. Nesse ano também é editada a Lei Lemaire, objetivando instituir uma "República Digital" (*République numérique*), principalmente pela concessão de acesso a dados públicos de interesse geral, incluindo resultados de pesquisas científicas, além de proteger a privacidade das pessoas, entre outras medidas[130].

Algo curioso na França é a palavra utilizada para digital: *numérique*. Conforme já vimos no Capítulo 1, um dos sentidos da palavra "digital" é ser composto por dígitos, ou seja, números. E isso fica mais evidente na língua francesa.

Uma iniciativa francesa interessante é a de "*startups estatais*", que busca selecionar e contratar empreendedores de interesse geral (*entrepreneurs d'intérêt général* – EIG) por meio de editais públicos para trabalharem por 10 meses juntamente com agentes públicos na solução de desafios propostos pela Administração[131]. É algo que lembra um pouco as figuras brasileiras do Diálogo Competitivo e do Procedimento de Manifestação de Interesse (artigos 32 e 81 da Lei 14.133/21, respectivamente). Outras medidas que estão sendo implementadas abrangem adoção de inteligência artificial na prestação de serviços públicos, regulamentação de trabalho remoto para agentes públicos, desmaterialização (digitalização) de dados e de procedimentos e estratégia de nuvem para o Estado[132].

Algumas recomendações feitas para esse país por Yann Algan, Maya Bacache-Beauvallet e Anne Perrot se mostram relevantes para

[129] Cf. https://franceconnect.gouv.fr/

[130] RÉPUBLIQUE FRANÇAISE. République numérique: qu'a changé la loi du 7 octobre 2016? **Vie publique.** 19 jun. 2019. Disponível em: https://www.vie-publique.fr/eclairage/20301-loi-republique-numerique-7-octobre-2016-loi-lemaire-quels-changements Acesso em: 6 abr. 2022.

[131] RÉPUBLIQUE FRANÇAISE. Ministère de la Transformation et de la Fonction Publiques. ***Entrepreneurs d'intérêt général***. Disponível em: https://eig.etalab.gouv.fr/programme/ Acesso em: 6 abr. 2022.

[132] RÉPUBLIQUE FRANÇAISE. E-administration: du PAGSI au programme Action publique 2022. **Vie publique.** 4 oct. 2021. Disponível em: https://bit.ly/3x7Ii4Q Acesso em: 6 abr. 2022.

aproveitamento no Brasil. Segundo eles[133]: a) é essencial a política de dados abertos, incluindo de pesquisas científicas e sem prejuízo da proteção de dados pessoais dos provedores dos dados; b) tais dados devem ser providos não apenas pelo governo, mas também pela população, num trabalho colaborativo; c) a participação da população também é importante para o aprimoramento dos serviços públicos em geral, somada com a adoção de métodos modernos de concretização de projetos (normalmente chamados de métodos "ágeis"); d) uma vantagem desses métodos, entre outras, é a possibilidade de descoberta de inviabilidade já na execução, evitando-se, com isso, desperdício de recursos públicos; e) tais métodos, em vez de entregarem um grande projeto integralmente de uma só vez, entregam pequenas soluções, já prontas para uso e para experimentação; f) eles devem estar associados a uma cultura de experimentação, que permita o erro e o aprimoramento contínuo; g) o público necessitará ser capacitado, apoiado e incentivado para o uso das novas soluções digitais; h) é necessário que o governo contrate profissionais da área de tecnologia, como cientistas da computação, programadores e cientistas de dados, para atualização e aprimoramento de seus serviços; e i) é essencial que haja abertura a um debate público e político sobre as formas de serviço público e sua finalidade.

2.4. Dinamarca

Na *United Nations E-government Survey* de 2020, a Dinamarca aparece em primeiro lugar entre 193 membros das Nações Unidas no quesito de prestação de serviços online para os cidadãos e participação dos cidadãos na política[134].

Quatro casos de sucesso dinamarquês na implantação do *e-Government* estiveram na tributação, no setor de saúde, no tratamento de demandas

[133] ALGAN, Yann; BACACHE-BEAUVALLET, Maya; PERROT, Anne. Administration numérique. **Notas du conseil d'analysis économique**, vol. 34, n. 7, p. 1-12, 2016. Disponível em: https://www.cairn.info/revue-notes-du-conseil-d-analyse-economique-2016-7-page-1.htm Acesso em: 6 abr. 2022.

[134] UNITED NATIONS. United Nations Department of Economic and Social Affairs. **United Nations E-government Survey 2020**. Disponível em: https://publicadministration.un.org/egovkb/Portals/egovkb/Documents/un/2020-Survey/2020%20UN%20E-Government%20Survey%20(Full%20Report).pdf . Acesso em: 9 abr. 2022.

e nas contratações públicas. Uma peculiaridade desse país estava no fato de, por volta de 2007, a Dinamarca ter praticamente 60% a 70% de seu PIB alocado pelo governo e praticamente 1/3 de sua população economicamente ativa empregada no serviço público[135].

Estudo de Andersen, Henriksen e Rassmussen, baseado também na teoria institucional, assim como no tópico acima da Coreia do Sul, traz importantes aspectos para explicar o sucesso do governo digital na Dinamarca. O esquema de análise utilizado por eles parte da premissa de que a intervenção institucional pode ocorrer de duas maneiras: a) por meio de iniciativas para influenciar comportamentos, como a difusão de conhecimento, por exemplo; e b) por meio de regulação, que afeta diretamente os comportamentos esperados. Além disso, esse esquema também distingue as ações em dois tipos: a) diretas: que miram diretamente a implantação do *e-Government*, como, por exemplo, o estabelecimento dos protocolos para certos grupos de usuários; e b) indiretas: que buscam incentivar o uso e aceitação do *e-Government* de uma forma mais suave, por exemplo, pela implantação das contratações públicas eletrônicas (*e-procurement*). As ações diretas e indiretas podem envolver quatro formas de intervenção: a) regulação e legislação: normas proibindo ou obrigando; b) incentivos econômicos: prêmios e punições; c) difusão de conhecimento: campanhas de conscientização e informações para influenciar; e d) gestão organizacional: processo de trabalho do governo[136].

Segundo os autores, ao aplicar esse esquema no cenário da Dinamarca, foi analisada a adoção do *e-Government* nos quatro casos citados no início desse tópico. De modo geral, a principal mudança foi a adoção da comunicação eletrônica. Assim, as demandas dos cidadãos para o governo e entre órgãos governamentais passou a ser por e-mail. As propostas apresentadas nas licitações e o envio de informações para fins tributários

[135] ANDERSEN, Kim Viborg; HENRIKSEN, Helle Zinner; RASMUSSEN, Eva Born. Re-organising government using IT: The Danish model. *In*: NIXON, Paul G.; KOUTRAKOU, Vassiliki N. (Editors). **E-government in Europe**: Re-booting the State. Routledge Advances in European Politics. New York: Routledge, 2017 (e-book), p. 103.

[136] ANDERSEN, Kim Viborg; HENRIKSEN, Helle Zinner; RASMUSSEN, Eva Born. Re-organising government using IT: The Danish model. *In*: NIXON, Paul G.; KOUTRAKOU, Vassiliki N. (Editors). **E-government in Europe**: Re-booting the State. Routledge Advances in European Politics. New York: Routledge, 2017 (e-book), p. 103-105.

também passaram a ser eletrônicos. Finalmente, no setor de saúde, cartas de quitação, receitas médicas e resultados de exames foram digitalizados. No período de 1996 a 2002, quase todas as iniciativas começaram por meio da difusão de conhecimento, mas logo se passou a adotar regulações determinando a obrigatoriedade do uso de documentos eletrônicos em alguns casos. O sucesso da implantação do *e-Government*, todavia, somente foi possível por que a Dinamarca já possuía um longo histórico de difusão de tecnologia entre a população e mesmo no setor público, de modo que seu modelo não pode ser transplantado sem a consciência desse pré-requisito[137].

Outro estudo sobre a Dinamarca aponta que a coprodução foi um fator fundamental para o sucesso dinamarquês. A coprodução consistiria em atividades que envolvem áreas tradicionais e não tradicionais de serviços e mesmo atividades sem relação com a prestação de serviços, porém ligadas de alguma forma aos serviços públicos e às políticas públicas. Além disso, a coprodução também abarca uma concepção pluralista de serviço público com base em relações entre múltiplos atores para a formulação dessas políticas e prestação desses serviços[138].

Esse estudo apurou alguns desafios para a implantação da transformação digital no setor público com a utilização da coprodução, incluindo problemas orçamentários, relutância de usuários para dedicar tempo na fase de planejamento, dificuldades para obtenção de dados e serviços de diferentes autoridades na fase de distribuição e dificuldades para gerir a responsabilidade compartilhada na fase de gestão e na de avaliação. As principais contribuições desse estudo estão na identificação de quatro valores criados pela transformação digital e sua avaliação empírica. Tais valores abrangem, por exemplo, prestação de serviços personalizados, minimização do peso do Estado para os negócios, facilitação dos negócios, oferecimento de uma plataforma comum para que empresas possam

[137] ANDERSEN, Kim Viborg; HENRIKSEN, Helle Zinner; RASMUSSEN, Eva Born. Re-organising government using IT: The Danish model. *In*: NIXON, Paul G.; KOUTRAKOU, Vassiliki N. (Editors). **E-government in Europe**: Re-booting the State. Routledge Advances in European Politics. New York: Routledge, 2017 (e-book), p. 116-117.

[138] SCUPOLA, Ada; MERGEL, Ines. Co-production in digital transformation of public administration and public value creation: The case of Denmark. Government Information Quarterly, v. 39, n. 1, p. 101650, 2022, p. 2;8.

acessar dados públicos, menor gasto público, economia de tempo para autoridades e empresas[139].

2.5. Áustria

A Áustria figura entre os primeiros países da Europa em quatro quesitos analisados pelo *GovTech Maturity Index*: a) preocupação com o usuário; b) transparência; c) acesso transfronteiriço; e d) infraestrutura. O país possui um site para inovação e capacitação do setor público e uma plataforma para troca de experiências entre inovadores, o GovLab Austria[140].

Assim como o site governamental brasileiro "Gov.br", a Áustria possui o portal oesterreich.gv.at para que seus cidadãos possam encontrar ajuda para questões administrativas e informações sobre a Administração Pública.

A Áustria possui um ministério específico para cuidar da questão da digitalização do governo, o Ministério Federal dos Assuntos Digitais e Econômicos (*Bundesministerium für Digitalisierung und Wirtschaftsstandort* – BMDW), que, além da preocupação com a inovação no setor governamental, também apoia o setor econômico com exemplos de boas práticas de transformação digital, além de proporcionar um regime jurídico favorável à digitalização e de fornecer linhas de financiamento adequadas para atrair investimentos[141].

O país possui uma Lei específica para tratar do governo digital, que possui como princípios: a) liberdade de escolha do meio de comunicação dos cidadãos com as autoridades; b) proteção e segurança dos dados pessoais; c) acessibilidade para pessoas com deficiência; d) o princípio do "apenas uma vez" (*once one principle*), segundo o qual os cidadãos somente

[139] SCUPOLA, Ada; MERGEL, Ines. Co-production in digital transformation of public administration and public value creation: The case of Denmark. Government Information Quarterly, v. 39, n. 1, p. 101650, 2022, p. 8-9.

[140] DENER, Cem; NII-APONSAH, Hubert; GHUNNEY, Love E.; JOHNS, Kimberly. **GovTech Maturity Index**: The State of Public Sector Digital Transformation. International Development in Focus. Washington, DC: World Bank, 2021. doi:10.1596/978-1-4648-1765-6. License: Creative Commons Attribution CC BY 3.0 IGO. Disponível em: https://openknowledge.worldbank.org/handle/10986/36233 Acesso em 7 abr. 2022, p. 54.

[141] REPUBLIC OF AUSTRIA, Federal Ministry for Digital and Economic Affairs. **Digitalisation.** Disponível em: https://www.bmdw.gv.at/Digitales-Amt/Projekt-oesterreich.gv.at.html. Acesso em: 11 abr. 2022.

precisam entregar seus dados pessoais apenas uma vez ao governo, de modo que, em qualquer futuro contato, o governo é obrigado a acessar os dados fornecidos, bastando consentimento do titular, eliminando assim a necessidade de o cidadão ficar apresentando documentos todas as vezes que precisar formular alguma demanda ao Estado; e e) princípio do "apenas uma parada" (*one-stop principle*), que busca fazer com que o cidadão não precise ficar procurando o órgão ou local responsável para atender suas demandas[142].

A estratégia do governo digital austríaco também conta com importantes princípios: a) foco no cidadão; b) conveniência por meio de eficiência; c) confiança nos serviços digitais e segurança no funcionamento do sistema; d) transparência, inclusive no processo de desenvolvimento dos sistemas; e) acessibilidade; f) usabilidade, ou seja, facilidade de uso; g) segurança de dados; h) cooperação entre todos os níveis governamentais; i) sustentabilidade por meio de estrutura modular dos sistemas, permitindo a atualização das funcionalidades independentemente do funcionamento do sistema como um todo; j) interoperabilidade; k) neutralidade tecnológica, ou seja, independência de uma única tecnologia; e l) compromisso com a manutenção da posição de liderança na Europa e no mundo[143].

Os níveis de interação entre os cidadãos e o governo digital austríaco abrangem não apenas o nível de informação, que meramente representa o oferecimento de informações no portal governamental, mas também a comunicação com o cidadão, a realização de transações com garantia de autenticidade e a personalização com o objetivo de tornar a comunicação mais precisa[144].

[142] REPUBLIC OF AUSTRIA. Federal Ministry of Digital and Economic Affairs. **What is Digital Government?** Disponível em: https://www.bmdw.gv.at/en/Topics/Digitalisation/In-administration/What-is-digital-Government.html. Acesso em: 11 abr. 2022.

[143] REPUBLIC OF AUSTRIA. Federal Ministry of Digital and Economic Affairs. **What is Digital Government?** Disponível em: https://www.bmdw.gv.at/en/Topics/Digitalisation/In-administration/What-is-digital-Government.html. Acesso em: 11 abr. 2022.

[144] REPUBLIC OF AUSTRIA. Federal Ministry of Digital and Economic Affairs (Editor). **Administration on the Net**: The ABC guide of eGovernment in Austria. Vienna, mar. 2017. Disponível em: https://www.bmdw.gv.at/dam/jcr:8fc815bb-1dc7-4e45-9610-78d63560944a/E-Government-ABC_2019_EN.pdf. Acesso em: 11 abr. 2022, p. 10-11.

Um importante ator e parceiro da Administração central austríaca é o Centro de Computação Federal Austríaco (*Austrian Federal Computing Center* ou, em alemão, *Bundesrechenzentrum*- BRZ). Trata-se de uma empresa pública, ou seja, totalmente titulada pelo governo federal, que é responsável por desenvolver e implementar as soluções de TIC[145].

2.6. Reino Unido

No Reino Unido o *e-Government* é visto a partir de três áreas distintas: a) participação política; b) aprimoramento dos serviços públicos; e c) inclusão social e econômica dos desfavorecidos, segundo Nicholas Pleace[146].

No que toca à participação política, a tecnologia permite uma via mais fácil de acesso e de comunicação entre eleitores e políticos. Canais oficiais de comunicação servem também como fonte para pronunciamentos oficiais, para expor o lado do governo quando a mídia publica notícias que lhe são desfavoráveis e para um contato direto entre o povo e os políticos sem a intermediação de jornalistas[147]. Embora já haja propostas para permitir votações eletrônicas, inclusive via internet[148], a participação ainda não chegou a esse ponto, admitindo-se, no máximo, votação postal[149].

O aprimoramento dos serviços públicos, na prática, acaba sendo apenas uma forma de reduzir gastos mantendo o nível de serviços. Isso é feito pela redução do pessoal administrativo e pela adoção de portais para

[145] BRZ. **Who we are.** Disponível em: https://www.brz.gv.at/en/who-we-are.html . Acesso em: 11 abr. 2022.

[146] PLEACE, Nicholas. E-government and the United Kingdom. *In*: NIXON, Paul G.; KOUTRAKOU, Vassiliki N. (Editors). **E-government in Europe**: Re-booting the State. Routledge Advances in European Politics. New York: Routledge, 2017 (e-book), p. 62.

[147] PLEACE, Nicholas. E-government and the United Kingdom. In: NIXON, Paul G.; KOUTRAKOU, Vassiliki N. (Editors). **E-government in Europe**: Re-booting the State. Routledge Advances in European Politics. New York: Routledge, 2017 (e-book), p. 62-63.

[148] UK. Parliamentary Office of Science and Technology. **E-Democracy**. Postnote. Jan. 2009, n. 321, Disponível em: https://www.parliament.uk/globalassets/documents/post/postpn321.pdf Acesso em 6 abr. 2022.

[149] UK. **How to vote**. Gov.uk. Disponível em: https://www.gov.uk/how-to-vote Acesso em: 6 abr. 2022.

centralizar diversos serviços, novamente como forma de reduzir custos redundantes[150].

A inclusão econômica e social dos desfavorecidos abrange a concessão de acesso à banda larga, além do treinamento da população para uso da tecnologia e capacitação e apoio para empregabilidade. Porém, a recusa em trabalhar, apesar da capacidade para tanto, pode sujeitar a sanções[151].

Em março de 2022 o Reino Unido anunciou que se preparava para implantar um sistema de identidade digital nacional[152].

Recentemente o Reino Unido publicou um guia para contratações de soluções digitais, de dados e de tecnologias (*Digital, Data and Technology Playbook*)[153]. Esse documento retrata relevantes preocupações que devem estar presentes nessas contratações, decorrentes de problemas comuns que elas podem gerar, como riscos de invasão, de corrupção de dados, de obsolescência, de perda de garantia e de suporte, entre outros. Em linhas gerais, as lições importantes dele são: a) abordagem baseada em resultados e nas necessidades dos usuários; b) evitar "legados tecnológicos", isto é, programas e equipamentos (*softwares* e *hardwares*) obsoletos, sem garantia e sem suporte; c) garantia de segurança cibernética constantemente atualizada; d) garantir sustentabilidade; e) promover aprimoramento das soluções existentes e criação de soluções inovadoras; f) garantir acesso e desenvolvimento das micro e pequenas empresas. Esse guia é obrigatório para os órgãos governamentais.

[150] PLEACE, Nicholas. E-government and the United Kingdom. In: NIXON, Paul G.; KOUTRAKOU, Vassiliki N. (Editors). **E-government in Europe**: Re-booting the State. Routledge Advances in European Politics. New York: Routledge, 2017 (e-book), p. 63-65.

[151] PLEACE, Nicholas. E-government and the United Kingdom. In: NIXON, Paul G.; KOUTRAKOU, Vassiliki N. (Editors). **E-government in Europe**: Re-booting the State. Routledge Advances in European Politics. New York: Routledge, 2017 (e-book), p. 65-66.

[152] WOOLLACOTT, Emma. UK Announces Initial Steps For National Digital Identities. **Forbes**. Mar. 14 2022. Disponível em: https://www.forbes.com/sites/unicefusa/2022/03/28/more-than-half-of-ukraines-children-displaced-by-war/?sh=3a8ca14e67fa Acesso em: 7 abr. 2022.

[153] UK. Her Majesty's Government. **The Digital, Data and Technology Playbook**: Government guidance on sourcing and contracting for digital, data and technology projects and programmes. Mar. 2022. Disponível em: https://www.gov.uk/government/publications/the-digital-data-and-technology-playbook/the-digital-data-and-technology-playbook Acesso em: 7 abr. 2022.

Até 2017, em comparação com outros países, o Reino Unido apresentava como vantagens o fato de ser pioneiro em algumas soluções de tecnologia da informação e de comunicação, a estabilidade de sua democracia, o funcionamento eficiente de sua gestão pública e do Estado. Porém, como fraquezas, havia um alto nível de burocracia, sujeição a ataques de *hackers*, brechas de segurança e atraso em relação à União Europeia[154].

2.7. Lições aprendidas

A abordagem panorâmica e superficial feita até aqui mostra como é importante entender os desafios e os fatores que favorecem uma adequada transição para o governo digital. Numa recente e ampla análise, Mamdouh Alenezi aponta os principais desafios elencados por outros pesquisadores[155].

Entre os fatores internos, que seriam aqueles encontrados no interior da estrutura governamental, estariam: a) a elaboração de um planejamento adequado; b) a necessidade de enfrentar a estrutura e a cultura organizacionais e as forças que impedem as mudanças; e c) a garantia de segurança das informações e do serviço prestado. Os externos, que dizem respeito a todas as relações mantidas pelo governo, abrangeriam: a) a necessidade de expertise do mercado, que pode ser afetada por uma regulação inadequada; e b) a forma de relacionamento com as partes interessadas (*stakeholders*), notadamente para permitir sua participação[156].

Quanto aos fatores que são responsáveis pelo sucesso da implantação do governo digital, Alenezi indica: a) capacitação do agentes públicos; b) conhecimento e comprometimento dos líderes; c) adequada conscientização dos agentes públicos para importância da transição para a tecnologia digital; d) acessibilidade, não apenas para pessoas com deficiência, mas para qualquer cidadão, de forma simples e fácil; e e) estabelecimento de um propósito na transição para o governo digital, que deve guiar não

[154] STRIELKOWSKI, Wadim; GRYSHOVA, Inna; KALYUGINA, Svetlana. Modern Technologies in Public Administration Management: A Comparison of Estonia, India and United Kingdom. **Administration & Public Management Review**, n. 28, p. 174-185, 2017 https://www.ceeol.com/search/viewpdf?id=743057 Acesso em: 7 abr. 2022.

[155] ALENEZI, Mamdouh. **Understanding Digital Government Transformation**. arXiv preprint. 2022, Disponível em: https://arxiv.org/abs/2202.01797. Acesso em 11 abr. 2022.

[156] ALENEZI, Mamdouh. **Understanding Digital Government Transformation**. arXiv preprint. 2022, Disponível em: https://arxiv.org/abs/2202.01797. Acesso em 11 abr. 2022, p. 4.

apenas os agentes públicos nessa transição, mas também a prestação do serviço a cargo de seu departamento[157].

Anita Kon, também avaliando fatores que influenciam positiva ou negativamente a implantação das inovações na Administração Pública, elenca como fatores prejudiciais: a) o tamanho ou complexidade do ambiente onde será implantada a inovação; b) resistência profissional e aversão ao risco; c) escala e intensidade da mudança incompatível com a estrutura em que se pretende implantá-la; e d) falta de recursos. Por outro lado, como elementos facilitadores ou impulsionadores estão: a) o envolvimento e o interesse dos agentes, caso vejam vantagem na implantação da inovação, e a vontade política dos líderes; b) pressões externas da opinião pública e da mídia; e c) pressões econômicas e necessidade de buscar eficiência[158].

Analisando agora a exposição dos tópicos anteriores e essas abordagens genéricas de fatores, gostaríamos de sumariar algumas lições que nos parecem relevantes para orientar o sucesso na implantação do governo digital, mas sem repetir o que já foi exposto.

É interessante notar, em primeiro lugar, que a classificação dos primeiros lugares do *ranking* do *GovTech Maturity Index* não segue a mesma classificação das maiores economias mundiais.

Talvez isso se explique pelo fato de muitas vezes a digitalização decorrer de uma busca por economizar recursos, algo que não seria tão premente em economias com mais recursos disponíveis. O fato de a necessidade ser um importante fator motivador pode ser notado com as inovações que somente ocorreram em razão da recente pandemia de Covid-19. Outro exemplo de como as necessidades geram inovações está no caso da Alemanha, em que a crise de refugiados de 2015 impulsionou a implantação de um sistema para controle, que é integrado entre os membros da União Europeia[159]. Enfim,

[157] ALENEZI, Mamdouh. **Understanding Digital Government Transformation.** arXiv preprint. 2022, Disponível em: https://arxiv.org/abs/2202.01797. Acesso em 11 abr. 2022, p. 5.

[158] KON, Anita. Inovação nos serviços públicos: condições da implementação do governo eletrônico. **Planejamento e Políticas Públicas – PPP**, n. 52, p.489-528, jan./jun. 2019, Disponível em: https://www.ipea.gov.br/ppp/index.php/PPP/article/view/985/517 Acesso em: 26 abr. 2022.

[159] KUHLMANN, S.; PROELLER, I.; SCHIMANKE, D.; ZIEKOW, J. (eds). **Public Administration in Germany**. Part of: Governance and Public Management. Springer Publishing. Palgrave Macmillan, Cham., 2021, DOI http://dx.doi.org/10.1007/978-3-030-53697-8, p. 345.

a necessidade é um importante impulsionador da digitalização, mas isso não significa que ele sozinho pode garantir esse processo ou seu sucesso.

Outro fator importante para o sucesso na implantação do governo digital é o investimento. Quando se apontou acima que as maiores economias do planeta não eram necessariamente as primeiras do *ranking* de governo digital, pode parecer que os recursos financeiros sejam irrelevantes. Muito pelo contrário. Investimento é indispensável para remunerar os fatores materiais e humanos. Mas aqui cabe um alerta de extrema relevância: somente pode haver investimento após um adequado planejamento. Com efeito, os recursos públicos são limitados e muitas vezes insuficientes para todas as demandas sociais. Quando se investe na transição digital, outras importantes demandas podem deixar de ser atendidas. Por isso, para justificar esse investimento, é indispensável que ele traga bons frutos. Se o fracasso na implantação inadequada do governo digital é algo criticável, será ainda mais criticável se recursos públicos forem desperdiçados.

Se a necessidade é um fator que impulsiona a transição, a motivação é um fator que atrai os recursos para que ela seja bem-sucedida. A partir do momento em que agentes públicos começam a perceber as vantagens da transição digital, a motivação entra em cena para a sustentabilidade do processo. Pode-se citar como exemplo o fato de processo administrativo digital no âmbito do governo federal brasileiro ter possibilitado o trabalho remoto no período mais crítico da pandemia. A possibilidade de realizar o trabalho à distância foi um importante incentivo para que os agentes públicos aprendessem a operar os novos recursos tecnológicos.

Ainda quanto à motivação, a partir do momento em que se melhora o clima organizacional pelas vantagens oferecidas pelas novas tecnologias, inclusive em termos de economia de tempo e de recursos, isso pode repercutir positivamente na prestação do serviço público e no relacionamento com os cidadãos. O governo de plantão poderá colher os frutos em forma de uma boa avaliação nas eleições. Com isso, os líderes do governo terão todas as razões para se empenhar em garantir o sucesso do governo digital.

Para que haja essa motivação, é indispensável que haja uma adequada **informação**, de modo a mostrar de forma clara as vantagens do governo digital. Essa informação também abrange a capacitação dos agentes públicos e mesmo campanhas educativas para o público em geral. Em suma, para qualquer parte envolvida, deve ser evidente que é o governo digital é melhor do que o tradicional.

Esses fatores todos precisam estar adequadamente previstos na legislação, inclusive para garantir uniformidade e cooperação entre os órgãos públicos.

Finalmente, o governo digital deve buscar fazer com que suas funcionalidades atendam todas as necessidades que já são atendidas da forma tradicional e ir avante, além de trazer planos de contingência para problemas que só existem na forma digital, como ataques cibernéticos, queda de energia e falhas de comunicação entre outros.

Aliás, se há problemas que somente existem no governo digital, da mesma forma há questões que são levantadas justamente em razão do emprego das novas tecnologias. Daí a importância de se abordar como ficam os tradicionais institutos do Direito Administrativo ao se chocarem com essas inovações, algo que se pretende com os demais Capítulos dessa obra.

Referências

ALENEZI, Mamdouh. **Understanding Digital Government Transformation**. arXiv preprint. 2022, Disponível em: https://arxiv.org/abs/2202.01797. Acesso em 11 abr. 2022.

ALGAN, Yann; BACACHE-BEAUVALLET, Maya; PERROT, Anne. **Administration numérique. Notas du conseil d'analysis économique**, vol. 34, n. 7, p. 1-12, 2016. Disponível em: https://www.cairn.info/revue-notes-du-conseil-d-analyse-economique-2016-7-page-1.htm Acesso em: 6 abr. 2022.

ANDERSEN, Kim Viborg; HENRIKSEN, Helle Zinner; RASMUSSEN, Eva Born. Re-organising government using IT: The Danish model. In: NIXON, Paul G.; KOUTRAKOU, Vassiliki N. (Editors). **E-government in Europe:** Re-booting the State. Routledge Advances in European Politics. New York: Routledge, 2017 (e-book).

BRZ. **Who we are**. Disponível em: https://www.brz.gv.at/en/who-we-are.html . Acesso em: 11 abr. 2022.

CHUNG, Choong-Sik; CHOI, Hanbyul; and CHO, Youngmin. Analysis of Digital Governance Transition in South Korea: Focusing on the Leadership of the President for Government Innovation, **Journal of Open Innovation: Technology, Market, and Complexity**, v. 8, n. 1: 2, 2022, https://doi.org/10.3390/joitmc8010002, Acesso em: 8 abr. 2022.

CONWAY, M. Reality bytes: Cyberterrorism and terrorist 'use' of the Internet. **First Monday,** [S. l.], v. 7, n. 11, 2002. DOI: 10.5210/fm.v7i11.1001. Disponível em: https://firstmonday.org/ojs/index.php/fm/article/view/1001 Acesso em: 5 apr. 2022.

DENER, Cem; NII-APONSAH, Hubert; GHUNNEY, Love E.; JOHNS, Kimberly. **GovTech Maturity Index:** The State of Public Sector Digital Transformation. International Development in Focus. Washington, DC: World Bank, 2021. doi:10.1596/978-1-4648-1765-6. License: Creative Commons Attribution CC BY 3.0 IGO. Disponível em: https://openknowledge.worldbank.org/handle/10986/36233 Acesso em 7 abr. 2022.

DENNING, Dorothy. **"Is Cyber Terror Next?"** New York: U.S. Social Science Research Council, 2001, at http://essays.ssrc.org/sept11/essays/denning.htm Acesso em: 5 abr. 2022.

ERNSDORFF, Marc; BERBEC, Adriana. Estonia: The short road to e-government and e-democracy. In: NIXON, Paul G.; KOUTRAKOU, Vassiliki N. (Editors). **E-government in Europe:** Re-booting the State. Routledge Advances in European Politics. New York: Routledge, 2017 (e-book), p. 171; 178.

EU. **Manchester Ministerial Declaration 2005**. 24 nov. 2005. Disponível em: https://joinup.ec.europa.eu/collection/egovernment/document/eu-manchester-ministerial-declaration-2005 Acesso em: 5 abr. 2022.

FEDERAL REPUBLIC OF GERMANY. **Basic Law for the Republic of Germany**. in the revised version published in the Federal Law Gazette Part III, classification number 100-1, as last amended by Article 1 of the Act of 29 September 2020 (Federal Law Gazette I p. 2048). Disponível em: https://www.gesetze-im-internet.de/englisch_gg/englisch_gg.html#p0504 Acesso em: 7 abr. 2022.

GOLDKUHL, Göran. **The challenges of Interoperability in E-government**: Towards a conceptual refinement. pre-ICIS 2008 SIG eGovernment Workshop, Paris, jan. 2008. Disponível em: https://www.researchgate.net/publication/228903679. Acesso em: 8 abr. 2022, p. 1.

GREFFET, Fabienne. **The digital republic:** Renewing the French state via e-government. In: NIXON, Paul G.; KOUTRAKOU, Vassiliki N. (Editors). E-government in Europe: Re-booting the State. Routledge Advances in European Politics. New York: Routledge, 2017 (e-book).

ITÁLIA. Governo Italiano. Presidenza del Consiglio dei Ministri. **Codice Amministrazione Digitale**. Decreto legislativo 7 marzo 2005, n. 82, modificato e integrato con il decreto legislativo 22 agosto 2016 n. 179 e con il decreto legislativo 13 dicembre 2017 n. 217. Disponível em: https://www.agid.gov.it/it/agenzia/strategia-quadro-normativo/codice-amministrazione-digitale. Acesso em: 10 abr. 2022.

IWAKURA, Cristiane Rodrigues. **Princípio da interoperabilidade:** acesso à justiça e processo eletrônico. [s.l.]: Dialética, 2020, e-book.

KAMARCK, Elaine C. **Government Innovation around the World**. Ash Institute for Democratic Governance and Innovation. John F. Kennedy School of Government. Harvard University, 2004. Disponível em: https://ash.harvard.edu/publications/government-innovation-around-world Acesso em 4 abr. 2022.

KON, Anita. Inovação nos serviços públicos: condições da implementação do governo eletrônico. **Planejamento e Políticas Públicas – PPP,** n. 52, p.489-528, jan./jun. 2019. Disponível em: https://www.ipea.gov.br/ppp/index.php/PPP/article/view/985/517 Acesso em: 26 abr. 2022.

KRULL, Andre. **ICT Infrastructure and E-readiness Assessment Report:** Estonia. Praxis. Apr. 2003. Disponível em: https://core.ac.uk/download/pdf/11870795.pdf. Acesso em: 9 abr. 2022.

KUHLMANN, S.; PROELLER, I.; SCHIMANKE, D.; ZIEKOW, J. (eds). **Public Administration in Germany**. Part of: Governance and Public Management. Springer Publishing. Palgrave Macmillan, Cham., 2021, DOI http://dx.doi.org/10.1007/978-3-030-53697-8.

LIPS, Miriam. E-government under construction: Challenging traditional conceptions of citizenship. In: NIXON, Paul G.; KOUTRAKOU, Vassiliki N. (Editors). **E-government in Europe**: Re-booting the State. Routledge Advances in European Politics. New York: Routledge, 2017 (e-book).

MARGOLIS, Michael. E-government and democratic politics. In: NIXON, Paul G.; KOUTRAKOU, Vassiliki N. (Editors). **E-government in Europe**: Re-booting the State. Routledge Advances in European Politics. New York: Routledge, 2017 (e-book).

NIXON, Paul G. Ctrl, Alt, Delete: Rebooting the European Union via e-government. In: NIXON, Paul G.; KOUTRAKOU, Vassiliki N. (Editors). **E-government in Europe:** Re-booting the State. Routledge Advances in European Politics. New York: Routledge, 2017 (e-book).

NIXON, Paul G.; KOUTRAKOU, Vassiliki N. (Editors). **E-government in Europe:** Re-booting the State. Routledge Advances in European Politics. New York: Routledge, 2017 (e-book), pos. 248.

OECD. **Open government:** the global context and the way forward. Paris: OECD Publishing, 2016. Disponível em: https://www.oecd.org/publications/open-government-9789264268104-en.htm Acesso em: 7 abr. 2022, p. 20-22.

PLEACE, Nicholas. E-government and the United Kingdom. In: NIXON, Paul G.; KOUTRAKOU, Vassiliki N. (Editors). **E-government in Europe:** Re-booting the State. Routledge Advances in European Politics. New York: Routledge, 2017 (e-book).

RAWAL, Rajash. Danger mouse? The growing threat of cyberterrorism. In: NIXON, Paul G.; KOUTRAKOU, Vassiliki N. (Editors). **E-government in Europe:** Re-booting the State. Routledge Advances in European Politics. New York: Routledge, 2017 (e-book), p. 56.

REPUBLIC OF AUSTRIA. Federal Ministry for Digital and Economic Affairs. **Digitalisation.** Disponível em: https://www.bmdw.gv.at/Digitales-Amt/Projekt-oesterreich.gv.at.html. Acesso em: 11 abr. 2022.

REPUBLIC OF AUSTRIA. Federal Ministry of Digital and Economic Affairs. What is Digital Government? Disponível em: https://www.bmdw.gv.at/en/Topics/Digitalisation/In-administration/What-is-digital-Government.html. Acesso em: 11 abr. 2022.

REPUBLIC OF AUSTRIA. Federal Ministry of Digital and Economic Affairs (Editor). **Administration on the Net**: The ABC guide of eGovernment in Austria. Vienna, mar. 2017. Disponível em: https://www.bmdw.gv.at/dam/jcr:8fc815bb-1dc7-4e45-9610-78d63560944a/E-Government-ABC_2019_EN.pdf. Acesso em: 11 abr. 2022, p. 10-11.

REPUBLIC OF ESTONIA. **X-Road Factsheet.** Disponível em: https://www.ria.ee/sites/default/files/content-editors/publikatsioonid/x-road-factsheet-2014.pdf. Acesso em: 8 abr. 2022.

REPÚBLICA DE CHILE. Senado. **Constituición Política de la República**. 28 abr. 2021. Disponível em: https://www.senado.cl/constitucion-politica-capitulo--i-bases-de-la-institucionalidad Acesso em: 5 abr. 2022.

RÉPUBLIQUE FRANÇAISE. E-administration: du PAGSI au programme Action publique 2022. Vie publique. 4 oct. 2021. Disponível em: https://bit.ly/3x7Ii4Q Acesso em: 6 abr. 2022.

RÉPUBLIQUE FRANÇAISE. **Ministère de la Transformation et de la Fonction Publiques.** Entrepreneurs d'intérêt général. Disponível em: https://eig.etalab.gouv.fr/programme/ Acesso em: 6 abr. 2022.

RÉPUBLIQUE FRANÇAISE. **République numérique:** qu'a changé la loi du 7 octobre 2016? Vie publique. 19 jun. 2019. Disponível em: https://www.vie-publique.fr/eclairage/20301-loi-republique-numerique-7-octobre-2016-loi-lemaire-quels--changements Acesso em: 6 abr. 2022.

SANTOS, João Pedro Rego. **Portuguese Public Administration's eServices: The Case of Technology in the Portuguese Public Administration's Services portrayed against Estonia's reality.** 2022. Dissertação (Mestrado em Gestão da Informação)- Universidade Nova de Lisboa, 2022, Disponível em: https://run.unl.pt/bitstream/10362/134204/1/TGI0544.pdf. Acesso em: 8 abr. 2022.

SCHWAB, Klaus. **A Quarta Revolução Industrial.** Tradução Daniel Moreira Miranda. São Paulo: Edipro, 2016.

SCUPOLA, Ada; MERGEL, Ines. Co-production in digital transformation of public administration and public value creation: The case of Denmark. **Government Information Quarterly**, v. 39, n. 1, p. 101650, 2022.

SIEGFRIED, Tina. E-government in Germany. In: NIXON, Paul G.; KOUTRAKOU, Vassiliki N. (Editors). **E-government in Europe**: Re-booting the State. Routledge Advances in European Politics. New York: Routledge, 2017 (e-book), p. 97-98.

STRIELKOWSKI, Wadim; GRYSHOVA, Inna; KALYUGINA, Svetlana. Modern Technologies in Public Administration Management: A Comparison of Estonia,

India and United Kingdom. **Administration & Public Management Review**, n. 28, p. 174-185, 2017 https://www.ceeol.com/search/viewpdf?id=743057 Acesso em: 7 abr. 2022.

THE WORLD BANK. **e-Government**. May 19th 2015, Disponível em: https://www.worldbank.org/en/topic/digitaldevelopment/brief/e-government Acesso em: 1º abr. 2022.

UK. Her Majesty's Government. **The Digital, Data and Technology Playbook**: Government guidance on sourcing and contracting for digital, data and technology projects and programmes. Mar. 2022. Disponível em: https://www.gov.uk/government/publications/the-digital-data-and-technology-playbook/the-digital-data-and-technology-playbook Acesso em: 7 abr. 2022.

UK. **How to vote**. Gov.uk. Disponível em: https://www.gov.uk/how-to-vote Acesso em: 6 abr. 2022.

UK. **Parliamentary Office of Science and Technology**. E-Democracy. Postnote. Jan. 2009, n. 321, Disponível em: https://www.parliament.uk/globalassets/documents/post/postpn321.pdf Acesso em 6 abr. 2022.

UNITED NATIONS. United Nations Department of Economic and Social Affairs. United Nations **E-government Survey 2020**. Disponível em: https://publicadministration.un.org/egovkb/Portals/egovkb/Documents/un/2020-Survey/2020%20UN%20E-Government%20Survey%20(Full%20Report).pdf . Acesso em: 9 abr. 2022.

VICK. Mariana. A tecnologia que consegue ler e transmitir pensamentos. **Nexo.** 31 mar. 2022. Disponível em: https://www.nexojornal.com.br/expresso/2022/03/31/A-tecnologia-que-consegue-ler-e-transmitir-pensamentos?posicao=8 Acesso em: 5 abr. 2022.

WIKIPEDIA. **Lista de países e territórios por área**. 13 jan. 2022. Disponível em: https://pt.wikipedia.org/wiki/Lista_de_pa%C3%ADses_e_territ%C3%B3rios_por_%C3%A1rea. Acesso em: 10 abr. 2022. WIKIPEDIA. Lista de países por população. 3 abr. 2022. Disponível em: https://pt.wikipedia.org/wiki/Lista_de_pa%C3%ADses_por_popula%C3%A7%C3%A3o Acesso em: 10 abr. 2022.

WOOLLACOTT, Emma. UK Announces Initial Steps For National Digital Identities. **Forbes.** Mar. 14 2022. Disponível em: https://www.forbes.com/sites/unicefusa/2022/03/28/more-than-half-of-ukraines-children-displaced-by-war/?sh=3a8ca14e67fa Acesso em: 7 abr. 2022.

3.
PRINCÍPIOS DA ADMINISTRAÇÃO PÚBLICA SOB A PERSPECTIVA DIGITAL

Duas coisas precisam ficar claras quando se pensa nos princípios da Administração Pública no governo digital ou sob a perspectiva digital. A primeira delas é que o fato de haver a transição para o digital ou de serem utilizadas novas tecnologias de forma alguma afasta os princípios da Administração Pública. A segunda é que essas mudanças podem trazer questões até então sequer imaginadas, o que pode alterar o âmbito de incidência e a própria compreensão de tais princípios.

Alguns poderão até sustentar que o governo digital é capaz de ensejar uma eventual mutação constitucional em relação a esses princípios[160]. Deve-se tomar alguns cuidados, contudo, em relação a essa figura, a depender da forma como ela é utilizada. Em primeiro lugar, não se pode pretender, a pretexto de promover mutação constitucional, desconsiderar norma vigente, principalmente quando o sentido pretendido for

[160] SANTOS, Carlos Victor Nascimento dos. Reconstruindo o conceito de mutação constitucional. **Revista de Estudos Constitucionais, Hermenêutica e Teoria do Direito (RECHTD)**, v. 7, n. 1, p. 80-91, jan.-abr. 2015, p. 89; CLÈVE, Clèmerson Merlin; LORENZETTO, Bruno Meneses. Mutação constitucional e segurança jurídica: entre mudança e permanência. **Revista de Estudos Constitucionais, Hermenêutica e Teoria do Direito (RECHTD)**, v. 7, n. 2, p. 136-146, maio-ago. 2015, p. 138; SILVA, Virgílio Afonso da. **Direito constitucional brasileiro.** São Paulo: Edusp, 2021, p. 58-60.

contrário a esta. Também não se admite que essa figura seja utilizada como subterfúgio para burlar o procedimento normal e democrático de alteração constitucional por meio de emendas, quando estas forem a única forma de possibilitar o sentido buscado. Por outro lado, e aqui entra a utilidade dessa figura, não se afasta a possibilidade de empregar uma norma constitucional em um sentido diverso do que vem sendo aplicado, desde que tal sentido seja compatível com a ordem constitucional considerada como um todo, principalmente quando houver fatos que justifiquem essa aplicação.

Aliás, se existe um fenômeno que justificaria receber um nome próprio de mutação constitucional, e que se distinguiria de mera mudança de entendimento ou de divergência jurisprudencial ou de aplicação normativa pelo Estado, seria justamente aquele em que fatos novos, não previstos pelo constituinte, demandam e permitem a incidência das normas já vigentes. Ou seja, é o que ocorre quando uma norma criada em um contexto e tendo em vista determinada realidade é passível de aplicação para novas hipóteses, independentemente de alteração do texto normativo. Nesse caso, aliás, nem se trata de alteração de entendimento, uma vez que a hipótese tratada nunca esteve sob análise.

Exemplos dessa situação, no tema abordado na presente obra, são inúmeros, pois inegavelmente as inovações que surgem a cada momento e num ritmo mais frenético eram até mesmo inimagináveis no momento da promulgação da Constituição de 1988. Quando o constituinte previu, por exemplo, a garantia do contraditório nos processos contenciosos, tinha em mente a necessidade de uma cientificação da parte para lhe assegurar a oportunidade de ser ouvida. Imaginou, talvez, uma cientificação pessoal por meio de um agente público, por via postal ou eventualmente até por meio de edital publicado em jornal oficial. Não tinha como prever que tal cientificação seria possível quase que instantaneamente em qualquer local do globo por meio das comunicações digitais. Quando tratou dos órgãos públicos, tinha em mente prédios públicos ocupados por agentes públicos e com funcionamento em horário comercial durante dias úteis. Não cogitou a possibilidade de alguns serviços públicos serem prestados para os cidadãos independentemente da localização destes, da localização dos agentes públicos e do dia ou horário da semana. Não deve ter imaginado também o teletrabalho ou o uso de computadores para a prática dos atos estatais.

Enfim, as inovações, em princípio, não são meras mudanças de forma dos atos. Mas, para confirmar essa primeira impressão, precisamos aprofundar um pouco na análise dos princípios da Administração Pública nesse novo contexto que se apresenta.

3.1. Legalidade

Vemos dois importantes aspectos que devem ser ressaltados na relação entre o princípio da legalidade e as novas tecnologias. O primeiro diz respeito ao impacto da digitalização dos atos e processos e como isso afeta a feitura e formalização da lei. O segundo se refere à importância da lei na transição para o mundo digital e na incorporação das novas tecnologias como um todo.

É uma concepção comumente aceita a de que o texto da norma não se confunde com a norma em si[161]. Embora as novas tecnologias não mudem essa concepção, elas afetam a forma do texto normativo, ou seja, o modo como se manifesta esse texto.

Essa mudança começa já no processo de elaboração das normas. Para citar apenas algumas alterações importantes nesse processo e tomando a Câmara dos Deputados como exemplo, a Resolução da Câmara dos Deputados nº 12, de 2019, estabeleceu o processo legislativo digital dessa casa legislativa[162]. Em razão da pandemia de COVID-19 e da necessidade de assegurar o distanciamento social e o funcionamento da casa, foi aprovada a Resolução da Câmara dos Deputados nº 14, de 2020. Essa Resolução instituiu o Sistema de Deliberação Remota (SDR) e possibilitou o funcionamento do Plenário durante a emergência de saúde pública de importância internacional relacionada ao coronavírus (COVID-19)[163].

[161] SILVA, Virgílio Afonso da. **Direito constitucional brasileiro.** São Paulo: Edusp, 2021, p. 53-55.

[162] BRASIL, Câmara dos Deputados. **Resolução da Câmara dos Deputados nº 12, de 2019.** Disponível em: https://www2.camara.leg.br/legin/fed/rescad/2019/resolucaodacamarados-deputados-12-31-outubro-2019-789331-publicacaooriginal-159310-pl.html. Acesso em: 12 abr. 2022.

[163] BRASIL, Câmara dos Deputados. **Resolução da Câmara dos Deputados nº 14, de 2020.** Disponível em: https://www2.camara.leg.br/legin/fed/rescad/2020/resolucaodacamarados-deputados-14-17-marco-2020-789854-norma-pl.html. Acesso em: 12 abr. 2022.

Também recentemente, a Portaria nº 268, de 14 de setembro de 2019, da Câmara dos Deputados instituiu sua Estratégia Digital[164]:

FIGURA 3.1: **Capa do Folder da Estratégia Digital da Câmara dos Deputados**

Fonte: Câmara dos Deputados

Ela contempla como objetivos: a) a transformação digital do Processo Legislativo, tornando digitais todas as atividades relativas à elaboração das leis; b) o uso das tecnologias digitais para a governança e a gestão baseada em dados, cabendo destaque aqui para o uso da inteligência artificial e

[164] BRASIL, Câmara dos Deputados. **Portaria nº 268, de 14 de setembro de 2021**. Institui a Estratégia Digital da Câmara dos Deputados. Disponível em: https://www2.camara.leg.br/legin/int/portar/2021/portaria-268-14-setembro-2021-791753-publicacaooriginal-163450-cd-dg.html.

das evidências para tomada de decisão, inclusive na aprovação de leis; c) o fomento da inovação digital; d) o aumento da eficiência da força de trabalho por meio de soluções digitais; e e) o aumento da confiança digital, tanto para garantia da autenticidade dos documentos digitais, quanto para a segurança dos dados armazenados.

As sessões da Câmara dos Deputados, além de serem transmitidas em canal da TV aberta, também possuem transmissão ao vivo pela internet[165], facilitando o acompanhamento dos trabalhos da casa pela população.

Os textos legislativos produzidos, que antes eram formalizados em papel, publicados em jornais oficiais e reproduzidos por editoras, agora ficam disponíveis na internet, inclusive com alterações introduzidas e destacadas no próprio texto. Isso facilita demais a compreensão da evolução histórica das normas. Algumas leis importantes, como o Código Penal, por exemplo, no site do Planalto contam ainda com apontamentos jurisprudenciais acessíveis diretamente a partir de um simples clique ao lado do dispositivo no ícone em formato de "martelo":

FIGURA 3.2: **Código Penal no site do Planalto**

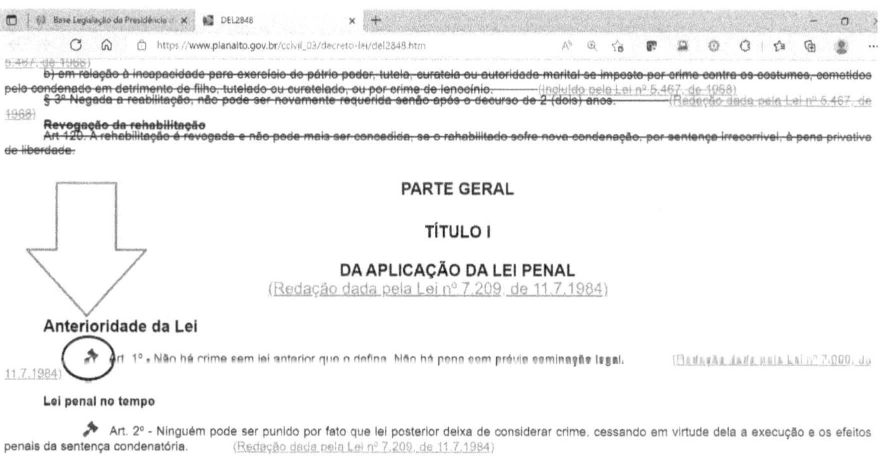

Fonte: Planalto

165 BRASIL, Câmara dos Deputados. **TV Câmara.** Disponível em: https://www.camara.leg.br/tv Acesso em: 12 abr. 2022.

Não se pode deixar de mencionar também a facilidade com que podem ser realizadas buscas no texto legislativo a partir do momento em que ele é digitalizado. Basta digitar a palavra a ser buscada e quase instantaneamente ela é apresentada.

Um último apontamento quanto a esse primeiro aspecto é que atualmente começa a ser comum a existência de normas que preveem a admissão da prática de atos em formato digital. É o caso, por exemplo, da Resolução da Câmara dos Deputados nº 12, de 2019, acima citada, e do art. 193 do Código de Processo Civil segundo o qual "os atos processuais podem ser total ou parcialmente digitais, de forma a permitir que sejam produzidos, comunicados, armazenados e validados por meio eletrônico, na forma da lei."

As normas que permitem a formalização digital dos atos, incluindo até mesmo os atos normativos, levantam a seguinte questão: se há norma prevendo que determinado ato pode ser formalizado digitalmente, por que não há ou é difícil encontrar norma prevendo expressamente que determinado ato deve ser formalizado em papel? Como já dito, as inovações muitas vezes chegam até mesmo a lançar luz sobre situações ao nosso redor que nem percebíamos. Sempre foi tão natural escrever no papel e até há pouco tempo não havia sequer necessidade de outros meios para registrar nossa escrita e nossas manifestações de vontade. A partir do momento em que novos meios surgem para esse registro, surge a necessidade de especificar requisitos para que esse registro tenha valor jurídico, principalmente quando tais meios não possuem as mesmas características que o papel no que diz respeito à inalterabilidade ou ao modo de aferir a autoria. Afastadas essas diferenças, no mais não há obstáculo ao uso de meios digitais para registrar os atos e fatos, principalmente quando a norma não fizer exigências quanto à forma e quando o meio utilizado puder assegurar adequadamente a veracidade dos registros para fins de prova. A propósito, o art. 104, III, do Código Civil prevê que a validade do negócio jurídico requer forma prescrita ou não defesa em lei, ou seja, se a norma não exigir forma determinada, a forma será livre, desde que não haja proibição para ela. No âmbito federal, a Lei nº 9.784, de 29 de janeiro de 1999, que regula o processo administrativo, prevê no art. 2º, parágrafo único, IX, que devem ser adotadas "formas simples, suficientes para propiciar adequado grau de certeza, segurança e respeito aos direitos dos administrados". Para dar apenas mais um exemplo, a alínea "b" do parágrafo único do art. 2º da Lei de Ação Popular prevê que há vício de forma somente quando há omissão ou "observância incompleta ou irregular de formalidades indispensáveis à existência ou seriedade do ato".

Uma vez abordado brevemente esse aspecto da digitalização das leis, cabe agora analisar o segundo aspecto na relação entre a legalidade e as inovações tecnológicas. Como a legislação influencia a transição para o governo digital ou para a adoção de inovações em geral?

Alguns estudiosos tendem a colocar nas instituições a responsabilidade pelas transformações sociais[166]. A rigor, contudo, tais instituições nada mais são do que o próprio Direito[167]. O Direito repercute na sociedade e é influenciado por ela. Os sujeitos tendem a buscar otimizar suas atividades, ou seja, empregar nelas o mínimo de esforços para atingir o máximo de resultados ou de satisfação[168]. Dessa forma, a legislação deve conduzir a sociedade a descobrir a melhor forma de realizar seus intentos.

Uma legislação que obrigue ou incentive o uso da inovação traz segurança para os agentes adotarem a mudança. Assim, por exemplo, para que as pessoas passem a formalizar contratos digitalmente, é melhor que haja uma norma prevendo expressamente essa possibilidade. Sem isso, as partes podem ficar com receio de tal formalização não ter valor jurídico, inclusive para fins probatórios.

Mas nem tudo depende de lei. Muitas normas contêm mandamentos genéricos de otimização sem especificar a forma de seu cumprimento. Nesse caso, caberá ao gestor verificar a melhor forma de concretização. Por exemplo, se houver uma norma determinando o pagamento de certo benefício pecuniário, sem maiores esclarecimentos, o gestor precisará decidir o modo de concretizar esse mandamento. Poderá escolher entre pagar em dinheiro, em depósito bancário ou com algum cartão de pagamento. Obviamente, nesse caso, quanto mais inovadora for a solução,

[166] ACEMOGLU, Daron; ROBINSON, James. **Por que as nações fracassam:** as origens do poder, da prosperidade e da pobreza. Tradução Cristiana Serra. Rio de Janeiro: Elsevier, 2012, p. 17-70; NORTH, Douglass C. Institutions. **Journal of Economic Perspectives**. v.5, n.1, winter 1991, p. 97.

[167] SARAI, Leandro. **Contratações públicas sustentáveis:** crítica da norma pura e caminho da transformação. Londrina: Thoth, 2021, p. 89-90.

[168] SARAI, Leandro. **Contratações públicas sustentáveis:** crítica da norma pura e caminho da transformação. Londrina: Thoth, 2021, p. 82-85.

maior poderá ser o receio do gestor. Daí a importância de normas auxiliares para apoiar a decisão pela inovação.

Esse exemplo é importante porque, apesar de a Administração ser regida pelo princípio da legalidade, o espaço de decisão do gestor é muito amplo, de modo que a escolha por caminhos mais inovadores muitas vezes demandará normas específicas. A ausência dessas normas específicas, desde que haja normas gerais de competência, não implicará proibição de adotar soluções inovadoras. Porém, essa ausência poderá representar um dificultador para a inovação. Por isso é importante que o ordenamento jurídico seja estruturado para abrir caminho e impulsionar a Administração Pública em direção à inovação, da mesma forma que deve ser estruturado para fomentar a inovação também no setor privado[169].

Um importante exemplo de Lei que busca impulsionar a inovação na Administração Pública é a Lei nº 14.129, de 29 de março de 2021, que trata do Governo Digital. Alguns aspectos peculiares previstos nessa Lei são o incentivo à digitalização (principalmente dos processos administrativos), a facilitação da identificação do usuário por meio de documento único para diversos serviços (número de inscrição no Cadastro de Pessoa Física – CPF ou no Cadastro Nacional de Pessoa Jurídica – CNPJ), a perspectiva do governo como plataforma (uma vez que, como os serviços passam a ser prestados pela *internet*, perde-se um pouco a importância do prédio público e de sua localização, até porque a interface entre Administração e administrado será pelo portal), a possibilidade de o administrador possuir domicílio eletrônico (endereço eletrônico para recebimento de comunicações em geral), a figura dos laboratórios de inovação (instrumentos informais de parceria entre governo e sociedade para buscar soluções

[169] "142 Leis e regulações são parte da estrutura na qual as empresas operam. Regulações e padrões bem delineados podem fornecer um forte indício para sustentar e guiar atividades inovadoras. Eles afetam o acesso à informação, direitos de propriedade, encargos tributários e administrativos (em particular para empresas pequenas) e padrões ambientais. Todos são importantes para políticas de inovação, mas as necessidades de políticas podem variar muito de setor para setor" (OCDE. **Manual de OSLO**. Diretrizes para coleta e interpretação de dados sobre inovação. 3.ed. Tradução FINEP — Financiadora de Estudos e Projetos. [2005?]. Disponível em: https://edisciplinas.usp.br/pluginfile.php/3987560/mod_resource/content/4/Manual%20de%20Oslo2%20-%20FINEP%20Inovacao.pdf Acesso em: 20 abr. 2022, p. 52). Cf. também a Lei nº 10.973, de 2 de dezembro de 2004, que dispõe sobre incentivos à inovação e à pesquisa científica e tecnológica no ambiente produtivo.

inovadoras) e as formas de controle (tanto para aprimorar a gestão, quanto para apurar fraudes e evitar falhas no serviço)[170].

3.2. Impessoalidade

Talvez a adoção de novas tecnologias pela Administração Pública, notadamente aquelas ligadas ao governo digital, sejam a solução para a máxima efetividade do princípio da impessoalidade. Uma vez estabelecidas regras objetivas em algum algoritmo, as máquinas serão capazes de dar tratamento extremamente impessoal aos administrados, caso o atendimento seja automatizado.

Pode haver quem critique essa medida, por eventualmente aplicar uma regra inadequada para determinada hipótese em prejuízo do cidadão. Mas, olhando mais de perto, talvez não haja motivo para essa preocupação, por três razões.

Em primeiro lugar, o problema de aplicação de regras inadequadas para determinadas situações concretas já ocorre, independentemente da utilização de uma máquina ou não.

Em segundo lugar, tratando-se de um atendimento automatizado, há maiores chances de se evitar tratamento favorecido a determinados administrados.

Em terceiro, caso a regra ou o sistema seja efetivamente inadequado para a situação concreta, poderá o cidadão utilizar meio de comunicação alternativo e se socorrer de seu direito de petição. Até o fato de a maioria dos casos ser padronizada e ter tratamento automatizado pode permitir que agentes públicos tenham mais tempo para se dedicar a situações excepcionais como a cogitada nesse exemplo.

Algo curioso que o governo digital proporciona pode soar paradoxal: ele possibilita um tratamento personalizado, porém, ao contrário do que se possa esperar, esse tratamento seria algo desejável e compatível com o princípio da impessoalidade.

Essa personalização diz respeito à possibilidade de os usuários ajustarem cores preferidas de tela, escolherem os serviços que devem ficar mais visíveis na tela de acesso, aumentarem tamanho de letra, solicitarem leitura de texto (útil para portadores de deficiência visual) e serem atendidos no horário que melhor atender suas necessidades, para dar apenas alguns

[170] CABRAL, Flávio Garcia; SARAI, Leandro. **Manual de Direito Administrativo**. Leme/SP: Mizuno, 2022, p. 918-922.

exemplos. Tudo isso sem contar o uso de inteligência artificial para prever as necessidades do administrado e agilizar seu atendimento.

Trata-se de um fenômeno que se assemelha ao tratamento personalizado dos consumidores pelas empresas no setor privado. Esse tratamento no setor público, ao se preocupar com características individuais das pessoas, pode acabar sendo considerado até mais "humanizado" pelos administrados, ainda que realizado por meio de máquinas. Há com isso uma transição do universalismo para um particularismo, seja pela prestação de serviços públicos personalizados, seja pela adoção de uma gestão de relacionamento com o usuário[171].

3.3. Moralidade

Verificamos no tópico anterior que é possível um atendimento personalizado aos administrados sem que isso ofenda o princípio da impessoalidade, uma vez que esse atendimento seria apenas uma forma de melhor atender suas necessidades. Dito de outra forma, o objetivo do atendimento personalizado seria garantir um tratamento diferente para pessoas diferentes, isto é, seria apenas a concretização do princípio da igualdade. Por conseguinte, essa personalização também não violaria o princípio da moralidade.

Mas pode haver algo de preocupante na prestação de serviços ou na atuação automatizada da Administração, como já apontado no tópico anterior, nos casos em que a regra geral inscrita no algoritmo não for adequada para o caso particular. Se no tópico anterior mostramos apenas o aspecto da inadequação objetiva de enquadramento na regra geral, procuraremos agora abordar a inadequação subjetiva, é dizer, investigaremos a eventual violação da moralidade administrativa decorrente de um atendimento automatizado.

Antes de mais nada, é importante destacar duas premissas a respeito da moralidade. Em primeiro lugar, apesar da discussão a respeito da relação entre Direito e Moral[172], consideraremos aqui apenas a moralidade que possa ser extraída do ordenamento jurídico, ou seja, os valores

[171] LIPS, Miriam. E-government under construction: Challenging traditional conceptions of citizenship. *In*: NIXON, Paul G.; KOUTRAKOU, Vassiliki N. (Editors). **E-government in Europe:** Re-booting the State. Routledge Advances in European Politics. New York: Routledge, 2017 (e-book).

[172] SUNSTEIN, Cass R.; VERMEULE, Adrian. The morality of administrative law. **Harvard Law Review**, v.131, n. 7, p. 1924-1978, May 2018.

incorporados nas normas vigentes[173]. Em segundo lugar, partiremos da premissa de que a moralidade administrativa seria apenas a aplicação desses valores morais para questões específicas do Direito Administrativo. A partir dessas premissas, é importante aqui ressaltar algumas questões que já começam a ser levantadas pela doutrina a respeito do impacto da tecnologia nas relações entre a Administração Pública e as pessoas.

Além dessas duas premissas, também precisamos salientar que há dois tipos de relações que devem preocupar o Direito Administrativo. Em primeiro lugar, estão as relações já mencionadas entre a Administração Pública e os particulares, que precisam ser pensadas diante dos impactos que as inovações podem trazer. Em segundo lugar, há as relações entre os próprios particulares entre si, que podem demandar uma ação estatal normativa ou reguladora. Nos dois tipos de relações, como se nota, haverá ao final uma relação entre Administração Pública e particulares. Porém, enquanto no primeiro tipo a preocupação está apenas no vínculo entre Administração e particulares, no segundo tipo a preocupação que justifica a ação estatal decorre da relação entre os particulares.

Como já dito, muitas questões decorrentes dessas relações sequer foram cogitadas pela ordem jurídica vigente. Porém, a abertura das normas que incorporam valores éticos permite até certo ponto julgar tais relações e, eventualmente, apontar a necessidade de alteração ou inovação legislativa quando a legalidade não for suficiente para proibir ou inibir uma conduta indesejada ou para determinar ou incentivar uma conduta desejada.

Apenas para dar uma ideia de algumas dessas questões, Arianna Maceratini indica: a) a perda da liberdade, inclusive para errar, pela padronização automatizada; b) o uso indevido de dados pessoais coletados, em prejuízo de seus titulares e/ou em favor de terceiros; c) a concentração dos dados coletados nas mãos de poucos; d) a polarização da sociedade; e) a falta de transparência dos algoritmos; f) o preconceito automatizado; g) as limitações éticas para decisões automatizadas; e h) o aumento da desigualdade pela introdução das inovações[174].

[173] CABRAL, Flávio Garcia; SARAI, Leandro. **Manual de Direito Administrativo.** Leme/SP: Mizuno, 2022, p. 128-134; 362-363.

[174] MACERATINI, Arianna. New Technologies between Law and Ethics: Some Reflections. **Bialostockie Studia Prawnicze**, vol. 26, Issue 3, p. 9-24, 2021, DOI: 10.15290/bsp.2021.26.03.01.

A moralidade terá papel fundamental para orientar a decisão da Administração e mesmo dos legisladores na edição das normas jurídicas.

3.4. Publicidade

O princípio da publicidade é outro dos que podem alcançar máxima efetividade a partir da incorporação de novas tecnologias pela Administração Pública. Basta comparar duas situações para se ter ideia dessa assertiva.

Até há pouco tempo, as publicações oficiais eram veiculadas em jornais oficiais impressos em papel. Muitos cidadãos nem sequer sabiam da existência desses jornais. Mesmo os que conheciam essas publicações oficiais tinham uma noção da dificuldade de encontrar alguma informação específica neles, uma vez que eram muito volumosos. Atualmente, para dar um exemplo, as publicações oficiais do âmbito federal podem ser encontradas na internet e contam com a possibilidade de realizar busca por palavra no teor do jornal:

Figura 3.3: **Tela de pesquisa da Imprensa Nacional**

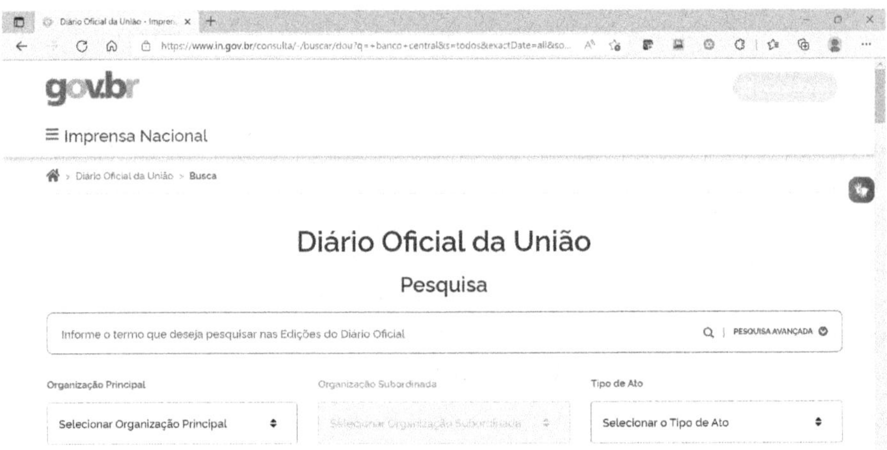

Fonte: Imprensa Nacional

Outro avanço que merece ser mencionado foi a edição da Lei nº 12.527, de 18 de novembro de 2011, conhecida como "Lei de Acesso à Informação" (LAI), que trata do acesso a informações previsto no inciso

XXXIII do art. 5º, no inciso II do § 3º do art. 37 e no § 2º do art. 216 da Constituição Federal[175]. Essa Lei coloca como regra a publicidade de todos os atos produzidos pela Administração, resguardando o sigilo apenas em situações excepcionais.

Esse acesso é indispensável para um adequado controle da ação governamental e ele é facilitado pelo fato de a Lei determinar o uso da internet para divulgação de informações e para solicitação delas, como se nota no art. 8º, §2º, no art. 10, §2º, e no art. 30 da LAI.

Por outro lado, o fato de a Administração ficar conectada à rede amplia o risco de acesso indevido a informações, o que faz com que deva haver uma implantação de um adequado sistema de segurança cibernética.

3.5. Eficiência

Assim como o princípio da impessoalidade e o princípio da publicidade, o princípio da eficiência também pode sofrer um impacto muito positivo pela adoção de novas tecnologias pela Administração Pública. Obviamente que será necessária uma apreciação adequada de todos os aspectos da eficiência em termos de custos e benefícios, buscando o melhor atendimento do interesse público[176].

[175] "Art. 5º Todos são iguais perante a lei, sem distinção de qualquer natureza, garantindo-se aos brasileiros e aos estrangeiros residentes no País a inviolabilidade do direito à vida, à liberdade, à igualdade, à segurança e à propriedade, nos termos seguintes: [...] XXXIII – todos têm direito a receber dos órgãos públicos informações de seu interesse particular, ou de interesse coletivo ou geral, que serão prestadas no prazo da lei, sob pena de responsabilidade, ressalvadas aquelas cujo sigilo seja imprescindível à segurança da sociedade e do Estado; [...] Art. 37. A administração pública direta e indireta de qualquer dos Poderes da União, dos Estados, do Distrito Federal e dos Municípios obedecerá aos princípios de legalidade, impessoalidade, moralidade, publicidade e eficiência e, também, ao seguinte: [...] § 3º A lei disciplinará as formas de participação do usuário na administração pública direta e indireta, regulando especialmente: [...] II – o acesso dos usuários a registros administrativos e a informações sobre atos de governo, observado o disposto no art. 5º, X e XXXIII; [...] Art. 216. Constituem patrimônio cultural brasileiro os bens de natureza material e imaterial, tomados individualmente ou em conjunto, portadores de referência à identidade, à ação, à memória dos diferentes grupos formadores da sociedade brasileira, nos quais se incluem: [...] § 2º Cabem à administração pública, na forma da lei, a gestão da documentação governamental e as providências para franquear sua consulta a quantos dela necessitem."

[176] CABRAL, Flávio Garcia. **O conteúdo jurídico da eficiência administrativa**. Belo Horizonte: Fórum, 2019.

Mas é possível afirmar que muitas tarefas rotineiras podem ser realizadas por máquinas de forma muito mais célere e precisa. Isso permite aos agentes públicos se dedicarem aos casos que fogem do padrão dos processos de trabalho estabelecidos.

A Lei do Governo Digital acima mencionada foi instituída com o objetivo de aumentar a eficiência da Administração Pública[177]. Já no Decreto nº 9.319, de 21 de março de 2018, que instituiu o Sistema Nacional para a Transformação Digital e estabeleceu a estrutura de governança para a implantação da Estratégia Brasileira para a Transformação Digital, com a redação promovida pelo Decreto nº 10.332, de 28 de abril de 2020, deixa expresso no eixo da transformação digital ligado à cidadania a necessidade de tornar o Governo federal mais acessível à população e mais eficiente em prover serviços ao cidadão, em consonância com a Estratégia de Governo Digital.

Um aspecto de suma importância quando se trata da eficiência é sua mensurabilidade. Ainda que se considere que eficiência admite variados graus, fica inviável afirmar que determinada medida é mais eficiente que outra se não for possível mensurar esses graus para fins de comparação. Com a implantação de novas tecnologias, registros das atividades podem ser feitos de forma automática simultaneamente à realização das atividades da Administração Pública. O conjunto imenso de dados gerado pode constituir rico insumo para análise pelas novas tecnologias, como as de *Big Data*, possibilitando uma análise ampla da atuação administrativa.

Referências

ACEMOGLU, Daron; ROBINSON, James. **Por que as nações fracassam**: as origens do poder, da prosperidade e da pobreza. Tradução Cristiana Serra. Rio de Janeiro: Elsevier, 2012.

BRASIL, Câmara dos Deputados. **Portaria nº 268, de 14 de setembro de 2021**. Institui a Estratégia Digital da Câmara dos Deputados. Disponível em: https://www2.camara.leg.br/legin/int/portar/2021/portaria-268-14-setembro-2021-791753-publicacaooriginal-163450-cd-dg.html.

[177] BRASIL, Casa Civil. Lei do Governo Digital busca aumentar a eficiência da Administração Pública. 1º jul. 2021. Disponível em: https://www.gov.br/casacivil/pt-br/assuntos/noticias/2021/julho/lei-do-governo-digital-busca-aumentar-a-eficiencia-da-administracao-publica#:~:text=Conhecida%20como%20Lei%20do%20Governo,digital%20e%20participa%C3%A7%C3%A3o%20dos%20cidad%C3%A3os. Acesso em: 20 abr. 2022.

BRASIL, Câmara dos Deputados. **Resolução da Câmara dos Deputados nº 12, de 2019.** Disponível em: https://www2.camara.leg.br/legin/fed/rescad/2019/resolucaodacamaradosdeputados-12-31-outubro-2019-789331-publicacaooriginal-159310-pl.html. Acesso em: 12 abr. 2022.

BRASIL, Câmara dos Deputados. **Resolução da Câmara dos Deputados nº 14, de 2020**. Disponível em: https://www2.camara.leg.br/legin/fed/rescad/2020/resolucaodacamaradosdeputados-14-17-marco-2020-789854-norma-pl.html. Acesso em: 12 abr. 2022.

BRASIL, Câmara dos Deputados. **TV Câmara**. Disponível em: https://www.camara.leg.br/tv Acesso em: 12 abr. 2022.

BRASIL, Casa Civil. **Lei do Governo Digital busca aumentar a eficiência da Administração Pública**. 1º jul. 2021. Disponível em: https://www.gov.br/casacivil/pt-br/assuntos/noticias/2021/julho/lei-do-governo-digital-busca-aumentar-a--eficiencia-da-administracao-publica#:~:text=Conhecida%20como%20Lei%20do%20Governo,digital%20e%20participa%C3%A7%C3%A3o%20dos%20cidad%C3%A3os. Acesso em: 20 abr. 2022.

CABRAL, Flávio Garcia. **O conteúdo jurídico da eficiência administrativa**. Belo Horizonte: Fórum, 2019.

CABRAL, Flávio, Garcia; SARAI, Leandro. **Manual de Direito Administrativo**. Leme/SP: Mizuno, 2022.

CLÈVE, Clèmerson Merlin; LORENZETTO, Bruno Meneses. Mutação constitucional e segurança jurídica: entre mudança e permanência. **Revista de Estudos Constitucionais, Hermenêutica e Teoria do Direito (RECHTD)**, v. 7, n. 2, p. 136-146, maio-ago. 2015.

LIPS, Miriam. E-government under construction: Challenging traditional conceptions of citizenship. *In*: NIXON, Paul G.; KOUTRAKOU, Vassiliki N. (Editors). **E-government in Europe:** Re-booting the State. Routledge Advances in European Politics. New York: Routledge, 2017 (e-book).

MACERATINI, Arianna. New Technologies between Law and Ethics: Some Reflections. **Bialostockie Studia Prawnicze**, vol. 26, Issue 3, p. 9-24, 2021, DOI: 10.15290/bsp.2021.26.03.01.

NORTH, Douglass C. Institutions. **Journal of Economic Perspectives**. v.5, n.1, winter 1991.

OCDE. **Manual de OSLO**. Diretrizes para coleta e interpretação de dados sobre inovação. 3.ed. Tradução FINEP — Financiadora de Estudos e Projetos. [2005?]. Disponível em: https://edisciplinas.usp.br/pluginfile.php/3987560/mod_resource/content/4/Manual%20de%20Oslo2%20-%20FINEP%20Inovacao.pdf Acesso em: 20 abr. 2022.

SANTOS, Carlos Victor Nascimento dos. Reconstruindo o conceito de mutação constitucional. **Revista de Estudos Constitucionais, Hermenêutica e Teoria do Direito (RECHTD)**, v. 7, n. 1, p. 80-91, jan.-abr. 2015.

SARAI, Leandro. **Contratações públicas sustentáveis:** crítica da norma pura e caminho da transformação. Londrina: Thoth, 2021.

SILVA, Virgílio Afonso da. **Direito constitucional brasileiro.** São Paulo: Edusp, 2021.

SUNSTEIN, Cass R.; VERMEULE, Adrian. The morality of administrative law. **Harvard Law Review**, v.131, n. 7, p. 1924-1978, May 2018.

4.
ADMINISTRAÇÃO PÚBLICA, LAI, LGPD E LEI DO GOVERNO DIGITAL

Tratar de inovação e tecnologias na Administração Pública implica invariavelmente discorrer sobre algo extremamente relevante e valioso no século XXI: informações e dados.

O Poder Público lida cotidianamente com diversas informações públicas e dados pessoais. A questão é compreender como ocorre esse tratamento e qual é o regime jurídico aplicável a ele.

Acerca da questão, Agustin Gordillo explica que haveria um parassistema da Administração Pública. Exemplifica essa Administração Pública Paralela justamente indicando que, embora nos ordenamentos jurídicos se consagre expressamente o princípio da publicidade, assegurando-se o pleno acesso a documentos e informações, a prática demonstra que na Administração Pública na América Latina vigora a tradição do silêncio, do segredo, da reserva, da não publicidade. Os agentes públicos que assim o fazem não agem pensando estar fazendo algo ilícito; ao contrário, entendem estar protegendo informações administrativas e que isso é o correto a ser feito. Ainda que se mostre a legislação exigindo o contrário, muito provavelmente o agente reagirá com espanto e incredulidade genuína[178].

[178] GORDILLO, Agustin. **La administración paralela**. Madri: Civitas, 1982.

De fato, a Administração Pública brasileira sempre foi carregada dessa mesma moral paralela indicada por Gordillo, sendo que, sem que houvesse necessariamente um comportamento doloso, construiu-se uma cultura interna de que o sigilo de dados do Poder Público deveria ser a regra, causando espécie sempre que um administrado solicitava alguma informação perante uma repartição pública. A propósito, o art. 116, inc. VIII, da Lei nº 8.112/90, prevê ser dever do servidor "guardar sigilo sobre assunto da repartição". O Código Penal, por exemplo, considera crime a divulgação de informações sigilosas ou reservadas (art. 153, §1º-A) e a revelação de fato que deva permanecer em segredo (art. 325). A insegurança quanto ao que seria ou não sigiloso pode ter contribuído para uma conduta cautelosa pelos agentes públicos.

Nessa toada, um importante passo no que se refere ao princípio da publicidade foi a entrada em vigor da Lei de Acesso à Informação (Lei nº 12.527/2011), que conferiu maior efetividade ao direito fundamental de acesso à informação.

De outro lado, embora tenha se construído um cenário de sigilo em relação às informações como um todo, não havia um rigor quanto ao tratamento dos dados que envolvessem informações pessoais.

Deveras, a formação de bancos de dados, por pessoas de direito público ou privado, é um cenário já consolidado nos tempos atuais. De igual forma, têm-se feito boas utilizações de toda essa informação, conectando pessoas, melhorando serviços, servindo com fonte de planejamento de novas atividades. Entretanto, ainda se está a apreender como lidar de maneira ética e dentro dos limites jurídicos com toda essa informação disponível. Apesar de o tratamento de dados ser algo cotidiano, esta prática ainda figura como uma ilustre desconhecida[179].

As potencialidades, bem como os problemas, decorrentes da utilização de dados e informações públicas é maximizado quando se constata que o seu fluxo ocorre em ambientes digitais, ampliando a velocidade de sua transmissão e o seu alcance.

[179] CABRAL, Flávio Garcia. O princípio da boa administração pública e a LGPD (Lei nº 13.709/2018). In: Augusto Neves Dal Pozzo; Ricardo Marcondes Martins. (Org.). **LGPD e Administração Pública:** uma análise ampla dos impactos. 1ed.São Paulo: Thomson Reuters, 2020, p.64.

É nesse contexto inicial que se insere a importância de conhecer três legislações basilares envolvendo a matéria: a Lei de Acesso à Informação, a Lei Geral de Proteção de Dados Pessoais e a Lei do Governo Digital.

4.1. A lei do acesso à informação (lei nº 12.527/2011)

O acesso à informação sempre foi tema de Tratados Internacionais, principalmente aqueles relativos a Direito Humanos, como é o caso da Declaração Universal dos Direitos Humanos (art. 19), a Convenção das Nações Unidas contra a Corrupção (artigos 10 e 13), a Declaração Interamericana de Princípios de Liberdade de Expressão (item 4) e o Pacto Internacional dos Direitos Civis e Políticos (artigo 19)[180].

No plano constitucional também é possível se extrair um direito dos cidadãos a terem acesso a informações públicas por meio do artigo 5º, incisos XIV, XXXIII e LXXII, alínea "a", bem como do princípio da publicidade estampado no artigo 37, *caput,* e no seu §3º, inciso II.

O acesso a informações públicas, ademais de uma exigência normativa no plano constitucional e internacional, tem o condão de trazer diversos benefícios[181], podendo-se citar a prevenção da corrupção; o respeito aos direitos fundamentais; o fortalecimento da democracia; a melhoria da gestão pública; e a melhoria do processo decisório[182].

Nesse contexto, a Lei nº 12.527, de 2011 (Lei do Acesso à Informação - LAI), regulamentada no âmbito federal pelo Decreto nº 7.724, de 2012, originada nos debates travados no Conselho de Transparência e Combate à Corrupção, órgão vinculado à Controladoria-Geral da União

[180] CABRAL, Dafne Reichel. **Os Tribunais de Contas e o Direito à Boa Administração Pública**. Rio de Janeiro: Lumen Juris, 2022, p.24.

[181] "A transparência é uma via de mão dupla: de um lado a administração tem o dever de dar publicidade aos seus atos e, por outro, o cidadão tem o direito a ser informado. Deste modo, por meio da informação disponível por meio eletrônico, desenvolve-se um controle preventivo, estimula-se a participaçao popular, torna-se o exercício do poder mais transparente e, portanto, mais democrático. Evita-se que o cidadão desinformado dos assuntos públicos constitua-se num *idiótes* (conforme a nomenclatura dos gregos). Com a diminuição dos desvios de dinheiro gerados pela corrupção é possível viabilizar a melhoria das prestações sociais, que podem ser oferecidas à população, ou seja, concretizam-se direitos" (LIMBERGER, Têmis. Transparência Administrativa e Novas Tecnologias: o Dever de Publicidade, o Direito a ser Informado e o Princípio Democrático. **Revista de Direito Administrativo**, v. 244,2007, p.261).

[182] CONTROLADORIA-GERAL DA UNIÃO. **Manual da Lei de Acesso à Informação para Estados e Municípios**. Brasília: CGU, 2013, p.6-7.

(CGU), discutida e votada pelo Congresso Nacional entre 2009 e 2011, dispõe sobre os procedimentos a serem observados pela União, Estados, Distrito Federal e Municípios com o fim de garantir o acesso a informações. Submetem-se ao regime da referida Lei os órgãos públicos integrantes da administração direta dos Poderes Executivo, Legislativo, incluindo as Cortes de Contas, e Judiciário e do Ministério Público; as autarquias, as fundações públicas, as empresas públicas, as sociedades de economia mista e demais entidades controladas direta ou indiretamente pela União, Estados, Distrito Federal e Municípios[183].

A premissa fundamental da LAI é tratar o sigilo como exceção[184], sendo a regra a publicidade das informações (artigo 3º, inciso I). Além disso, conforme prescrito no seu artigo 6º, é dever da Administração garantir a gestão transparente da informação, propiciando amplo acesso a ela e sua divulgação; a proteção da informação, garantindo-se sua disponibilidade, autenticidade e integridade; e a proteção da informação sigilosa e da informação pessoal, observada a sua disponibilidade, autenticidade, integridade e eventual restrição de acesso.

A LAI disciplina ainda o pedido de acesso à informação[185], vedando a exigência de requisitos que dificultem ou inviabilizem esse acesso. O artigo

[183] GRUMAN, Marcelo. LEI DE ACESSO À INFORMAÇÃO: NOTAS E UM BREVE EXEMPLO. **Revista Debates**, v. 6, n. 3, set./dez. 2012, p.98.

[184] Confira-se os 12 enunciados aprovados pela CGU referente à aplicação da LAI (Portaria Normativa CGU nº 71, de 10 de abril de 2023): https://www.in.gov.br/en/web/dou/-/portaria-normativa-cgu-n-71-de-10-de-abril-de-2023-477406468

[185] "Em termos práticos, para apresentar pedido de acesso, o cidadão deve, preferencialmente, utilizar o sistema e-SIC, disponível para os órgãos e entidades da Administração Federal no site www. acessoainformacao.gov.br. Nele, preencherá um formulário padrão, cujas informações obrigatórias são a indicação do nome completo, de documento de identificação válido e de endereço físico ou eletrônico. Vencida essa etapa, o cidadão poderá apresentar quantos pedidos de acesso desejar, havendo campo para que possa descrever a informação que pretende receber, sendo necessário indicar o órgão que, supostamente, a detém. O pedido deve ser descrito de um modo compreensível, que permita a recuperação da informação solicitada. O pedido também deve ser específico, permitindo que o servidor do órgão ou entidade, que tenha familiaridade com o objeto do pedido, possa recuperá-lo de maneira célere e precisa. Além de específico, o pedido deve ser razoável e proporcional, conceitos que serão desenvolvidos em tópico específico desta publicação. E, por fim, a informação deve existir para que seja exigível, conforme veremos adiante" (CONTROLADORIA-GERAL DA UNIÃO. **Aplicação da Lei de Acesso à Informação na Administração Pública Federal**. 3.ed. .Brasília: CGU, 2017, p.26).

10 prevê que qualquer interessado poderá apresentar pedido de acesso a informações ao Poder Público, devendo o pedido conter a identificação do requerente e a especificação da informação requerida (não se admite, portanto, pedidos anônimos ou apócrifos). Além disso, a Administração deve viabilizar alternativa de encaminhamento de pedidos de acesso por meio de seus sítios oficiais na internet. No entanto, são vedadas quaisquer exigências relativas aos motivos determinantes da solicitação de informações de interesse público e também exigências sobre a identificação do requerente que inviabilizem a solicitação.

Sem embargo dessas vedações e exigências, a regulamentação federal trouxe alguns contornos, de modo a não tornar o pedido de informação um "cheque em branco" ilimitado. Conforme dispõe o artigo 13 do Decreto nº 7.724, de 2012, não serão atendidos pedidos de acesso à informação genéricos; desproporcionais ou desarrazoados; ou que exijam trabalhos adicionais de análise, interpretação ou consolidação de dados e informações, ou serviço de produção ou tratamento de dados que não seja de competência do órgão ou entidade.

Sobre essas restrições trazidas pela regulamentação administrativa, Ricardo Marcondes Martins sustenta sua validade, indicando que ainda que essas três hipóteses não fossem previstas na Lei, a ponderação dos princípios constitucionais não admitiria o atendimento a pedidos genéricos, desproporcionais ou desarrazoados. Ademais, o direito ao acesso, independentemente das normas expressas, não obriga a Administração a reunir informações que se encontrem dispersas. Assim, "nas três hipóteses referidas, os princípios da boa administração, da eficiência, do adequado desempenho das repartições públicas (P2) prevalece sobre os princípios concretizados pelo direito ao acesso (P1). Donde, mesmo na falta dessas regras regulamentares, à luz do caso concreto, o acesso seria obstado em decorrência da ponderação dos princípios constitucionais (P2 > P1)"[186].

Outro ponto importante sobre a LAI concerne à chamada transparência ativa. De acordo com o artigo 7º do Decreto nº 7.724, de 2012, "é dever dos órgãos e entidades promover, independente [*sic*] de requerimento, a divulgação em seus sítios na Internet de informações de interesse coletivo

[186] MARTINS, Ricardo Marcondes. Direito fundamental de acesso à informação. **A&C – Revista de Direito Administrativo & Constitucional**, Belo Horizonte, ano 14, n. 56, abr./jun. 2014, p.144.

ou geral por eles produzidas ou custodiadas (...)". É dizer, ademais de ter que conferir acesso às informações mediante solicitação dos administrados (chamada de transparência passiva), é também dever da Administração franquear a divulgação das informações públicas de ofício, independentemente de qualquer requerimento.

É certo que, embora a publicidade seja a regra, ainda há hipóteses em que o sigilo deve ser mantido[187]. A própria LAI, no artigo 22, prevê que as suas regras não excluem "as demais hipóteses legais de sigilo e de segredo de justiça nem as hipóteses de segredo industrial decorrentes da exploração direta de atividade econômica pelo Estado ou por pessoa física ou entidade privada que tenha qualquer vínculo com o poder público".

Justamente no tocante ao sigilo, a LAI disciplina o tratamento a ser dado a situações relacionadas à segurança da sociedade ou do Estado, aplicando-se regras restritivas da divulgação da informação.

De acordo com o artigo 24, a informação em poder dos órgãos e entidades públicas, observado o seu teor e em razão de sua imprescindibilidade à segurança da sociedade ou do Estado, poderá ser classificada como ultrassecreta, secreta ou reservada, sendo que a restrição à informação será restringida pelos seguintes prazos: ultrassecreta: 25 (vinte e cinco) anos; secreta: 15 (quinze) anos; e reservada: 5 (cinco) anos[188].

Apesar da existência de obstáculos na aplicação prática da LAI, em especial em vários municípios (muitos dos quais têm dificuldade de fornecer dados de maneira digital e/ou manter portais da transparência por uma completa falta de estrutura de tecnologia de informação), a LAI tem representado um grande avanço em termos de conformação do princípio da publicidade na sua dimensão material.

[187] "Embora a publicidade seja a regra, a Lei de Acesso à Informação (Lei 12.527, de 2011), em seu art. 22, e o seu Regulamento (Decreto n. 7.724, de 2012), em seu art. 6º, I, dispõem que o acesso à informação não se aplica às hipóteses de sigilo previstas na legislação, tais como o sigilo fiscal, o bancário, o de operações e serviços no mercado de capitais, o comercial, o profissional, o industrial e o de segredo de justiça. O sigilo dos advogados públicos encontra respaldo jurídico tanto no Estatuto da OAB – Lei n. 8.906, de 4 de julho de 1994 – quanto em normativo próprio exarado pela AGU, por meio da Portaria n. 529, de 23 de agosto de 2016, constituindo-se, dessa forma, em hipótese legal específica, o que afasta as disposições da LAI, quanto ao tema" (PARECER n. 00015/2020/CONJUR-CGU/CGU/AGU).

[188] A LAI revogou os prazos de sigilo antes previstos na Lei nº 8.159, de 1991, que previa desarrazoados prazos de 30 ou 100 anos.

No âmbito federal, por exemplo, de 15/5/2012 até 8/1/2024, foram recebidos 1.337.322 pedidos de acesso à informação, tendo havido a resposta de aproximadamente 100% dos casos. Ademais, o tempo médio das respostas tem sido inferior a 15 dias. Em uma escala de 1 a 5, sendo 1 o não atendimento da solicitação e 5 o rendimento pleno, a avaliação dos usuários está em 3,61. Na mesma métrica, no que tange à fácil compreensão da informação, sendo 1 de difícil compreensão e 5 de fácil compressão, a escala decorrente da opinião dos usuários está em 4.12[189].

No entanto, só disponibilizar a informação tem se mostrado insuficiente nos tempos atuais. Conforme dão conta Marcos Nóbrega e Juliano Heinen, os câmbios sociais tão rápidos reclamam que as informações públicas façam sentido e mudem a vida dos cidadãos. Deste modo, a informação deve deixar de ser estática, para ser dinâmica; deixar de ser passiva para se tornar ativa e impactar positivamente na vida das pessoas. Um caminho é justamente a existência de banco de dados que podem ser acessados livremente[190], sendo uma etapa do desenvolvimento da transparência que deve ser complementado por uma ação administrativa que leve essas informações ao cidadão de modo a que elas façam sentido e auxiliem na melhoria da vida das pessoas[191].

4.2. A lei geral de proteção de dados pessoais (lei nº 13.709/2018)

De maneira reativa ao cenário de uma rede incomensurável de dados de pessoas físicas, disponíveis tanto por pessoas jurídicas de direito privado como de Direito Público, com a possibilidade/ocorrência de má utilização destes dados, o Estado buscou disciplinar de maneira uniforme[192] como

[189] Disponível em: https://centralpaineis.cgu.gov.br/visualizar/lai Acesso em 8/1/2024.

[190] Relacionada à questão, cabe indicar a edição do Decreto nº 8.777/2016, que instituiu a Política de Dados Abertos do Poder Executivo federal, que tem, dentre outros propósitos, o objetivo de franquear aos cidadãos o acesso, de forma aberta, aos dados produzidos ou acumulados pelo Poder Executivo federal, sobre os quais não recaia vedação expressa de acesso.

[191] NÓBREGA, Marcos; HEINEN, Juliano. As forças que mudarão a Administração Pública pós-COVID: transparência 2.0, blockchain e smart contracts. **A&C – Revista de Direito Administrativo & Constitucional,** Belo Horizonte, ano 21, n. 85, jul./set. 2021, p.228.

[192] É certo que já existia legislação que tratava sobre o uso de dados pessoais, ainda que de maneira obliqua, como o próprio Código de Defesa do Consumidor (Lei nº 8.078/90), a Lei de Acesso à Informação (Lei nº 12.527/2011) ou mesmo o anterior Marco Civil da Internet (Lei nº 12.965/2015). A LGPD não exclui a proteção conferida por outros diplomas aos direitos

deve ocorrer o seu tratamento, culminando com a edição da Lei nº 13.709, de 14 de agosto de 2018, conhecida como Lei Geral de Proteção de Dados (LGPD)[193].

A edição da Lei no Brasil se alicerça[194] no recente Regulamento Geral de Proteção de Dados Pessoais da União Europeia (GDPR)[195], que entrou em vigor em 25 de maio de 2018, demonstrando uma preocupação mundial no cuidado com os dados particulares em mão de terceiros.

Mais recentemente, realçando a importância da proteção dos dados pessoais, a Emenda Constitucional nº 115, de 10 de fevereiro de 2022, inseriu um novo inciso no art. 5º da Constituição para considerá-la um direito fundamental: "Art. 5º [...] LXXIX – é assegurado, nos termos da lei, o direito à proteção dos dados pessoais, inclusive nos meios digitais."

Especificamente acerca do tratamento de dados pela Administração Pública, o artigo 23 da LGPD prescreve que essa atividade deverá ser realizada para o atendimento de sua finalidade pública, na persecução do interesse público, com o objetivo de executar as competências legais ou cumprir as atribuições legais do serviço público. No mesmo sentido,

fundamentais do cidadão, como fica expresso no artigo 64: "Os direitos e princípios expressos nesta Lei não excluem outros previstos no ordenamento jurídico pátrio relacionados à matéria ou nos tratados internacionais em que a República Federativa do Brasil seja parte".

193 CABRAL, Flávio Garcia. O princípio da boa administração pública e a LGPD (Lei nº 13.709/2018). In: Augusto Neves Dal Pozzo; Ricardo Marcondes Martins. (Org.). **LGPD e Administração Pública:** uma análise ampla dos impactos. 1ed.São Paulo: Thomson Reuters, 2020, p.69.

194 Além disso, os vazamentos de dados ocorridos no Brasil em 2018 serviram de combustível para a aprovação no âmbito legislativo, lembrando que o projeto de lei tramitou no Congresso por seis anos e antes disso teve seu anteprojeto discutido por meio de consulta pública do Ministério da Justiça (SALVIO, Gabriella G. L. de; ROGENFISCH, Sandra; LADEIRA, Roberta. Privacidade e proteção de dados pessoais – Evolução do cenário legislativo no Brasil. In: BRANCHER, Paulo Marcos Rodrigues; BEPPU, Ana Claudia (Coord.). **Proteção de dados pessoais no Brasil:** uma nova visão a partir da Lei nº 13.709/2018. Belo Horizonte: Fórum, 2019, p.17).

195 Conforme expõe Cleber Cilli David, "a GDPR tem essencial importância, não só pelo seu tema fundamental, mas principalmente devido à sua aplicabilidade e influência no ambiente fático, ao induzir condutas de conformidade em qualquer esfera (pública ou privada) para o bem da pessoa natural" (DAVID, Cleber Cilli. Lei Geral de Proteção de Dados. **Revista Fórum de Direito na Economia Digital – RFDED**, Belo Horizonte, ano 3, n. 5, jul./dez. 2019, p.64).

o artigo 7º, inciso III, prevê que o tratamento de dados pessoais poderá ser realizado pela Administração Pública, para o tratamento e uso compartilhado de dados necessários à execução de políticas públicas previstas em leis e regulamentos ou respaldadas em contratos, convênios ou instrumentos congêneres. Aliás, os incisos II a X do art. 7º preveem as hipóteses em que o tratamento dispensa o consentimento do titular dos dados. Da mesma forma, o art. 11 prevê as hipóteses de tratamento de dados pessoais sensíveis, incluindo no inciso II as situações que não demandam consentimento do titular, como a execução de políticas públicas, entre outras.

Na mesma toada, o artigo 26 da LGPD prevê que o uso compartilhado de dados pessoais pelo Poder Público[196] deve atender a finalidades específicas de execução de políticas públicas e atribuição legal pelos órgãos e pelas entidades públicas, respeitados os princípios de proteção de dados pessoais elencados no art. 6º desta Lei.

De todo modo, nota-se na Lei que o acesso a dados pessoais, de modo a permitir que a Administração Pública cumpra com suas finalidades legais, independe, como regra, do consentimento expresso dos titulares desses dados. De fato, conforme já remanesceu consignado no PARECER n. 00295/2020/CONJUR-CGU/CGU/AGU, vale reconhecer que o Estado no controle dos dados fomenta o exercício da democracia com o objetivo de desenvolver políticas públicas que garantam uma administração mais transparente, proba e republicana. Segundo o parecer, "se for necessário exigir o consentimento de um suspeito ou apenado para tratamento dos seus dados pessoais pela administração pública, seria prontamente questionado o caráter absoluto da norma para flexibilização dos limites impostos pela legislação de dados pessoais. Desse modo, o mandado

[196] "Assim, por exemplo, informações de famílias de baixa renda que integram o Cadastro Único para Programas Sociais do Governo Federal (CadÚnico) podem ser utilizadas para formulação e gestão de políticas públicas as mais diversas (art. 13, Decreto nº 11.016, de 29 de março de 2022), como no caso da identificação de beneficiários do auxílio emergencial concedido durante a pandemia da Covid-19 (Lei nº 13.982, de 2 de abril de 2020). Embora a concessão deste benefício específico não integrasse o propósito original do CadÚnico, as informações nele constantes foram utilizadas legitimamente para subsidiar essa nova política pública" (CARVALHO, Lucas Borges de. O poder público e a proteção de dados pessoais no Brasil: novos desafios, velhas práticas administrativas. **Revista de Direito Administrativo**, v. 282, n. 2, 2023, p.144).

constitucional deve estar pautado em finalidades conexas à prestação de serviço público".

Em relação ao tratamento de dados pela Administração Pública, o artigo 23 da LGPD, em seus incisos I e III (o inciso II foi vetado), traz dois requisitos conjuntos: I – sejam informadas as hipóteses em que, no exercício de suas competências, realizam o tratamento de dados pessoais, fornecendo informações claras e atualizadas sobre a previsão legal, a finalidade, os procedimentos e as práticas utilizadas para a execução dessas atividades, em veículos de fácil acesso, preferencialmente em seus sítios eletrônicos; e III – seja indicado um encarregado quando realizarem operações de tratamento de dados pessoais, nos termos do art. 39 da Lei.

Quanto ao inciso I, que instrumentaliza o princípio da transparência previsto no artigo 6º, inciso VI, da LGPD, mostra-se fundamental que o órgão público divulgue em seu sítio eletrônico a atividade de tratamento de dados realizada, com as informações exigidas.

A respeito da publicidade conferida ao tratamento de dados, o artigo 28, cuja redação original era "a comunicação ou o uso compartilhado de dados pessoais entre órgãos e entidades de Direito Público será objeto de publicidade, nos termos do inciso I do caput do art. 23 desta Lei", foi vetado pelo Presidente da República. Assim, pelo veto, poder-se-ia interpretar que, quando houvesse uso compartilhado, não seria necessária a divulgação nos moldes do inciso I. Sem embargo, calha apontar que há forte posição doutrinária que advoga em sentido oposto, primando pela transparência em qualquer caso[197].

O inciso III do art. 23, por sua vez, trata da figura do encarregado, que será indicado pelo controlador. O encarregado, segundo conceitua o artigo

[197] "A esse respeito, ao sancionar a LGPD, o Presidente da República vetou dispositivo que exigia a publicidade no sítio eletrônico dos órgãos públicos que realizam o compartilhamento de dados das atividades de comunicação ou uso compartilhado de dados pessoais entre órgãos e entidades de direito público. Apesar do veto, tendo em vista que as atividades referidas estão compreendidas no conceito de tratamento de dados, consideramos que o Poder Público não está dispensado da obrigação de transparência em relação à previsão legal, à finalidade, aos procedimentos e às práticas do compartilhamento de dados que realiza" (ADAMI, Mateus Piva; DOUEK, Daniel; LANGENEGGER, Natalia; PARISIO, Isabela de Oliveira; FARIAS, Pedro. Tratamento de dados pessoais pela Administração Pública: análise do Serpro. In: BRANCHER, Paulo Marcos Rodrigues; BEPPU, Ana Claudia (Coord.). **Proteção de dados pessoais no Brasil:** uma nova visão a partir da Lei nº 13.709/2018. Belo Horizonte: Fórum, 2019, p.216).

5º, inciso VIII, é a "pessoa indicada pelo controlador e operador para atuar como canal de comunicação entre o controlador, os titulares dos dados e a Autoridade Nacional de Proteção de Dados (ANPD)". As atribuições do encarregado constam no artigo 41, § 2º[198], que abrangem, entre outras, a orientação do pessoal da entidade quanto ao cumprimento da LGPD.

O controlador, por sua vez, encontra-se definido no artigo 5º, inciso VI, como a pessoa natural ou jurídica, de Direito Público ou privado, a quem competem as decisões referentes ao tratamento de dados pessoais. Apesar da conceituação bastante ampla, apura-se da interpretação dada pelo Guia de Boas Práticas para Implementação na Administração Pública Federal, elaborado pelo Governo Federal, que no âmbito da Administração Pública, "o Controlador será a pessoa jurídica do órgão ou entidade pública sujeita à Lei, representada pela autoridade imbuída de adotar as decisões acerca do tratamento de tais dados"[199].

Há, ainda, como terceiro sujeito das relações submetidas à LGPD, o operador. A figura do operador é definida no artigo 5º, inciso VII, como sendo a pessoa natural ou jurídica, de Direito Público ou privado, que realiza o tratamento de dados pessoais em nome do controlador.

Sobre o operador, o referido Guia esclareceu que "na maior parte das vezes, o operador é uma pessoa jurídica, que é contratada pelo controlador para realizar o tratamento de dados, conforme as instruções deste último". Além disso, "a definição legal de operador também não deve ser entendida como uma norma de distribuição interna de competências e responsabilidades", de modo que "empregados, administradores, sócios, servidores e outras pessoas naturais que integram a pessoa jurídica e cujos atos expressam a atuação desta não devem ser considerados operadores, tendo em vista que o operador será sempre uma pessoa distinta do controlador, isto é, que não atua como profissional subordinado a este ou como membro de seus órgãos".

198 "§2º As atividades do encarregado consistem em: I – aceitar reclamações e comunicações dos titulares, prestar esclarecimentos e adotar providências; II – receber comunicações da autoridade nacional e adotar providências; III – orientar os funcionários e os contratados da entidade a respeito das práticas a serem tomadas em relação à proteção de dados pessoais; e IV – executar as demais atribuições determinadas pelo controlador ou estabelecidas em normas complementares".

199 Disponível em: https://www.gov.br/governodigital/pt-br/seguranca-e-protecao-de-dados/guias/guia_lgpd.pdf Acesso em: 17 fev. 2023.

Outro ponto digno de nota em relação à LGPD se refere ao seu artigo 37. De acordo com ele, o controlador e o operador devem manter registro das operações de tratamento de dados pessoais que realizarem, especialmente quando baseado no legítimo interesse.

Mais adiante, tem-se que o artigo 46 da LGPD prescreve que os agentes de tratamento devem adotar medidas de segurança, técnicas e administrativas, aptas a proteger os dados pessoais de acessos não autorizados e de situações acidentais ou ilícitas de destruição, perda, alteração, comunicação ou qualquer forma de tratamento inadequado ou ilícito.

A LGPD traz disciplina jurídica diferenciada em relação ao tratamento de dados pessoais e de dados pessoais sensíveis. Os primeiros seriam informações relacionadas à pessoa natural identificada ou identificável (artigo 5º, inciso I). Os segundos seriam dados pessoais sobre origem racial ou étnica, convicção religiosa, opinião política, filiação a sindicato ou a organização de caráter religioso, filosófico ou político, dado referente à saúde ou à vida sexual, dado genético ou biométrico, quando vinculado a uma pessoa natural (artigo 5º, inciso II). Há, como seria esperado, uma maior restrição no que concerne ao tratamento de dados sensíveis, conforme se nota do regramento constante dos artigos 11 a 13 da LGPD. Da mesma forma há especificidades quanto a dados pessoais de crianças e adolescentes, exigindo o art. 14 que seu tratamento sempre dependa do consentimento específico e em destaque por pelo menos um dos pais ou responsável legal.

Ainda sobre os dados, veja-se que a conceituação de dados pessoais se refere à pessoa natural, não à pessoa jurídica, ao entendimento de que os dados de identificação da pessoa jurídica seriam dados públicos de fácil acesso. Nesses termos, inclusive, foi a posição exarada no Parecer nº 00295/2020/CONJUR-CGU/CGU/AGU[200].

[200] "59. Quanto ao número do CNPJ, não vemos óbice algum à sua divulgação. É sabido que a pessoa jurídica – apesar de não possuir honra subjetiva, caracterizada pela dignidade, pelo decoro e pela autoestima – é titular de honra objetiva e, de acordo com a Súmula 227 do STJ, pode sofrer dano moral; entretanto, é necessário que a empresa comprove efetiva lesão a seu nome, reputação, credibilidade ou imagem, a ponto de prejudicar sua atividade comercial. 60. Com efeito, a LGPD outorgou proteção aos dados pessoais relacionados somente à pessoal natural identificada ou identificável, com o objetivo de proteger os direitos fundamentais de liberdade e de privacidade e o livre desenvolvimento da personalidade de seu titular (art. 1º). 61. Por fim, a Consulta ao número do CNPJ já é amplamente divulgada e incentivada, inclusive

Desta maneira, a consulta de dados relacionados ao CNPJ não é acobertada pela mesma proteção conferida pela LGPD. No entanto, no que tange aos dados dos seus representantes legais, também passíveis de consulta por meio do acordo a ser entabulado, estes sim demandam o resguardo normativo da proteção de dados pessoais aqui tratada[201].

Relacionado à questão, no Parecer nº 00001/2021/CONJUR-CGU/CGU/AGU firmou-se a compreensão de que seria possível substituir a indicação do CPF dos representantes do Poder Público contratante no preâmbulo dos contratos administrativos pela sua matrícula SIAPE, uma vez que, mesmo sendo também um dado pessoal, a matrícula "não possui repercussões para além da vida pública do servidor".

Outro ponto que gerava dúvidas era sobre dados de pessoas falecidas, tendo a ANPD se manifestado, por meio da Nota Técnica nº 3/2023/CGF/ANPD, no sentido de que não incide a LGPD no caso do tratamento de dados de pessoas mortas (o entendimento é que, tendo a Lei se referido a dados de pessoas naturais, abarcaria somente pessoas vivas).

Como regra, não cabe o compartilhamento dos dados acessados pela Administração Pública a pessoas de direito privado, sem o consentimento do seu titular, salvo nas hipóteses excepcionais do artigo 27 da LGPD[202].

Outrossim, nota-se na LGPD um rol de sanções[203], em seu artigo 52, referente ao descumprimento das regras ali previstas. Atualmente, a Resolução CD/ANPD nº 4, de 24 de fevereiro de 2023, regulamenta a Dosimetria e a aplicação das referidas sanções administrativas.

por meio da REDESIM do Governo Federal, http://www.redesim.gov.br/, onde se é possível consultar os dados de qualquer empresa do brasil, inclusive o número do CNPJ, pelo nome empresarial ou nome fantasia."

201 CABRAL, Flávio Garcia; SARAI, Leandro. **Manual de direito administrativo**. 2.ed. Leme: Mizuno, 2023.

202 Sobre aspectos da LGPD ligados às contratações públicas, vide o Parecer 00009/2022/DECOR/CGU/AGU.

203 A primeira sanção (advertência) aplicada contrao Poder Público ocorreu em outubro de 2023, em face da Secretaria de Estado da Saúde de Santa Catarina, por violações aos artigos 38, 48 e 49 da LGPD, bem como o artigo 5º, I, do Regulamento de Fiscalização (RELATÓRIO DE INSTRUÇÃO nº 4/2023/FIS/CGF/ANPD).

4.3. A compatibilidade entre a LAI e a LGPD

É equivocado pensar que a LAI e a LGPD são leis contraditórias e/ou inconciliáveis. Embora em uma análise açodada evidencia-se que a LAI visa a publicizar os atos, ao passo que a LGPD quer preservar certas informações, esses aspectos são, em realidade, compatíveis e complementares.

A LGPD expõe que os dados pessoais, como regra, não possuem caráter público, razão pela qual se almeja a proteção da intimidade e privacidade. A LAI, por outro lado, determina que as informações consideradas públicas sejam, de fato, conhecidas pela sociedade, não havendo, como regra, razões para acobertá-las pelo sigilo.

Nessa mesma toada, Bruno Ricardo Bioni, Paula Guedes Fernandes da Silva e Pedro Bastos Lobo Martins enxergam uma relação de convergência entre as duas legislações. Segundo os autores, a proteção de dados e o acesso à informação não se encontram em pólos distintos. "Isso porque a proteção de dados se diferencia da proteção à privacidade. A lógica da proteção de dados se pauta pela garantia de um fluxo informacional adequado, e não da interdição de um fluxo informacional. Ambas as leis analisadas operam pela lente da redução de assimetria informacional entre Estado e cidadão"[204].

Veja que o próprio Decreto nº 7.724, de 2012, que regulamenta a LAI, muito antes da edição da LGPD, já possuía uma preocupação com dados pessoais, prevendo em seu artigo 55 que as informações pessoais relativas à intimidade, vida privada, honra e imagem detidas pelos órgãos e entidades terão acesso restrito a agentes públicos legalmente autorizados e a pessoa a que se referirem, independentemente de classificação de sigilo, pelo prazo máximo de cem anos a contar da data de sua produção[205]; bem como

[204] BIONI, Bruno Ricardo; SILVA Paula Guedes Fernandes da; MARTINS, Pedro Bastos Lobo. Intersecções e relações entre a Lei Geral de Proteção de Dados (LGPD) e a Lei de Acesso à Informação (LAI): análise contextual pela lente do direito de acesso. **Cadernos Técnicos da CGU**, v. 1, p.8-19, 2022.

[205] "Enunciado CGU nº 12/2023 – Informação pessoal O fundamento "informações pessoais" não pode ser utilizado de forma geral e abstrata para se negar pedidos de acesso a documentos ou processos que contenham dados pessoais, uma vez que esses podem ser tratados (tarjados, excluídos, omitidos, descaracterizados etc.) para que, devidamente protegidos, o restante dos documentos ou processos solicitados sejam fornecidos, conforme preceitua o § 2º do art. 7º da Lei nº 12.527, de 18 de novembro de 2011, assegurando-se o acesso à parte não sigilosa por meio de certidão, extrato ou cópia com ocultação da parte sob sigilo. Além disso, a proteção

poderão ter sua divulgação ou acesso por terceiros autorizados por previsão legal ou consentimento expresso da pessoa a que se referirem.

Da mesma maneira a LGPD em vários artigos (vide, *e.g.*, artigo 22, §2º) remete a regras previstas na LAI, evidenciando-se que o legislador não as tratou como sendo normas incomunicáveis.

Outro exemplo da compatibilidade entre as referidas leis pode ser notado no Enunciado 10/2023 da CGU, referente à LAI, que justamente demonstra que a plena aplicação de uma das leis depende do respeito aos limites da outra: "Enunciado CGU nº 10/2023 – Informações financeiras a respeito de programas e benefícios sociais. Informações referentes a valores de benefícios pagos e a identificação de beneficiários de programas sociais, mesmo que operados por instituições financeiras, são de acesso público, em razão do disposto no art. 29, § 2º, XII, da Lei nº 14.129, de 29 de março de 2021, desde que respeitado a privacidade dos dados pessoais e dos dados sensíveis, sem prejuízo dos demais requisitos elencados, conforme a Lei nº 13.709, de 14 de agosto de 2018 (Lei Geral de Proteção de Dados Pessoais). Tais dados não são protegidos pelo sigilo fiscal, bancário, de operações e serviços no mercado de capitais, comercial, profissional ou industrial, de que trata o art. 6º, I, do Decreto nº 7.724, de 16 de maio de 2012".

Têm-se, portanto, duas leis que se equilibram, sendo que a divulgação ampla de informações pela Administração encontra limite nos dados pessoais, ao mesmo tempo que a restrição de tratamento de dados tem suas fronteiras na caracterização desses dados como sendo ou não públicos.

4.4. A lei do governo digital (lei nº 14.129/2021)

Ao mesmo tempo que a Administração Pública se preocupava com franquear o mais amplo acesso às informações públicas e, outrossim, proteger os dados pessoais, buscava-se também inserir o Poder Público no cenário digital, seja em relação a suas atividades externas como também em suas rotinas internas.

de dados pessoais deve ser compatibilizada com a garantia do direito de acesso à informação, podendo aquela ser flexibilizada quando, no caso concreto, a proteção do interesse público geral e preponderante se impuser, nos termos do art. 31, § 3º, inciso V da Lei n. 12.527, de 2011, e dos arts. 7º, § 3º, e 23, caput, da Lei nº 13.709, de 14 de agosto de 2018" (Portaria Normativa CGU 71, de 2023).

Conforme informações do Governo Federal, desde o ano 2000 o governo brasileiro tem buscado evoluir seus processos e a prestação de serviços públicos com o auxílio das Tecnologias da Informação e Comunicação (TIC). O Programa de Governo Eletrônico iniciou no Brasil uma série de adaptações, inovações e desafios para a realização da melhoria da qualidade do serviço público, tendo surgido naquele ano o Programa de Governo Eletrônico[206].

Nesse momento se criou um Grupo de Trabalho Interministerial com a finalidade de examinar e propor políticas, diretrizes e normas relacionadas às novas formas eletrônicas de interação, por meio do Decreto Presidencial de 3 de abril de 2000. O referido Grupo de Trabalhou identificou a existência de várias ações isoladas na área de serviços ao cidadão, oferecidos por meio da Internet, como a entrega de declarações do Imposto de renda, divulgação de editais de compras governamentais, emissão de certidões de pagamentos e impostos, dentre outros. Contudo, apesar desses serviços isolados, apurou-se a existência de uma infraestrutura deficitária, formada por uma malha de múltiplas e diversas redes administradas de forma isolada (os serviços não obedeciam a padrões de desempenho e interatividade, as interfaces com o usuário nem sempre eram amigáveis e se constatava um descompasso entre os diversos órgãos governamentais no ritmo de assimilação das TICs). Os sistemas corporativos da Administração Pública Federal eram pouco integrados entre si e estavam estruturados com foco na gestão de funções e não de processos. Ademais, deu-se atenção ao tema da exclusão digital que continuava a representar um forte fator limitador para a expansão da Internet[207].

Ao longo dessas quase duas décadas houve um enorme avanço em termos de inserção da Administração no uso de tecnologia, podendo-se citar, em especial a partir de 2015, a transição do governo eletrônico (voltando aos procedimentos internos da Administração) para um programa de governo digital (cujo foco têm como centro a relação com a sociedade).

[206] Disponível em: (https://www.gov.br/governodigital/pt-br/estrategia-de-governanca-digital/do-eletronico-ao-digital

[207] Disponível em: (https://www.gov.br/governodigital/pt-br/estrategia-de-governanca-digital/do-eletronico-ao-digital

Esses avanços culminam com a criação da Lei nº 14.129, de 29 de março de 2021, que institucionaliza a modernização da Administração Pública, estabelecendo normas para o Governo Digital. O objetivo é tornar o serviço público mais eficiente, por meio de, nos termos dessa Lei, desburocratização, inovação, transformação digital e participação do cidadão.

Essa Lei se insere num contexto em que há a) redução significativa dos recursos públicos disponíveis; e b) crescimento das demandas sociais. Do lado dos recursos, há uma tendência à redução do quadro de pessoal, sem reposição, e aumento da dívida pública, intensificado pelo advento da pandemia, ampliando os desafios para um serviço público suficiente e de qualidade. Pelo lado da demanda, o crescimento vegetativo da população naturalmente já exige um aumento proporcional no tamanho do Estado. Essa demanda é intensificada pela democratização, pelo constante avanço na concretização de direitos fundamentais, pela ampliação do acesso à informação, essencial para a própria conscientização da população quanto a seus direitos e pela aceleração dos processos comunicativos, acarretada pela evolução dos meios de comunicação, incluindo a internet[208].

Ampliando um pouco o foco do contexto aqui narrado, Bernard Lietaer há algum tempo já alertava para quatro grandes desafios contemporâneos: a) o envelhecimento da população e a necessidade de cuidados especiais dessa população; b) o risco de grande onda de desemprego por causa das transformações das relações de trabalho, notadamente com a substituição de trabalhadores humanos por equipamentos e programas de computador; c) a questão ambiental; e d) a instabilidade financeira[209].

Na iniciativa privada, o objetivo principal é a obtenção de lucro, que motiva a busca dos meios mais eficientes. Assim, sempre que máquinas e programas de computador forem mais vantajosos para a obtenção do lucro, eles serão empregados no lugar dos seres humanos. Outro fator determinante para a substituição da mão de obra humana pela artificial é a possibilidade da automação. Até que a inteligência artificial evolua ao ponto de dar soluções específicas para problemas específicos, as atividades

[208] CABRAL, Flávio Garcia; SARAI, Leandro. **Manual de direito administrativo**. 2.ed. Leme: Mizuno, 2023.

[209] LIETAER, Bernard. **The future of money**: creating new wealth, work and a wider world. Century: London, 2002.

mais propensas à automação serão aquelas rotineiras e repetitivas de fácil padronização[210].

Um aspecto peculiar de muitas atividades no setor da tecnologia da informação e da comunicação é a escalabilidade. A velocidade e capacidade de processamento artificiais superam o trabalho humano em muitas situações de forma exponencial. Daí que muitas empresas, mesmo com pequeno lucro por unidade de serviço, acabam ampliando o lucro de forma intensa em razão do volume, principalmente quando atuam na internet sem limitação de atendimento. Não por outro motivo, as 7 marcas mais valiosas do mundo em 2021, segundo Relatório da Kantar Branz, eram de empresas ligadas direta ou indiretamente à tecnologia: Amazon, Apple, Google, Microsoft, Tencent, Facebook e Alibaba[211].

Se no setor privado a busca pelo lucro levou à substituição da mão de obra por inovações tecnológicas, que, obviamente, primeiro foram introduzidas para então se reduzir o quadro de pessoal, no setor público a realidade é distinta. Aqui, primeiro surgiu a carência de mão de obra e de outros recursos exigindo inovações eficientes para garantir a manutenção de um serviço público suficiente e adequado. Assim, por exemplo, se antes um cidadão necessitava ir até um órgão público para ser atendido presencialmente por um agente público e para ser realizado um cadastro, agora o próprio cidadão, por meio de um aparelho eletrônico como celular, tablet ou computador, via internet, realiza ele próprio seu cadastro e solicita seu serviço. Com isso, o agente público é liberado para realizar outras tarefas que exigem inteligência humana e o cidadão poupa tempo e dinheiro, além de passar a ter mais contato e acesso ao Poder Público[212].

Enfim, é nesse contexto que se insere a Lei do Governo Digital, que, se por um lado amplia o acesso às informações pela internet, por outro, não afasta as hipóteses legais de sigilo previstas na Lei de Acesso à Informação, na Lei Geral de Proteção de Dados Pessoais, no Código Tributário Nacional e na Lei de Sigilo Bancário.

[210] CABRAL, Flávio Garcia; SARAI, Leandro. **Manual de direito administrativo**. 2.ed. Leme: Mizuno, 2023.

[211] KANTAR BRANDZ. **2021 most valuable brands**. 2021. Disponível em: https://www.kantar.com/campaigns/brandz/global Acesso em: 9 nov. 2021.

[212] CABRAL, Flávio Garcia; SARAI, Leandro. **Manual de direito administrativo**. 2.ed. Leme: Mizuno, 2023.

A Lei do Governo Digital tem aplicabilidade para o governo federal, mas outros entes federativos podem aplicá-la mediante ato normativo próprio. Estão excluídas de sua aplicação as empresas públicas e sociedades de economia mista, suas subsidiárias e controladas, que não prestam serviço público, ou seja, as que exploram atividade econômica.

A Lei arrola 26 diretrizes e princípios para o Governo Digital alcançar seus objetivos, notadamente a eficiência. Para expô-los de modo sintético, eles abrangem: a) digitalização e simplificação dos serviços públicos, inclusive por meio de seu oferecimento em um único portal e sem necessidade da presença física do cidadão e mesmo de representantes de pessoas jurídicas; b) controle da qualidade, inclusive por meio da sociedade; c) interoperabilidade de sistemas e compartilhamento de dados pessoais entre órgãos públicos de modo seguro para facilitar a prestação do serviço ao cidadão; d) redução de formalidades cujo custo seja superior ao risco, até tendo em vista a presunção de boa-fé dos usuários; e) imposição a que eventuais exigências para a prestação do serviço sejam comunicadas todas de uma só vez; f) permanência do serviço presencial, quando justificável; g) atenção especial para o acesso das pessoas com deficiência e idosos; g) educação dos agentes públicos e da população para uso das tecnologias e integração e apoio mútuo entre os entes federativos e a sociedade; e h) promoção da constante inovação e com preferência para adoção de tecnologias de formato aberto e livre.

A transformação do serviço público para o meio digital levanta preocupações peculiares, que demandaram tratamento específico pela Lei, podendo-se destacar 5 principais questões: a) digitalização; b) identificação do usuário; c) governo como plataforma; d) domicílio eletrônico; e e) laboratórios de inovação. Vejamos cada um desses aspectos.

A digitalização é a transformação dos serviços públicos para que possam ser prestados, sempre que possível, por meio digital. Obviamente que nem todos os serviços podem ser prestados digitalmente. Um serviço de segurança pública, por exemplo, até pode ter auxílio digital por meio de câmeras de vigilância e reconhecimento automático de condutas suspeitas, mas, uma vez dado o alerta pelo sistema, será necessária a presença física das autoridades policiais no local do fato para realizar eventuais intervenções. O principal exemplo da digitalização está na passagem dos autos de papel dos processos administrativos para sistemas informatizados. Em muitos aspectos isso possibilita celeridade e acesso à distância. Inclusive, foi essa digitalização que permitiu durante a pandemia que milhares de agentes públicos continuassem trabalhando enquanto os prédios de suas repartições ficaram fechados. No âmbito federal, a digitalização dos processos administrativos foi determinada pelo Decreto nº 8.539/2015.

Como forma de facilitar o acesso ao serviço público, a Lei impõe que a identificação do usuário seja feita apenas pelo Cadastro de Pessoas Físicas (CPF) ou pelo Cadastro Nacional da Pessoa Jurídica (CNPJ) nos bancos de dados de serviços públicos. Para tanto, determina que o número de inscrição em tais cadastros seja incorporado em diversos registros relativos a outros documentos pessoais, como documento de identidade, carteira de trabalho e passaporte, entre outros, de modo a evitar que o cidadão tenha que apresentar documentos distintos para diferentes fins. A Lei nº 14.534/2023 também estabeleceu que o CPF seja o número único e suficiente para a identificação do cidadão nos bancos de dados de serviços públicos.

A partir do momento em que o serviço público passa a ser prestado à distância, o acesso a ele deixa de ser feito em um prédio público e passa a ser realizado mediante acesso a um endereço eletrônico na internet. Com isso, muda-se a interface entre usuário e Poder Público, que passa a se apresentar como uma plataforma, ou seja, uma infraestrutura tecnológica que permite o acesso do usuário ao serviço público, com garantia de segurança e possibilidade de inovação. As plataformas de governo digital, assim, nos termos da Lei, são instrumentos e serviços necessários para ofertar os serviços públicos de forma digital.

Quando a interação entre Poder Público e usuário de serviço público passa a ser feita digitalmente, deixa de ter importância para diversos fins tanto o endereço da sede do órgão público quanto o endereço residencial do cidadão ou a sede da empresa. Isso porque, em muitos casos, importa apenas que a informação circule entre cidadão e Poder Público.

Tendo isso em vista, a Lei permitiu que o usuário exerça a faculdade de optar por receber comunicações digitalmente, por meio de sistema que permita inclusive a comprovação do recebimento. Trata-se de um direito, e não de um dever.

A inovação é um processo constante, até porque a transformação da realidade e o surgimento de novas demandas é contínuo. Para dar conta dessas demandas, a Lei incentiva a criação de laboratórios de inovação, que são fóruns que permitem a ação colaborativa de agentes de diversos órgãos públicos e da iniciativa privada para desenvolvimento de ideias, ferramentas e métodos inovadores para a gestão pública, a prestação de serviços públicos e o controle da gestão pública.

Referências

ADAMI, Mateus Piva; DOUEK, Daniel; LANGENEGGER, Natalia; PARISIO, Isabela de Oliveira; FARIAS, Pedro. Tratamento de dados pessoais pela Administração Pública: análise do Serpro. In: BRANCHER, Paulo Marcos Rodrigues; BEPPU, Ana Claudia (Coord.). **Proteção de dados pessoais no Brasil:** uma nova visão a partir da Lei nº 13.709/2018. Belo Horizonte: Fórum, 2019. p.193-224.

ALVIO, Gabriella G. L. de; ROGENFISCH, Sandra; LADEIRA, Roberta. Privacidade e proteção de dados pessoais – Evolução do cenário legislativo no Brasil. In: BRANCHER, Paulo Marcos Rodrigues; BEPPU, Ana Claudia (Coord.). **Proteção de dados pessoais no Brasil:** uma nova visão a partir da Lei nº 13.709/2018. Belo Horizonte: Fórum, 2019.

BIONI, Bruno Ricardo; SILVA Paula Guedes Fernandes da; MARTINS, Pedro Bastos Lobo. Intersecções e relações entre a Lei Geral de Proteção de Dados (LGPD) e a Lei de Acesso à Informação (LAI): análise contextual pela lente do direito de acesso. **Cadernos Técnicos da CGU**, v. 1, p.8-19, 2022.

CABRAL, Dafne Reichel. **Os Tribunais de Contas e o Direito à Boa Administração Pública**. Rio de Janeiro: Lumen Juris, 2022.

CABRAL, Flávio Garcia. O princípio da boa administração pública e a LGPD (Lei nº 13.709/2018). In: DAL POZZO, Augusto Neves; MARTINS. Ricardo Marcondes (Org.). **LGPD e Administração Pública:** uma análise ampla dos impactos. 1ed. São Paulo: Thomson Reuters, 2020.

CABRAL, Flávio Garcia; SARAI, Leandro. **Manual de direito administrativo**. 2.ed. Leme: Mizuno, 2023.

CARVALHO, Lucas Borges de. O poder público e a proteção de dados pessoais no Brasil: novos desafios, velhas práticas administrativas. **Revista de Direito Administrativo**, v. 282, n. 2, p. 133–162, 2023.

CONTROLADORIA-GERAL DA UNIÃO. **Aplicação da Lei de Acesso à Informação na Administração Pública Federal**. 3.ed. Brasília: CGU, 2017.

CONTROLADORIA-GERAL DA UNIÃO. **Manual da Lei de Acesso à Informação para Estados e Municípios**. Brasília: CGU, 2013.

DAVID, Cleber Cilli. Lei Geral de Proteção de Dados. **Revista Fórum de Direito na Economia Digital – RFDED**, Belo Horizonte, ano 3, n. 5, p. 61-85, jul./dez. 2019.

GORDILLO, Agustín. **La administración paralela**. Madri: Civitas, 1982.

GRUMAN, Marcelo. LEI DE ACESSO À INFORMAÇÃO: NOTAS E UM BREVE EXEMPLO. **Revista Debates**, v. 6, n. 3, p. 97-108, et.dez. 2012.

KANTAR BRANDZ. **2021 most valuable brands.** 2021. Disponível em: https://www.kantar.com/campaigns/brandz/global Acesso em: 9 nov. 2021.

LIETAER, Bernard. **The future of money**: creating new wealth, work and a wider world. Century: London, 2002.

LIMBERGER, Têmis. Transparência Administrativa e Novas Tecnologias: o Dever de Publicidade, o Direito a ser Informado e o Princípio Democrático. **Revista de Direito Administrativo**, v. 244, p. 248–263, 2007.

MARTINS, Ricardo Marcondes. Direito fundamental de acesso à informação. **A&C – Revista de Direito Administrativo & Constitucional**, Belo Horizonte, ano 14, n. 56, p. 127-146, abr./jun. 2014.

NÓBREGA, Marcos; HEINEN, Juliano. As forças que mudarão a Administração Pública pós-COVID: transparência 2.0, blockchain e smart contracts. **A&C – Revista de Direito Administrativo & Constitucional**, Belo Horizonte, ano 21, n. 85, p. 217-230, jul./set. 2021.

5. EXPERIÊNCIAS DA ADMINISTRAÇÃO BRASILEIRA COM O USO DE TECNOLOGIAS

O mundo vem se transformando em uma velocidade exponencialmente crescente.

Se analisarmos as revoluções industriais mundialmente reconhecidas, identificamos que o intervalo entre elas vem diminuindo consideravelmente. Se da primeira para a segunda temos um período secular, as demais vêm ocorrendo em intervalos cada vez menores:

1ª Revolução: máquina a vapor (1760 – Inglaterra);
2ª Revolução: grandes invenções (lâmpada, automóvel, telefone, televisão, plástico, vacinas –1850-1950);
3ª Revolução: fontes de energia menos poluentes, uso da informática, robótica (pós 2ª Guerra – EUA); e
4ª Revolução: é a denominada revolução digital, com a integração das tecnologias do mundo físico, digital e biológico. (séc. XXI).

Para Schwab[213], megatendências estão em curso de serem materializadas e modificarão de maneira significativa a sociedade: no mundo físico, estão os veículos autônomos, impressão em 3D e robótica avançada; no mundo

[213] SCHWAB, Klaus. **A quarta revolução industrial.** São Paulo: Edipro, 2009, p. 61.

digital, destacam-se as conexões entre os meios digital e físico por sensores e dispositivos, e soluções digitais disruptivas; e, no mundo biológico, além da cura para algumas doenças, se avança à biologia sintética com a criação de seres vivos personalizados: plantas que precisam de menos água, vacas que ofertam leite com uma dada composição desejada e até porcos que desenvolvem órgãos humanos para transplantes. Essas inovações estão a ritmo acelerado e as limitações não veem de barreiras científicas a serem ultrapassadas, mas de barreiras éticas, sociais e jurídicas.

Com o avanço tecnológico, vê-se a necessidade de implementação de novas práticas na Administração Pública, inserindo inovações tecnológicas para melhoria da gestão e dos serviços públicos, otimizando processos e reduzindo custos.

Para nortear as nações na introdução das novas ferramentas, a Organização para a Cooperação e Desenvolvimento Econômico (OCDE) elaborou o primeiro documento internacional tratando sobre governo digital[214], contendo recomendações e destacando a tecnologia como um instrumento estratégico, necessário para se desenvolver um ambiente em que o setor público seja aberto, inovador, participativo e confiável.

A OCDE reconheceu que os governos passaram por uma transição[215] do "governo eletrônico" (tecnologia da informação + internet) para "governo digital" (uso de tecnologias como parte efetiva da melhoria da gestão pública, criando um valor). O "governo digital" utiliza as TICs (tecnologias da informação e comunicação) para realização do contato do Estado com a população.

Para o melhor aproveitamento das ferramentas tecnológicas e inclusão digital, a OCDE traz recomendações acerca das estratégias governamentais que devem ser perseguidas, tais como: a) garantir transparência, inclusão e abertura em processos governamentais, com isso atualizando normas e regulamentações, além de garantir soluções voltadas à inclusão digital da população; b) incentivar a participação da sociedade, mediante soluções

[214] OCDE (2014). **Recommendation of the Council on Digital Government Strategies.** Disponível em: http://www.oecd.org/gov/digitalgovernment/Recommendation-digital-government-strategies.pdf.

[215] OCDE (2014). **Recommendation of the Council on Digital Government Strategies.** Disponível em: http://www.oecd.org/gov/digitalgovernment/Recommendation-digital-government-strategies.pdf.

digitais, em desenvolvimentos de políticas, projetos e quaisquer decisões governamentais; c) criar uma cultura orientada aos dados no setor público, desenvolvendo uma estrutura que promova o acesso, uso e reutilização de dados governamentais, visando ao envolvimento público no desenvolvimento de políticas; d) desenvolver mecanismos de proteção à privacidade digital e a dados sigilosos dos cidadãos; e) estabelecer estruturas organizacionais e de governança capazes de coordenar as estratégias digitais dentro e entre os níveis de governos, dando transparência e confiabilidade às ações e gastos com a implementação de tais medidas; f) fortalecer a cooperação internacional com intuito de buscar boas práticas e novas tecnologias; g) desenvolver negociações claras para sustentar o financiamento e implementação focada de projetos tecnológicos, estabelecendo limites orçamentários e indicando os benefícios econômicos, sociais e políticos esperados; h) adquirir tecnologias digitais baseadas na avaliação dos ativos existentes; e i) garantir uma legislação que acompanhe os rumos do governo digital e as inovações que as novas tecnologias irão proporcionar.

Nessa linha, o Brasil vem tentando implementar algumas diretrizes da OCDE.

Assim, para facilitar a navegação, o Governo Federal buscou consolidar as diversas bases de dados existentes em um único domínio: o gov.br, cuja regulamentação consta do Decreto nº 9.756, de 11 de abril de 2019.

O portal conta com 3,3 mil serviços, dos quais mais de 50% são totalmente digitais. Dessa forma viabilizou-se a unificação das informações para os cidadãos em uma única conta.

Entre os principais serviços disponíveis na plataforma, estão: carteira de trabalho digital; carteira digital de trânsito; solicitação de aposentadoria para o trabalhador rural; solicitação de pagamento de benefícios não recebidos; solicitação de serviço assistencial para idosos e pessoas deficientes; e o certificado nacional de vacinação, entre outros.

Em termos de Administração Pública, esse passo foi essencial para que outras tecnologias pudessem ser criadas e disponibilizadas em um único portal governamental.

Ademais, em 2022, o Governo Federal lançou um programa para a transformação digital em Estados e Municípios[216]. Em 10 passos, buscou-se

[216] Disponível em https://www.gov.br/governodigital/pt-br/transformacao-digital/10passos/trilha/

indicar os caminhos para a transformação digital. A figura, extraída do *site* oficial[217], demonstra o trajeto passo a passo:

Figura 1: **Passos para transformação digital**

Fonte: Governo Federal

Deste modo, Estados e Municípios também devem ingressar no mundo digital, inserindo serviços públicos *on-line*, de modo a facilitar o acesso do cidadão, prestigiando, desta forma, o princípio da eficiência.

É claro que tal movimento deve ser acompanhado de inclusão digital dos usuários, democratizando o acesso de toda a sociedade às tecnologias da informação e comunicação.

Para que esse acesso seja efetivo, é necessário ultrapassar a barreira do analfabetismo digital. São requisitos mínimos para a inclusão digital:

1 – Equipamento (computador, smartphone etc.);
2 – Acesso à internet; e
3 – Domínio das ferramentas digitais.

[217] Disponível em https://www.gov.br/governodigital/pt-br/transformacao-digital/10passos/trilha/

Obviamente, serão necessárias políticas públicas para que a população seja incluída digitalmente.

5.1. *Blockchain* na administração

Segundo a OCDE, a tecnologia *blockchain* é uma forma de tecnologia distribuída de livro-razão (*Distributed Ledger Technology – DLT*), a qual atua como um registro (uma lista) aberto e autenticado de transações de uma parte para outra (ou múltiplas partes), que não são armazenadas por uma autoridade central, mas sim por cada usuário, que armazena uma cópia local do livro-razão, executando um software *blockchain* conectado a uma rede *blockchain* – também conhecido como nó[218].

Cada nó ou componente da rede possui uma cópia em seu computador, formando uma rede distribuída, sendo possível verificar todas as transações já realizadas.

A *blockchain*, portanto, é uma base de dados, um sistema de registro, que pode deixar gravada qualquer informação. Assim, quando se registra qualquer dado nessa base, ela se torna imutável e o registro não pode mais ser modificado. É como um banco de dados que só tenha a ferramenta "*insert*" (inserir), sem a possibilidade de "*update*" (atualizar) ou "*delete*" (apagar). Esse sistema de imutabilidade é garantido por mecanismos de criptografia.

Este protocolo é composto por um conjunto de regras, com cálculos distribuídos em diversos computadores, que asseguram a integridade das informações, sem a necessidade de passar por um terceiro confiável, ou seja, quebra-se o paradigma de sempre ser necessário uma pessoa, órgão ou entidade que valide determinada operação, fornecendo segurança e fé-pública para a transação realizada.

Mirela Miró Ziliotto[219] explana que "a tecnologia *Blockchain* permite a interatividade entre indivíduos de forma independente, incorporando a informação em escala global, isto é, sem limites, e sem controle, eis

[218] Levantamento da tecnologia blockchain / Tribunal de Contas da União; Relator Ministro Aroldo Cedraz. – Brasília: TCU, Secretaria das Sessões (Seses), 2020. 39 p. : il. – (Sumário Executivo). Disponível em https://portal.tcu.gov.br/data/files/59/02/40/6E/C4854710A7AE4547E18818A8/Blockchain_sumario_executivo.pdf

[219] ZILLIOTTO, Mirela Miró. **Tecnologia Blockchain nas contratações públicas no Brasil**. Belo Horizonte: Editora Fórum, 2022, p. 108.

que o intercâmbio de informação deixa de se concentrar em apenas uma instituição".

Na *blockchain*, a segurança vem na confiabilidade que se tem na própria tecnologia, que funciona com blocos encadeados muito seguros que sempre carregam um conteúdo junto a uma impressão digital.

Esses blocos encadeados são ligados por *hashes*. O *hash* de cada bloco é como uma impressão digital única, isto é, a criptografia do conjunto de informações e as transações existentes naquele bloco.

FIGURA 2: **Funcionamento do encadeamento**

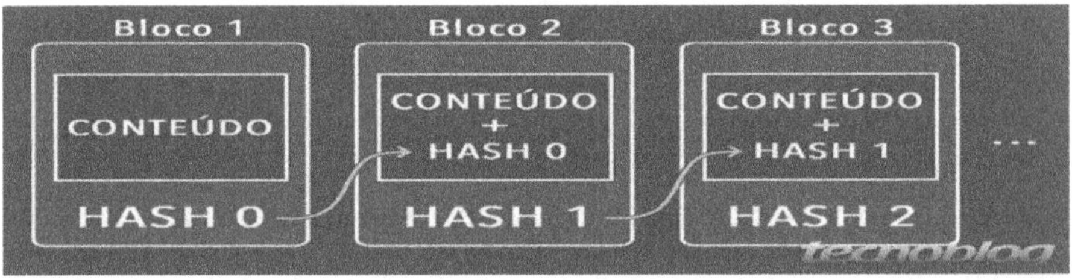

Fonte: https://tecnoblog.net/

Os dados na *blockchain* são imutáveis. Se as transferências foram validadas e registradas, elas se tornam eternas e não podem ser alteradas. A ideia de segurança, portanto, está na tecnologia confiável que se espalha em diversos computadores no mundo.

Em termos singelos, a *blockchain* é um software espalhado em milhares de computadores. É como se fosse um grande banco de dados descentralizado.

É importante ressaltar que a *blockchain* resolve o problema do "gasto duplo", que ocorre quando as transações podem ser copiadas e gastas duas vezes, assim como qualquer outro arquivo digital.

Na *blockchain*, não há duplicação de arquivo ou formação de infinitas cópias, como um e-mail que é replicado e encaminhado diversas vezes. O e-mail que sai da sua caixa de saída é uma cópia daquele que ficou ali redigido, o que gera a possibilidade de encaminhá-lo inúmeras vezes.

Assim, a informação que sai do seu computador é ela mesma e não uma cópia. Como a *blockchain* é a tecnologia que está por traz da *bitcoin* e das demais criptomoedas, a *bitcoin* que sai da sua carteira digital é ela mesma e não uma cópia que pode ser replicada incontáveis vezes.

Desse modo, pode-se dizer que a *blockchain* é um instrumento bastante útil para as situações em que se precisa da imutabilidade dos registros.

Pois bem, cinco anos após o lançamento da *bitcoin*, o mercado viu que a tecnologia *blockchain* poderia ser usada em outras frentes, não apenas na criação de moedas digitais, afinal muitos recursos estavam sendo guardados.

A própria lógica do registro imutável traz a possibilidade de rastreamento de recursos financeiros e informações, de modo a exercer tanto um controle preventivo quanto detectivo no combate à fraude e à corrupção. A utilização das tecnologias distribuídas permite a criação de trilhas de auditoria para rastrear operações de governo, além de favorecer a abertura de dados. Assim, o fato de cada participante da rede manter seu próprio registro atualizado das transações aumenta a transparência e reduz as oportunidades de fraude, dificultando a ocorrência de delitos e comportamentos antiéticos.

Juliana Horn Machado Philippi[220] explana os diferentes tipos de redes *blockchain*, a depender de sua arquitetura: "podem ser redes públicas (não-permissionadas) ou então privadas (permissionadas), a depender da existência ou não de uma autoridade central validadora. Há ainda quem aponte uma terceira espécie, as *blockchains* híbridas, com características das redes privadas e públicas".

Nas *blockchains* não-permissionadas ou públicas, "qualquer pessoa tem capacidade de executar os nós da rede; participar da validação de transação; ou criar produtos, serviços e aplicativos aproveitando o protocolo ou a rede[221]".

Já as *blockchains* privadas (permissionadas) funcionam como ecossistemas fechados, onde os usuários não podem se conectar livremente à rede, ver o histórico gravado ou emitir transações próprias"[222].

220 PHILIPPI, Juliana Horn Machado. **Blockchain e Atividades Notariais e de Registro.** Rio de Janeiro: Lumen Juris, 2022, p. 84.

221 REVOREDO, Tatiana. **Blockchain:** tudo o que você precisa saber. São Paulo: The Global Strategy, 2019, p. 84.

222 REVOREDO, Tatiana. **Blockchain**: tudo o que você precisa saber. São Paulo: The Global Strategy, 2019, p. 96.

O Tribunal de Contas da União e o Banco Nacional de Desenvolvimento Econômico e Social lançaram, em 2022, a Rede Blockchain Brasil, para trazer inovação, eficiência, transparência e integridade a atos e contratos da Administração Pública[223].

O gerenciamento de recursos públicos é uma área em que soluções *blockchain* podem ajudar a minimizar fraudes e aumentar a transparência e a responsabilidade dos atores envolvidos. Por exemplo, com a utilização de contratos inteligentes é possível estabelecer que repasses de determinado programa de governo sejam efetivamente realizados somente se a transação é legítima, considerando parâmetros como valor, beneficiários, temporalidade, área de aplicação do recurso, entre outros.

Contratos inteligentes, ou *smart contracts*, já mencionados no Capítulo 1, são códigos-fonte em linguagem de programação (*scripts*), que podem ser definidos e auto executados em uma infraestrutura de *blockchain*. A definição e execução de um contrato inteligente nesses ambientes dá-se sem a necessidade de intermediários.

Em rigor, os *smart contracts* não são contratos no sentido "clássico" do termo, ou seja, não são um acordo de vontade entre as partes, em que as cláusulas são discutidas e negociadas. Os *smart contracts* são programas realizados para uma determinada e específica operação. Ademais, eles também não são inteligentes, são obedientes. Isto é, obedecem a comandos previamente definidos.

Ainda, como alertam Marcos Nóbrega e Mariana Oliveira de Melo Cavalcanti[224], "uma crítica que se faz à possibilidade de considerar *smart contracts* como contratos é que, mesmo que haja problemas na formação dos contratos (vícios de consentimento, por exemplo), ele será executado e os Tribunais nada poderão fazer".

Isto quer dizer que o vício no consentimento ou outras causas que contaminam o contrato não são consideradas nos *smart contracts*, que apenas executam os códigos propostos.

[223] Disponível em https://portal.tcu.gov.br/imprensa/noticias/tcu-e-bndes-lancam-rede-blockchain-brasil-e-definem-proximos-passos.htm

[224] NÓBREGA, Marcos; CAVALCANTI, Mariana Oliveira de Melo. Smart contracts ou "contratos inteligentes": o direito na era da blockchain. **Revista Científica Disruptiva. Faculdade** CERS. ISSN 2674-7804. Volume II. Número 1. Jan-Jun 2020.

Para explicar superficialmente o funcionamento dos *smart contracts*, podemos utilizar como exemplo as conhecidas máquinas de refrigerantes ou *vending machines*, em que o consumidor coloca o dinheiro, aperta o botão correspondente ao refrigerante que deseja e a máquina, devidamente programada, entrega o refrigerante e o eventual troco devido.

Neste caso, a máquina está programada para executar o contrato, obedecendo ao comando que lhe foi previamente inserido.

Um *smart contract* funciona da mesma forma: ele executa uma operação pré-programada, obedecendo a comandos pré-inseridos sem a necessidade de intermediários.

As "cláusulas" nos *smart contracts* são traduzidas em códigos, sendo validadas pela tecnologia *blockchain*, tornando-as transparentes e imutáveis, já que, caso alguém faça alguma alteração no documento validado, a adulteração estará exposta.

Assim, pode-se firmar um aluguel de imóvel integrando um contrato inteligente da *blockchain* a uma fechadura inteligente. Quando a pessoa desbloqueia a fechadura, parte do valor é transferido automaticamente para a conta do proprietário. Não há necessidade de qualquer intermediário.

Infinitas são as possibilidades de utilização de um *smart contract* atrelado a uma *blockchain*, tais como[225]: o Walmart, após uma contaminação de mais de 200 pessoas por seus produtos, que ocasionou a morte de 5 delas, implementou uma *blockchain* privada responsável por armazenar as transações da cadeia de suprimentos da rede de supermercados, controlando a rastreabilidade de seus produtos; a companhia de seguros AXA, desde 2017, utilizando a tecnologia *blockchain*, reembolsa o consumidor em caso de atraso ou cancelamento de voo, bastando, após contratar, cadastrar seu voo e sua conta.

Existem, pois, usos ilimitados para a tecnologia *blockchain* e os *smart contracts* pela Administração Pública.

5.2. *Blockchain* e serviços eletrônicos de notas e registros públicos

Por meio da atividade notarial e de registro o Estado, ou quem lhe faça as vezes, pretende-se garantir a publicidade, autenticidade e eficácia de atos jurídicos. Assim, a atividade notarial e de registro se dispõe a conferir

[225] PUGA, Bruna. **Aplicações empresariais dos Smart Contracts**. Disponível em https://www.jusbrasil.com.br/artigos/aplicacoes-empresariais-dos-smart-contracts/872571162

segurança jurídica na produção e irradiação dos efeitos de atos e fatos jurídicos constituídos ou declarados por meio dessa chancela estatal, todos dotados de *fé-pública*[226].

Neste contexto, se a ordem jurídica permitir que atos jurídicos sejam constituídos ou formalizados por meio virtual ou eletrônico, então a atividade notarial e de registro que lhe dá suporte e *fé-pública* também pode ser instrumentalizada da mesma forma.

É certo, no entanto, que as atividades notariais e de registro, até pouco tempo, eram considerados um segmento anacrônico com tramitação de papel e carência de tecnologia. Esta visão, contudo, sempre foi equivocada.

Com efeito, a redação original do art. 41 da Lei federal nº 8.935, de 18.11.1994, já previa que "incumbe aos notários e aos oficiais de registro praticar, independentemente de autorização, todos os atos previstos em lei necessários à organização e execução dos serviços, podendo, ainda, adotar sistemas de computação, microfilmagem, disco ótico e outros meios de reprodução".

Como se procurou esclarecer, essa autorização é meramente instrumental, pois demanda a existência de permissão normativa para que atos e fatos jurídicos sejam legitimamente constituídos e formalizados em ambiente virtual ou eletrônico. Neste contexto, havendo essa autorização, surge a possibilidade de, aplicando-se o art. 41 da Lei federal 8.935, constituí-los e formalizá-los, com *fé-pública*, em idêntico ambiente.

Assim, a autorização contida no art. 41 da Lei federal 8.935 veiculava permissão normativa futurística, pois, ao tempo da sua edição, não se praticavam atos jurídicos em ambiente eletrônico ou virtual. O legislador federal atuou como um verdadeiro oráculo, antevendo a possibilidade de um mundo que, ao tempo da edição daquela lei, inexistia.

É certo que presentemente notários e registradores desempenham suas funções públicas de modo presencial ou remoto. Nesta última modalidade, três sistemas foram edificados e estão interligados: (i) o CENPROT, (ii) o *e-Notariado* e (iii) o ONSERP, sob o qual operam (iii.1) o ONR, (iii.2) o ON-RCPN e (iii.3) o ON-RTDPJ. Mas até que esses sistemas

[226] Por fé-pública entende-se a presunção de validade dos atos jurídicos constituídos e/ou formalizados pelos notários e registradores que só pode ser desconstituída judicialmente. Neste sentido: ZOCKUN, Maurício; ZOCKUN, Carolina Zancaner. A fé pública e a presunção de validade dos atos estatais. **Revista Interesse Público**, v. 22, p. 15-25, 2020.

fossem criados e suas plataformas estivesses operacionais, percorreu-se uma longa trajetória legislativa e regulatória.

Com efeito, o futuro aspirado pelo legislador de 1994 deu seus primeiros passos com a edição da Medida provisória 2.200-2, de 24.8.2001, e a instituição da InfraEstrutura de Chaves Públicas Brasileira – ICP-Brasil, meio previsto "para garantir a autenticidade, a integridade e a validade jurídica de documentos em forma eletrônica, das aplicações de suporte e das aplicações habilitadas que utilizem certificados digitais, bem como a realização de transações eletrônicas seguras" (art. 1º, *caput*).

A estrutura normativa edificada nessa Medida provisória – composta (i) por uma autoridade gestora de políticas e (ii) pela cadeia das seguintes autoridades certificadoras: Autoridade Certificadora Raiz (AC Raiz), Autoridades Certificadoras (AC) e pelas Autoridades de Registro (AR) cria a presunção jurídica no sentido de que (a) "as declarações constantes dos documentos em forma eletrônica produzidos com a utilização de processo de certificação disponibilizado pela ICP-Brasil presumem-se verdadeiros em relação aos signatários", na forma do art. 131 do Código Civil de 1916; e (b) os documentos eletrônicos produzidos com a utilização de processo de certificação disponibilizado pela ICP-Brasil "Consideram-se documentos públicos ou particulares, para todos os fins legais" (art. 10).

A presunção de que o documento produzido por meio digital tem o mesmo valor jurídico de um documento físico também foi materializada na Lei 11.419, de 2006, que disciplina o processo eletrônico virtual. Com efeito, o seu art. 11 prevê que "os documentos produzidos eletronicamente e juntados aos processos eletrônicos com garantia da origem e de seu signatário, na forma estabelecida nesta Lei, serão considerados originais para todos os efeitos legais".

Em 2017, a Lei Federal 13.465 previu a criação do "Sistema de Registro Eletrônico de Imóveis" (SREI), cuja implementação e operação, em âmbito nacional, ficou a cargo do Operador Nacional do SREI (ONR). O modelo adotado pelo ONR foi inspirado no Operador Nacional do Sistema (ONS), pessoa jurídica de direito privado, sem fins lucrativos, fiscalizada e regulada pela Agência Nacional de Energia Elétrica (ANEEL) e integrada por alguns titulares de concessão, permissão ou autorização e consumidores do setor elétrico (Lei Federal 9.648, de 1998).

Tanto a criação do SREI como do ONR está plasmada em normas em branco, pois apenas as suas finalidades estão legislativamente prescritas, impondo-se ao agente regulador o encargo de expedir os regulamentos autorizados capazes de, ao completar tecnicamente o tipo legal, dar-lhes plena aplicabilidade[227]. E segundo o art. 76, § 4º, da Lei Federal 13.465, de 2017, outorgou-se ao Conselho Nacional de Justiça (CNJ) a competência regulatória e fiscalizatória sobre o ONR[228] (em absoluto rigor, o CNJ equipara-se a uma "agência reguladora" nacional da atividade notarial e de registro, sem prejuízo da competência regulatória suplementar nesse campo levado a efeito pelas Corregedorias dos Tribunais de Justiça).

Igualmente inovadora foi a CENPROT, criada por meio da Lei Federal 13.775, de 2018, que acresceu o art. 41-A à Lei Federal 9.492, de 1997. Segundo esse preceito, os tabeliães de protesto manterão, em âmbito nacional, uma central nacional de serviços eletrônicos compartilhados que prestará, ao menos, os seguintes serviços: (i) escrituração e emissão de duplicata sob a forma escritural, observado o disposto na legislação específica, inclusive quanto ao requisito de autorização prévia para o exercício da atividade de escrituração pelo órgão supervisor e aos demais requisitos previstos na regulamentação por ele editada; (ii) recepção e distribuição de títulos e documentos de dívida para protesto, desde que escriturais; (iii) consulta gratuita quanto a devedores inadimplentes e aos protestos realizados, aos dados desses protestos e dos tabelionatos aos quais foram distribuídos, ainda que os respectivos títulos e documentos de dívida não sejam escriturais; (iv) confirmação da autenticidade dos instrumentos de protesto em meio eletrônico; e (v) anuência eletrônica para o cancelamento de protestos.

O advento da pandemia da COVID-19, que ensejou a decretação da quarentena e a imposição de restrições à circulação das pessoas, alterou profundamente as relações sociais e profissionais, criando as condições necessárias para que as atividades notariais e de registro fossem gradualmente se virtualizando: desde o acesso pelos usuários, passando pela entrega e processamento de documentos e pedidos para a produção e

[227] Sobre a regulação administrativa e a produção de regulamentos autorizados: ZOCKUN, Maurício; ZOCKUN, Carolina Zancaner. "A regulação administrativa por entidades privadas e o caso da ABNT". **CONSULTOR JURÍDICO** (SÃO PAULO. ONLINE), v. 2809, p. 1, 2023, disponível em: https://www.conjur.com.br/2023-set-28/zockun-zockun-regulacao-administrativa-entidades-privadas2__trashed/

[228] Inicialmente exercida por meio da edição do Provimento CNJ 109, de 14.10.2020.

formalização de atos, até a materialização dos atos notariais e de registro e a eclosão dos seus efeitos no mundo jurídico.

Foi neste contexto de pandemia que o CNJ, dando aplicabilidade ao art. 41 da Lei Federal 8.935, de 1994, editou (i) o Provimento 91, de 22.3.2020, prevendo o atendimento remoto aos usuários das serventias extrajudiciais; (ii) o Provimento 92, de 26.3.2020, dispondo sobre o envio eletrônico dos documentos necessários para a lavratura de registros de nascimentos e de óbito no período de Emergência em Saúde Pública de Importância Nacional (ESPIN), (iii) Provimento 94, de 28.3.2020, dispondo sobre o funcionamento das unidades de registro de imóveis nas localidades onde foram decretados regime de quarentena pelo sistema de plantão presencial e à distância e regula procedimentos especiais, (iv) o Provimento 95, de 1º.4.2020, definindo os serviços extrajudiciais como essenciais, regulamentando o atendimento a distância e o envio eletrônico de documentos aos tabelionatos de notas, e (v) o Provimento 97, de 27.4.2020, prevendo a possibilidade de utilização de meios eletrônicos ou aplicativo multiplataforma de mensagens instantâneas e chamadas de voz para enviar as intimações, nos tabelionatos de protesto de títulos, quando disponíveis os respectivos dados ou o endereço eletrônico do devedor[229].

Ainda sob os ecos da pandemia da COVID-19, em 27 de dezembro de 2021, o Chefe do Poder Executivo editou a Medida Provisória 1.085, modificando o Sistema Eletrônico de Registros Públicos (SERP) previsto na Lei Federal 11.977, de 2009. Essa Medida Provisória foi convertida na Lei Federal 14.382, de 2022, e, em síntese, passou a disciplinar (i) o registro público eletrônico dos atos e negócios jurídicos; (ii) a interconexão das serventias dos registros públicos; (iii) a interoperabilidade das bases de dados entre as serventias dos registros públicos e entre as serventias dos registros públicos e o Serp; (iv) o atendimento remoto aos usuários de todas as serventias dos registros públicos, por meio da internet; (v) a recepção e o envio de documentos e títulos, a expedição de certidões e a prestação de informações, em formato eletrônico, inclusive de forma

[229] Posteriormente, em vista dos virtuosos resultados alcançados com a adoção de meios eletrônicos nas atividades necessárias ao exercício da função notarial e de registro, o CNJ editou o Provimento 138, de 16.12.2022, prorrogando *sine die* a vigência dos Provimentos 94, 95 e 97, todos de 2020.

centralizada, para distribuição posterior às serventias dos registros públicos competentes; (vi) a visualização eletrônica dos atos transcritos, registrados ou averbados nas serventias dos registros públicos; (vii) o intercâmbio de documentos eletrônicos e de informações entre as serventias dos registros públicos e (a) os entes públicos, inclusive por meio do Sistema Integrado de Recuperação de Ativos (Sira), de que trata o Capítulo V da Lei nº 14.195, de 26 de agosto de 2021; e (b) os usuários em geral, inclusive as instituições financeiras e as demais instituições autorizadas a funcionar pelo Banco Central do Brasil e os tabeliães; (viii) o armazenamento de documentos eletrônicos para dar suporte aos atos registrais; (ix) a divulgação de índices e de indicadores estatísticos apurados a partir de dados fornecidos pelos oficiais dos registros públicos; (x) a consulta (a) às indisponibilidades de bens decretadas pelo Poder Judiciário ou por entes públicos; (b) às restrições e aos gravames de origem legal, convencional ou processual incidentes sobre bens móveis e imóveis registrados ou averbados nos registros públicos; e (c) aos atos em que a pessoa pesquisada conste como: (1) devedora de título protestado e não pago; (2) garantidora real; (3) cedente convencional de crédito; ou (4) titular de direito sobre bem objeto de constrição processual ou administrativa.

Ao cabo e ao fim desta evolução legislativa e regulamentar sobre o tema, o CNJ consolidou a regulamentação sobre o assunto com a edição do Provimento 149, de 30.8.2023. Um das virtudes desta regulamentação está prevista no art. 222, segundo o qual "para promover a implantação, a manutenção e o funcionamento do SERP, será constituído o Operador Nacional do Sistema Eletrônico dos Registros Públicos (ONSERP)" e que "integrarão o ONSERP o ONR e os operadores nacionais de registros públicos", a saber: Operador Nacional do Registro Civil das Pessoas Naturais (ON-RCPN), Operador Nacional do Registro de Títulos e Documentos e Civil das Pessoas Jurídicas (ON-RTDPJ) e pelo ONR.

Ao lado desse sistema eletrônico ligado às atividades de registro, a especialidade de notas conta com um sistema próprio: o *e-Notariado*. Segundo o art. 290 desse Provimento, "fica instituído o Sistema de Atos Notariais Eletrônicos, *e-Notariado*, disponibilizado na internet pelo Colégio Notarial do Brasil – Conselho Federal, dotado de infraestrutura tecnológica necessária à atuação notarial eletrônica".

Mas como esses sistemas e suas plataformas garantem a segurança do trânsito de dados? A regulação produzida pelo CNJ a esse propósito prevê que cada um dos sistemas criados e mantidos pelos notários e registradores seja confiável e seguro. O CNJ não assinala qual o modelo deverá ser usado para a confiabilidade na transmissão de informações. Aliás, o CNJ nem mesmo poderia proceder deste modo em vista do art. 4º, I, da Lei federal 13.874, de 2019, que proíbe o exercício do denominado "abuso do poder regulatório" para, no exemplo em questão, "criar reserva de mercado ao favorecer, na regulação, grupo econômico ou profissional, em prejuízo dos demais concorrentes". E essa reserva de mercado seria criada, por exemplo, se se exigisse a utilização do *blockchain* no trânsito de informações eletrônicas. Há, pois, liberdade dos agentes delegados na escolha dessas ferramentas: *blockchain* ou outras.

Em absoluto rigor, atualmente o sistema de *blockchain* é utilizado apenas no *e-notariado* em módulo específico: como mecanismo garantidor da integridade dos dados armazenados naquela plataforma. Trata-se, ademais, de mecanismo passível de utilização apenas pelos notários, garantindo-se, *interna corporis*, a integridade da informação armazenada. Por isso mesmo essa *blockchain* é designada de *notarychain*[230].A *Notarychain*, como explica Juliana Horn Machado Philippi[231], "é uma *blockchain* privada dos notários, desenvolvida pelo Colégio Notarial do Brasil – Conselho Federal, com base na plataforma *blockchain* Hyperledger Fabric, e consiste em uma rede permissionada exclusiva dos notários, em que cada tabelionato de notas funciona como um nó dessa rede e armazena os blocos do *e-Notariado*". Sem embargo da atual amplitude de utilização dessa tecnologia, Juliana Horn Machado Philippi, em obra minuciosa e de leitura imprescindível sobre o tema, trouxe panorama completo do uso das tecnologias, em especial a *blockchain* para os serviços notariais. Em sua obra Juliana noticia os primeiros momentos de utilização dessa tecnologia, ainda quando ela era utilizada de forma isolada por notários e registrados em iniciativas isoladas (e não institucionalizadas, como se processou com o *e-notariado*).

A autora esclarece que, no registro civil brasileiro, o Cartório Azevêdo Bastos foi pioneiro no uso da *blockchain* para autenticação de documentos, em parceria com a *startup* OriginalMY, que desenvolveu ferramenta que

[230] Vide: https://suporte.notariado.org.br/support/solutions/articles/43000592251-notarchain-instalac%C3%A3o-t%C3%A9cnica

[231] PHILIPPI, Juliana Horn Machado. **Blockchain e Atividades Notariais e de Registro.** Rio de Janeiro: Lumen Juris, 2022, p. 118.

permite ao interessado ingressar na cadeia de blocos, inserir a senha e encaminhar para que o cartório feche o bloco, validando-o com a inserção do selo e a certificação de que não se trata de documento adulterado. Ao acessar o sítio eletrônico do cartório, é possível gerar um *link* referente ao uso da *blockchain* para consultar registros de nascimento e de casamento com a inserção do código do selo digital[232].

É impossível profetizar a espécie de ferramenta que será utilizada para assegurar a confiabilidade das informações transmitidas virtualmente no curso dos procedimentos necessários à produção dos atos notariais e de registro: se *blockchain* ou outra.

5.3. Uso de aplicativos de *smartphones*

Aplicativos (apps) são programas de *software* presentes em celulares Android, iPhone (iOS) e em outros diversos dispositivos inteligentes, como tablets e *smart* TVs. Os apps podem ser gratuitos ou pagos e desempenham diversas funções: mensageiros online, *streaming*, gerenciadores, editores de fotos e vídeos, prestadores de diversos serviços, *delivery* de comida etc.

Os aplicativos facilitam a vida do usuário e se tornaram indispensáveis no dia a dia, a ponto de "app" (abreviação de aplicativo) ter sido selecionada a palavra de 2010 pelo *American Dialect Society*.

Aplicativos são, pois, facilitadores de relacionamentos de todas as espécies: aproximam clientes e empresas, alunos e professores, amigos, familiares, casais etc..

A Administração Pública, ciente que a utilização de aplicativos facilita a comunicação e a vida em sociedade, possui inúmeros apps, para as mais diversas funcionalidades.

Os aplicativos criados pelo Governo Federal oferecem serviços úteis para o dia a dia do cidadão. Desenvolvidos por diferentes ministérios e autarquias do governo, as ferramentas permitem, entre outras coisas, solicitar programas de aposentadoria, pensão e seguro-desemprego, regularizar dívidas de pessoa física ou jurídica com a União e acessar o resultado de exames feitos no Sistema Único de Saúde (SUS).

Existem inúmeras outras opções, seja para fazer investimentos em títulos públicos do Tesouro, acessar multas de trânsito e fazer o pagamento

232 PHILIPPI, Juliana Horn Machado. **Blockchain e Atividades Notariais e de Registro**. Rio de Janeiro: Lumen Juris, 2022, p. 114.

com desconto, acessar todas as informações do Exame Nacional do Ensino Médio (Enem), solicitar auxílio emergencial ou até encontrar um mapa de hemocentros para doar sangue em várias cidades do país[233].

Ademais, aplicativos estaduais ou municipais também possuem diversas funcionalidades e auxiliam o cidadão na obtenção de serviços e informações públicas.

Duas experiências exitosas são trazidas a título de exemplo:

O Estado de Minas Gerais criou o aplicativo MG App, que concentra mais de 50 serviços públicos de diversas áreas e instituições. Dessa forma, o cidadão pode ter acesso com facilidade a serviços relacionados a Saúde, Desenvolvimento Social, Veículos e Condutores, Agendamento de Serviços, Energia, Água e Esgoto, Rodovias e Transportes, Segurança, Trabalho e Emprego Fazenda, Ouvidoria e Servidor Público. Com essa gama de oferta, o aplicativo já soma aproximadamente 300 mil usuários que utilizam mensalmente os serviços disponibilizados[234].

Campinas, município localizado no interior paulista com pouco mais de 1 milhão de habitantes, construiu uma estratégia digital unificada para alavancar sua transformação. Com objetivo de atender a demanda da sociedade de forma eficaz, foi elaborado o Portal Cidadão, adaptado para acesso via computador e celular, que unifica e consolida diversos serviços de diferentes áreas de interesse como finanças, educação, saúde, cultura, meio ambiente entre outras. Além disso, pensando na estruturação e eficiência da gestão interna, o município estruturou a integração das demandas dos servidores com a empresa de tecnologia do Município de Campinas (IMA) para que os processos internos que precisam de ajustes tenham maior visibilidade e sejam otimizados com maior agilidade[235].

5.4. Criptoativos

Os criptoativos são representações de valores que só existem em registros digitais. A transação destas representações é feita entre indivíduos ou empresas sem a intermediação de uma instituição financeira, ou seja, na

[233] A lista dos apps do Governo Federal encontra-se disponível em https://www.gov.br/pt-br/apps

[234] https://www.gov.br/governodigital/pt-br/transformacao-digital/10passos/passo-05/

[235] https://www.gov.br/governodigital/pt-br/transformacao-digital/10passos/passo-05/

rede *blockchain*. Eles são um ativo intangível, que não tem uma substância física[236].

Os criptoativos são tratados, muitas vezes, como sinônimos de "moedas virtuais", sendo a *Bitcoin* a mais famosa entre elas. Existem, entretanto, inúmeras outras moedas virtuais, como a *Ethereum*, a *Dash*, a *Dogecoin*, a *Flow* etc..

De toda a sorte, criptoativos é um termo que não se atrela unicamente às moedas digitais, mas engloba muitos outros tipos de ativos. Estima-se que existam mais de 6 mil tipos de criptoativos. Os mais populares são:

As NFTs (*tokens* não-fungíveis), que são criptoativos colecionáveis e representam ativos tangíveis e intangíveis como obras de arte, itens de videogames, música, vídeos, carros e imóveis. Atualmente, a *blockchain* mais usada na criação de NFTs é o *Ethereum*.

As *stablecoins* são criptomoedas com lastro em algum ativo estável, como o dólar, *commodities* ou metais preciosos, o que permite uma menor volatilidade.

As finanças descentralizadas (DeFi) correspondem a criptoativos que replicam os serviços financeiros atuais, mas sem intermediários.

Já a *Web3* é um criptoativo que devolve a posse dos dados aos usuários, tentando assim promover uma *internet* descentralizada, sem a intermediação das *big techs*.

A Administração Pública, atenta ao grande volume de recursos que circula em ambiente virtual, editou a Lei nº 14.478, de 21 de dezembro de 2022, que define ativo virtual como a representação digital de valor que pode ser negociada ou transferida por meios eletrônicos e utilizada para realização de pagamentos ou com propósito de investimento. Ficam de fora desse enquadramento moedas tradicionais (nacionais ou estrangeiras); recursos em reais mantidos em meio eletrônico; pontos e recompensas de programas de fidelidade; e valores mobiliários e ativos financeiros sob regulamentação já existente.

[236] SARAI, L. & SANTOS, M. M. As inovações regulatórias do sistema financeiro. **Revista De Direito Bancário Do Mercado De Capitais E Da Arbitragem**, v. 96, p. 49-59, 2022; SARAI, Leandro. Moedas digitais e os bancos. In: BARBOSA, Tatiana Casseb B. M. **A revolução das moedas digitais**: bitcoins e altcoins. Cotia/SP: Revoar, 2016, p. 133-192; SARAI, L.; IWAKURA, C. R.; GUEIROS, P. Regulação, Responsabilidade E Stablecoins. **Revista da Advocacia Pública Federal**, v. 5, n. 1, p. 226-244, 22 dez. 2021.

Ainda, a Lei nº 14.478, de 2022, estabeleceu que as prestadoras de serviços de ativos virtuais somente poderão funcionar no país mediante prévia autorização de órgão ou entidade da administração pública federal. O órgão responsável pela regulação estabelecerá condições e prazos, não inferiores a seis meses, para a adequação às regras do projeto por parte das prestadoras de serviços de ativos virtuais que estiverem em atividade.

Dentre outros pontos, a lei acrescenta no Código Penal (Decreto-lei 2.848, de 1940) um novo tipo de estelionato, com pena de reclusão de quatro a oito anos e multa. Será enquadrado no crime de fraude com a utilização de ativos virtuais quem organizar, gerir, ofertar ou distribuir carteiras ou intermediar operações envolvendo criptomoedas para obter vantagem ilícita em prejuízo alheio, induzindo ou mantendo alguém em erro.

A Lei nº 14.478, de 2022, também determina que as empresas deverão manter registro das transações para fins de repasse de informações aos órgãos de fiscalização e combate ao crime organizado e à lavagem de dinheiro.

Em termos tributários, a Receita Federal do Brasil tornou obrigatória a prestação de informações sobre operações com criptoativos para pessoas físicas e jurídicas, consoante Instrução Normativa RFB nº 1.888/2019 e alterações posteriores.

Referências

COLÉGIO NOTARIAL DO BRASIL . **Notarchain** – Instalação técnica. 31 ago. 2023. Disponível em: https://suporte.notariado.org.br/support/solutions/articles/43000592251-notarchain-instalac%C3%A3o-t%C3%A9cnica Acesso: 21 jan. 2024.

GOVERNO FEDERAL. **10 passos para a transformação digital**. – fev. 2022. Disponível em https://www.gov.br/governodigital/pt-br/transformacao-digital/10passos/trilha/ . Acesso em: 12 jan. 2024.

GOVERNO FEDERAL. **Lista de aplicativos**. Disponível em https://www.gov.br/pt-br/apps . Acesso em: 11 jan. 2024.

NÓBREGA, Marcos; CAVALCANTI, Mariana Oliveira de Melo. "Smart contracts ou 'contratos inteligentes': o direito na era da blockchain". **Revista Científica Disruptiva.** Faculdade CERS. ISSN 2674-7804. Volume II. Número 1. Jan-Jun 2020.

OCDE. **Recommendation of the Council on Digital Government Strategies.** – 2014. Disponível em: http://www.oecd.org/gov/digitalgovernment/Recommendation-digital-government-strategies.pdf. Acesso em: 15 jan. 2024.

PHILIPPI, Juliana Horn Machado. **Blockchain e Atividades Notariais e de Registro**. Rio de Janeiro: Lumen Juris, 2022.

PUGA, Bruna. Aplicações empresariais dos Smart Contracts. **JusBrasil.** Disponível em https://www.jusbrasil.com.br/artigos/aplicacoes-empresariais-dos-smart--contracts/872571162 Acesso em: 15 jan. 2024.

REVOREDO, Tatiana. **Blockchain**: tudo o que você precisa saber. São Paulo: The Global Strategy, 2019.

SARAI, L. & SANTOS, M. M. As inovações regulatórias do sistema financeiro. **Revista de Direito Bancário do Mercado de Capitais e da Arbitragem**, v. 96, p. 49-59, 2022.

SARAI, Leandro. Moedas digitais e os bancos. In: BARBOSA, Tatiana Casseb B. M. **A revolução das moedas digitais**: bitcoins e altcoins. Cotia/SP: Revoar, 2016, p. 133-192.

SARAI, L.; IWAKURA, C. R.; GUEIROS, P. Regulação, Responsabilidade E Stablecoins. **Revista da Advocacia Pública Federal**, v. 5, n. 1, p. 226-244, 22 dez. 2021.

SCHWAB, Klaus. **A quarta revolução industrial**. São Paulo: Edipro, 2019.

TRIBUNAL DE CONTAS DA UNIÃO. **Levantamento da tecnologia blockchain**. - 2020. Disponível em https://portal.tcu.gov.br/data/files/59/02/40/6E/C4854710A7AE4547E18818A8/Blockchain_sumario_executivo.pdf Acesso em: 13 jan. 2024

TRIBUNAL DE CONTAS DA UNIÃO. TCU e BNDES lançam Rede Blockchain Brasil e definem próximos passos. **Portal TCU** 31 mai 2022. Disponível em https://portal.tcu.gov.br/imprensa/noticias/tcu-e-bndes-lancam-rede-blockchain-brasil-e-definem-proximos-passos.htm . Acesso em 13 jan. 2024.

ZILLIOTTO, Mirela Miró. **Tecnologia Blockchain nas contratações públicas no Brasil**. Belo Horizonte: Editora Fórum, 2022.

ZOCKUN, Carolina Zancaner. "A regulação administrativa por entidades privadas e o caso da ABNT"**. CONSULTOR JURÍDICO** (SÃO PAULO. ONLINE), v. 2809, p. 1, 2023. Disponível em: https://www.conjur.com.br/2023-set-28/zockun--zockun-regulacao-administrativa-entidades-privadas2__trashed/. Acesso em: 19 jan. 2024.

ZOCKUN, Maurício; ZOCKUN, Carolina Zancaner. A fé pública e a presunção de validade dos atos estatais. **Revista Interesse Público**, v. 22, p. 15-25, 2020.

6.
ATOS ADMINISTRATIVOS ELETRÔNICOS E PROCESSO ADMINISTRATIVO DIGITAL

A parte mais atomizada da atuação administrativa são os atos administrativos. Entendidos como declaração de vontade unilateral, emitida no exercício da função administrativa, sob um regime jurídico de Direito Público, visando à concretização legal e ao atendimento do interesse público[237], são eles que representam o agir da Administração Pública.

Esses atos, que sempre fizeram parte do cotidiano administrativo, passam a ter uma nova feição, sendo realizados eletronicamente. Esse procedimento, de uso de ferramentas de tecnologia para a prática de atos, que não é novidade, vem avançando em um sentido de automação[238], que cada vez mais dispensa a participação humana imediata.

[237] CABRAL, Flávio Garcia; SARAI, Leandro. **Manual de direito administrativo.** 2.ed. Leme: Mizuno, 2023, p.244.

[238] "Dito de outra forma, automação é o processo de fazer sistemas ou processos funcionarem automaticamente, sem a necessidade de intervenção humana constante. Ela pode ser aplicada a uma variedade de tarefas, desde operações simples, como o controle de um termostato, até processos mais complexos, como a fabricação de um automóvel. No entanto, a automação é regida por um conjunto de regras predefinidas e é limitada à realização de tarefas específicas para as quais foi programada" (PORTO, Fábio Ribeiro; DE PAIVA GABRIEL, Anderson. A POSSIBILIDADE DE UTILIZAÇÃO DA INTELIGÊNCIA ARTIFICIAL PARA A PRÁTICA

Desde atos que são praticados via sistemas padronizados, passando por sistemas de automação, até o uso de Inteligência Artificial (IA) forte[239], é certo que a modelagem e a compreensão dos atos administrativos não permanecem exatamente as mesmas do século passando, havendo novas indagações e questões a serem analisadas.

6.1. Atos administrativos eletrônicos

A expressão "atos administrativos eletrônicos" carrega uma polivalência semântica. Serve tanto para indicar aqueles atos administrativos que são praticados pelos agentes públicos que se valem de instrumentos de tecnologia para tal, como computadores, assinatura digital etc., como também aqueles atos que são feitos diretamente por máquinas, cuja autoria seria conferida, em um primeiro instante, ao próprio programa que o praticou[240].

Sobre a temática, Marcus Vinícius Filgueiras Júnior traz a seguinte classificação: a expressão ato administrativo eletrônico deve ser tratada como gênero, que, por sua vez, subdivide-se nas seguintes espécies: a) ato administrativo eletrônico tradicional, que é aquele ato emanado por um agente público, cuja forma é eletrônica; b) ato administrativo eletrônico automático, que é aquele ato administrativo cuja forma é também eletrônica, mas que foi gerado pelo próprio sistema informático de modo automático, sem a intervenção imediata do servidor. Neste caso a intervenção do agente acontece no ato-programa, que, a rigor, funciona como um pressuposto procedimental ou processual do ato. Por seu turno, o ato

DE ATO ADMINISTRATIVO DISCRICIONÁRIO. **Revista Judicial Brasileira**, v. 3, 2023, p.144).

239 Existem formas e métodos distintos para a utilização da IA, podendo-se citar o uso de uma IA fraca e de uma IA forte. Os métodos fracos consistem na utilização da lógica, raciocínio automatizado e outras estruturas gerais que podem ser empregados genericamente, com aplicação ampla na resolução de problemas, não atingindo a peculiaridade de cada caso a ser resolvido. Já a utilização de métodos fortes de IA diz respeito à ideia de invocação de um sistema mais específico, que possui um conhecimento aprofundado do problema a ser resolvido, continuamente alimentado pelo sistema fraco, tornando-o mais específico e especialista na resolução dos problemas (COPPIN, Ben. **Inteligência Artificial.** Grupo GEN, 2010. 978-85-216-2936-8. Disponível em: https:// integrada.minhabiblioteca.com.br/#/books/978-85-216-2936-8/).

240 USAI, Alessandro. Le elaborazioni possibili delle informazioni. I limiti aliá decisioni amministrative automatiche. In: **Dal/'informatica amministrativa alia teleamministrazione**. Roma: Isitituto Poligrafico dello Stato, 1992.

administrativo eletrônico automático poderá ainda apresentar duas outras subespécies: b.I) ato administrativo eletrônico totalmente automático; e b.2) ato administrativo eletrônico parcialmente automático. Por vezes não será possível a automatização completa de um ato administrativo, sendo possível apenas parcialmente. A completa automatização dos atos administrativos eletrônicos encontra limitações sobretudo no que se refere à discricionariedade[241].

O primeiro grupo de atos, os chamados atos administrativos eletrônicos tradicionais, geram menos indagações, uma vez que a tecnologia aqui é usada como mera ferramenta para a prática do ato, o qual é editado tendo o sistema eletrônico como suporte. As maiores dúvidas emergem dos demais atos eletrônicos, aquele nos quais a participação humana imediata é reduzida ou mesmo afastada. Vejamos algumas questões a esse respeito nos tópicos seguintes.

6.2. Natureza dos atos eletrônicos automáticos ou praticados por IA

Um ponto fulcral na consideração acerca do uso da IA pela Administração Pública seria a respeito da natureza desses atos praticados. As decisões tomadas por máquinas seriam atos administrativos?

Um dos primeiros trabalhos a desenvolver essa análise, acerca do chamado "ato informático", foi produzido em 1959 por Karl Zeidler[242]. Para o autor, haveria uma cisão entre uma atuação administrativa (que seria realizar a subsunção dos fatos à norma, que continuaria sob o controle humano) e um produto administrativo (que seria a decisão a ser tomada pela máquina, com base na anterior subsunção). Esse binômio atuação e produto poderia formar, ainda que fugindo da tradição clássica, um "ato administrativo para efeitos processuais"[243].

Apesar do pioneirismo no tratamento da questão, essa concepção inicial de Karl Zeidler acaba criticada pela doutrina, seja pela incompreensão do real conteúdo desse "produto administrativo", seja pelo fato de que não

[241] FILGUEIRAS JÚNIOR, Marcus Vinícius. Ato administrativo eletrônico e teleadministração. Perspectivas de investigação. **Revista de Direito Administrativo**, v. 237, 2004, p.252.

[242] ZEIDLER, Karl. **Über die Technisierung der Verwaltung:** eine Einführung in die juristische Beurteilung der modernen Verwaltung. CF Müller, 1959.

[243] GONÇALVES, Pedro. O acto administrativo informático. **Sciencia IVRIDICA**, n. 267, 1997, p.60-62.

haveria uma verdadeira cisão do ato praticado pela máquina, que seria uma expressão da manifestação humana.

Observa-se que o ato em si, praticado pela máquina, é resultado de uma série de regras elaboradas previamente (ainda que aprimoradas e "aprendidas" pela IA) que compõem o algoritmo. Temos então que este ato de criação do algoritmo, com as diretrizes a serem desenvolvidas, fruto de uma manifestação humana, assume a natureza de um ato administrativo regulamentar, pois ele se mostra geral e abstrato, hábil a ser aplicado em diversas situações que se enquadrem nos seus parâmetros[244].

No mesmo sentido é a posição de Pedro Gonçalves, à luz do Direito português, para quem o programa informático teria natureza de um regulamento interno, que, apesar de determinar a decisão concreta, não cria uma regra jurídica que discipline a relação entre Administração e particular[245].

É distinto, contudo, quando a IA aplica concretamente essas diretrizes algorítmicas. Aqui, diferentemente do ato regulamentar mencionado, não há uma manifestação humana imediata, carecendo, em uma primeira análise, do elemento do sujeito/competência, próprio dos atos administrativos.

Apesar disso, há uma aceitação por parte da Administração Pública de que aqueles atos realizados pelas máquinas devem ser cumpridos e são válidos. Nota-se que ocorre uma apropriação desses atos pela Administração, de maneira expressa ou tácita[246]. Assim, embora nessa perspectiva a decisão proferida pela IA não seja, por si só, um ato administrativo (funciona mais como uma espécie de ato material), a sua incorporação pelo Poder Público é o verdadeiro ato administrativo concreto[247].

Assim como a teoria do órgão imputa o ato do agente público ao ente estatal, aqui o ato automático é imputado ao agente competente para praticá-lo.

[244] CABRAL, Flávio Garcia; SARAI, Leandro. **Manual de direito administrativo**. 2.ed. Leme: Mizuno, 2023, p.851.

[245] GONÇALVES, Pedro. O acto administrativo informático. **Sciencia IVRIDICA**, n. 267, 1997, p.66.

[246] GONÇALVES, Pedro. O acto administrativo informático. **Sciencia IVRIDICA**, n. 267, 1997, p.70.

[247] CABRAL, Flávio Garcia; SARAI, Leandro. **Manual de direito administrativo**. 2.ed. Leme: Mizuno, 2023, p.851.

Essa incorporação pode ocorrer por meio de atos posteriores que têm por pressuposto justamente o ato praticado pela IA. Uma intimação da decisão, um despacho confirmatório, a aplicação de uma penalidade, um desconto em folha de pagamento etc. são alguns exemplos de manifestações administrativas que representam a incorporação, por meio de atos administrativos, do ato material praticado pela IA.

É certo que esse ato confirmatório fica mais evidente quando se está a trabalhar com atos praticados por máquinas em rotinas internas (ainda que decisórias) e em um volume reduzido, no qual seja possível cogitar uma análise manual *a posteriori*.

No entanto, uma das grandes vantagens de utilização de uma IA forte na atuação da Administração é justamente desenvolver tomada de decisões em uma escala muito maior do que ocorreria na tomada individual de decisões. Quer-se indicar com essas ponderações que, nesses casos, o ato posterior de intimação de uma decisão tomada por IA, por exemplo, embora possa servir como um ato de confirmação, será de maneira fictícia, uma vez que os agentes públicos não realizaram a análise individualizada de cada ato praticado para validar ou não seu resultado.

Exigir a confirmação humana manual, de cada ato, seria ainda mais ilógico dentro da sistemática da utilização da IA. De fato, "do ponto de vista formal, exigir uma intervenção do homem na sequência da atuação da máquina poderia atender as perspectivas mais conservadoras. Todavia, isso constituiria um despropósito, porque a intervenção humana ocorreria de modo apenas mecânico, nada acrescentando de substancial à decisão e só servindo para atrasar, sem razões sérias, a expedição do ato administrativo"[248].

Ademais disso, é possível pensar em toda uma procedimentalização de atos praticados por IA, sendo que, usando-se o mesmo exemplo, o ato de intimação também ocorre eletronicamente por comandos emitidos por IA. Ou seja, não haveria um ato final confirmatório dos atos materiais da IA.

Dessa forma, muito embora as lições indicativas da aceitação pela Administração dos atos praticados por IA, ainda que tácita, possam ser válidas, mostra-se mais adequado considerar que o próprio ato concreto

[248] BREGA, José Fernando Ferreira. **Governo eletrônico e direito administrativo**. 335 p. Tese – Doutorado em Direito. Faculdade de Direito da Universidade de São Paulo. São Paulo. 2012, p. 234.

eletrônico praticado possui a natureza de ato administrativo, ainda que carente do aspecto volitivo imediato.

Veja que sobre a possibilidade de atos que não necessitam de um comportamento humano voluntário, Celso Antônio Bandeira de Mello há tempos já os admite. Traz como exemplo um agente que, de maneira inadvertida, pressiona um comando alterando os sinais de tráfego. Em que pese não ter havido a voluntariedade, os comandos expressos pelos sinais são atos administrativos válidos[249].

6.3. Atos administrativos eletrônicos discricionários e vinculados

As considerações gerais apresentadas anteriormente precisam ser matizadas quando se recai na tradicional distinção de atos praticados no exercício da competência vinculada ou discricionária.

No tocante aos chamados "atos vinculados"[250], não há, em uma primeira análise, maiores problemas. Conforme expõe Wolfgang Hoffman-Riem, devem ser admitidas decisões automatizadas na aplicação de normas com autorizações para apreciação quando houver o que se chama de redução da apreciação a zero ou prescrições administrativas (como autovinculação da administração)[251].

De fato, havendo vinculação, na qual há uma única solução a ser dada diante de certas circunstâncias estabelecidas pelo legislador, é viável que a IA pratique o ato, seguindo os parâmetros pré-programados, uma vez que não se trata de uma tomada de decisão, já que, reitera-se, há um procedimento mecânico de identificação de determinado evento

[249] BANDEIRA DE MELLO, Celso Antônio. **Curso de Direito Administrativo**. 36.ed. Belo Horizonte: Fórum, 2023, p.294.

[250] "No campo da decisão, nas atividades administrativas inteiramente estruturadas, é possível a utilização de aprendizado supervisionado, e a automação integral da decisão em si, que decorreria da simples imputação dos algoritmos mandatórios na máquina, a partir dos quais a deliberação em concreto teria lugar sem qualquer intervenção humana na sua cunhagem. Inevitável aqui a associação com os atos administrativos vinculados, em que seus elementos se têm inteiramente estabelecidos em lei, donde a sua edição depende tão somente da constatação material de sua presença" (VALLE, Vanice Lírio do. Inteligência artificial incorporada à Administração Pública: mitos e desafios teóricos. **A&C – Revista de Direito Administrativo & Constitucional**, Belo Horizonte, ano 20, n. 81, jul./set. 2020, p.186-187).

[251] HOFFMAN-RIEM, Wolfgang. A legitimação de decisões jurídicas na utilização de Legal Technology. **Direitos Fundamentais & Justiça**, Belo Horizonte, ano 14, n. 42, jan./jun. 2020, p.96-97.

estabelecido para a ocorrência de certa consequência. Pense-se no singelo exemplo de uma programação que, ao identificar, analisando-se a base de dados existente, a idade máxima permitida de um servidor público, emitisse automaticamente a documentação e encaminhamentos para sua aposentadoria compulsória.

Sem embargo, deve-se ter cautela na validação absoluta de atos vinculados serem aplicados por IA. Vanice Lírio do Valle traz um olhar crítico sobre essa matéria, indicando que "o problema está em que uma das conquistas da redemocratização foi justamente a abertura aos princípios e valores constitucionalmente assegurados, da qual decorre uma reconfiguração do Direito Administrativo", sendo que, muitas vezes, "a parametrização dura associada aos atos administrativos vinculados conduz a resultado incompatível com os valores fundantes de todo o sistema normativo, e, portanto, orientadores da ação da Administração Pública". Assim, seria impositivo o afastamento de uma lógica de pura subsunção, abrindo-se espaço para um juízo de proporcionalidade que promova o equilíbrio entre os componentes da normatividade em conflito. Ocorre que IA não exercita ponderação de valores e não avalia proporcionalidade em sentido estrito. Destarte, "a louvação deste caminho automatizado pode resultar, portanto, em resultados, sim, céleres – mas iníquos, num retrocesso em relação à incorporação de uma dimensão valorativa tão duramente conquistada"[252].

No que concerne aos chamados "atos discricionários" a questão mostra-se distinta. Inicialmente, é possível se considerar o uso da IA para o auxílio na tomada de decisão a ser efetuada pelo agente público. Nesse caso, não se vislumbram maiores óbices. Aqui, a automação serve como ferramenta de apoio, não emitindo manifestação de cunho decisório, mas somente fornecendo subsídios que deverão ser avaliados pelo agente público na tomada da decisão. O exercício da discricionariedade restaria mantido inteiramente sob a responsabilidade humana.

Vanice Lírio do Valle segue a mesma trilha, ao discorrer que é possível, quando se cogita de escolhas a serem formuladas por parte da Administração, "que esta seja simplesmente municiada pela IA, com dados

[252] VALLE, Vanice Lírio do. Inteligência artificial incorporada à Administração Pública: mitos e desafios teóricos. **A&C – Revista de Direito Administrativo & Constitucional**, Belo Horizonte, ano 20, n. 81, jul./set. 2020, p.194-195.

de alguma forma tratados, que possam contribuir para a deliberação do agente público". Segundo a autora, "aqui, se existe um espaço de decisão no qual a máquina não avança, que depende de uma opção estratégica ou valorativa do agente humano, tem-se a associação com os atos administrativos discricionários"[253].

No entanto, em relação à tomada de decisão discricionária pela própria IA, enxerga-se um cenário distinto[254] daquele apontado na vinculação. A discricionariedade pressupõe a existência de uma valoração, que depende de uma escolha volitiva, propriamente humana. Por outro lado, os sistemas de inteligência artificial não possuem sentimento algum, compreensão ou observância à realidade existente tendo por fim a norma que visa ao interesse público. O que existe é simplesmente um arranjo entre palavras que, por meios probabilísticos, podem fazer sentido tendo por parâmetro a base de dados que foi fornecida. Não há consciência ou vontade[255].

Juli Ponce Solé se vale da expressão "reserva de humanidade"[256] para limitar o campo de atuação da IA. Assim, há que se resguardar a "reserva de humanidade" para os atos administrativos discricionários, "devendo a

[253] VALLE, Vanice Lírio do. Inteligência artificial incorporada à Administração Pública: mitos e desafios teóricos. **A&C – Revista de Direito Administrativo & Constitucional**, Belo Horizonte, ano 20, n. 81, jul./set. 2020, p.187.

[254] Com a mesma intelecção, apontando a necessidade de uma intervenção humana para a apreciação discricionária, Irene Patrícia Nohara se posiciona sustentando que "se do preenchimento dos requisitos legais por parte do administrado já decorre da lei que haja o deferimento de determinado pleito, será possível a sua automatização mais direta. No entanto, se houver atos administrativos com maior discricionariedade por parte da decisão da autoridade administrativa, daí há a necessidade de compatibilizar a programação do sistema para a situação de inserir uma resposta também fundamentada, mas que dependa sobretudo da ponderação da autoridade pública" (NOHARA, Irene Patrícia. Processo administrativo eletrônico. In: BITENCOURT NETO, Eurico; MARRARA, Thiago (Coord.). **Processo administrativo brasileiro:** estudos em homenagem aos 20 anos da Lei Federal de Processo Administrativo. Belo Horizonte: Fórum, 2020, p.162).

[255] ZOCKUN, Maurício; ZOCKUN, Carolina Zancaner. The use of Artificial Intelligence in the Production of State Acts. **Global Journal of HUMAN-SOCIAL SCIENCE.** v. 23, i. 5, 2023, p.29.

[256] SOLÉ, Juli Ponce. Inteligencia artificial, derecho administrativo y reserva de humanidad: Algoritmos y procedimiento administrativo debido tecnológico. **Revista General de Derecho Administrativo**, n. 50, 2019.

IA funcionar como elemento de apoio à decisão, mas, em hipótese alguma, suprimindo o fator humano no conteúdo decisório"[257].

Sem embargo, como o Direito cria suas próprias realidades, ainda que ficcionais, não haveria impedimento de, via normas jurídicas gerais e abstratas, fosse admitido que a IA pudesse editar atos de natureza discricionária[258].

Veja, portanto, que seria possível admitir que a IA emitisse atos discricionários, desde que houvesse alguma autorização[259] normativa[260] nesse sentido.

6.4. Estruturação dos atos administrativos eletrônicos

Em termos de estrutura normativa, os atos administrativos eletrônicos praticados por IA não se diferem dos atos "convencionais". Seguindo a

[257] PORTO, Fábio Ribeiro; DE PAIVA GABRIEL, Anderson. A POSSIBILIDADE DE UTILIZAÇÃO DA INTELIGÊNCIA ARTIFICIAL PARA A PRÁTICA DE ATO ADMINISTRATIVO DISCRICIONÁRIO. **Revista Judicial Brasileira**, v. 3, 2023, p.124.

[258] No mesmo sentido, Maurício Zockun e Carolina Zancaner Zockun: "*But as the law creates its own realities, there is the legal possibility of authorizing the production of discretionary acts without conscience or will*" (ZOCKUN, Maurício; ZOCKUN, Carolina Zancaner. The use of Artificial Intelligence in the Production of State Acts. **Global Journal of HUMAN-SOCIAL SCIENCE.** v. 23, i. 5, 2023, p.32).

[259] É com similar posição que se manifesta Bárbara Mendonça Bertotti, que defende que seria juridicamente possível a prática de atos discricionários por meio de IA, desde que houvesse edição de uma lei geral de âmbito nacional para regulamentar a questão (BERTOTTI, Barbara Mendonça. Atos administrativos discricionários praticados pela Inteligência Artificial (IA) no Brasil: desafios e perspectivas. In: HACHEM, Daniel Wunder; GABARDO, Emerson; CRISTÓVAM, José Sérgio da Silva (org.). **Direito público digital e novas tecnologias.** Curitiba: Íthala, 2023, p.59.). Apesar da concordância com a autora de que seria necessária uma norma sobre a questão, não se entende que seria obrigatório que viesse estampada em uma norma geral de âmbito nacional.

[260] "A decisão inteiramente automática precisa – como se mencionou – ser admitida por uma prescrição jurídica. Por isso, o legislador pode decidir se, em face do tipo de indeterminação da normalização ou da apreciação admitida, justifica-se tomar uma decisão automatizada. A prescrição da autorização legal não exige, entretanto, segundo opinião disseminada, uma autorização expressa. Uma automatização também pode estar admitida por 'prescrição jurídica' quando a interpretação da norma justifica essa possibilidade. Isso deveria ser afirmado, p. ex., em situações nas quais se poderia emitir uma prescrição administrativa que limite correspondentemente a margem de ação da administração pública" (HOFFMAN-RIEM, Wolfgang. A legitimação de decisões jurídicas na utilização de Legal Technology. **Direitos Fundamentais & Justiça**, Belo Horizonte, ano 14, n. 42, jan./jun. 2020, p.97).

estruturação analítica consagrada no campo doutrinário brasileiro[261], que destrincha os atos em cinco elementos, quais sejam, competência, forma, objeto, motivo e finalidade, aqueles atos feitos de maneira automatizada possuiriam, em regra, a mesma estruturação[262]. Alguns pontos, contudo, merecem atenção.

Primeiramente, o elemento no qual mais se nota uma distinção entre os atos administrativos eletrônicos e os convencionais seria a forma. Embora ambos mantenham a essência da forma escrita, como regra, é evidente a distinção quanto à plataforma no qual são praticados, saindo-se do modelo de papel para o padrão digital.

Outro aspecto, relacionado à forma, qual seja, a motivação (exteriorização dos motivos) dos atos administrativos, também demanda certa cautela.

Em relação aos atos vinculados, cujo motivo se mostra único, ou aqueles simples atos materiais automatizados, a motivação se resolve de maneira mais singela, uma vez que "eles já nascem com a motivação. O ato-programa gerador de tais atos contém o texto que deve figurar na motivação do ato a ser gerado"[263].

Já em relação aos atos que seriam discricionários, há mais dúvidas. Inicialmente, conforme exposto previamente, salvo previsão normativa que autorize, a prática de atos discricionários é incompatível com o modelo de IA, uma vez que demandam valorações humanas. Sem embargo, na hipótese de haver essa regulação, no que tange à motivação, seria necessário que os atos-programa geradores de atos administrativos automáticos

[261] Celso Antônio Bandeira de Mello realiza uma estruturação diferente dos demais autores. Para ele, os atos administrativos seriam formados por elementos e pressupostos, sendo estes divididos em pressupostos de existência e pressupostos de validade. Elementos dos atos administrativos são o conteúdo e a forma. Os pressupostos de existência, por sua vez, são a pertinência do ato com a função administrativa e o objeto. Já os pressupostos de validade são: a) sujeito (pressuposto subjetivo); b) motivo (pressuposto objetivo); c) requisitos procedimentais (pressuposto objetivo); d) finalidade (pressuposto teleológico); e) causa (pressuposto lógico); e f) formalização (pressuposto formalístico) (BANDEIRA DE MELLO, Celso Antônio. **Curso de Direito Administrativo**. 36.ed. Belo Horizonte: Fórum, 2023, p.389-409).

[262] No mesmo sentido, confira-se BREGA, José Fernando Ferreira. **Governo eletrônico e direito administrativo**. 335 p. Tese – Doutorado em Direito. Faculdade de Direito da Universidade de São Paulo. São Paulo. 2012, p.236-237.

[263] FILGUEIRAS JÚNIOR, Marcus Vinícius. A motivação do ato administrativo por inteligência artificial: possibilidade e limites. **Memorias de las JAIIO**, v. 9, n. 13, 2023, p.35.

cuja fonte é sistema baseado em IA fossem encarregados de elaborar a sua própria motivação no momento de emissão do ato administrativo. Assim, "caso seja possível a edição de ato administrativo automático fundado em sistema dotado de IA, o princípio da motivação não mais poderá configurar um obstáculo, desde que o sistema se encarregue de elaborar a motivação[264] nos termos legais"[265].

A motivação nos atos eletrônicos praticados por IA necessita ser mais robusta do que nos atos convencionais. Tendo em vista que a decisão é tomada seguindo parâmetros que foram previamente estabelecidos, tendo por parâmetro uma base de dados fixada, é necessário que o afetado pelo ato conheça quais foram esses parâmetros[266]. De outro forma, é necessário que haja acesso a aspectos mínimos sobre o funcionamento do algoritmo, permitindo-se o conhecimento dos critérios estabelecidos na programação da IA.

Sobre essa questão, Wolfgang Hoffman-Riem sublinha o problema, indicando que, "via de regra, os destinatários de um ato administrativo não conhecem os algoritmos porque falta uma obrigação de divulgá-los a eles". Deste modo, "os algoritmos são desconhecidos especialmente em casos de reconhecimento da proteção dos algoritmos como segredos

[264] A questão é saber se seria viável, em termos práticos, que a IA consiga de maneira adequada atender ao dever de motivação nas hipóteses de discricionariedade. Conforme Alan José de Oliveira Teixeira, "tudo leva a crer que será muito difícil (se não mesmo impossível) a uma IA atender a esse requisito de validade, tanto em termos de fundamentação como em relação à explicabilidade da decisão porventura tomada, ou, quando menos, sugerida" (TEIXEIRA, Alan José de Oliveira. **Inteligência artificial e fundamentação**: limites e possibilidades às decisões administrativas e judiciais no Brasil. Belo Horizonte: Fórum, 2022, p.154).

[265] FILGUEIRAS JÚNIOR, Marcus Vinícius. A motivação do ato administrativo por inteligência artificial: possibilidade e limites. **Memorias de las JAIIO**, v. 9, n. 13, 2023, p.35.

[266] "*These circumstances reveal the need for the technological positivization system, with the use of artificial intelligence, to be transparent and allow the administrator to identify the logical paths (step-by-step) or* ratio decidendi *followed by the algorithm for the production of a legal act. Hence, some designate this impediment as the "principle of interdiction to algorithmic arbitrariness." 28 e) The Right of the Administered Concerning the Act Performed or Whose Performance was based on Algorithms And all this so that, even in the case of a legal act produced without conscience or will, it is the subjective right of the administrator to have access to the method by which it was produced, to assess the legitimacy of its automatic production*" (ZOCKUN, Maurício; ZOCKUN, Carolina Zancaner. The use of Artificial Intelligence in the Production of State Acts. **Global Journal of HUMAN-SOCIAL SCIENCE.** v. 23, i. 5, 2023, p.31).

oficiais. Consequentemente, só em casos excepcionais os afetados conseguem alicerçar um recurso judicial com erros de *software* e na entrada do *input*"[267].

Em relação ao elemento da competência, à luz do que já foi argumentado, o agente competente será aquele a quem se reconheceu como sua a atividade desenvolvida de modo automatizado. José Fernando Ferreira Brega acresce que não havendo ato expresso atribuindo a atividade ao agente, deve-se entender como competente o órgão incumbido da programação e supervisão do funcionamento dos sistemas de informação empregados[268].

Sob outra perspectiva, os conhecidos atributos dos atos administrativos igualmente estariam presentes nos atos administrativos eletrônicos. Desta feita, todos os atos eletrônicos possuem presunção de legitimidade. Em relação àqueles restritivos, há também a característica da imperatividade.

No que tange à autoexecutoriedade, deve-se lembrar que é um atributo que emerge de maneira excepcional. De fato, segundo as clássicas lições de Celso Antônio Bandeira de Mello, a autoexecutoriedade somente se encontra presente nos atos em que a lei expressamente autorizar; quando a adoção da medida for urgente para a defesa do interesse público e não comportar delongas próprias do procedimento judicial sem sacrifício ou risco para a sociedade; ou quando inexistir outra via de direito capaz de assegurar a satisfação do interesse público[269].

Esse viés da excepcionalidade se mantém nos atos eletrônicos. A esse respeito, há um risco de se firmar certas relações pautadas em atos eletrônicos que comumente possuem em sua estruturação a própria autoexecutoriedade. Cita-se como exemplo o uso de *Smart Contracts*, nos quais pode estar previsto, por exemplo, que um imóvel alugado seja automaticamente trancado no caso de atraso do pagamento do aluguel, de modo que ele não possa mais ser usado pelo locatário. Ou ainda um

[267] HOFFMAN-RIEM, Wolfgang. A legitimação de decisões jurídicas na utilização de Legal Technology. **Direitos Fundamentais & Justiça**, Belo Horizonte, ano 14, n. 42, jan./jun. 2020, p.100.

[268] BREGA, José Fernando Ferreira. **Governo eletrônico e direito administrativo**. 335 p. Tese – Doutorado em Direito. Faculdade de Direito da Universidade de São Paulo. São Paulo. 2012, p.237.

[269] BANDEIRA DE MELLO, Celso Antônio. **Curso de Direito Administrativo**. 36.ed. Belo Horizonte: Fórum, 2023, p. 891.

contrato de *leasing* de um automóvel pode dar o direito de inserir uma tecnologia (sensor ou conectividade apropriada) que faça com que o automóvel objeto do contrato não possa ser ligado caso uma prestação que está vencendo não seja paga. Segundo Wolfgang Hoffman-Riem, em tais casos o controle do comportamento não se dá com a ajuda das prescrições típicas para o efeito de normas jurídicas nas categorias de ter permissão/não ter permissão ou dever, e sim diretamente pela limitação da capacidade (factual). Aposta-se no efeito coercivo de sistemas tecnológicos. Assim, essa espécie de regras tecnológicas é *self-executing* (autoexecutante), demonstrando uma assimetria de poder: os sancionados não têm oportunidade de levantar objeções – nem contra a regra supostamente violada nem contra sua aplicação no caso concreto[270].

6.5. Discriminação algorítmica

Se por um lado o uso da inteligência artificial pela Administração Pública para a tomada de decisões poderia trazer maior celeridade, permitindo a solução do maior número de casos em tempo recorde, por outro lado põe-se em questão se haveria ou não a inserção de algoritmos representativos de padrões discriminatórios.

Para ilustrar essa discriminação algorítmica, Felipe Caon rememora o caso do *chatbot* da Microsoft, criado em 2016. Idealizado para "aprender" com interações reais com os usuários (aprendizado maquínico ou *machine learning*), não demorou mais do que 24 horas para que a Tay (nome comercial do referido *chatbot*) adquirisse posicionamentos discriminatórios contra os negros e se referisse ao feminismo como um "culto" e um "câncer"[271].

Na mesma linha, Ana Frazão indica discriminações de gênero envolvendo inteligência artificial e os levantamentos feitos por Tarcizio Silva, dentre os quais se destacam que "90,5% dos presos por reconhecimento

[270] HOFFMAN-RIEM, Wolfgang. A legitimação de decisões jurídicas na utilização de Legal Technology. **Direitos Fundamentais & Justiça**, Belo Horizonte, ano 14, n. 42, jan./jun. 2020, p.104-105.

[271] CAON, Felipe. A discriminação algorítmica é a mais nova forma de opressão. **Conjur.** Disponível em: https://www.conjur.com.br/2021-nov-11/caon-discriminacao-algoritmica-forma-opressao. Acesso em: 20 dez. 2021.

facial no Brasil são negros", que "carros autônomos têm mais chances de atropelar pessoas negras" e que o "Google acha que ferramenta em mãos de uma pessoa negra é uma arma"[272].

Aqui o problema reside não necessariamente no uso da máquina, mas na própria faceta humana. Os algoritmos eventualmente discriminatórios foram produzidos e "aprendem" à luz de práticas humanas[273], as quais se mostram igualmente discriminatórias. É justamente no aspecto humano que devem ser buscadas as soluções.

Os códigos são alimentados pelas escolhas de seus criadores e das pessoas que interagem com eles. Se as pessoas são racistas e machistas, elas contaminam os algoritmos, que são um espelho da nossa sociedade desigual. Nesse aspecto, pode-se dizer que a tecnologia não é neutra.

Como concluem Laura Schertel Mendes e Marcela Mattiuzzo, ademais da construção de mecanismos de transparência na elaboração e aplicação dos algoritmos, bem como o desenvolvimento de ferramentas de *accountability*, é essencial que as pessoas que desenharão tais sistemas algorítmicos sejam capacitadas não só para compreender seus aspectos técnicos, mas também para visualizar os efeitos do uso daquele mecanismo no mundo real. Treiná-las para

[272] FRAZÃO, Ana. Discriminação algorítmica: por que algoritmos preocupam quando acertam e erram? **JOTA**. Disponível em: https://www.jota.info/opiniao-e-analise/colunas/constituicao-empresa-e-mercado/discriminacao-algoritmica-por-que-algoritmos-preocupam-quando-acertam-e-erram-04082021. Acesso em: 20 dez. 2021.

[273] "Este talvez seja um dos grandes paradoxos do uso da IA pela Administração Pública. Ao passo que a inserção de dados e controle das máquinas é atividade humana, o que enseja que preconceitos e erros humanos sejam reproduzidos em larga escala por mecanismos uniformizados (racismo estrutural, discriminações de gênero, perseguições a determinados grupos, e diversas outras mazelas, que infelizmente acabam se manifestando nas condutas humanas, seriam, ainda que inconscientemente, inseridas nos algoritmos a serem construídos), também permite que haja um maior filtro prévio, desde que estas incorreções humanas sejam identificadas e isoladas de maneira correta (talvez o maior dos desafios). No entanto, se uma das críticas deferidas é que as máquinas estariam a reproduzir erros humanos, a decisão humana não incidiria por essência nestes mesmos equívocos?" (FIGUEIREDO, Carla Regina Bortolaz de; CABRAL, Flávio Garcia. Inteligência artificial: *machine learning* na Administração Pública. **International Journal of Digital Law**, Belo Horizonte, ano 1, n. 1, jan./abr. 2020, p.91).

compreender aspectos éticos e morais[274] de sua tomada de decisão, portanto, é fundamental[275].

Por outro lado, se é certo que há um forte – e válido – questionamento sobre a preservação de direitos fundamentais pela utilização de IA, que estaria a "substituir" a atuação humana na interpretação normativa, deve-se pensar também sob outra perspectiva, isto é, se não haveria violação a direitos fundamentais por meio do desrespeito a precedentes administrativos, que acabam pautados pelas idiossincrasias de cada agente público, decidindo individualmente demandas, ainda que idênticas? De igual sorte, os direitos individuais e sociais não estariam vulnerados pelo acúmulo de demandas e rotinas burocráticas repetitivas[276], que poderiam ser facilmente solucionadas pelo uso da IA ou mesmo mecanismos fracos de tecnologia? Em determinados casos a ausência de uma IA parece causar mais malefícios aos direitos fundamentais do que a sua implantação em setores estrategicamente planejados[277].

Esse binômio de vantagens e desvantagens do uso de tecnologias pela Administração Pública é notado por Thiago Marrara. Segundo o autor, de um lado, as novas tecnologias empregadas no âmbito das relações

[274] No mesmo sentido: "Desse modo, quando se fala na busca por uma decisão algorítmica ética, deve-se ter em mente que esta consistirá em um desenviesamento humano e da inteligência artificial, cuja finalidade será alcançar decisões mais justas e éticas, mediante respeito e observância de preceitos constitucionais e legais" (PUSCHEL, André Felipe Silva; RODRIGUES, Roberto Tessis; VALLE, Vivian Cristina Lima López. O dilema ético da decisão algorítmica na administração pública. **A&C – Revista de Direito Administrativo & Constitucional, Belo Horizonte**, ano 22, n. 90, out./dez. 2022, p.220)..

[275] MENDES, Laura Schertel; MATTIUZZO, Marcela. Discriminação Algorítmica: Conceito, Fundamento Legal e Tipologia. **Revista de Direito Público**, n.90, nov./dez. 2019, p.60.

[276] Alexandre Morais da Rosa propõe justamente isso. Para ele o principal papel da IA é a automatização das atividades repetitivas e burocráticas que podem ser automatizadas. Ademais, apesar das críticas deferidas à substituição do humano pelo robô, explica que, ao menos em termos de integridade e coerência, conforme demonstrado por diversas pesquisas, a máquina faz muito melhor do que qualquer humano (ROSA, Alexandre Morais. Inteligência artificial e Direito: ensinando um robô a julgar. **Conjur.** 04 set. 2020. Disponível em: https://www.conjur.com.br/2020-set-04/limite-penalinteligencia-artificial-direito-ensinando robo julgar. Acesso em: 20 dez. 2021).

[277] FIGUEIREDO, Carla Regina Bortolaz de; CABRAL, Flávio Garcia. Inteligência artificial: *machine learning* na Administração Pública. **International Journal of Digital Law**, Belo Horizonte, ano 1, n. 1, jan./abr. 2020, p.91.

interadministrativas ou intra-administrativas geram benefícios, sobretudo por estimular e facilitar a cooperação administrativa e por reforçar o sistema de controle de legalidade das ações realizadas pelo Poder Público. Por outro viés, essas tecnologias podem dar margem a novas violações à moralidade e à legalidade administrativas, havendo a possibilidade, por exemplo, de uso indevido de dados e informações colhidas e mantidas pelos órgãos e entidades estatais[278].

Em síntese, não há uma fórmula preestabelecida que seja capaz de resolver o impasse dos algoritmos discriminatórios ou questões correlatas. Esse aspecto, embora seja um risco e uma desvantagem no que tange ao uso da IA, deve ser ponderado em face das diversas vantagens trazidas pelo seu uso. Deve a Administração Pública, portanto, sem prejuízo de outras práticas, valer-se de mecanismos que confiram maior transparência nas regras que compõem a formação do algoritmo, bem como dar a devida publicidade na forma como vem sendo utilizado; deve estipular regras claras acerca da responsabilização pelo uso indevido da IA e por eventuais excessos praticados, bem como sobre formas de controle e revisão de atos levados a efeito pela IA; criar uma cultura ética e moral entre os desenvolvedores da IA e os demais agentes públicos envolvidos, de modo a que se possa filtrar, da maneira mais adequada possível, eventuais padrões discriminatórios a serem inseridos nas regras algorítmicas; e permitir uma participação plural na elaboração dos algoritmos, evitando-se posições unilaterais e enviesadas sobre determinadas condutas humanas que sejam avaliadas pela IA[279].

6.6. Processo administrativo eletrônico

O processo administrativo atualmente constitui a centralidade da atividade administrativa. Sem retirar a importância do ato administrativo final praticado pela Administração, ganha relevo a cadeia de atos procedimentais que conduziram àquela tomada de decisão. O ato administrativo amplia sua relevância justamente ao se mostrar processualizado, sendo fundamental

[278] MARRARA, Thiago. Direito Administrativo e novas tecnologias. **Revista de Direito Administrativo – RDA**, Rio de Janeiro, v. 256, jan./abr. 2011, p.244.

[279] CABRAL, Flávio Garcia; SARAI, Leandro. **Manual de direito administrativo**. 2.ed. Leme: Mizuno, 2023, p.946.

compreender a série concatenada de deliberações que levaram até o ato decisório final[280].

Anos atrás, quando o processo digital ainda estava em um estágio inicial, questionava-se sobre a possibilidade de seu uso. Apesar da variação de posições, entendia-se que seria viável sua utilização, mesmo inexistindo uma norma expressa que assim determinasse. Assim, afirmar que inexistia expressa previsão legal sobre a possibilidade de implantação de um processo administrativo eletrônico não era suficiente para concluir no sentido da vedação. Com efeito, há no Direito uma determinação acerca dos fins aos quais está necessariamente voltada a Administração Pública. Semelhantemente, "há alguma determinação a respeito de meios que deverão ser empregados para alcance desses fins, mas nem todas as determinações esgotam conceitualmente quais são esses meios"[281].

Esse debate resta datado, ao menos no âmbito federal, uma vez que já há a previsão normativa de utilização do processo digital, podendo-se citar o Decreto nº 8.539, de 2015, que dispõe sobre o uso do meio eletrônico para a realização do processo administrativo no âmbito dos órgãos e das entidades da administração pública federal direta, autárquica e fundacional.

Segundo o Decreto, nos processos administrativos eletrônicos, os atos processuais deverão ser realizados em meio eletrônico, exceto nas situações em que este procedimento for inviável ou em caso de indisponibilidade do meio eletrônico cujo prolongamento cause dano relevante à celeridade do processo (artigo 5º). O Decreto impõe, ainda, que o uso do meio eletrônico para a realização de processo administrativo seja implementado no prazo de dois anos, contado da data da sua publicação.

Atualmente a própria Lei do Governo Digital (Lei nº 14.129, de 2021) prevê, dentre outras regras, que a administração pública utilizará soluções digitais para a gestão de suas políticas finalísticas e administrativas e para o trâmite de processos administrativos eletrônicos (artigo 5º).

Além disso, em certos procedimentos específicos, como o licitatório, há igualmente uma determinação do seu uso prioritariamente na forma

[280] CABRAL, Flávio Garcia; SARAI, Leandro. **Manual de direito administrativo.** 2.ed. Leme. Mizuno, 2023, p. 288.

[281] MORAES, Anderson Júnio Leal. Da viabilidade de um processo administrativo eletrônico. **Revista de Direito de Informática e Telecomunicações – RDIT**, Belo Horizonte, ano 7, n. 12, jan./jun.2012, p.40-41.

eletrônica, conforme se extrai dos artigos 12, inciso VI e 17, §2º, ambos da Lei nº 14.133, de 2021.

Calha indicar ainda que o Anteprojeto apresentado pela subcomissão de juristas nomeada em razão do Ato Conjunto dos Presidentes do Senado Federal e do Supremo Tribunal Federal nº 1/2022, com o propósito de apresentar proposições legislativas que dinamizem, unifiquem e modernizem o processo administrativo e tributário nacional, traz especificamente previsões sobre o processo administrativo eletrônico a serem inseridas na Lei nº 9.784, de 1999 (Lei do Processo Administrativo Federal).

De qualquer forma, embora ainda não seja comum a utilização de IA forte nos processos administrativos, o uso de processo eletrônico, ainda que com base naquela classificação de ato administrativo eletrônico tradicional, já é uma realidade consolidada no âmbito da Administração Pública Federal e em muitos estados e municípios.

No âmbito da Administração Pública Federal, por exemplo, pode-se citar a utilização pela maioria dos órgãos do Sistema Eletrônico de Informação (SEI), que foi desenvolvido pelo Tribunal Regional Federal da 4ª Região (TRF4), sendo uma ferramenta de gestão de documentos e processos eletrônicos. O SEI integra o Processo Eletrônico Nacional (PEN), uma iniciativa conjunta de órgãos e entidades de diversas esferas da administração pública, com o intuito de construir uma infraestrutura pública de processos e documentos administrativos eletrônicos[282].

Acerca dos ganhos na utilização do processo eletrônico, Irene Patrícia Nohara explica que o ideal é que haja documentos nato-digitais, que são os originariamente criados no meio eletrônico. A produção de documentos nato-digitais ou mesmo a digitalização são ações que têm potencial de gerar a sustentabilidade ambiental, "pois o processo administrativo eletrônico gera menos desperdício de recursos ambientais, sendo ainda mais facilmente armazenável. O processo digital irá deixar obsoleto o sistema de transporte de malotes de documentos nas repartições, o que gera além de morosidade, também o dispêndio de recursos"[283].

[282] Disponível em: https://www.gov.br/economia/pt-br/acesso-a-informacao/sei

[283] NOHARA, Irene Patrícia. Processo administrativo eletrônico. In: BITENCOURT NETO, Eurico; MARRARA, Thiago (Coord.). **Processo administrativo brasileiro:** estudos em homenagem aos 20 anos da Lei Federal de Processo Administrativo. Belo Horizonte: Fórum, 2020, p.161.

De qualquer maneira, independentemente dos ganhos, as garantias processuais[284] continuam a ser o ponto-chave no processo administrativo, seja ele físico ou eletrônico. Migrar para o modelo digital de processualização tem que ter sempre como premissa, além da busca da eficiência, da redução de gastos, da ampliação da confiabilidade e celeridade do trâmite processual, principalmente o atingimento do interesse público respeitando-se todas as garantias necessárias aos administrados, em especial o contraditório e a ampla defesa.

Referências

BANDEIRA DE MELLO, Celso Antônio. **Curso de Direito Administrativo**. 36.ed. Belo Horizonte: Fórum, 2023.

BERTOTTI, Barbara Mendonça. Atos administrativos discricionários praticados pela Inteligência Artificial (IA) no Brasil: desafios e perspectivas. In: HACHEM, Daniel Wunder; GABARDO, Emerson; CRISTÓVAM, José Sérgio da Silva (org.). **Direito público digital e novas tecnologias.** Curitiba: Íthala, 2023. p.50-64.

BREGA, José Fernando Ferreira. **Governo eletrônico e direito administrativo**. 335 p. Tese – Doutorado em Direito. Faculdade de Direito da Universidade de São Paulo. São Paulo. 2012.

CAON, Felipe. A discriminação algorítmica é a mais nova forma de opressão. **Conjur.** Disponível em: https://www.conjur.com.br/2021-nov-11/caon-discriminacao--algoritmica-forma-opressao. Acesso em: 20 dez. 2021.

CABRAL, Flávio Garcia; SARAI, Leandro. **Manual de direito administrativo**. 2.ed. Leme: Mizuno, 2023.

COPPIN, Ben. **Inteligência Artificial.** Grupo GEN, 2010. 978-85-216-2936-8. Disponível em: https:// integrada.minhabiblioteca.com.br/#/books/978-85-216-2936-8/.

FIGUEIREDO, Carla Regina Bortolaz de; CABRAL, Flávio Garcia. Inteligência artificial: *machine learning* na Administração Pública. **International Journal of Digital Law**, Belo Horizonte, ano 1, n. 1, p.79-95, jan./abr. 2020.

[284] "A questão principal, na verdade, diz respeito à observância do princípio da equivalência de garantias. Nesse sentido, a expedição de atos automatizados não deve implicar em redução de direitos, em prejuízo do administrado. Deve ser aplicado aos atos automatizados todo o regime de garantias já consolidado em relação ao ato tradicional, com as devidas adaptações" (BREGA, José Fernando Ferreira. **Governo eletrônico e direito administrativo**. 335 p. Tese – Doutorado em Direito. Faculdade de Direito da Universidade de São Paulo. São Paulo. 2012, p.235-236).

FILGUEIRAS JÚNIOR, Marcus Vinícius. Ato administrativo eletrônico e teleadministração. Perspectivas de investigação. **Revista de Direito Administrativo**, v. 237, p. 243–264, 2004.

FILGUEIRAS, MARCUS VINÍCIUS. A motivação do ato administrativo por inteligência artificial: possibilidade e limites. **Memorias de las JAIIO**, v. 9, n. 13, p. 30-36, 2023.

FRAZÃO, Ana. Discriminação algorítmica: por que algoritmos preocupam quando acertam e erram? **JOTA**. Disponível em: https://www.jota.info/opiniao-e-analise/colunas/constituicao-empresa-e-mercado/discriminacao-algoritmica-por-que-algoritmos-preocupam-quando-acertam-e-erram-04082021. Acesso em: 20 dez. 2021.

GONÇALVES, Pedro. O acto administrativo informático. **Sciencia IVRIDICA**, n. 267, 1997.

HOFFMAN-RIEM, Wolfgang. A legitimação de decisões jurídicas na utilização de Legal Technology. **Direitos Fundamentais & Justiça**, Belo Horizonte, ano 14, n. 42, jan./jun. 2020.

MARRARA, Thiago. Direito Administrativo e novas tecnologias. **Revista de Direito Administrativo – RDA**, Rio de Janeiro, v. 256, p. 225-251, jan./abr. 2011.

MENDES, Laura Schertel; MATTIUZZO, Marcela. Discriminação Algorítmica: Conceito, Fundamento Legal e Tipologia. **Revista de Direito Público**, n.90, nov./dez. 2019.

MORAES, Anderson Júnio Leal. Da viabilidade de um processo administrativo eletrônico. **Revista de Direito de Informática e Telecomunicações – RDIT**, Belo Horizonte, ano 7,n. 12, p. 39-56, jan./jun.2012.

NOHARA, Irene Patrícia. Processo administrativo eletrônico. In: BITENCOURT NETO, Eurico; MARRARA, Thiago (Coord.). **Processo administrativo brasileiro:** estudos em homenagem aos 20 anos da Lei Federal de Processo Administrativo. Belo Horizonte: Fórum, 2020. p. 155-171.

PORTO, Fábio Ribeiro; DE PAIVA GABRIEL, Anderson. A POSSIBILIDADE DE UTILIZAÇÃO DA INTELIGÊNCIA ARTIFICIAL PARA A PRÁTICA DE ATO ADMINISTRATIVO DISCRICIONÁRIO. **Revista Judicial Brasileira**, v. 3, p. 97-143, 2023.

PUSCHEL, André Felipe Silva; RODRIGUES, Roberto Tessis; VALLE, Vivian Cristina Lima López. O dilema ético da decisão algorítmica na administração pública. **A&C – Revista de Direito Administrativo & Constitucional**, Belo Horizonte, ano 22, n. 90, p. 207-226, out./dez. 2022.

ROSA, Alexandre Morais. Inteligência artificial e Direito: ensinando um robô a julgar. **Conjur.** 04 set. 2020. Disponível em: https://www.conjur.com.br/2020-set-04/limite-penalinteligencia-artificial-direito-ensinando-robo-julgar. Acesso em: 20 dez. 2021.

SOLÉ, Juli Ponce. Inteligencia artificial, derecho administrativo y reserva de humanidad: Algoritmos y procedimiento administrativo debido tecnológico. **Revista General de Derecho Administrativo**, n. 50, 2019.

TEIXEIRA, Alan José de Oliveira. **Inteligência artificial e fundamentação**: limites e possibilidades às decisões administrativas e judiciais no Brasil. Belo Horizonte: Fórum, 2022.

USAI, Alessandro. Le elaborazioni possibili delle informazioni. I limiti aliá decisioni ammi- nistrative automatiche. In: **Dal/'informatica amministrativa alia teleamministrazione**. Roma: Isitituto Poligrafico dello Stato, 1992. Disponível em www.teleamministrazione.it. Acesso em: 20 dez. 2023.

VALLE, Vanice Lírio do. Inteligência artificial incorporada à Administração Pública: mitos e desafios teóricos. **A&C – Revista de Direito Administrativo & Constitucional**, Belo Horizonte, ano 20, n. 81, p. 179-200, jul./set. 2020.

ZEIDLER, Karl. **Über die Technisierung der Verwaltung:** eine Einführung in die juristische Beurteilung der modernen Verwaltung. CF Müller, 1959.

ZOCKUN, Maurício; ZOCKUN, Carolina Zancaner. The use of Artificial Intelligence in the Production of State Acts. **Global Journal of HUMAN-SOCIAL SCIENCE.** v. 23, i. 5, p.24-34, 2023.

7.
AGENTES PÚBLICOS

A nomenclatura "agentes públicos" consiste na acepção mais ampla para definir os sujeitos que, de forma permanente ou episódica, atuam como instrumentos da vontade do Poder Público.

Assim, os servidores públicos são uma espécie dentro do gênero "agentes públicos".

No caso dos servidores públicos, pode-se afirmar que inexiste uma relação mais intensa do que a travada com o Estado e, isto porque os servidores, pela teoria do órgão, não são representantes do Estado, mas são o próprio Estado, o meio pelo qual o Estado se comunica, se põe em movimento, se impõe, se sustenta.

Deveras, "segundo a teoria do órgão, este não é estranho à pessoa jurídica, mas parte integrante dela. Como elemento constitutivo da pessoa jurídica, o órgão não tem personalidade diferenciada da entidade a qual integra. (...) A vontade das pessoas jurídicas que integram a Administração Pública se expressa por intermédio dos agentes públicos que, por sua vez, incorporam a vontade do Estado, conforme 'a teoria da imputação'"[285].

Logo, a relação funcional é inexoravelmente uma relação diferenciada, dada a intensidade do vínculo que conecta servidor e Estado.

[285] SILVEIRA, Raquel Dias da. **Profissionalização da Função Pública**. Belo Horizonte: Editora Fórum, 2009, p. 64.

Na classificação de Celso Antônio Bandeira de Mello[286], quem quer que desempenhe funções estatais, enquanto estiver no exercício da função, é um agente público. "Por isto, a noção abarca tanto o Chefe do Poder Executivo (em quaisquer das esferas) como os senadores, deputados e vereadores, os ocupantes de cargos ou empregos públicos da Administração direta dos três Poderes, os servidores das autarquias, das fundações governamentais, das empresas públicas e sociedades de economia mista nas distintas órbitas de governo, os concessionários e permissionários de serviço público, os delegados de função ou ofício público, os requisitados, os contratados sob locação civil de serviços e os gestores de negócios públicos".

Pois bem, o regime de trabalho de agentes públicos, mas especialmente dos servidores públicos, vem se modificando constantemente, tendo em vista as novas tecnologias que aproximam as partes sem que haja necessidade de presença física.

É certo que o *modus operandi* dos trabalhadores em geral sofreu um acelerado processo de transformação por conta da pandemia da COVID-19, que exigiu que as pessoas ficassem em casa e tivessem que adaptar o respectivo trabalho a um sistema remoto.

Com os servidores não foi diferente, por isso o regime do teletrabalho ganhou força no serviço público.

7.1. Teletrabalho

Pairam dúvidas acerca do surgimento do teletrabalho. Muitos afirmam que o teletrabalho surgiu na década de 1970, quando o antigo pesquisador da NASA, Jack Nilles, publicou um documento tratando da figura do *telecommuting*: "mover parte ou a totalidade do trabalho para fora do escritório, para casa ou um centro de teletrabalho".

Na verdade, a ideia de um trabalho à distância surgiu um século antes da figura do *telecommuting*.

De fato, em 1857, no estado da Pensilvânia – EUA, surgiu o primeiro caso de trabalho remoto. O senhor J. Edgar Thompson, proprietário de uma linha de ferro, administrava suas unidades por meio do

[286] BANDEIRA DE MELLO, Celso Antônio. **Curso de Direito Administrativo**. Belo Horizonte: Editora Fórum, 2023, p. 112.

telégrafo, exercendo a gestão e o controle de recursos e mão de obra remotamente.

A partir desse momento, o teletrabalho foi evoluindo sempre e cada vez mais.

A Organização Internacional do Trabalho – OIT define o teletrabalho como "a forma de trabalho realizada a partir de um lugar distante da empresa ou estabelecimento, que permite a separação física entre o local de produção ou de execução da prestação de trabalho e o local onde funciona a empresa, mediante recurso de tecnologias que facilitam a informação e a comunicação".

No Brasil, a previsão legal para o teletrabalho aparece no artigo 6º da Consolidação das Leis do Trabalho (CLT), que afasta as distinções entre o trabalho realizado no estabelecimento do empregador, o executado no domicílio do empregado e o realizado à distância, desde que estejam caracterizados os pressupostos da relação de emprego.

O parágrafo único do mesmo dispositivo, introduzido em 2011 pela Lei nº 12.551, estabelece que "os meios telemáticos e informatizados de comando, controle e supervisão se equiparam, para fins de subordinação jurídica, aos meios pessoais e diretos de comando, controle e supervisão do trabalho alheio".

A Reforma Trabalhista, trazida pela Lei nº 13.467, de 13 de julho de 2017, introduziu um novo capítulo no Título II da CLT dedicado especialmente ao tema: é o Capítulo II-A, "Do Teletrabalho", com os artigos 75-A a 75-F.

O art. 75-B, com redação dada pela Lei nº 14.442, de 2 de setembro de 2022, conceitua "teletrabalho ou trabalho remoto a prestação de serviços fora das dependências do empregador, de maneira preponderante ou não, com a utilização de tecnologias de informação e de comunicação, que, por sua natureza, não configure trabalho externo."

Assim, operações externas, como as de vendedor, motorista, ajudante de viagem e outros que não têm um local fixo de trabalho não são consideradas teletrabalho.

O § 1º do dispositivo supratranscrito esclarece que o comparecimento, ainda que de modo habitual, às dependências do empregador para a realização de atividades específicas que exijam a presença do empregado no estabelecimento não descaracteriza o regime de teletrabalho ou trabalho remoto.

A lei fixa ainda que o empregado submetido ao regime de teletrabalho ou trabalho remoto poderá prestar serviços por jornada ou por produção ou tarefa.

O contrato de trabalho entre o empregado e o empregador deverá deixar expresso que a prestação de serviços se dará na modalidade de teletrabalho, sendo passível de alteração futura para retorno presencial por acordo entre as partes.

É importante que o contrato disponha sobre os horários e os meios de comunicação entre empregado e empregador, sendo assegurados os repousos legais. Ainda, o contrato deverá prever disposições relativas à responsabilidade pela aquisição, manutenção ou fornecimento dos equipamentos tecnológicos e da infraestrutura necessária e adequada à prestação do trabalho remoto, bem como ao reembolso de despesas arcadas pelo empregado.

Assim, o fornecimento de computadores, provedores de internet, câmeras e outros bens necessários para a adequada prestação do serviço de forma remota deverão estar delimitados como responsabilidade de uma das partes no contrato individual de trabalho.

O art. 75-F da CLT, vislumbrando as dificuldades de locomoção e de ausência domiciliar de alguns trabalhadores, estabelece que, na alocação em vagas para atividades que possam ser efetuadas por meio do teletrabalho ou trabalho remoto, os empregadores deverão dar prioridade aos empregados com deficiência e aos empregados com filhos ou criança sob guarda judicial até 4 (quatro) anos de idade.

Em termos jurídicos, pois, a CLT é o principal instrumento legal a tratar do tema, considerando teletrabalho e trabalho remoto como sinônimos.

Teletrabalho, trabalho remoto, espaços compartilhados, *home-office* ou trabalho híbrido representam formas diferenciadas de atuação profissional, tanto na iniciativa privada como no setor público. Inexiste, no entanto, um regime jurídico diferente para cada uma dessas formas, o que significa que, ao final, todos são regidos pela CLT e a distinção entre eles acaba sendo muito mais geográfica (local da prestação) do que de qualquer outra natureza.

De toda a sorte, relembre-se que diferenças entre essas formas de execução de trabalho fora da empresa poderão constar dos contratos individuais de trabalho firmados pelo empregado e pelo empregador.

Pois bem, o trabalho remoto ou teletrabalho é aquele em que o profissional trabalha de qualquer lugar fora do escritório da empresa, podendo ser ou não na mesma cidade ou país, em um espaço compartilhado (*coworking*) ou em qualquer lugar do mundo.

Os espaços compartilhados (*coworking*) são locais disponibilizados pela empresa contratante para que o trabalhador possa desempenhar suas atividades.

Esses ambientes geralmente são divididos com outras empresas da mesma área ou de áreas que necessitam dos mesmos equipamentos para uma parcela dos seus colaboradores.

O *home office* é atualmente a forma mais comum de teletrabalho.

No *home office*, como o próprio nome indica, o trabalhador desempenha as funções do seu cargo de dentro de sua casa, utilizando as tecnologias disponíveis (computadores, smartphones, tablets etc.) para organizar suas atividades, se comunicar com setores e entregar as atividades necessárias.

O trabalho em *home office* pode ocorrer de forma exclusiva no domicílio do trabalhador ou também pode ser executado parcialmente em casa e parcialmente no ambiente físico da empresa.

No regime híbrido, o empregado divide sua jornada em encontros presenciais na empresa e outros dias em casa ou em espaços compartilhados, como *coworking*.

A forma de prestação dos serviços (presencial, híbrida, remota etc.) acaba, ao final, sendo uma escolha feita pela empresa quanto à melhor forma de utilização de seus recursos humanos, tendo a legislação admitido diversas possibilidades individualizadas.

7.2. Teletrabalho e servidores públicos

A pandemia acabou por ser a mola propulsora do teletrabalho para servidores públicos. À época, medidas provisórias, leis de diversos entes da federação e regulamentações infralegais foram editadas.

Atualmente, cada ente da federação trata a sistemática do modo que melhor atenda a seus desideratos.

Em relação aos servidores públicos federais, o governo federal editou orientações para teletrabalho em serviços públicos.

O primeiro normativo a tecer uma diretiva específica sobre o desempenho dos regimes de trabalho na Administração Pública federal direta, autárquica e fundacional foi o Decreto nº 11.072, de 17 de maio de 2022, que regulamentou o Programa de Gestão e Desempenho (PGD). O normativo também estabeleceu diretrizes para a simplificação e implementação do PGD nos órgãos e entidades que têm interesse em adotar a ferramenta.

O decreto conferiu autonomia para os dirigentes máximos das entidades da Administração Pública federal indireta (autarquias e fundações públicas federais) autorizarem a implementação do Programa de Gestão e Desempenho. Antes, essa autonomia cabia apenas aos ministros de Estado, ficando as entidades da Administração indireta subordinadas aos seus respectivos ministérios.

O Programa de Gestão e Desempenho é acompanhado por meio de um sistema informatizado que permite o devido monitoramento dos resultados dos trabalhos entregues pelos servidores. O teletrabalho, quando adotado, pode ser executado em regime parcial ou integral. As unidades devem garantir que a instituição do Programa não prejudique a manutenção da capacidade plena de atendimento, especialmente nos setores que prestem serviços diretamente ao público.

Em verdade, o foco do PGD é a vinculação entre o trabalho dos participantes, as entregas das unidades e as estratégias organizacionais.

Desta forma, o programa tem por objetivos: (i) promover a gestão por resultados, baseada em dados, com foco na melhoria contínua das entregas dos órgãos e entidades da administração pública federal; (ii) estimular a transformação digital; (iii) contribuir para a saúde e a qualidade de vida no trabalho dos participantes; (iv) aprimorar a cultura de planejamento institucional; (v) otimizar a gestão dos recursos públicos, inclusive se valendo dos regimes que o sistema oferece (teletrabalho, presencial, compartilhado); (vi) incentivar a cultura da inovação; (vi) atrair e manter talentos na administração pública federal; (vii) realizar o adequado dimensionamento da força de trabalho; (viii) aperfeiçoar o desempenho institucional, das equipes e dos indivíduos; e (ix) contribuir para a sustentabilidade ambiental na administração pública federal.

No que tange à gestão por resultados, um dos pontos principais consiste na substituição do controle de ponto dos servidores civis federais por um monitoramento da entrega de resultados.

O controle de ponto, há tempos, vem sendo questionado como um método garantidor de eficiência administrativa. Obviamente, o fato de o servidor ficar oito horas na repartição está totalmente desatrelado a um resultado positivo ou negativo em suas atividades, além de não indicar a qualidade dos resultados gerados, bem como não demonstrar se as metas de produtividade foram cumpridas e muito menos o nível de satisfação do servidor e do usuário daquele serviço.

Assim, a substituição por um controle de metas e resultados traz uma série de benefícios, tais como: facilitar a alocação de recursos e esforços de maneira mais eficiente; avaliar o progresso e tomar ações corretivas, se necessário; tomar decisões baseadas em dados concretos; atuar de forma transparente, mediante o estabelecimento de uma relação clara entre ações e resultados; promover a responsabilidade das partes envolvidas; evitar que profissionais, ferramentas e recursos sejam aplicados em ações que não geram retorno; facilitar o alinhamento entre os departamentos e equipes, fazendo com que todos trabalhem na mesma direção etc..

As regras do PGD podem valer tanto para o trabalho executado de forma presencial como na modalidade de teletrabalho.

Para minudenciar o disposto no decreto, o Ministério da Gestão e da Inovação em Serviços Públicos (MGI) publicou a Instrução Normativa nº 24, de 28 de julho de 2023, que estabelece orientações, critérios e procedimentos para o Programa de Gestão e Desempenho (PGD) da Administração Pública Federal direta, autárquica e fundacional.

A aludida instrução normativa fixa que somente poderão ingressar na modalidade teletrabalho aqueles que já tenham cumprido um ano de estágio probatório. Além disso, servidores que estão na modalidade presencial não poderão se movimentar para outro órgão diretamente na modalidade teletrabalho, pois será necessário cumprir um período de seis meses no novo órgão na modalidade presencial.

A ideia é evitar que o teletrabalho acabe sendo exercido por servidores que ainda não possuem a devida familiaridade com a função a ser desempenhada.

Ademais, para ingressar no trabalho remoto, o servidor terá que assinar, com a chefia da unidade de execução, um termo de ciência de responsabilidade (TCR), em que deverão constar, no mínimo, as seguintes obrigações: as responsabilidades do servidor, a modalidade e o regime de execução ao qual estará submetido, o prazo de antecedência para convocação presencial, quando necessário, e o(s) canal(is) de comunicação usado(s) pela equipe.

Com relação às instalações e equipamentos a serem utilizados em teletrabalho, o TCR exige que o servidor manifeste ciência de que deverão seguir as orientações de ergonomia e segurança no trabalho, estabelecidas pelo órgão ou entidade.

Ainda, o servidor deverá custear a estrutura necessária, física e tecnológica, para o desempenho do teletrabalho, ressalvada orientação ou determinação em contrário. De toda a sorte, os órgãos e entidades poderão autorizar a retirada de equipamentos pelos servidores em teletrabalho integral.

Mesmo estando em teletrabalho, os servidores públicos devem atender às convocações para comparecimento presencial e estar disponíveis para serem contatados no horário de funcionamento do órgão ou da entidade, pelos meios de comunicação definidos no TCR, exceto se acordado de forma distinta com a chefia da unidade de execução.

O teletrabalho no exterior, nos casos em que sua concessão se basear em critérios discricionários definidos pelos órgãos e entidades, ficará limitado a 2% do respectivo total de participantes em PGD. A finalidade da limitação é permitir o acompanhamento dos casos específicos, para avaliação dos resultados.

A norma também estabelece que na seleção dos participantes, quando o quantitativo de interessados em aderir ao PGD superar o quantitativo de vagas disponibilizadas, o órgão deverá observar os critérios de preferência: pessoas com deficiência ou que sejam pais ou responsáveis por dependentes na mesma condição; com mobilidade reduzida, nos termos da Lei nº 10.098, de 2000; e com horário especial, conforme parágrafos 2º e 3º do art. 98 da Lei nº 8.112, de 1990.

O órgão também poderá prever critérios adicionais de priorização para a seleção de participantes, considerando a natureza do trabalho e as competências dos interessados.

A norma ainda prevê as situações de desligamento do servidor do PGD. Ela pode ocorrer (i) a pedido, independentemente do interesse da administração, a qualquer momento, salvo no caso de PGD instituído de forma obrigatória; (ii) no interesse da administração, por razão de conveniência ou necessidade, devidamente justificada; (iii) por alteração da unidade de exercício; ou (iv) se o PGD for revogado ou suspenso.

7.3. Regime hierárquico e disciplinar em âmbito digital

Consoante ensinamentos de Celso Antônio Bandeira de Mello[287] "hierarquia pode ser definida como o vínculo de autoridade que une órgãos e agentes, através de escalões sucessivos, numa relação de autoridade, de superior a inferior, de hierarca a subalterno. Os poderes do hierarca conferem-lhe uma contínua e permanente autoridade sobre toda a atividade administrativa dos subordinados".

Os poderes do hierarca consistem em (i) comandar, que o autoriza a expedir determinações gerais (instruções) ou específicas (ordens), de modo a orientar a realização dos serviços; (ii) fiscalizar, inspecionando as atividades dos órgãos e agentes que estão em patamar inferior; (iii) revisar os trabalhos e decisões dos subordinados, mediante revogação ou anulação; (iv) punir as faltas dos subordinados; (v) dirimir controvérsias de competência, solucionando os conflitos positivos (quando mais de um órgão se reputa competente) ou negativos (quando nenhum deles se reconhece competente), e (vi) delegar ou avocar competências, conforme previsão legal.

Em ambiente digital, o regime dos servidores públicos continua sendo publicista, o que significa que o hierarca exerce o poder de comando determinando as atividades a serem desenvolvidas, os prazos e o modo como tais atividades devam ser reportadas à chefia.

Relembre-se, contudo, que o servidor em teletrabalho não "bate ponto", pois sua avaliação é feita por resultado. Assim, o que se medirá são as entregas feitas pelo servidor. No regime de teletrabalho o controle objetivo da assiduidade é prejudicado porque, nesse caso, o alcance da produtividade estabelecida no plano de trabalho equivale ao cumprimento da jornada.

Mas isso não significa uma liberdade total para gerenciamento do horário de trabalho, especialmente porque os servidores públicos federais devem atender às convocações para comparecimento presencial e atender com presteza os chamados no horário de funcionamento do órgão ou da entidade.

A avaliação dos servidores é uma ferramenta de gestão de pessoas que possibilita o acompanhamento contínuo do desempenho profissional de cada servidor.

[287] BANDEIRA DE MELLO, Celso Antônio. **Curso de Direito Administrativo**. Belo Horizonte: Editora Fórum, 2023, p. 90.

Se a autoridade superior entender que o servidor não está realizando as tarefas a contento e se tornando desidioso, nos termos do artigo 117 da Lei nº 8.112/90, serão cabíveis medidas disciplinares.

O procedimento para apuração das infrações é o que consta da Lei nº 8.112/90, para os servidores públicos federais.

Assim, a autoridade que tiver ciência de irregularidade no serviço público é obrigada a promover a sua apuração imediata, mediante sindicância ou processo administrativo disciplinar (PAD), assegurada ao acusado ampla defesa, nos termos do art. 143 do aludido diploma legal.

Pois bem, a sindicância, para ser regularmente instaurada, necessita da designação da comissão sindicante, composta por servidores estáveis, nos termos do artigo 149, § 1º e 2º, c/c artigo 143, § 3º, ambos da Lei nº 8.112/90.

Mesmo que as atividades laborais sejam realizadas remotamente, a sindicância deverá obedecer aos ditames legais, o que não impedirá que as reuniões e testemunhos colhidos pela comissão sindicante possam ocorrer de forma *on-line*.

Acresça-se que, consoante previsto no § 2º do artigo 149, "não poderá participar de comissão de sindicância ou de inquérito, cônjuge, companheiro ou parente do acusado, consanguíneo ou afim, em linha reta ou colateral, até o terceiro grau".

Ainda, a sindicância possui prazo certo para finalizar, a saber, 30 (trinta) dias, podendo ser prorrogado por igual período, a critério da autoridade superior, conforme previsão do parágrafo único do artigo 145.

Outrossim, a sindicância, após a apuração dos fatos que deram ensejo a sua abertura, poderá resultar em (i) arquivamento do processo; (ii) aplicação de penalidade de advertência ou suspensão de até 30 (trinta) dias; ou (iii) instauração de processo disciplinar.

O processo administrativo disciplinar tem por objetivo apurar responsabilidades e aplicar sanções a servidores públicos que cometeram infrações no exercício de suas funções. Em relação à sindicância, o PAD pode aplicar penalidades mais graves, incluindo a suspensão acima de 30 dias, demissão, cassação de aposentadoria e outras.

Isso ocorre porque no processo disciplinar são examinadas infrações potencialmente mais graves, incluindo, por exemplo, crimes contra a Administração Pública, improbidade administrativa, corrupção, insubordinação grave e abandono de cargo.

Tal qual a sindicância, a comissão processante também é composta por três servidores estáveis designados pela autoridade competente, que indicará, dentre eles, o seu presidente, que deverá ser ocupante de cargo efetivo superior ou de mesmo nível, ou ter nível de escolaridade igual ou superior ao do indiciado (art. 149, § 3º).

O processo disciplinar é composto de três fases, a saber, (i) a instauração, com a publicação do ato que constituir a comissão; (ii) o inquérito administrativo, que compreende instrução, defesa e relatório; e (iii) o julgamento.

No caso de oitiva de testemunhas, o art. 158 fixa que o depoimento será prestado oralmente e reduzido a termo, não sendo lícito à testemunha trazê-lo por escrito.

Nesta seara, importante ressaltar a possibilidade de se realizar oitivas, depoimentos e outros atos da instrução probatória de modo virtual, como há tempos já admite Instrução Normativa CGU nº 12/2011, no âmbito do Poder Executivo Federal.

A aludida instrução normativa, em seu art. 1º, estabelece de forma genérica que os atos da instrução probatória (tomada de depoimentos, acareações, investigações e diligências), poderão ser realizados por videoconferência, desde que assegurados os direitos e garantias fundamentais previstos no art. 5º da Constituição Federal, em especial os previstos nos incisos LIV (devido processo legal), LV (ampla defesa e contraditório) e LVI (afastamento das provas ilícitas).

A teor do exposto no parágrafo único do art. 1º da IN/CGU nº 12/2011, a realização de atos processuais por meio de videoconferência ou de outros recursos de teletransmissão de sons e imagens, ao vivo e em tempo real, além de ser um instrumento de defesa dos interesses da Administração, é um mecanismo a mais para assegurar os direitos dos próprios investigados. De fato, por meio da videoconferência, é assegurada a adequada produção de provas e, desta forma, contribui-se para a busca da verdade real dos fatos, colocando-se à disposição das comissões disciplinares os meios e recursos mais modernos admitidos pelo direito.

O art. 2º da IN/CGU estabelece que poderão ser realizadas "audiências e reuniões" por meio de teletransmissão de sons e imagens ao vivo e em tempo real, nos procedimentos de natureza "disciplinar ou investigativa", isto é, nos diferentes tipos de procedimentos disciplinares existentes. Destarte, em investigações preliminares, sindicâncias e processos administrativos disciplinares, as audiências e as reuniões poderão ser realizadas à distância, pelo sistema de videoconferência.

Importante salientar que a decisão de se realizar audiência por videoconferência deverá ser motivada, nos termos do artigo 3º da referida IN, em pelo menos um dos seguintes incisos: I – assegurar a todos a razoável duração do processo e os meios que garantam a celeridade de sua tramitação e; II – viabilizar a participação do servidor investigado, testemunha, técnico ou perito, quando eles residirem em local diverso da sede dos trabalhos da Comissão Disciplinar.

Assim, a motivação da comissão é elemento indispensável para a utilização do sistema de videoconferência.

Com relação ao inciso II supratranscrito, convém esclarecer que o art. 173, I e II, da Lei nº 8.112/90, somente admite o pagamento das despesas de transporte e de diárias em duas situações: a primeira para o servidor convocado a prestar depoimento na condição de testemunha ou intimado para ser interrogado na condição de acusado fora da sede de sua repartição; a segunda, aos membros da comissão e ao secretário quando obrigados a se deslocarem da sede dos trabalhos para a realização de missão essencial ao esclarecimento dos fatos.

Na hipótese de deslocamento da comissão para inquirição de testemunha fora da sua sede de trabalho e, ao mesmo tempo, fora da sede da repartição do servidor acusado, não há previsão legal para o pagamento de diárias e passagens ao acusado e/ou ao seu procurador para acompanhar a produção de prova. Neste caso, o servidor acusado será notificado da realização da oitiva de testemunha, mas, se quiser comparecer, terá que arcar com as despesas de deslocamento para o local em que será realizado o depoimento.

Vê-se que a utilização da videoconferência, nessa situação, assegura o exercício do contraditório e da ampla defesa, sem que o acusado incorra em despesas desnecessárias.

Com a apresentação da defesa e após sua análise, a comissão elaborará relatório minucioso conclusivo quanto à inocência ou responsabilidade do servidor, em que resumirá as peças principais dos autos e mencionará as provas em que se baseou para formar a sua convicção.

Reconhecida a responsabilidade do servidor, a comissão indicará o dispositivo legal ou regulamentar transgredido, bem como as circunstâncias agravantes ou atenuantes.

E, nos termos do artigo 166 da Lei nº 8.112/90, o processo disciplinar, com o relatório da comissão, será remetido à autoridade que determinou a sua instauração, para julgamento, que deverá acatar o relatório da comissão, salvo quando contrário à prova dos autos (art. 168).

O PAD tem duração máxima de 120 dias, conforme dispõe o artigo 152: "o prazo para a conclusão do processo disciplinar não excederá 60 (sessenta) dias, contados da data de publicação do ato que constituir a comissão, admitida a sua prorrogação por igual prazo, quando as circunstâncias o exigirem".

Vê-se, pois, que todo o procedimento, tanto da sindicância, quanto do PAD, poderá se desenvolver sem a presença física dos interessados, já que o ambiente virtual garante a eficiência e celeridade, sem descurar dos princípios basilares do contraditório e da ampla defesa.

7.4. Intimações eletrônicas

A intimação eletrônica é uma ferramenta que permite aos órgãos a comunicação direta com os usuários para ciência, cumprimento de exigências e outras informações necessárias.

A intimação eletrônica distingue-se da intimação tradicional pelo meio de comunicação utilizado. Na intimação tradicional, os avisos e notificações são entregues fisicamente, por meio de correspondência física ou oficiais de justiça. Já na intimação eletrônica, a comunicação é feita de forma digital, publicada em um diário eletrônico, como o Diário da Justiça Eletrônico (DJe), ou enviada diretamente para o(a) advogado(a) através de um portal *online* específico, em que este receberá em seu e-mail cadastrado uma notificação para verificar a intimação.

No caso de intimação judicial, independentemente do meio em que é divulgada, sua função é notificar as partes em um processo judicial acerca de determinada ordem, despacho de andamento, decisão ou outros atos judiciais emanados pelo juiz responsável. A intimação eletrônica – repita-se – tem apenas a especificidade de ser enviada por meio eletrônico de controle de processos.

A sistemática da intimação eletrônica foi criada pela Lei nº 11.419, de 19 de dezembro de 2006, que dispôs sobre a informatização do processo judicial.

Com a implementação dos processos eletrônicos, a tramitação processual ganhou mais agilidade e a transmissão *on-line* de informações passou a ser uma realidade em todo o país.

Quanto aos prazos da intimação eletrônica, o advogado tem 10 dias para acessar a informação e é somente a partir do momento em que o acesso é computado que o prazo começa a contar. Tal qual ocorre com a intimação via DJe, a contagem de prazos tem seu início oficial no primeiro dia útil após a consulta da informação. Caso o advogado não consulte a informação dentro dos 10 dias determinados, o início da contagem ocorrerá no dia útil seguinte juntamente com o início da contagem de prazos.

É de se ressaltar que existem muitos casos em que os tribunais publicam a intimação por meio impresso e eletrônico. Nessa situação, considera-se a contagem de prazos de acordo com a data da intimação eletrônica. Isso porque o Código de Processo Civil estabelece que as intimações devem ser prioritariamente feitas de modo eletrônico.

Com efeito, o art. 270 do CPC estabeleceu que "as intimações realizam-se, sempre que possível, por meio eletrônico, na forma da lei'.

Além do ganho relacionado ao tempo do processo, as intimações eletrônicas também facilitam o arquivamento de documentos e a sustentabilidade ambiental, já que muitos papéis deixaram de ser emitidos.

A segurança de dados é fundamental para que o sistema de intimação eletrônica continue obtendo êxito. Assegurar a proteção das informações e dos dados contidos nas intimações é essencial para prevenir acessos não autorizados e preservar a confidencialidade e integridade dos conteúdos enviados. A garantia da segurança dos dados passa por mecanismos como a criptografia e autenticação segura. Quanto maior o número de camadas de proteção, menores as chances de as consequências de um ataque cibernético trazerem à tona informações que deveriam ser mantidas em sigilo.

7.5. Manifestações privadas em redes sociais

Atualmente, é difícil encontrar quem não tenha, ao menos, um perfil em redes sociais, afinal elas possibilitam a realização de aproximações, negócios, relações pessoais e profissionais, independentemente da distância física entre os seus membros.

Não existe ainda uma norma específica para regulamentar o uso e exposição das redes sociais pelos servidores públicos. Entretanto, Juliane Vieira de Souza[288] traz alguns alertas:

Inicialmente, é preciso que os servidores, principalmente aqueles que são mais visados em termos de segurança pública – como juízes e promotores – redobrem o cuidado ao expor sua vida pessoal e de sua família, já que isso poderia colocar em risco a segurança do próprio agente e de pessoas próximas.

Ademais, devem ser evitadas fotos ou filmagens que mostrem lugares ou coisas sensíveis dentro da repartição, como armas, processos, documentos etc..

Ainda, opiniões polêmicas podem comprometer a credibilidade do serviço. Mesmo que o servidor consiga apartar a sua opinião política do seu trabalho, essas postagens podem ser usadas em seu desfavor e colocar em dúvida todo o trabalho realizado.

Obviamente, dados e informações sigilosas relacionadas ao trabalho são protegidas por lei e, desta forma, jamais poderão ser divulgadas.

Finalmente, é dever do servidor público, conforme art. 116 da Lei nº 8.112/90, a lealdade às instituições, observância das normas legais e regulamentares, guardar sigilo sobre assunto da repartição, cumprir as ordens dos superiores, manter conduta compatível com a moralidade administrativa e tratar as pessoas com urbanidade.

Qualquer desrespeito a essas regras, inclusive nas redes sociais, pode dar ensejo a um processo disciplinar sancionatório, como no caso do servidor que foi punido por conta de postagens nas redes sociais, com a pena de suspensão (ficou suspenso, sem remuneração, por dez dias), pela Corregedoria do Tribunal de Contas do Estado de Rondônia[289].

Conforme decisão do Corregedor-Geral, foi constatada violação ao que prevê o Código de Ética dos Servidores do Tribunal (Resolução 269/2018/TCE-RO), ao Manual de Auditorias do Tribunal de Contas, às Normas

[288] SOUZA, Juliane Vieira de. O servidor público e as redes sociais. **Migalhas.** 19 maio 2023. Disponível em https://www.migalhas.com.br/depeso/386778/o-servidor-publico-e-as-redes-sociais .

[289] TCERO. Corregedoria Geral do TCE suspende servidor público por inobservância de normas de conduta em redes sociais. **TCERO** 11 jan. 2023. Disponível em https://tcero.tc.br/2023/01/11/corregedoria-geral-do-tce-suspende-servidor-publico-por-inobservancia-de-normas-de-conduta-em-redes-sociais/#

Brasileiras de Auditoria do Setor Público (NBASP), bem como as normas internacionais de auditoria (ISSAI 30). Ressaltou-se, ainda, que foi emitida pela Corregedoria Geral, a Recomendação n. 005/2022-CG que trata das cautelas necessárias ao uso das redes sociais pelos agentes que trabalham no Tribunal de Contas do Estado de Rondônia.

De acordo com o Corregedor-Geral, a despeito de os servidores públicos, na condição de cidadãos, terem garantido o direito constitucional à liberdade de expressão, "dada a natureza do cargo que ocupam, os agentes que integram os quadros do Tribunal de Contas do Estado de Rondônia e, em especial a carreira de auditoria e controle externo, têm seu direito constitucional à livre expressão restrito em relação a assuntos de natureza político-partidária e ou ideológica, devendo absterem-se de tratar do assunto em manifestações públicas, especialmente em redes sociais."

Ainda, destacou o Corregedor que, em relação aos servidores integrantes da carreira, o próprio Código de Ética estampou o dever de manterem a independência de influência política e serem livres de viés político (art. 12, I) já que sua manifestação compõe a cadeia de atos tendentes a firmar o entendimento de um Tribunal de Contas, órgão de controle de estatura constitucional. Neste contexto, a opinião político-partidária manifestada em rede social pelo servidor pode ser interpretada publicamente como se da instituição Tribunal de Contas, o que pode esbarrar na imagem, credibilidade, imparcialidade e neutralidade institucional.

Em outro caso recente[290], a então assessora do Ministério da Igualdade Racial foi exonerada após fazer postagem ofensiva sobre paulistas e são-paulinos durante a final da Copa do Brasil, em 2023, disputada entre São Paulo e Flamengo. Nas postagens, a assessora dizia que a torcida paulista é "branca, que não canta, descendente de europeu safade", usando linguagem neutra.

Fato é que inexiste uma legislação abrangente sobre o uso das redes sociais: algumas entidades editam manuais para auxiliar seus servidores

[290] GALDEANO, Luany. Servidor não pode separar vida privada de função pública nas redes, alertam especialistas. **Folha** 13 out. 2023. Disponível em https://www1.folha.uol.com.br/poder/2023/10/servidor-nao-pode-separar-vida-privada-de-funcao-publica-nas-redes-alertam-especialistas.shtml Acesso em: 22 jan. 2024.

e empregados na atuação em mídias sociais, como o fez a Comissão de Valores Mobiliários – CVM[291].

Mesmo sem uma legislação sobre o tema, é importante destacar que as condutas vedadas presencialmente também o serão para o mundo virtual, já que a separação entre esses dois ambientes está cada vez mais tênue.

Nesta seara, o Código de Ética Profissional do Servidor Público Civil do Poder Público Executivo Federal, aprovado pelo Decreto nº 1.171, de 22 de junho de 1994, estabelece que "a função pública deve ser tida como exercício profissional e, portanto, se integra na vida particular de cada servidor público. Assim, os fatos e atos verificados na conduta do dia-a-dia em sua vida privada poderão acrescer ou diminuir o seu bom conceito na vida funcional".

Desta forma, as condutas e manifestações em redes sociais devem ser cautelosas, de modo a não comprometer o bom conceito na vida funcional do servidor público.

Ainda, o cuidado com as manifestações sobre assuntos pertinentes às funções exercidas deve ser redobrado para advogados públicos.

Com efeito, no julgamento da Ação Direta de Inconstitucionalidade nº 4.652-DF, DJE publicado em 13/07/2023, contra os arts. 28, III, da LC nº 73/1993 e 38, §1º, III, da MP nº. 2.229-43/2001, que proíbem os advogados públicos federais de se manifestarem sobre assuntos pertinentes às suas funções, salvo ordem ou autorização expressa do Advogado-Geral da União, o Supremo Tribunal Federal decidiu que tais proibições são constitucionais porque objetivam resguardar o sigilo necessário ao desempenho da advocacia e, consequentemente, salvaguardar os interesses públicos envolvidos na atuação da AGU.

A proibição de manifestação não incide sobre a possibilidade de o advogado público expressar sua opinião na seara acadêmica (liberdade de cátedra) ou para representar às autoridades competentes sobre ilegalidades de que tenha conhecimento (dever funcional do servidor).

Ao final, o STF fixou a seguinte tese: "Considerando-se a natureza do cargo, é constitucional a necessidade de ordem ou autorização expressa do Advogado-Geral da União para manifestação do advogado público sobre

291 CVM. **Guia de conduta em mídias sociais da CVM** – novembro 2023. Disponível em https://www.gov.br/cvm/pt-br/acesso-a-informacao-cvm/institucional/etica/orientacoes-da-ce-cvm/20231128_guia-de-conduta_midias-sociais.pdf Acesso em: 22 jan. 2024.

assunto pertinente às suas funções, ressalvadas a liberdade de cátedra e a comunicação às autoridades competentes acerca de ilegalidades constatadas".

Desta forma, os advogados públicos deverão estar atentos à proibição de manifestação sobre assuntos pertinentes às suas funções, sobretudo nas redes sociais, cujo alcance multiplicador pode destruir o sigilo necessário ao desempenho da advocacia e, consequentemente, macular o interesse público.

Referências

BANDEIRA DE MELLO, Celso Antônio. **Curso de Direito Administrativo**. Belo Horizonte: Editora Fórum, 2023.

CVM. **Guia de conduta em mídias sociais da CVM** – novembro 2023. Disponível em https://www.gov.br/cvm/pt-br/acesso-a-informacao-cvm/institucional/etica/orientacoes-da-ce-cvm/20231128_guia-de-conduta_midias-sociais.pdf Acesso em: 22 jan. 2024.

GALDEANO, Luany. Servidor não pode separar vida privada de função pública nas redes, alertam especialistas. **Folha** 13 out. 2023. Disponível em https://www1.folha.uol.com.br/poder/2023/10/servidor-nao-pode-separar-vida-privada-de-funcao-publica-nas-redes-alertam-especialistas.shtml Acesso em: 22 jan. 2024.

TCERO. Corregedoria Geral do TCE suspende servidor público por inobservância de normas de conduta em redes sociais. **TCERO** 11 jan. 2023. Disponível em https://tcero.tc.br/2023/01/11/corregedoria-geral-do-tce-suspende-servidor-publico-por-inobservancia-de-normas-de-conduta-em-redes-sociais/# Acesso em: 22 jan. 2024.

SILVEIRA, Raquel Dias da. **Profissionalização da Função Pública**. Belo Horizonte: Editora Fórum, 2009.

SOUZA, Juliane Vieira de. O servidor público e as redes sociais. **Migalhas.** 19 maio 2023. Disponível em https://www.migalhas.com.br/depeso/386778/o-servidor-publico-e-as-redes-sociais

8.
PODER DE POLÍCIA E TECNOLOGIA

Juarez Freitas aponta que, diante das novas tecnologias, o Direito Administrativo, sem escapatória, precisa ser reinventado, revendo certas categorias tradicionais, a exemplo da própria atividade da polícia administrativa[292].

O poder de polícia pode ser compreendido como a atribuição estatal de, com base em lei e respeitando o devido processo legal, limitar a propriedade e a liberdade dos administrados, sempre com o propósito de atender ao interesse público e resguardar os direitos fundamentais[293].

Essa atividade de polícia na atualidade convive com mecanismos digitais e tecnológicos para ser executada, sendo, por essa razão, denominada ocasionalmente de "poder de polícia digital" ou "*e-enforcement*"[294].

Jean Marc Sasson nota os benefícios trazidos pelo uso da tecnologia no poder de polícia, em especial na atividade de licenciamento ambiental. Segundo o autor, a utilização de ferramentas tecnológicas incrementará: (i) agilidade do processo licenciatório; (ii) a interlocução entre os

292 FREITAS, Juarez. Direito Administrativo e inteligência artificial. **Interesse Público – IP**, Belo Horizonte, ano 21, n. 114, mar./abr. 2019, p.24.

293 CABRAL, Flávio Garcia; SARAI, Leandro. **Manual de Direito Administrativo**. 2.ed. Leme: Mizuno, 2023, p.353.

294 NAJJARIAN, Ilene Patrícia de Noronha. O *e-enforcement* no sistema financeiro nacional. In: IWAKURA, Cristiane Rodrigues; LIMA, Felipe Herdem (org.). **Novas tendências do sistema financeiro nacional**. Londrina: Thoth, 2021, p.182.

órgãos públicos vinculados ao processo; (iii) a fase pós-licença; (iv) o monitoramento das suas condicionantes, sem contar a maior transparência e facilidade no acesso às informações pelo empreendedor, Poder Público e sociedade[295].

Sem dúvidas, os ganhos trazidos com o uso de tecnologias no exercício do poder de polícia emergem, em primeiro momento, em uma maior celeridade em relação a atos de consentimento estatal e fiscalização; permite-se que se construa um conjunto probatório mais robusto ao longo do processo administrativo, hábil a gerar um possível sancionamento; e é capaz de produzir uma maior transparência sobre os resultados e a forma de exercício da atividade de polícia.

Além disso, Thiago Marrara expõe que, do ponto de vista organizacional, as novas possibilidades de acesso e manuseio de dados e informações digitais ou digitalizadas colaboram com a facilitação de serviços administrativos e com o aumento de seus graus de produtividade, notadamente no campo do exercício do poder de polícia. Por meio de novas tecnologias, órgãos administrativos federais (*e.g.* agências reguladoras) acessam dados necessários para exercerem suas atividades de controle e gestão dos setores regulados e, inclusive, para abrir procedimentos acusatórios e aplicar sanções administrativas. Isso revela que as novas tecnologias potencializam a cooperação administrativa dos diversos órgãos e entidades estatais a níveis nunca vistos, superando gradativamente muitas das dificuldades que o tempo, a distância geográfica e a estrutura federativa do Estado brasileiro impunham à Administração Pública[296].

8.1. O ciclo de polícia e o uso da tecnologia

O ciclo de polícia diz respeito às atividades que conformam o exercício da polícia administrativa, sendo elas legislação[297], consentimento, fiscalização

[295] SASSON, Jean Marc. Direito ambiental 4.0: inteligência artificial e o poder de polícia ambiental. **JOTA**. 2020. Disponível em: https://www.jota.info/opiniao-e-analise/colunas/regulacao-e-novas-tecnologias/direito-ambiental-4-0-inteligencia-artificial-e-o-poder-de--policia-ambiental-2202202 Acesso em: 15 jan. 2023.

[296] MARRARA, Thiago. **Direito administrativo e novas tecnologias.** 2017. Disponível em: http://genjuridico.com.br/2017/12/19/direito-administrativo-novas-tecnologias/ Acesso em 10 fev. 2023.

[297] Apesar de o STJ utilizar em vários julgados o termo legislação como sendo uma das fases do ciclo de polícia, é mais frequente na doutrina a invocação da nomenclatura "**ordem de polícia**".

e sanção (lembrando que nem todas elas envolvem o exercício do poder de império ou de coerção)[298].

Em relação à fase de legislação, não se apura aspecto relevante e particularizado do uso da tecnologia em relação ao poder de polícia. Pode-se mencionar, contudo, além da divulgação de informações do processo legislativo no sítio eletrônico das Casas do Congresso, a utilização do robô *Ulysses* pela Câmara dos Deputados, que tem por propósito promover a articulação automática de diversos dados legislativos disponíveis no portal da Câmara e em vários sistemas da Casa.

Sobre a edição normativa, válido apontar ainda a criação de atos infralegais, em especial aqueles emitidos por agências reguladoras, por terem nítida relação com o poder de polícia. Nesse ponto, o aspecto digital, ainda que bastante simplório para os tempos atuais, emerge em especial por meio da Análise de Impacto Regulatório (AIR), regulamentada no âmbito federal pelo Decreto nº 10.411/2020, que traz a figura das consultas públicas e participação popular, todas ocorridas em ambiente digital, nos sítios eletrônicos das entidades correspondentes.

No tocante à etapa de consentimento do ciclo de polícia, é certo que determinados atos de consentimento estatal passam a ser emitidos de maneira eletrônica. Em alguns casos, em especial aqueles de cunho vinculado, até mesmo por sistemas eletrônicos de autoatendimento, sem a necessidade de uma intervenção humana direta. Esse autosserviço, definido como o "acesso pelo cidadão a serviço público prestado por meio digital, sem necessidade de mediação humana", é inclusive um dos princípios e diretrizes do Governo Digital e da eficiência pública, tratados na Lei nº 14.129/2021.

A respeito desses atos de consentimento é possível trazer como exemplo o Decreto nº 46.890, de 23 de dezembro de 2019, do Estado do Rio de Janeiro, que prevê em seu artigo 27, §4º, que a Licença Ambiental Comunicada – LAC será concedida, *eletronicamente*, após inserção da documentação exigida no sistema e preenchimento de termo de responsabilidade pelo empreendedor e responsável técnico, que ateste a veracidade das informações prestadas.

[298] CABRAL, Flávio Garcia; SARAI, Leandro. **Manual de Direito Administrativo**. 2.ed. Leme: Mizuno, 2023, p.358.

Outro caso ilustrativo é o do DETRAN-PE, que durante a pandemia iniciou a utilização de ferramentas pautadas em IA para todas as etapas no processo de formação de condutores de veículo, essenciais para a emissão da licença para dirigir (CNH)[299].

Dentro do chamado ciclo do poder de polícia, a atividade de fiscalização talvez seja a que mais sofre influxos das novas tecnologias.

A bem da verdade, a utilização de equipamentos tecnológicos para a realização de fiscalizações dentro do exercício do poder de polícia não é questão totalmente nova. No âmbito da fiscalização de trânsito, por exemplo, a utilização de ferramentas como medidores de velocidade, radares eletrônicos, lombadas eletrônicas, dentre outros, já é algo comum há décadas.

Sobre esse aspecto, os Tribunais Judiciais, notadamente o Superior Tribunal de Justiça, têm validado seu uso, encarando o caráter instrumental desses mecanismos para o exercício do poder de polícia. No Recurso Especial 712312/DF (2005), por exemplo, decidiu-se que "é descabido exigir-se a presença do agente para lavrar o auto de infração no local e no momento em que ocorreu a infração, pois o § 2º [do art. 280] do CTB admite como meio para comprovar a ocorrência 'aparelho eletrônico ou equipamento audiovisual (...) previamente regulamentado pelo CONTRAN'".

Embora não seja uma questão nova, é certo que se vive um constante aprimoramento dos meios tecnológicos para essas atividades (vide, por exemplo, o uso cada mais vez mais frequente de drones). No município de São Paulo, *e.g.*, a concessionária Companhia de Engenharia de Tráfego tem utilizado carros equipados com câmeras com reconhecimento automático[300] de placa, utilizando a tecnologia OCR (*Optical Character*

[299] ARAÚJO, Carolina Moreira; SILVA, Jader Esteves da. Poder de polícia e a inteligência artificial. In: SADDY, André (coord.). **Inteligência artificial e Direito Administrativo**. Rio de Janeiro: CEEJ, 2022, p.271.

[300] Na cidade de Maidstone, no Reino Unido, foi implementado sistema de câmeras que fiscaliza o descarte de lixo no chão. Assim, "quando o sistema percebe que algo foi jogado ao chão da janela de um carro, rapidamente ele é contornado com um círculo vermelho. Logo em seguida, é capturada uma foto da placa do veículo. Depois disso, as filmagens são certificadas por uma equipe de agentes de trânsito, caso a infração seja comprovada, o motorista é multado e recebe a notificação pelo correio" (LIMA, Edson Kaique. **Reino Unido vai usar inteligência artificial para punir motoristas que jogarem lixo no chão**. 03/04/2021. Disponível

Recognition), bem como realizam monitoramento em vídeo das vagas, conjuntamente com tecnologia de geolocalização (GPS). Os dados coletados são repassados a uma central, que recebe as informações em tempo real. Com base nas informações coletadas, é possível a aplicação de multas de trânsito[301].

No âmbito da atividade de polícia ambiental, desde 2015 encontra-se em operação a Torre Alta da Amazônia que possui 325 metros de altura e permite medir a emissão e a absorção de gases de efeito estufa na floresta, estudar aerossóis, partículas em suspensão que promovem a formação de nuvens, além de investigar o transporte de massas de ar por centenas de quilômetros. Projetos públicos como este, aliados ao PRODES (este projeto realiza o monitoramento por satélites do desmatamento por corte raso na Amazônia Legal e produz, desde 1988, as taxas anuais de desmatamento na região, que são usadas pelo governo brasileiro para o estabelecimento de políticas públicas) e o DETER (trata-se de um levantamento rápido de alertas de evidências de alteração da cobertura florestal na Amazônia) vinculados ao INPE, têm grande potencial de êxito no monitoramento da floresta amazônica[302].

Em relação à fiscalização tributária, apura-se que, com o uso de tecnologias avançadas de *hardware* e *software*, como supercomputadores e sistemas de *Business Intelligence*, além da aplicação de técnicas modernas de inteligência artificial, a Receita Federal do Brasil tem sido capaz de monitorar os contribuintes brasileiros. Referidos sistemas tecnológicos funcionam como apoio à tomada de decisão daqueles que detêm a função de fiscalização tributária, sendo certo que essas decisões, quando pautadas nos cenários apresentados com o cruzamento de dados e projeções de

em: https://olhardigital.com.br/2021/04/03/seguranca/reino-unido-usa-inteligencia--artificial-para-multar-quem-joga-lixo-no-chao/ Acesso em: 20 jan. 2023).

301 REIS, Alessandro. **CET dobra número de carros 'dedo-duro'; como funciona o BBB das multas**. 27/01/2023. Disponível em https://www.uol.com.br/carros/noticias/redacao/2023/01/27/cet-dobra-numero-de-carros-dedo-duro-como-funciona-o-bbb-das-multas.htm?cmpid=copiaccola Acesso em: 27 jan. 2023.

302 SASSON, Jean Marc. Direito ambiental 4.0: inteligência artificial e o poder de polícia ambiental. **JOTA**. 2020. Disponível em: https://www.jota.info/opiniao-e-analise/colunas/regulacao-e-novas-tecnologias/direito-ambiental-4-0-inteligencia-artificial-e-o-poder-de--policia-ambiental-2202202 Acesso em: 15 jan. 2023

resultados calculados por máquinas, obtêm grau de aderência elevado, beirando a 100% de acerto[303].

Quanto à aplicação de sanção, última etapa do ciclo de polícia, a tecnologia também se mostra presente. Conforme visto, inicialmente se apura que a aplicação de muitas sanções administrativas ocorre por meio de subsídios fornecidos pelo uso de máquinas, que auxiliam na obtenção do conjunto probatório necessário ao sancionamento, orientando a tomada de decisão do agente público.

Cite-se o Sistema RADAR, desenvolvido pelo Serviço Federal de Processamento de Dados (SERPRO), que utilizando recursos de computação cognitiva, automatiza o processo de geração e validação de infrações, ocorridas em radares e barreiras eletrônicas[304].

Além disso, já há sanções emitidas diretamente por meio eletrônico. Celso Antônio Bandeira de Mello há tempos já apontava sobre a existência de atos que são produzidos por máquinas, como é o caso dos "parquímetros" que expedem multas, uma vez excedido o prazo de estacionamento[305].

Em casos tais, os Tribunais tendem a indicar que, apesar de a penalidade ter sido emitida por uma "máquina", essa seria, em realidade, somente instrumental, uma vez que a tomada de decisão sancionatória continuaria nas mãos do agente público[306]. A esse respeito, confira-se o Recurso Especial 772347-DF (2006), no qual a Corte Cidadã consignou que "o Código de Trânsito Brasileiro e Resoluções do CONTRAN permitem a comprovação de infrações de trânsito por meio de aparelhos eletrônicos" e que "os 'pardais' não aplicam multas, apenas fornecem elementos fáticos para que o DETRAN lavre o auto e imponha sanções quando comprovadas as infrações".

303 JARUDE, Jamile Nazaré Duarte Moreno. **O estado da arte da fiscalização tributária federal e o uso de inteligência artificial.** 123f. Marília, UNIMAR (Direito –Dissertação), 2020, p.105.

304 ARAÚJO, Carolina Moreira; SILVA, Jader Esteves da. Poder de polícia e a inteligência artificial. In: SADDY, André (coord.). **Inteligência artificial e Direito Administrativo.** Rio de Janeiro: CEEJ, 2022, p.273.

305 BANDEIRA DE MELLO, Celso Antônio. **Curso de direito administrativo.** 33.ed. São Paulo: Malheiros, 2016, p.385.

306 Cf. Capítulo 6.

8.2. Fiscalizações no ambiente virtual

Se, de um lado, a atividade fiscalizatória de polícia passa a contar com novos instrumentais tecnológicos, de outro há também uma alteração nas atividades e documentos a serem objeto da fiscalização, que passam agora a ser constituídos no meio virtual e de maneira eletrônica.

A atividade de polícia dos órgãos do Sistema Financeiro Nacional, por exemplo, passa a enfrentar novos desafios quando se observa o advento de criptoativos e *e-wallets*. Trata-se de objetos de fiscalização até então inexistentes e que demandarão uma nova regulamentação e noveis formas de fiscalização e controle.

No âmbito da atividade de polícia tributária, a utilização de dados dos contribuintes expostos em redes sociais, por meio da análise de inteligência artificial, já se mostra uma realidade na Receita Federal do Brasil. Conforme narram Carolina Moreira Araújo e Jader Esteves da Silva, o que se iniciou como uma aplicação não sistemática a todo um universo de contribuintes declarantes, circunscrita à investigação do perfil dos contribuintes a partir de indícios oriundos a partir de fiscalizações, hoje já conta com um sistema apto a verificar palavras-chave em uma busca ampla[307].

A própria documentação fiscal ou comercial é comumente emitida de maneira eletrônica, sendo plenamente possível que os atos de fiscalização realizados por auditores fiscais ocorra diretamente sobre esses documentos eletrônicos[308].

8.3. Meios eletrônicos durante o processo administrativo de polícia

Outro aspecto dentro do poder de polícia que sofre influxo da utilização de tecnologias e ferramentas digitais diz respeito ao processo administrativo por meio do qual será apurada a possível infração administrativa e aplicada a sanção correspondente[309].

[307] ARAÚJO, Carolina Moreira; SILVA, Jader Esteves da. Poder de polícia e a inteligência artificial. In: SADDY, André (coord.). **Inteligência artificial e Direito Administrativo**. Rio de Janeiro: CEEJ, 2022, p.267.

[308] CARVALHO, Leandro Coelho de. Limites da fiscalização tributária no ambiente virtual. **Doutrinas Essenciais de Direito Tributário**. v.11, p.819-846, jul.2011.

[309] "Uma solução desenvolvida pelo Detran-PR e pela Celepar foi aprimorada junto à Secretaria Municipal de Defesa Social e Trânsito (Setran) para trazer ainda mais facilidade para os motoristas. A novidade (...) permite que motoristas façam a indicação de condutor e recursos de multa de forma online, usando o PIÁ – Paraná Inteligência Artificial" (CELEPAR. **Indicação de**

Da mesma forma que ocorre em relação aos mecanismos fiscalizatórios, a utilização de documentação eletrônica, associada a meios virtuais de acesso ao processo administrativo, também não é questão tão atual. Para se mencionar um caso, em Córdoba, na Argentina, já em 1985 se iniciou a primeira etapa de digitalização dos processos administrativos nos "Tribunais de Faltas". No ano de 1990 as causas originárias da polícia de trânsito já contavam com um sistema informático e uma ata desenvolvida que permitia aos operadores um ingresso rápido e eficaz aos dados. Isso se amplia em seguida para outras áreas da polícia administrativa, passando a abraçar os processos envolvendo espetáculos públicos, meio ambiente, polícia sanitária, transporte público, dentre outros[310].

No âmbito da maior parte dos órgãos federais no Brasil, por exemplo, os processos administrativos, inclusive os de cunho sancionatório oriundos do poder de polícia, tramitam eletronicamente pelo sistema SEI, atualmente concatenado pelo NUP – Número Único de Processo da União[311].

Outrossim, por impulso do cenário criado pela COVID-19, os órgãos do Sistema Financeiro Nacional passaram a editar normas referentes à realização de atos administrativos de maneira eletrônica. É nesse sentido a deliberação CVM nº 861, de 23 de julho de 2020, que estabelece procedimentos para a realização de depoimentos por tele e videoconferência, no bojo de processos administrativos sancionatórios[312].

condutor e recurso de multa podem ser feitos online. 04/09/2019. Disponível em: https://www.celepar.pr.gov.br/Noticia/Indicacao-de-condutor-e-recurso-de-multa-podem-ser-feitos-online Acesso em : 23 dez. 2022).

[310] LAFRANCONI, Hugo. Aplicación de un sistema informático a los Tribunales de Faltas de Córdoba (República Argentina). **Informática y derecho: revista iberoamericana de derecho informático**, n. 12, 1996, p.1612.

[311] Cf., a propósito, o Decreto nº 8.539, de 8 de outubro de 2015, que "dispõe sobre o uso do meio eletrônico para a realização do processo administrativo no âmbito dos órgãos e das entidades da administração pública federal direta, autárquica e fundacional." Cf. também o Decreto nº 10.278, de 18 de março de 2020, que "regulamenta o disposto no inciso X do caput do art. 3º da Lei nº 13.874, de 20 de setembro de 2019, e no art. 2º-A da Lei nº 12.682, de 9 de julho de 2012, para estabelecer a técnica e os requisitos para a digitalização de documentos públicos ou privados, a fim de que os documentos digitalizados produzam os mesmos efeitos legais dos documentos originais."

[312] NAJJARIAN, Ilene Patrícia de Noronha. O *e-enforcement* no sistema financeiro nacional. In: IWAKURA, Cristiane Rodrigues; LIMA, Felipe Herdem (org.). **Novas tendências do sistema financeiro nacional**. Londrina: Thoth, 2021, p.190.

Deve-se ter sempre claro que os instrumentos de tecnologia no bojo de processos administrativos de polícia, além de serem voltados para uma atuação mais célere e eficiente, também devem servir para um incremento das garantias do administrado. Esses meios devem aprimorar a participação do cidadão, eliminando distâncias. De igual maneira deve haver a ampliação dos meios probatórios que podem ser utilizados para se desvelar os acontecimentos. Uma gravação feita por um aparelho celular, por exemplo, pode vir a desconstituir os fatos narrados no auto de infração lavrado pelo agente público.

Fora de um ambiente de direito administrativo sancionador, mas dentro do aspecto de atos de consentimento estatal, verifica-se ainda, a título ilustrativo, a utilização de vários sistemas de agendamento automático de atendimento ao cidadão (*e.g.*, sistema de agendamento de passaportes da Polícia Federal ou de serviços do INSS), de sistemas de controle de solicitações administrativas (*e.g.*, sistema eletrônico de solicitação de bolsas de estudos da Fapesp) e de sistema de controle, organização e publicação de dados de interesse público (*e.g.* plataforma Lattes do CNPq)[313].

8.4. Mudança da legitimação e da necessidade do poder de polícia pelas novas tecnologias

A inserção de mecanismos de tecnologia dentro do ciclo de polícia vem acompanhada de uma alteração da própria concepção do poder de polícia. A compreensão clássica de poder de polícia remetia ao antigo Estado de Polícia, típico do período de formação do Direito Administrativo, no qual as relações do Estado eram marcadas por uma estruturação estritamente verticalizada de poder e na qual a aplicação de sanções e restrições era a tônica que conduzia a atividade estatal[314].

Apesar de o modelo estatal ter mudado muito desde essa época, com o surgimento do Estado Social e da priorização de outras atividades estatais, a exemplo dos serviços públicos (fruto de grande influência

[313] MARRARA, Thiago. **Direito administrativo e novas tecnologias.** 2017. Disponível em: http://genjuridico.com.br/2017/12/19/direito-administrativo-novas-tecnologias/ Acesso em 10 fev. 2023.

[314] CABRAL, Flávio Garcia; SARAI, Leandro. **Manual de Direito Administrativo**. 2.ed. Leme: Mizuno, 2023, p.352.

da Escola do Serviço Público), a menção ao poder de polícia ainda traz, comumente, uma vinculação a um modelo autoritário de Estado, que se mostra dissonante do quadro da atividade administrativa existente hoje no Brasil[315].

O propósito da atividade de polícia administrativa passa a adquirir um contorno distinto de somente proteger a coletividade. De fato, a finalidade do poder de polícia, pensada em um primeiro momento sob uma ótica essencialmente utilitarista, visando a atender à coletividade de maneira indeterminada, passa a incorporar como elemento essencial a proteção aos direitos fundamentais. A pessoa humana passa a ser o foco da atuação estatal em todas as suas funções. A proteção da coletividade somente se conforma dentro do contexto de proteção da dignidade da pessoa humana, elemento formador dos direitos fundamentais[316].

Veja que o advento de novas tecnologias, inclusive a inteligência artificial, tem sido desenhado (ao menos como diretriz a ser seguida) na mesma toada acima mencionada. A Organização para a Cooperação e Desenvolvimento (OCDE), por exemplo, por meio de seu Conselho de Inteligência Artificial, editou alguns enunciados indicativos de princípios que devem reger a IA, dentre os quais se destacam que a i) a IA deve beneficiar as pessoas e o planeta, produzindo crescimento inclusivo e sustentável, e bem-estar; e que ii) a IA deve ser desenvolvida de forma que respeite a ordem jurídica, direitos humanos, valores democráticos e diversidade[317].

A tecnologia pode muito, mas não tudo. O exercício do poder de polícia e a realização de direitos por meio da inteligência artificial e do *big data* podem representar riscos efetivos a outros direitos fundamentais. Em grande parte das vezes seu manejo dependerá do compartilhamento de dados de cidadãos para que tenha êxito. Deste modo, se de um lado a inteligência artificial e o uso de dados possibilitam o incremento real de

[315] CABRAL, Flávio Garcia; SARAI, Leandro. **Manual de Direito Administrativo**. 2.ed. Leme: Mizuno, 2023, p.352.

[316] CABRAL, Flávio Garcia; SARAI, Leandro. **Manual de Direito Administrativo**. 2.ed. Leme: Mizuno, 2023, p.355.

[317] ORGANISATION FOR ECONOMIC CO-OPERATION AND DEVELOPMENT (OECD). **AI Principles**. 2019. Disponível em: https://www.oecd.org/going-digital/ai/principles/. Acesso em: 20 jan. 2023.

eficiência, da impessoalidade e da segurança jurídica, de outro, podem representar ameaça à privacidade e à intimidade[318].

Ainda dentro desse cenário de quebra do modelo verticalizado e impositivo do poder de polícia, verifica-se que o autoritarismo é substituído pelo consensualismo. Os recursos tecnológicos já permitem que a sociedade civil participe de modo mais amplo da confecção da ordem de polícia e que atue efetivamente na fiscalização. Passa-se assim a aceitar que particulares colaborem mais ativamente no exercício do poder de polícia[319].

Diante desse novo entendimento das funções do poder de polícia, no que tange a sua legitimação, nota-se que ela depende, muito em virtude das inovações tecnológicas, de uma efetiva i) ampliação dos instrumentos de participação popular; ii) do reforço da exigência de motivação; e de iii) de uma atuação da Administração focada na transparência. É certo, de todo modo, que a tecnologia tem facilitado, sobremaneira, o atendimento a todas essas exigências[320].

Sob uma diferente perspectiva, Valter Shuenquener Araújo informa que a evolução tecnológica tornou sem sentido a necessidade de consentimento estatal para a prática de atividades que, no passado recente, só poderiam ser prestadas com o aval estatal. Cite-se a divulgação de informações por rádio ou TV. Como falar de concessão e permissão de serviço de radiodifusão diante do Youtube? Como defender a competência constitucional da União para estabelecer o caráter indicativo das diversões públicas e de programas de rádio e de televisão, quando se vive em um sistema mundial de aquisição de programas *on demand*?[321] Nesse quesito

[318] TOMAZ, Dante; NETTO, Leonardo; ARAUJO, Valter Shuenquener de. Inteligência artificial, big data e os novos limites da discricionariedade administrativa. In: ARAUJO, Valter Shuenquener de; GOMES, Marcus Livio (coord.). **Inteligência artificial e aplicabilidade prática no Direito.** Brasília: CNJ, 2022, p.64.

[319] ARAUJO, Valter Shuenquener. Efeitos da inovação no direito administrativo brasileiro: queremos saber o que vão fazer com as novas invenções. **Quaestio Iuris,** v.11, n.3, 2018, p.1691.

[320] ARAUJO, Valter Shuenquener. Efeitos da inovação no direito administrativo brasileiro: queremos saber o que vão fazer com as novas invenções. **Quaestio Iuris,** v.11, n.3, 2018, p.1692.

[321] ARAUJO, Valter Shuenquener. Efeitos da inovação no direito administrativo brasileiro: queremos saber o que vão fazer com as novas invenções. **Quaestio Iuris,** v.11, n.3, 2018, p.1690-1691.

as tecnologias ora exigem um agir de cunho mais liberal, dispensando-se (às vezes, por completa impossibilidade) atos de consentimento expresso, ora demandam da Administração Pública uma reformulação e regulamentações sobre a forma de se exigir e se expressar a concordância estatal.

Referências

ARAÚJO, Carolina Moreira; SILVA, Jader Esteves da. Poder de polícia e a inteligência artificial. In: SADDY, André (coord.). **Inteligência artificial e Direito Administrativo**. Rio de Janeiro: CEEJ, 2022. p.251-288.

ARAUJO, Valter Shuenquener. Efeitos da inovação no direito administrativo brasileiro: queremos saber o que vão fazer com as novas invenções. **Quaestio Iuris,** v.11, n.3, pp.1687-1703, 2018.

BANDEIRA DE MELLO, Celso Antônio. **Curso de direito administrativo**. 33.ed. São Paulo: Malheiros, 2016.

CABRAL, Flávio Garcia; SARAI, Leandro. **Manual de Direito Administrativo**. 2.ed. Leme: Mizuno, 2023.

CARVALHO, Leandro Coelho de. Limites da fiscalização tributária no ambiente virtual. **Doutrinas Essenciais de Direito Tributário**. v.11, p.819-846, jul.2014.

CELEPAR. **Indicação de condutor e recurso de multa podem ser feitos online**. 04/09/2019. Disponível em: https://www.celepar.pr.gov.br/Noticia/Indicacao-de-condutor-e-recurso-de-multa-podem-ser-feitos-online Acesso em : 23 dez. 2022.

FREITAS, Juarez. Direito Administrativo e inteligência artificial. **Interesse Público – IP**, Belo Horizonte, ano 21, n. 114, p. 15-29, mar./abr. 2019.

JARUDE, Jamile Nazaré Duarte Moreno. **O estado da arte da fiscalização tributária federal e o uso de inteligência artificial**. 123f. UNIMAR (Direito –Dissertação). Marília, 2020.

LAFRANCONI, Hugo. Aplicación de un sistema informático a los Tribunales de Faltas de Córdoba (República Argentina). **Informática y derecho: revista iberoamericana de derecho informático**, n. 12, p. 1611-1634, 1996.

LIMA, Edson Kaique. **Reino Unido vai usar inteligência artificial para punir motoristas que jogarem lixo no chão**. 03/04/2021. Disponível em: https://olhardigital.com.br/2021/04/03/seguranca/reino-unido-usa-inteligencia-artificial-para-multar-quem-joga-lixo-no-chao/ Acesso em: 20 jan. 2023

MARRARA, Thiago. **Direito administrativo e novas tecnologias.** 2017. Disponível em: http://genjuridico.com.br/2017/12/19/direito-administrativo-novas-tecnologias/ Acesso em 10 fev. 2023.

NAJJARIAN, Ilene Patrícia de Noronha. O *e-enforcement* no sistema financeiro nacional. In: IWAKURA, Cristiane Rodrigues; LIMA, Felipe Herdem (org.). **Novas tendências do sistema financeiro nacional**. Londrina: Thoth, 2021. p.181-202.

ORGANISATION FOR ECONOMIC CO-OPERATION AND DEVELOPMENT (OECD). **AI Principles**. 2019. Disponível em: https://www.oecd.org/going-digital/ai/principles/. Acesso em: 20 jan. 2023.

REIS, Alessandro. **CET dobra número de carros 'dedo-duro'; como funciona o BBB das multas**. 27/01/2023. Disponível em https://www.uol.com.br/carros/noticias/redacao/2023/01/27/cet-dobra-numero-de-carros-dedo-duro-como-funciona-o-bbb-das-multas.htm?cmpid=copiaecola Acesso em: 27 jan. 2023.

SASSON, Jean Marc. Direito ambiental 4.0: inteligência artificial e o poder de polícia ambiental. **JOTA**. 2020. Disponível em: https://www.jota.info/opiniao-e-analise/colunas/regulacao-e-novas-tecnologias/direito-ambiental-4-0-inteligencia-artificial-e-o-poder-de-policia-ambiental-2202202 Acesso em: 15 jan. 2023.

TOMAZ, Dante; NETTO, Leonardo; ARAUJO, Valter Shuenquener de. Inteligência artificial, big data e os novos limites da discricionariedade administrativa. In: ARAUJO, Valter Shuenquener de; GOMES, Marcus Livio (coord.). **Inteligência artificial e aplicabilidade prática no Direito.** Brasília: CNJ, 2022, p.47-76.

9.
SERVIÇOS PÚBLICOS

A noção de serviço público é extremamente cara ao Direito Administrativo. À época de seu surgimento, seu idealizador, Léon Duguit, liderou a chamada "Escola de Serviço Público", que revolucionou o Direito Administrativo ao substituir a base fundamental desta matéria, dantes edificada sobre a ideia de poder (*puissance publique*), para, a partir de então, consolidá-la sob a ideia de serviço público.

Assim, colocou-se o Estado como um ente que existe para servir e não para mandar. O que ocorreu, portanto, foi uma completa inversão nos valores que deram origem ao Direito Público.

Para essa teoria, o serviço público seria o polo aglutinador de todo Direito Administrativo ou, nas palavras de Jean Rivero[322]: "A Escola do Serviço Público acreditava poder explicar todas as particularidades do direito administrativo pelas necessidades do serviço público".

O mérito da teoria formulada pela "Escola de Serviço Público" é indiscutível, na medida em que inverteu o eixo metodológico do Direito Administrativo, retirando-o da ideia de "poder" e passando para a ideia de servir.

[322] No original *"L'École du Service Public crut pouvoir expliqué toutes les particularités du droit administratif par les nécessités du service public »* (**Droit Administratif.** 2.ed., 1962, p. 146).

Nas palavras do mentor dessa teoria, "se existe um poder público, ele é um dever, uma função e não um direito"[323].

Logo, "não é o 'poder' que serve como razão explicativa dos institutos de Direito Administrativo, pois as ideias de 'dever', de 'função', é que cumprem com exatidão este papel no Estado de Direito[324]".

O fundamento, pois, do serviço público é justamente o dever estatal de os fornecer.

É certo, contudo, que a suma importância dada ao serviço público como critério para identificar o Direito Administrativo retira-lhe grande parte da sua importância, pois reconhecida a maior extensão do conceito de serviço público, deixa de servir como elemento preciso para delimitar o campo de sua aplicação frente aos demais institutos jurídico-administrativos. "Perde, então, aquele que seria justamente seu maior préstimo, tornando-se insuficiente para a caracterização dos vários institutos administrativos e para determinar a ocorrência do regime administrativo"[325].

Assim, apesar de se reconhecer a capital importância dessa teoria, não se pode adotá-la, seja por causa de sua insuficiência em definir serviço público, seja pela impossibilidade de o apartar dos demais institutos de Direito Administrativo, como o poder de polícia, as limitações administrativas etc..

É claro que o serviço público é, foi e sempre será matéria de importância transcendental para o Direito Administrativo e, em especial, quando se está diante de um Estado Social, que obriga a uma atuação estatal positiva para a redução das desigualdades sociais.

Inicialmente, contudo, cabe-nos mencionar o que se entende por serviço público. Nisso estamos integralmente com Celso Antônio Bandeira de Mello[326] para quem serviço público é "toda a atividade de oferecimento de utilidade ou comodidade material destinada à satisfação da coletividade

[323] DUGUIT, Léon. **Traité de Droit Constitutionnel.** Vol II. Paris: Ancienne Librairie Fontemoing & Cie, Editeurs, 1923, p. 57. No original : « *s'il y a une puissance publique, elle est un devoir, une fonction et non point un droit.* »

[324] BANDEIRA DE MELLO, Celso Antônio. **Curso de Direito Administrativo**. 36.ed..Belo Horizonte: Editora Fórum, 2023, p. 54.

[325] BANDEIRA DE MELLO, Celso Antônio**. Natureza e Regime Jurídico das Autarquias**. São Paulo: Editora Revista dos Tribunais, 1967, p. 147.

[326] BANDEIRA DE MELLO, Celso Antônio. **Curso de Direito Administrativo**. 36.ed..Belo Horizonte: Editora Fórum, 2023, p. 656.

em geral, mas fruível singularmente pelos administrados." O serviço público é prestado pelo Estado, ou por quem lhe faça as vezes, sob um regime jurídico de Direito Público.

Este conceito de serviço público essencialmente possui, pois, dois elementos, quais sejam, (i) o substrato material, consistente na prestação de utilidade ou comodidade material desfrutada individualmente pelos administrados e (ii) o substrato formal, composto por um específico regime de Direito Público.

O substrato formal é, na verdade, o principal diferenciador entre um serviço público e as demais atividades econômicas, pois nele reside a diferenciação jurídica (e não material) entre o serviço público e todas as demais espécies de prestações privadas.

O regime jurídico dos serviços públicos é aquele composto por princípios e regras de Direito Público.

Fala-se em regime jurídico quando existem princípios que lhe são peculiares e que guardam entre si uma relação lógica de coerência e unidade. O Direito Administrativo é sustentado, fundamentalmente, por dois princípios: (i) supremacia do interesse público sobre o privado; e (ii) indisponibilidade, pela Administração, dos interesses públicos.

Celso Antônio Bandeira de Mello identifica dez princípios que devem estar presentes para que uma atividade seja qualificada como serviço público. São eles: (i) obrigação de desempenho; (ii) supremacia do interesse público; (iii) adaptabilidade; (iv) universalidade; (v) impessoalidade; (vi) transparência; (vii) motivação; (viii) modicidade; (ix) controle sobre as condições de sua prestação; e (x) continuidade.

Como bem acentuou Dinorá Grotti[327], "cada povo diz o que é serviço público em seu sistema jurídico". Trata-se, pois, de política legislativa alçar à condição de serviço público determinada atividade.

O conceito de serviço público é, portanto, jurídico-positivo.

Por isso, a qualificação de uma atividade como serviço público varia conforme o tempo, o lugar e as necessidades de cada sociedade.

A tecnologia avança em todas as facetas da sociedade e, dessa forma, a evolução dos serviços públicos chegou ao mundo digital.

[327] GROTTI, Dinorá Musetti. **O Serviço Público e a Constituição Brasileira de 1988**. São Paulo: Malheiros Editores, 2003, p. 87.

9.1. e-Serviços públicos

Um e-serviço público – ou serviço público digital – nada mais é do que um serviço público prestado pelo meio digital, que "permite a interação entre fatores humanos e organizacionais à tecnologia de informação (aparatos tecnológicos), que são responsáveis pela captura, armazenamento, transmissão e manipulação de informação, fomentando a prática de uma gestão pública típica do Governo digital"[328].

Assim, o regime dos e-serviços públicos é de Direito Público, devendo, pois, obediência aos princípios específicos dessa matéria, não podendo ser descontinuados e sendo obrigatoriamente transparentes, isonômicos, universais etc..

Quando falamos, pois, em e-serviços públicos estamos falando de serviços públicos como comodidades prestadas à população, sob um regime publicista. A diferença é tão somente o ambiente em que esse serviço é prestado: o e-serviço público é prestado em um ambiente virtual, ao passo que os serviços públicos tradicionais são atividades presenciais.

Pois bem, com a pandemia da COVID-19, os serviços digitais cresceram e evoluíram muito no Brasil.

A Lei do Governo Digital, Lei º 14.129, de 29 de março de 2021, traz como princípios e diretrizes, em seu artigo 3º: I – a desburocratização, a modernização, o fortalecimento e a simplificação da relação do poder público com a sociedade, mediante serviços digitais, acessíveis inclusive por dispositivos móveis; II – a disponibilização em plataforma única do acesso às informações e aos serviços públicos, observadas as restrições legalmente previstas e sem prejuízo, quando indispensável, da prestação de caráter presencial; III – a possibilidade aos cidadãos, às pessoas jurídicas e aos outros entes públicos de demandar e de acessar serviços públicos por meio digital, sem necessidade de solicitação presencial; IV – a transparência na execução dos serviços públicos e o monitoramento da qualidade desses serviços; V – o incentivo à participação social no controle e na fiscalização da administração pública; VI – o dever do gestor público de prestar contas

[328] CRISTÓVAM, José Sérgio da Silva; SAIKALI, Lucas Bossoni; SOUSA, Thanderson Pereira de. Governo digital na implementação de serviços públicos para a concretização de direitos sociais no Brasil. **Seqüência Estudos Jurídicos e Políticos**, [S. l.], v. 41, n. 84, p. 209–242, 2020. DOI: 10.5007/2177-7055.2020v43n84p209. Disponível em: https://periodicos.ufsc.br/index.php/sequencia/article/view/2177-7055.2020v43n84p209. Acesso em: 18 jan. 2024.

diretamente à população sobre a gestão dos recursos públicos; VII – o uso de linguagem clara e compreensível a qualquer cidadão; VIII – o uso da tecnologia para otimizar processos de trabalho da administração pública; IX – a atuação integrada entre os órgãos e as entidades envolvidos na prestação e no controle dos serviços públicos, com o compartilhamento de dados pessoais em ambiente seguro quando for indispensável para a prestação do serviço, nos termos da Lei nº 13.709, de 14 de agosto de 2018 (Lei Geral de Proteção de Dados Pessoais), e, quando couber, com a transferência de sigilo, nos termos do art. 198 da Lei nº 5.172, de 25 de outubro de 1966 (Código Tributário Nacional), e da Lei Complementar nº 105, de 10 de janeiro de 2001; X – a simplificação dos procedimentos de solicitação, oferta e acompanhamento dos serviços públicos, com foco na universalização do acesso e no autosserviço; XI – a eliminação de formalidades e de exigências cujo custo econômico ou social seja superior ao risco envolvido; XII – a imposição imediata e de uma única vez ao interessado das exigências necessárias à prestação dos serviços públicos, justificada exigência posterior apenas em caso de dúvida superveniente; XIII – a vedação de exigência de prova de fato já comprovado pela apresentação de documento ou de informação válida; XIV – a interoperabilidade de sistemas e a promoção de dados abertos; XV – a presunção de boa-fé do usuário dos serviços públicos; XVI – a permanência da possibilidade de atendimento presencial, de acordo com as características, a relevância e o público-alvo do serviço; XVII – a proteção de dados pessoais, nos termos da Lei nº 13.709, de 14 de agosto de 2018 (Lei Geral de Proteção de Dados Pessoais); XVIII – o cumprimento de compromissos e de padrões de qualidade divulgados na Carta de Serviços ao Usuário; XIX – a acessibilidade da pessoa com deficiência ou com mobilidade reduzida, nos termos da Lei nº 13.146, de 6 de julho de 2015 (Estatuto da Pessoa com Deficiência); XX – o estímulo a ações educativas para qualificação dos servidores públicos para o uso das tecnologias digitais e para a inclusão digital da população; XXI – o apoio técnico aos entes federados para implantação e adoção de estratégias que visem à transformação digital da administração pública; XXII – o estímulo ao uso das assinaturas eletrônicas nas interações e nas comunicações entre órgãos públicos e entre estes e os cidadãos; XXIII – a implantação do governo como plataforma e a promoção do uso de dados, preferencialmente anonimizados, por pessoas físicas e jurídicas de diferentes setores da sociedade, resguardado o disposto nos arts. 7º e 11 da Lei nº 13.709, de 14 de agosto de 2018 (Lei Geral de Proteção de Dados Pessoais), com vistas, especialmente, à formulação de políticas públicas, de pesquisas científicas, de geração de negócios e de controle social; XXIV – o tratamento adequado a idosos, nos termos da Lei nº 10.741, de 1º de outubro de 2003 (Estatuto do Idoso); XXV – a adoção preferencial, no uso da internet e de suas aplicações, de tecnologias, de padrões e de formatos abertos e livres, conforme disposto no inciso V do caput do art. 24 e no art. 25 da Lei nº 12.965, de 23 de abril de 2014 (Marco Civil da Internet); e XXVI – a promoção do desenvolvimento tecnológico e da inovação no setor público.

Os vetores que norteiam a lei deixam clara a necessidade de fortalecimento e ampliação dos serviços digitais, dispensando-se as solicitações presenciais, bem como trazem especial atenção aos temas da acessibilidade, segurança de dados, simplificação dos procedimentos de solicitação, oferta e acompanhamento dos serviços públicos, com foco na universalização do acesso e no autosserviço.

Nessa seara, a instauração de uma plataforma única, onde todos os e-serviços públicos estejam no mesmo ambiente, facilita a navegação e permite que o usuário resolva seus problemas em um único canal. Assim, é indispensável que o sítio eletrônico possua uma estrutura clara e amigável (*user-friendly*), bem como uma linguagem gráfica que permita compreender todos os serviços disponíveis.

Ademais, os *sites* devem ser rápidos e amigáveis ao celular, pois a maior parte dos acessos vem de smartphones.

Outrossim, a digitalização dos serviços tem um impacto positivo sobre toda a sociedade, tendo sido estimada uma economia total da ordem de 4,6 bilhões de reais. Para o cidadão, há vários benefícios, como deixar de gastar com transporte, impressão e envio de documentos. Na mesma linha, o Estado também reduz os gastos com os recursos que seriam necessários para o atendimento a essas solicitações. E o impacto não é apenas financeiro, uma vez que há também economia de tempo e agilização dos processos, graças à automação[329].

[329] CAMARGO, Roberto. **Brasil é um dos líderes mundiais na digitalização de serviços públicos**. Agência Brasil 20 nov. 2022. Disponível em https://agenciabrasil.ebc.com.br/geral/noticia/2022-11/brasil-e-um-dos-lideres-mundiais-na-digitalizacao-de-servicos-publicos Acesso em: 23 jan. 2024

Ainda, a transformação digital está aliada à segurança e à proteção de dados, uma questão estratégica para o administrado e também para o Estado. A plataforma GOV.BR está hospedada nos mesmos ambientes e com os mesmos critérios de confiabilidade daqueles que guardam dados que exigem sigilo fiscal.

Em comparação ao sistema anacrônico do papel, percebe-se que só há vantagens no sistema digital: quando os processos são feitos em papel, por mais cuidadosos que sejam os servidores da repartição, sempre há o risco de perda de documentos. No sistema digital, os dados ficam armazenados na nuvem e não correm o risco de serem extraviados ou ficarem perdidos por terem sido encaminhados ao setor errado.

Além disso, os órgãos que se utilizam de sistema digital não precisam criar um "arquivo morto", que ocupa espaço e recursos humanos para organização, além de atrair toda a sorte de insetos, como traças e cupins. Todos os arquivos digitais podem ser salvos na nuvem, facilitando a categorização de cada um deles e agilizando o trabalho dos servidores.

A plataforma GOV.BR passou a disponibilizar 4 mil serviços públicos digitais para o cidadão. O número representa 84% do total de 4,8 mil serviços que são oferecidos pelo Governo Federal para a população.

Assim, com a plataforma GOV.BR, os cidadãos podem assinar documentos digitalmente, abrir um negócio, obter suas carteiras de trânsito e de trabalho digitais etc..

A cada ano, novos serviços digitais são incorporados à plataforma GOV.BR. Em 2023, 43 novos serviços foram trazidos por diferentes órgãos[330]. A Receita Federal do Brasil, por exemplo, incluiu 6 novos e-serviços públicos, a saber: (i) aderir ao acordo de transação tributária pelo Programa Litígio Zero junto à Receita Federal; (ii) pagar impostos sob procedimento fiscal pelo Programa Litígio Zero; (iii) responder requisição sobre bens e direitos enviada pela Receita Federal; (iv) incluir nome social no CPF; (v) consultar imóveis no Sinter; e (vi) cancelar procuração digital para acesso ao e-CAC.

[330] Lista dos serviços públicos digitais inseridos em 2023: https://www.gov.br/governodigital/pt-br/transformacao-digital/lista-servicos-digitais/servicos-digitais-2023 Acesso em 23 jan. 2024.

Um serviço público digital eficiente deve ter foco no cidadão, pois quem efetivamente utiliza e precisa do serviço possui as melhores condições para avaliá-lo e auxiliar no seu aprimoramento.

O e-serviço público, para ser utilizado adequadamente, depende de um mínimo de conhecimento tecnológico, bem como de acesso à internet, já que o sistema funciona com base em autosserviço ou autoatendimento.

O artigo 14 da Lei do Governo Digital estabelece que a prestação digital dos serviços públicos deverá ocorrer por meio de tecnologias de amplo acesso pela população, inclusive pela de baixa renda ou residente em áreas rurais e isoladas, sem prejuízo do direito do cidadão a atendimento presencial.

O parágrafo único do mesmo dispositivo acrescenta que o acesso à prestação digital dos serviços públicos será realizado, preferencialmente, por meio do autosserviço.

O autosserviço ou autoatendimento está disponível há algum tempo em bancos, supermercados, empresas e finalmente chegou à gestão pública. Os cidadãos têm colhido vantagens desse sistema de atendimento, já que a celeridade e o conforto de não ter que sair de casa e enfrentar trânsito e filas para solucionar seus problemas trazem qualidade de vida e melhor investimento do tempo poupado.

O autoatendimento também proporciona um maior controle das solicitações, tanto para os cidadãos, quanto para os servidores. O cidadão, ao solicitar um serviço, pode acompanhar *on-line* o seu desenrolar. Isso evita que ele tenha que ir até o órgão ou precise ligar diversas vezes para saber se sua demanda foi solucionada, otimizando o tempo dos servidores.

Por outro lado, os servidores possuem o controle da tramitação do processo e são capazes de identificar em que estágio se encontra e em que setor está a solicitação do cidadão. Dessa forma, é possível mapear toda a tramitação, evitando que pedidos demorem a ser resolvidos ou fiquem estancados em algum setor.

Diante de inúmeros benefícios advindos dos e-serviços públicos, é imprescindível discorrer acerca das condições necessárias para seu acesso.

Se o serviço público tem como princípio regente a universalidade, todos devem ter assegurada a possibilidade de sua percepção, independentemente do ambiente ser virtual ou presencial.

9.2. Inclusão digital

Inclusão digital nada mais é do que a democratização do acesso de toda a sociedade às tecnologias da informação e comunicação.

A inclusão ao universo tecnológico é pressuposto para a redução das desigualdades sociais, afinal "tudo" ocorre ou atravessa, em algum momento, pelo ambiente digital. Basta pensar que a forma mais corriqueira de comunicação entre as pessoas é pela internet. Assim é feito o envio de currículos para entrevistas de emprego, a comunicação entre alunos e professores, a aproximação entre clientes e empresas etc..

Para que esse acesso seja efetivo, é necessário ultrapassar a barreira do analfabetismo digital.

O artigo 6º da Constituição da República arrola os direitos sociais. São eles: a educação, a saúde, a alimentação, o trabalho, a moradia, o transporte, o lazer, a segurança, a previdência social, a proteção à maternidade e à infância, a assistência aos desamparados, na forma da Constituição.

A educação encontra supedâneo constitucional não somente no artigo 6º, mas em inúmeros dispositivos da Constituição Federal. Vejamos: o artigo 7º, IV estipula que o salário mínimo deverá atender às necessidades vitais básicas do trabalhador e de sua família, com moradia, alimentação, educação, saúde, lazer, vestuário, higiene, transporte e previdência social; o artigo 23, V estabelece ser competência da União, dos Estados, do Distrito Federal e dos Municípios proporcionar os meios de acesso à cultura, à educação e à ciência; o artigo 24, IX, dispõe ser competência concorrente da União, dos Estados e do Distrito Federal legislar sobre educação, sendo que, consoante artigo 30, VI, compete aos Municípios manter, com a cooperação técnica e financeira da União e do Estado, programas de educação infantil e de ensino fundamental; o artigo 227 prevê ser dever da família, da sociedade e do Estado assegurar à criança e ao adolescente, com absoluta prioridade, o direito à vida, à saúde, à alimentação, à educação, ao lazer, à profissionalização, à cultura, à dignidade, ao respeito, à liberdade e à convivência familiar e comunitária.

Ademais, a Constituição assegura a aplicação de percentuais de recursos públicos, inclusive por meio da vinculação de receitas de impostos, à atividade de ensino, consoante disposto nos artigos 167, IV, e 212, *caput* e parágrafos, ambos da Constituição Federal.

A não-aplicação (total ou parcial) desses percentuais mínimos de verbas públicas poderá ensejar a intervenção federal nos Estados, consoante artigo 34, VII, "e" da Constituição da República e a intervenção estadual nos Municípios, conforme disposto no artigo 35, III, do mesmo diploma.

Pondere-se que a intervenção é medida excepcional de supressão temporária da autonomia de determinado ente federativo e, por tal razão, sua utilização é restrita a situações que ensejem a máxima atenção do ente interventor, ou seja, o uso desse instrumento é adstrito a ocasiões peculiares e taxativas a que a Carta Magna dá máxima importância.

Decorre daí que a educação é uma destas matérias que possuem estatura jurídica máxima, a ponto de fazer eclodir a possibilidade de uma intervenção federal ou estadual, se houver negligência na aplicação das receitas públicas destinadas ao ensino.

Ainda, considerando o valor transcendental da educação, a Constituição abriu uma seção especialmente dedicada à matéria. Com efeito, os artigos 205 a 214 da Seção I (Da Educação) contida no Capítulo III (Da Educação, Da Cultura e Do Desporto) do Título VIII (Da Ordem Social), tratam exclusivamente do sistema educacional brasileiro.

Deveras, a educação tem importância máxima, mesmo porque sem ela não há cidadania. Sem educação também inexiste consciência crítica sobre o que acontece no mundo em que se vive e, dessa forma, sem educação não há existência digna.

A educação deve ser entendida em sua acepção ampla, incluindo, pois, o conceito de educação digital.

Para que uma educação digital inclusiva seja viável há necessidade de um equipamento (computador, smartphone etc.), acesso à internet e domínio das ferramentas digitais.

O conhecimento das ferramentas digitais é essencial para a formação completa do indivíduo. A educação perpassa, pois, pelo aprendizado digital.

De acordo com a Pesquisa Nacional por Amostra de Domicílios Contínua – PNAD Contínua sobre o módulo de Tecnologia da Informação e Comunicação – TIC realizada em 2021 pelo IBGE, a Internet já é acessível em 90% dos domicílios brasileiros. Se comparado ao ano de 2019, esse número representa um aumento de 6%. O acesso na área rural também aumentou de 57,8% para 74,7%, mas ainda é menor do que na área urbana, que subiu de 88,1% para 92,3% entre 2019 e 2021. A pesquisa revelou, ainda, que o celular é o dispositivo mais utilizado para acessar a Internet em casa, representando 99,5%. Já a televisão foi o segundo equipamento mais utilizado para esse fim (44,4%), ultrapassando, pela primeira vez, o computador (42,2%)[331].

Segundo apurado pelo Estado de São Paulo, os motivos para a exclusão digital seriam financeiros: 14,0% disseram que o acesso à rede era caro, e outros 6,2% declararam que o equipamento eletrônico necessário era caro. Os dois motivos mais mencionados para a exclusão digital foram não saber usar a internet (42,2%) e falta de interesse em acessá-la (27,7%).

Entre os estudantes que não tinham internet, a maioria esmagadora frequentava a rede pública de ensino: 94,7%. Os estudantes de 10 anos ou mais que ainda eram excluídos digitais em 2021 relataram maior peso da questão financeira para o problema: 25,1% consideravam o serviço caro e 18,3% afirmaram que o equipamento necessário para o acesso tinha um custo elevado. As demais razões apontadas para a falta de acesso à rede foram ausência de interesse (17,5%), não saber utilizar (15,9%) e falta de disponibilidade do serviço nos locais que costumavam frequentar (10,6%)[332].

Infelizmente, entre os 10% de brasileiros que não têm acesso à internet, muitos estão em zonas rurais e em regiões remotas no Nordeste ou no Norte do país.

Para que essas regiões possam crescer, é necessário conectar sua população à rede, de modo que os jovens tenham oportunidades de melhorar sua condição de vida e obter as informações necessárias para gerar negócios e fazer contatos.

Para fazer frente a essa demanda, o governo federal criou o Programa Norte Conectado[333], por meio do Decreto nº 10.800, de 17 de setembro de 2021, com a missão de expandir a infraestrutura de comunicações na Região Amazônica. Por meio da implantação de um *backbone* em fibra óptica, composto por oito infovias, o Programa vai atender às políticas

[331] IBGE Educa. Informações Atualizadas sobre Tecnologias da Informação e Comunicação. Disponível em https://educa.ibge.gov.br/jovens/materias-especiais/21581-informacoes-atualizadas-sobre-tecnologias-da-informacao-e-comunicacao.html Acesso em: 23 jan. 2024.

[332] AMORIM, Daniela. Brasil tinha 7,3 milhões de lares sem internet e 28,2 milhões de excluídos digitais em 2021. **Estadão** – Publicado 16.09.2022. Disponível em https://www.estadao.com.br/economia/brasil-exclusao-digital-2021/ Acesso em: 22 jan. 2024.

[333] MINISTÉRIO DAS COMUNICAÇÕES. **Norte Conectado**. Disponível em https://www.gov.br/mcom/pt-br/acesso-a-informacao/acoes-e-programas/programas-projetos-acoes-obras-e-atividades/norte-conectado Acesso em: 23 jan. 2024.

públicas de telecomunicações, educação, pesquisa, saúde, defesa e do judiciário.

Vê-se, pois, que a inclusão digital, tal como a educação, tem que ser para todos.

Nessa seara, um outro olhar sobre "todos" a serem incluídos digitalmente é necessário: segundo o "Movimento Web para Todos", 99% dos sites do Brasil não são acessíveis para pessoas com deficiência, ou seja, dos 14 milhões de sites brasileiros ativos, menos de 1% passou nos testes de acessibilidade[334].

Esse resultado nada mais é do que um reflexo da invisibilidade que atinge uma população de aproximadamente 45 milhões de brasileiros, que possuem algum tipo de deficiência.

Os sites governamentais também foram avaliados pelo "Movimento Web para Todos" e o resultado é que 96,71% dos sites governamentais[335] não atendem aos critérios de acessibilidade[336].

Essa situação é inaceitável e remete ao que se denomina "*apartheid* digital", que é a nomenclatura utilizada para definir o abismo (de conhecimento/oportunidades) entre aqueles que têm acesso às TICs e àqueles que não têm.

São muitos os obstáculos a serem enfrentados para a inclusão digital, a começar com a ausência de equipamentos, instrução adequada para o uso de tecnologias, recursos financeiros para arcar com um plano de acesso à internet e *sites* acessíveis, que permitam a compreensão do conteúdo por todas as pessoas, sem exclusão de quem quer que seja.

Dessa forma, serão necessários investimentos para suprir as carências estruturais básicas, com acessibilidade aos recursos *smart* por meio de criação de zonas de *wi-fi* gratuito; promover a alfabetização digital de todos, com professores capacitados e salas de aula interativas; disponibilizar os

334 MOVIMENTO WEB PARA TODOS. **99% dos sites do Brasil apresentam barreiras de navegação para pessoas com deficiência** – Publicado em 29/10/2029. Disponível em https://mwpt.com.br/99-dos-sites-do-brasil-apresentam-barreiras-de-navegacao-para-pessoas-com-deficiencia/ Acesso em: 24 jan. 2024.

335 Os testes consideraram sites governamentais os que estão sob o ccTLD ".gov.br".

336 MOVIMENTO WEB PARA TODOS. **Metodologia utilizada no estudo de acessibilidade em sites ativos** (Brasil, 2020) – Publicado em 20/05/2020. Disponível em https://mwpt.com.br/2o-estudo-de-acessibilidade-do-movimento-web-para-todos-nos-sites-brasileiros/ Acesso em: 24 jan. 2024.

elementos essenciais à inclusão digital (computadores, acesso à rede, domínio de ferramentas digitais); e tornar todos os sites acessíveis para pessoas com deficiência.

Somente com tais investimentos é que poderemos alcançar a verdadeira inclusão digital, que está atrelada a uma educação completa, para permitir a inserção de todos em um mundo de oportunidades e novos negócios.

Referências

AMORIM, Daniela. Brasil tinha 7,3 milhões de lares sem internet e 28,2 milhões de excluídos digitais em 2021. **Estadão** – Publicado 16.09.2022. Disponível em https://www.estadao.com.br/economia/brasil-exclusao-digital-2021/ Acesso em: 22 jan. 2024.

BANDEIRA DE MELLO, Celso Antônio. **Curso de Direito Administrativo**. 36.ed. Belo Horizonte: Fórum, 2023.

BANDEIRA DE MELLO, Celso Antônio. **Natureza e Regime Jurídico das Autarquias**. São Paulo: Revista dos Tribunais, 1967.

CAMARGO, Roberto. Brasil é um dos líderes mundiais na digitalização de serviços públicos. **Agência Brasil.** 20 nov. 2022. Disponível em: https://agenciabrasil.ebc.com.br/geral/noticia/2022-11/brasil-e-um-dos-lideres-mundiais-na-digitalizacao-de-servicos-publicos Acesso em: 23 jan. 2024.

CRISTÓVAM, José Sérgio da Silva; SAIKALI, Lucas Bossoni; SOUSA, Thanderson Pereira de. Governo digital na implementação de serviços públicos para a concretização de direitos sociais no Brasil. **Seqüência Estudos Jurídicos e Políticos**, [S. l.], v. 41, n. 84, p. 209–242, 2020. DOI: 10.5007/2177-7055.2020v43n84p209. Disponível em: https://periodicos.ufsc.br/index.php/sequencia/article/view/2177-7055.2020v43n84p209. Acesso em: 18 jan. 2024.

DUGUIT, Léon. **Traité de Droit Constitutionnel**. Vol II. Paris: Ancienne Librairie Fontemoing & Cie, Editeurs, 1923.

GOVERNO FEDERAL. **Lista dos serviços públicos digitais inseridos em 2023**: https://www.gov.br/governodigital/pt-br/transformacao-digital/lista-servicos--digitais/servicos-digitais-2023 Acesso em 23 jan. 2024.

GROTTI, Dinorá Musetti. **O Serviço Público e a Constituição Brasileira de 1988**. São Paulo: Malheiros Editores, 2003.

IBGE Educa. **Informações Atualizadas sobre Tecnologias da Informação e Comunicação**. IBGE. Disponível em https://educa.ibge.gov.br/jovens/materias-especiais/21581-informacoes-atualizadas-sobre-tecnologias-da-informacao-e-comunicacao.html Acesso em: 23 jan. 2024.

MINISTÉRIO DAS COMUNICAÇÕES. **Norte Conectado.** Disponível em https://www.gov.br/mcom/pt-br/acesso-a-informacao/acoes-e-programas/programas-projetos-acoes-obras-e-atividades/norte-conectado Acesso em: 23 jan. 2024.

MOVIMENTO WEB PARA TODOS. **99% dos sites do Brasil apresentam barreiras de navegação para pessoas com deficiência** – Publicado em 29/10/2029. Disponível em: https://mwpt.com.br/99-dos-sites-do-brasil-apresentam-barreiras-de-navegacao-para-pessoas-com-deficiencia/ Acesso em: 24 jan. 2024.

MOVIMENTO WEB PARA TODOS. **Metodologia utilizada no estudo de acessibilidade em sites ativos** (Brasil, 2020) – Publicado em 20/05/2020. Disponível em: https://mwpt.com.br/2o-estudo-de-acessibilidade-do-movimento-web-para-todos-nos-sites-brasileiros/ Acesso em: 24 jan. 2024.

RIVERO, Jean. **Droit Administratif.** 2. ed. Paris, 1962.

10.
BENS PÚBLICOS NA ERA DIGITAL

Os bens públicos, instrumentos de concretização da ação estatal voltada à satisfação do interesse público[337], também suscitam questões interessantes diante das inovações que impactam a Administração Pública.

Os bens públicos, em sua maioria, são adquiridos e alienados por meio de contratações públicas e sua gestão pode demandar uma série de atos administrativos. Os atos administrativos em geral e as contratações públicas serão tratadas em Capítulos próprios[338], por isso aqui é importante investigar apenas aquilo que diga respeito exclusivamente aos bens públicos.

Uma primeira preocupação que vem à mente diz respeito à gestão dos bens públicos em geral. Como as inovações podem impactar essa gestão? Dentro desse aspecto, uma questão que surge é o que fazer com bens que se tornaram ociosos em razão das inovações, como ocorreu em razão da adoção do teletrabalho por partes dos agentes públicos após as medidas tomadas durante a pandemia.

Além dos bens tangíveis, há uma preocupação especial com os bens intangíveis da Administração, como é o caso, por exemplo, da propriedade

[337] SARAI, Leandro. Noções Gerais e Críticas sobre o Regime dos Bens Públicos. **BDA**, nº 6, ano XXVIII, São Paulo: NDJ, p. 664-682, jun. 2012. Publicado também na **Revista da Procuradoria-Geral do Banco Central**. v.8. n.1. p. 103-136, jun. 2014.

[338] Capítulos 6 e 13.

intelectual, até porque ela está estritamente ligada aos processos de inovação. Esse tema também tem relação com a questão da melhor estrutura normativa para incentivar a inovação, mas que será tratado em Capítulo específico[339].

Entre os bens intangíveis ainda, não podem deixar de ser mencionadas as novas espécies de bens de natureza digital e a relação entre a Administração e esses bens.

Finalmente, uma reflexão que foi trazida para esse Capítulo diz respeito ao tratamento dos dados detidos pela Administração, incluindo os dados pessoais dos administrados. Seriam os dados enquadráveis como bens? Dados detidos pela Administração seriam públicos?

10.1. Gestão de bens públicos na era digital

Quando pensamos nos atos relativos à aquisição e alienação de bens no contexto das novas tecnologias, é necessário investigar, em primeiro lugar, se há peculiaridades em relação à Administração Pública, em razão de seu regime jurídico próprio. Sabemos que há peculiaridades que são independentes do advento dessas tecnologias, como a necessidade de observância da Lei de Licitações, até para verificar se o caso é ou não de contratação direta, e a exigência de prévia autorização orçamentária para que aquisições sejam realizadas[340].

Embora diga respeito aos bens imóveis em geral e não especificamente aos bens públicos, cabe mencionar que serviços de registros públicos já estão adotando novas tecnologias para a realização de seus registros[341]. O registro de transferência de propriedade de veículos automotores também já pode ser feito digitalmente[342].

Para a Administração Pública, na gestão de seus bens, algumas inovações podem impactar na forma de armazenar e zelar pelos documentos de propriedade, principalmente se tais documentos tiverem que ser portados

339 Capítulo 12.

340 CABRAL, Flávio Garcia; SARAI, Leandro. **Manual de Direito Administrativo.** Leme/SP: Mizuno, 2022, p. 603-606.

341 Cf. Provimento nº 100, de 26/05/2020, do Corregedor Nacional de Justiça, Disponível em: https://atos.cnj.jus.br/atos/detalhar/3334 Acesso em: 27 abr. 2022.

342 Cf. Resolução Contran nº 809/20, Disponível em: https://www.gov.br/infraestrutura/pt-br/assuntos/transito/conteudo-contran/resolucoes/Resolucao8092020.pdf Acesso em: 27 abr. 2022.

pelo proprietário. No caso dos serviços de registros públicos como são hoje, ainda que haja, por exemplo, extravio de certidão de matrícula de algum imóvel da Administração Pública, bastará obter nova certidão no Serviço de Registro Imobiliário competente. Da mesma forma, a documentação relativa à propriedade de veículos automotores é mantida registrada em bancos de dados de órgãos de trânsito.

Para a gestão dos bens públicos, as inovações podem proporcionar algo que antes era inviável. Do ponto de vista político, alguns governantes podem realizar inaugurações de obras públicas com o intuito de agradar eleitores e obter votos[343]. Mas a manutenção desses bens, que é tão importante quanto sua construção, pode acabar sendo deixada de lado, pois se trata de um gasto público que não tem a mesma visibilidade que uma inauguração. Para complicar ainda mais, a carência de recursos públicos para realizar manutenção é somada com a dificuldade de organizar um plano de manutenção de todos os bens, afinal, cada um demanda reparos em periodicidade distinta.

Há algum tempo, todos os bens públicos somente eram inventariados em papel, isso quando havia algum tipo de controle. Ante a possibilidade de um ente público ser titular de grande volume de bens, era praticamente inviável controlar as prioridades de manutenção.

Com o advento das tecnologias digitais, é possível a criação de programas de computador que contenham o registro de todos os bens públicos com as datas de manutenção programadas, fornecendo informações em tempo real para o gestor poder decidir melhor as prioridades de alocação dos recursos públicos[344].

[343] OSÓRIO, Fábio Medina. Reflexões sobre o conceito de atividade político-partidária de juízes: inaugurações de obras públicas, atuações em redes sociais e participações em cultos religiosos. **Revista da Escola da Magistratura do TRF da 4ª Região,** n, v. 16, p. 109.

[344] FALORCA, Jorge; RODRIGUES, Calejo; DA SILVA, Mendes. **A utilidade das aplicações informáticas na gestão da manutenção de edifícios**. Porto: FEUP, 2011. Disponível em: https://www.researchgate.net/profile/Jorge-Falorca/publication/337991099_A_utilidade_das_aplicacoes_informaticas_na_gestao_da_manutencao_de_edificios_-_The_utility_of_computer_applications_in_buildings_maintenance_management/links/5dfb5c57299bf10bc366798b/A-utilidade-das-aplicacoes-informaticas-na-gestao-da-manutencao-de-edificios-The-utility-of-computer-applications-in-buildings-maintenance-management.pdf Acesso em: 27 abr. 2022.

Além de propiciar uma manutenção adequada e no tempo oportuno para preservar a qualidade dos bens, outra grande utilidade das tecnologias é possibilitar a otimização do usos bens. Essa otimização é possível pelo fato de os programas de computador poderem de uma forma fácil relacionar a existência de bens ociosos com demandas de bens.

Ideia semelhante à exposta aqui está no Sistema Doações[345]. Por meio desse sistema se pretende facilitar a transferência de bens entre órgãos públicos, bem como a doação de particulares para a Administração Pública. É algo que está presente também na economia compartilhada[346] e de certa forma em alguns aplicativos que fazem intermediação entre quem oferece um bem ou serviço e quem está precisando do que é oferecido.

Esses aplicativos trazem duas reflexões importantes. A primeira delas diz respeito aos seus aspectos positivos e negativos. Como positivos podemos citar a sustentabilidade decorrente de evitar o consumo de novos bens com o aproveitamento de bens já existentes. Como aspecto negativo está a concentração de poder em algumas empresas, que cria um desequilíbrio em relação aos seus usuários e algumas situações polêmicas no que diz respeito a relações de trabalho[347], além de demandar uma regulação adequada[348]. A segunda reflexão importante que é trazida pelas inovações é a seguinte: Até que ponto ainda é necessário a Administração Pública ser proprietária de bens? Quais bens ainda precisar ser titulados pela Administração Pública e quais precisam apenas ser usados?

Essa questão não é nova. No governo federal, por exemplo, já existe uma iniciativa para substituir o modelo em que a Administração possui veículos próprios por um modelo em que os agentes públicos utilizam

345 BRASIL. **Sistema Doações.** Portal de Compras do Governo Federal. Disponível em: https://www.gov.br/compras/pt-br/sistemas/doacoes/doacoes Acesso em: 27 abr. 2022.

346 SUNDARARAJAN, Arun. **Economia compartilhada**: o fim do emprego e a ascensão do capitalismo de multidão. Tradução André Botelho. São Paulo: Senac, 2019.

347 MARTINS, Murilo; DE ALMEIDA, Victor Hugo. Análise juslaboral da relação de trabalho entre motoristas por aplicativo e a empresa uber: aspectos e consequências sociojurídicos. **Revista do Direito do Trabalho e Meio Ambiente do Trabalho**, v. 3, n. 1, p. 55-75, 2017.

348 MAGALHÃES, João Marcelo Rego; CAMINHA, Uinie. O Uber e a reinvenção do Direito Administrativo: os novos horizontes da regulação das atividades econômicas. **Revista Eletrônica do Curso de Direito da UFSM**, Santa Maria, RS, v. 14, n. 1, e32560, jan./abr. 2019. ISSN 1981-3694. Disponível em: https://periodicos.ufsm.br/revistadireito/article/view/32560 Acesso em: dia mês. ano. doi: http://dx.doi.org/10.5902/1981369432560.

veículos de empresas contratadas. A propósito, o Decreto nº 9.287, de 15 de fevereiro de 2018, prevê expressamente que a Administração deve analisar quais as opções mais vantajosas para os serviços de transporte[349]. Uma das opções é o TáxiGov, iniciativa que já gerou uma economia considerável para o governo federal[350]. Como evolução do TáxiGov, já está sendo implementado o MobGov, que é o novo serviço de transporte terrestre para os órgãos da Administração Pública Federal localizados em todo o país. Por meio dele, os servidores, empregados e colaboradores em serviço poderão se deslocar para a execução de ações administrativas dos órgãos.

No MobGov é feito um credenciamento e, diferentemente do que ocorre com o TáxiGov, não há mais um único fornecedor por estado, com contratações individuais, passando para uma sistemática nacional, na qual vários prestadores de serviço de transporte são credenciados, em formato semelhante ao serviço de Compra Direta de Passagens Aéreas, centralizados em uma única ferramenta integradora[351].

A ideia de analisar a melhor opção entre aquisição e mera locação está presente no art. 44 da nova Lei de Licitações[352].

Poderá haver bens que, por sua natureza estratégica, precisarão ser titulados pela Administração, para que não ela fique dependendo da vontade de particulares ou do mercado para a consecução do interesse público. A locação de imóveis, por exemplo, pode fazer o Poder Público ficar sujeito a despejos, ainda que com algumas restrições, conforme art. 63, §3º, da Lei nº 8.245, de 18 de outubro de 1991.

349 "Art. 8º Os órgãos, as autarquias e as fundações da administração pública federal deverão considerar todos os modelos de contratação praticados pela administração pública federal para prestação de serviço de transporte de material e de pessoal a serviço, de que trata o art. 4º, e adotar aquele que for comprovadamente mais vantajoso em comparação ao modelo vigente."

350 BRASIL. Ministério da Economia. **TáxiGov**. Disponível em: https://www.gov.br/economia/pt-br/assuntos/gestao/central-de-compras/taxigov Acesso em: 27 abr. 2022.

351 BRASIL. Ministério da Gestão e Inovação. **MobGov**. Disponível em: https://www.gov.br/gestao/pt-br/assuntos/central-de-compras/mobgov/usuarios#:~:text=O%20MobGov%20%C3%A9%20um%20novo,%C3%A9%20a%20evolu%C3%A7%C3%A3o%20do%20T%C3%A1xiGov. Acesso em: 27 jan. 2024.

352 "Art. 44. Quando houver a possibilidade de compra ou de locação de bens, o estudo técnico preliminar deverá considerar os custos e os benefícios de cada opção, com indicação da alternativa mais vantajosa."

Mesmo alguns bens que estejam sob a titularidade da Administração Pública precisam ter um cuidado especial na atualidade. É o caso de computadores e de sistemas responsáveis pela prestação de serviços públicos. Ataques cibertnéticos a tais sistemas podem até mesmo interromper a prestação do serviço público e causar grandes prejuízos.

Por outro lado, verificou-se com a pandemia que alguns imóveis poderiam ficar ociosos em razão da implantação do teletrabalho. Essa questão demanda tratamento em tópico apartado.

10.1.1. Destinação e utilização dos bens públicos diante do teletrabalho

Uma mudança importante e positiva trazida pela pandemia de COVID-19 foi a adoção do teletrabalho para agentes públicos. No âmbito federal, a Instrução Normativa nº 19, de 12 de março de 2020, do Secretário de Gestão e Desempenho de Pessoal do Ministério da Economia, previu expressamente a possibilidade do trabalho remoto para os agentes públicos.

A medida, que foi editada para permitir a continuidade do serviço público assegurando o distanciamento social dos agentes públicos, acabou tendo como efeito adverso a economia de quase R$1,5 bilhões de reais, considerado apenas o período de março de 2020 a junho de 2021[353].

O sucesso do teletrabalho levou a Secretaria de Gestão e Desempenho de Pessoal do Ministério da Economia a editar a Instrução Normativa nº 65, de 30 de julho de 2020, para regular de o chamado Programa de Gestão, que trata das novas formas de prestação de serviço público pelos servidores e principalmente da forma de gerir e avaliar essa prestação. Não se trata apenas de possibilitar o trabalho à distância em relação ao local da sede do órgão onde o agente público está lotado, mas principalmente de modificar a forma como o trabalho deve ser realizado e medido, algo que parece concretizar muito bem o princípio da eficiência da Administração

[353] BRASIL. Ministério da Economia. **Governo federal economiza R$ 1,419 bilhão com trabalho remoto de servidores durante a pandemia.** 3 ago. 2021. Disponível em: https://www.gov.br/economia/pt-br/assuntos/noticias/2021/agosto/governo-federal-economiza-r-1-419-bilhao-com-trabalho-remoto-de-servidores-durante-a-pandemia Acesso em: 27 abr. 2022.

Pública[354]. Isso fica claro nos objetivos desse Programa, que abrangem: a) promoção da gestão da produtividade e da qualidade das entregas dos participantes; b) redução de custos no poder público; c) atrair e manter novos talentos; d) motivar e gerar comprometimento dos participantes com os objetivos da Instituição; e) estimular o desenvolvimento do trabalho criativo, da inovação e da cultura de governo digital; f) melhorar a qualidade de vida dos participantes; g) gerar e implementar mecanismos de avaliação e alocação de recursos; e h) promover a cultura orientada a resultados, com foco no incremento da eficiência e da efetividade dos serviços prestados à sociedade.

O próprio governo declarou expressamente que a medida surgiu para modernizar a gestão de pessoas e aumentar a eficiência na prestação dos serviços públicos[355]. Aliás, se a medida cumpre essa finalidade, ficará difícil para os gestores justificarem o retorno pleno ao trabalho presencial, principalmente nos casos em que o teletrabalho funcionou e tendo em conta o volume da economia de recursos públicos que propiciou. Nesse cenário, uma decisão que busque fazer o serviço público retornar ao estado anterior poderia representar nítida ofensa ao princípio da eficiência.

Independentemente dessa questão, partindo da premissa de que determinado órgão está adotando o teletrabalho e de que o prédio de sua sede está ocioso em razão de seus agentes públicos estarem trabalhando à distância, alguma providência será necessária em termos de gestão, não apenas quanto ao que deve ser feito com o espaço ocioso, mas também com os bens e serviços prestados nesse prédio. Apenas para exemplificar algumas situações, um menor número de pessoas no prédio poderá levar a uma redução da demanda por serviços de limpeza, por serviços de impressão, por serviços de apoio administrativo etc..

Se um serviço contratado não está sendo utilizado, em princípio, cabe sua supressão. Da mesma forma, se um bem está ocioso, em princípio, cabe destiná-lo a algum fim que o aproveite melhor. Mas a solução não

[354] CABRAL, Flávio Garcia. **O conteúdo jurídico da eficiência administrativa**. Belo Horizonte: Fórum, 2019.

[355] BRASIL. Ministério da Economia. **Governo federal define novas regras para o teletrabalho.** 30 jul. 2020. Disponível em: https://www.gov.br/economia/pt-br/assuntos/noticias/2020/julho/governo-federal-define-novas-regras-para-o-teletrabalho Acesso em: 27 abr. 2022.

é simples. Basta imaginar o que ocorreria se um prédio público fosse fechado, em razão do teletrabalho e, de repente, por algum motivo, fosse necessário o retorno presencial de todos os agente públicos. Problemas também surgem se o gestor deixa algumas estações de trabalho disponíveis no prédio público e em determinado dia e horário comparecem agentes públicos em número superior às estações disponíveis.

Para solucionar esses problemas há modelos matemáticos operados por computador que podem estimar demandas máximas, de modo a que o gestor saiba de antemão quantos recursos precisam ficar disponíveis para o trabalho presencial.

Tradicionalmente, os agentes públicos em trabalho presencial possuem um local fixo de trabalho, como, por exemplo, uma sala, uma mesa, uma baia ou uma estação de trabalho. A partir do momento em que um agente público passa a trabalhar remotamente e apenas eventualmente comparece ao prédio público de sua lotação para trabalho presencial, talvez a solução seja não haver mais locais fixos. O gestor manteria algumas estações de trabalho para uso compartilhado, em que os agentes que pretendam trabalhar presencialmente teriam que agendar e reservar previamente.

Como regra geral, é a Administração Pública que deve fornecer todos os instrumentos de trabalho a seus agentes públicos. Porém, no caso da Administração federal, o art. 23 da citada Instrução Normativa Seges nº 65, de 2020, impôs esse ônus aos agentes públicos que participem do Programa de Gestão[356]. Essa norma somente se justifica num momento de transição para o teletrabalho e pelo fato de o Programa de Gestão não ser obrigatório. Talvez, mesmo com esse ônus, ainda seja vantajoso para alguns agentes públicos o teletrabalho, pois podem economizar com transporte e com outras despesas. Mas, a partir do momento em que se verificar que o teletrabalho é mais eficiente em determinado órgão e melhor para o interesse público, haverá, de um lado, um dever do gestor de adotá-lo. De outro, em sendo adotado de modo obrigatório, a Administração não poderá fugir do dever de suportar os custos, que não podem ser repassados ao

356 "Art. 23. Quando estiver em teletrabalho, caberá ao participante providenciar as estruturas física e tecnológica necessárias, mediante a utilização de equipamentos e mobiliários adequados e ergonômicos, assumindo, inclusive, os custos referentes à conexão à internet, à energia elétrica e ao telefone, entre outras despesas decorrentes do exercício de suas atribuições."

trabalhador. Certamente, será necessária nova regulamentação do tema, conforme a nova realidade for se consolidando.

É importante registrar que o Decreto nº 11.072, de 17 de maio de 2022, consolidou as regras do Programa de Gestão e Desempenho no âmbito da Administração Pública federal direta, autárquica e fundacional. Por ora, nos termos desse Decreto, a estrutura física e tecnológica para o teletrabalho ainda está prevista para ser custeada pelo agente público participante.

10.2. Propriedade intelectual da administração pública

Segundo a Associação Brasileira da Propriedade Intelectual, a propriedade intelectual abrangeria a propriedade industrial, o direito autoral e a propriedade intelectual *sui generis*, relativa a criações como topografias de circuito integrado, os cultivares e o conhecimento tradicional[357]. No Brasil o tema é tratado em uma série de leis. Para citar apenas algumas, a Lei nº 9.279, de 14 de maio de 1996, regula direitos e obrigações relativos à propriedade industrial; a Lei nº 9.456, de 25 de abril de 1997, regula a proteção de cultivares; a Lei nº 9.609, de 19 de fevereiro de 1998, trata da proteção da propriedade intelectual de programa de computador; a Lei nº 9.610, de 19 de fevereiro de 1998, consolida a legislação sobre direitos autorais; a Lei nº 11.484, de 31 de maio de 2007, entre outros assuntos, dispõe sobre a proteção à propriedade intelectual das topografias de circuitos integrados; e a Lei nº 13.123, de 20 de maio de 2015, entre outras matérias, protege o conhecimento tradicional e o patrimônio genético. Um importante diploma legal, especificamente voltado a incentivar a inovação e a pesquisa científica e tecnológica, é a Lei nº 10.973, de 2 de dezembro de 2004.

Dessa gama de objetos passíveis de proteção, a maioria tem por característica principal a natureza intangível de puro conhecimento, de criação da mente[358], ainda que na prática se manifeste em algum corpo

[357] ASSOCIAÇÃO BRASILEIRA DA PROPRIEDADE INTELECTUAL. **O que é propriedade intelectual?** Disponível em: https://abpi.org.br/blog/o-que-e-propriedade-intelectual/ Acesso em: 27 abr. 2022.

[358] WIPO – World Intellectual Property Organization. **What is intellectual property.** Disponível em: https://www.wipo.int/about-ip/en/ Acesso em: 3 maio 2022.

tangível. Sendo algo intangível e inteligível, é fácil perceber que contraria a ideia tradicional de propriedade.

Tradicionalmente a propriedade se enquadrava nos direito das coisas, que, no Direito Civil, envolvia originariamente apenas objetos concretos, tangíveis. A propósito, na seção 90 do Código Civil alemão, que influenciou o brasileiro[359], consta expressamente que "somente objetos corpóreos são coisas como definido pelo Direito"[360]. No Código Civil brasileiro não é clara a distinção entre bem e coisa, salvo uma predominância da palavra "bens" na Parte Geral e uma predominância da palavra "coisa" na Parte Especial. Nada obstante, o único aspecto que interessa é que a ideia de propriedade traz consigo a ideia de exclusividade ou de aproveitamento privativo do proprietário, dos proprietários ou de quem esses autorizem. Porém, enquanto para um objeto corpóreo é viável garantir essa exclusividade, para um objeto incorpóreo isso pode ser inviável.

Por que isso ocorre? No caso de um objeto corpóreo, seu uso pressupõe uma prévia detenção do bem. Como esse objeto não pode estar em dois lugares ao mesmo tempo, é possível afastar ou impedir o uso de outras pessoas por meio do afastamento da coisa em relação a essas pessoas. Por outro lado, para objetos incorpóreos, dois fatos tornam a situação distinta. O primeiro é que para tais objetos é provável que somente se formem obrigações de fazer e de não fazer, e não obrigações de dar. Para obrigações de fazer e não fazer muitas vezes é impossível impedir na prática o inadimplemento, restando apenas medidas indiretas, como a ameaça de multas, por exemplo, para tentar forçar o adimplemento. O segundo fato é que bens incorpóreos, como o conhecimento, podem estar em mais de um local ao mesmo tempo. Quando se ensina, por exemplo, um método de produção mais eficiente para outra pessoa, tanto quem ensinou quanto quem foi ensinado passam a deter o conhecimento. Num primeiro momento, pode-se pensar que não há problema algum nesse fato. Nas escolas, por exemplo, a ideia é justamente difundir o conhecimento.

[359] RODRIGUES JUNIOR, Otavio Luiz. A influência do BGB e da doutrina alemã no direito civil brasileiro do século XX. **Revista dos Tribunais**, São Paulo, v. 102, n. 938, p. 79-155, 2013.

[360] ALEMANHA. **Civil Code in the version promulgated on 2 January 2002** (Federal Law Gazette [Bundesgesetzblatt] I page 42, 2909; 2003 I page 738), last amended by Article 4 para. 5 of the Act of 1 October 2013 (Federal Law Gazette I page 3719). Disponível em: https://www.gesetze-im-internet.de/englisch_bgb/englisch_bgb.html#p0270 Acesso em: 28 abr. 2022.

Mas problemas começam a surgir quando o conhecimento ou outro objeto de propriedade intelectual decorre de esforços e principalmente de investimentos. Permitir que qualquer pessoa utilize esse objeto sem retribuir ao seu autor poderá gerar uma situação de desequilíbrio. O inventor ou descobridor poderá se sentir explorado e injustiçado. Se essa cultura de uso gratuito do conhecimento ou das descobertas ou invenções alheias se espalha, inventores e investidores podem ficar desestimulados e isso pode, em tese, inibir as inovações[361]. Imaginem um escritor que dedica anos de sua vida criando uma obra, que pode deleitar muitas pessoas. É evidente que o trabalho dele precisa ser recompensado, pois ele precisa suprir suas necessidades básicas. Por outro lado, é possível que inventores e autores em geral busquem inventar ou fazer descobertas apenas para satisfação pessoal íntima. Podem eventualmente buscar reconhecimento e serem lembrados por serem os responsáveis pela criação, sem nenhuma pretensão econômica. Nesse último caso, ainda que o uso de seu conhecimento fosse gratuito, poderia continuar havendo o estímulo às inovações.

Imaginem ainda, apenas por exemplo, a criação de uma semente transgênica que resiste a determinadas pragas, é mais produtiva, mais barata, mas que é estéril. Após determinado período, é possível que muitos agricultores estejam utilizando essas sementes, por serem, em princípio, mais vantajosas do ponto de vista econômico para cada um individualmente. Mas e se toda a alimentação de um país ficar dependendo da venda de sementes de um ou de alguns fornecedores exclusivos de natureza privada ou estrangeira? Isso é bem provável, caso agricultores usem sementes que geram plantam estéreis. As pessoas que controlam tais fornecedores não teriam o poder de submeter o país a seus interesses, eventualmente até mesmo sem a necessidade de uma guerra?

[361] "Além disso, precisamente a outorga da concessão afeta a garantia desse interesse que é a promoção e incentivo da atividade de pesquisa industrial, uma vez que o pesquisador está ciente de que obtendo a concessão do direito de uso sobre sua invenção ele se beneficia economicamente dela por meio de sua exploração exclusiva (que ele não aproveitaria sem essa concessão administrativa) que o incentiva a inovar." (RODRÍGUEZ, Carmen Fernández. Aproximación al concepto de dominio público inmaterial en los derechos sobre invenciones y creaciones. **Revista de administración pública**, n. 146, p. 129-155, 1998, p. 140, tradução livre) Cf. ainda BRANCO, Sérgio. **O domínio público no direito autoral brasileiro**: Uma Obra em Domínio Público. Rio de Janeiro: Lumen Juris, 2011, p. 58-68.

Pensemos ainda a hipótese de uma espécie de planta que está disponível em solo brasileiro e que fornece insumo para um determinado medicamento. Vamos supor ainda que alguém indevidamente subtraia um exemplar dessa planta e o leve para o exterior, onde obtém a propriedade intelectual e o direito de explorar com exclusividade a fórmula. Os brasileiros estariam impedidos de produzir tal medicamento a partir de uma planta que é sua?

Enfim, a regulação do tema precisa buscar um ponto ótimo entre assegurar a proteção de interesses legítimos e incentivar a inovação. Pode ocorrer de o regime de proteção à propriedade intelectual não atender aos interesses do titular. É o que relata, por exemplo, Fábio Konder Comparato ao narrar que empresas estavam preferindo utilizar contratos de *know-how* em vez de patentearem suas criações. Isso porque normalmente o regime jurídico da propriedade intelectual demandava a publicidade da invenção e os titulares desta não gostariam que seu segredo fosse divulgado, pois essa divulgação poderia lhes retirar uma vantagem competitiva. Ocorre que, segundo Comparato, no período de exploração exclusiva, a publicidade da invenção serve justamente para que a sociedade tome conhecimento da nova tecnologia, de modo que, findo referido período, tal tecnologia possa ser difundida[362].

Quando o Poder Público é o titular do bem de natureza intelectual surgem questões ainda mais interessantes, uma vez que o fato de ser público não implica necessariamente um regime único de uso livre e gratuito para todas as situações[363]. A figura conhecida do "domínio público", prevista, por exemplo, no art. 14 da Lei nº 9.610, de 1998, ou no parágrafo único do art. 78 da Lei nº 9.279, de 1996, nem sempre solucionará todas as questões. Aliás, a expressão "domínio público" é ambígua, pois enquanto no âmbito dos direitos autorais ela representaria "o conjunto de bens que não mais têm seus aspectos patrimoniais, nem parte dos morais,

[362] COMPARATO, Fábio Konder. A transferência empresarial de tecnologia para países subdesenvolvidos: um caso típico de inadequação dos meios aos fins. **Revista da Faculdade de Direito**, Universidade de São Paulo, v. 77, p. 277-291, 1982.

[363] CÂNCIO, Maria Miguel Gomez de Almeida Pereira. **Domínio público intelectual?** 2012. Dissertação (Mestrado em Direito Administrativo)- Universidade Católica Portuguesa, Faculdade de Direito – Escola de Lisboa, 2012, Disponível em: https://repositorio.ucp.pt/bitstream/10400.14/10920/3/Trabalho%20Final%20de%20Mestrado%20-%20Dom%C3%ADnio%20P%C3%BAblico%20Intelectual.pdf Acesso em: 3 maio 2022.

submetidos ao monopólio legal"[364], no âmbito do Direito Administrativo ela abrangeria o conjunto dos bens públicos, ou seja, titulados pelos entes públicos.

Pode ocorrer, por exemplo, de o Estado ter investido grandes volumes de recursos públicos para fazer uma invenção. Suponham que essa invenção venha a ser patenteada por um particular, que passa a explorá-la com exclusividade e com fins lucrativos. Ainda que permitida essa exploração, uma situação como essa precisaria de um tratamento adequado para que esse particular fosse remunerado apenas por seu trabalho, mas não pela invenção em si, pois se ela decorreu de um esforço coletivo, o coletivo deveria ser beneficiado por ela. Não poderia haver "privatização dos benefícios e a socialização das perdas"[365]. Aliás, é bom lembrar que nos Estados Unidos muitas inovações e mesmo grandes empresas se apoiam em criações que tiveram importante participação estatal[366].

Há bens públicos que o Estado não tem condições ou conhecimentos para explorar. Daí, eventualmente, pode caber a concessão do direito de exploração a particulares com uma remuneração adequada. A depender dos investimentos necessários, a exploração pode exigir regime de exclusividade. Por outro lado, pode haver bens públicos que precisam ficar disponíveis livremente para uso a todos que tenham interesse. Aliás, o acervo de conhecimento em domínio público é importante elemento de suporte e fomento a novas criações intelectuais[367].

Enfim, é necessário que em cada caso o regime do bem público seja adequado ao cumprimento de sua finalidade. Haverá muitas vezes conflitos

[364] BRANCO, Sérgio. **O domínio público no direito autoral brasileiro**: Uma Obra em Domínio Público. Rio de Janeiro: Lumen Juris, 2011, p. 55.

[365] MARTÍN-RETORTILLO, Sebastián. Aspectos administrativos del crédito. In: NIGRO, Mario; MARTÍN-RETORTILLO, Sebastián. **La disciplina pubblicistica del credito**. Padova: Cedam, 1970, p.107-108, tradução livre; MARTÍN-RETORTILLO, Sebastián. Interventi. In: NIGRO, Mario; MARTÍN-RETORTILLO, Sebastián. **La disciplina pubblicistica del credito**. Padova: Cedam, 1970, p. 443, tradução livre.

[366] MAZZUCATO, Mariana. **O Estado empreendedor: desmascarando o mito do setor público vs. setor privado**. Tradução Elvira Serapicos. Portfolio-Penguin, out. 2014, e-book, p.31; 101-116.

[367] BRANCO, Sérgio. **O domínio público no direito autoral brasileiro**: Uma Obra em Domínio Público. Rio de Janeiro: Lumen Juris, 2011, p. 57.

a serem solucionados para compatibilizar o interesse da mercantilização com o interesse do bem comum[368].

O problema que pode ocorrer na busca de uma regulação que resguarde os interesses nacionais é que grande parte do tema já está subordinado a tratados internacionais, que limitariam o espaço de manobra nacional[369]. Caso a legislação nacional contrarie os interesses estrangeiros já regulados em normas ou recomendações internacionais, o Brasil poderia sofrer algum prejuízo, mesmo que não fizesse parte dos tratados em que vigem tais normas. Assim, o tratamento dos bens públicos de natureza intelectual precisa ser abordado dentro dos limites possíveis da legislação vigente.

10.3. Bens públicos digitais: sites, sistemas e outros

A natureza distinta de determinados bens intangíveis justifica seu tratamento à parte. É o caso dos *sites*, dos sistemas e até mesmo de outros bens de natureza digital como os *non fungible tokens – NFT's*, para dar um exemplo. Dada a velocidade com que surgem as inovações, a referência a "outros" tipos de bens no título é proposital e serve para indicar que se trata de um campo aberto cujos limites não podem ser traçados sob pena de ficarem ultrapassados muito rapidamente.

Essas inovações trazem questões sequer cogitada há pouco tempo. Analisá-las é imprescindível para verificar se nosso ordenamento já dispõe de soluções adequadas ou se demanda atualização.

10.3.1. Sites

A figura do Governo como Plataforma, prevista expressamente na Lei nº 14.129, de 2021 (Lei do Governo Digital) provoca uma reflexão interessante: a partir do momento em que as pessoas passam a interagir com a Administração apenas pela internet, a figura dos prédios públicos perde de certa forma sua relevância. Há prédios que podem até se tornar desnecessários. Essa transição, por um lado, demanda uma mudança na

368 VIEIRA, Miguel Said. **Os bens comuns intelectuais e a mercantilização.** Tese (Doutorado em Educação)-USP, 2014. Disponível em: https://www.teses.usp.br/teses/disponiveis/48/48134/tde-01102014-104738/publico/MIGUEL_SAID_VIEIRA.pdf Acesso em: 3 maio 2022, p. 324.

369 COMPARATO, Fábio Konder. A transferência empresarial de tecnologia para países subdesenvolvidos: um caso típico de inadequação dos meios aos fins. **Revista da Faculdade de Direito**, Universidade de São Paulo, v. 77, p. 277-291, 1982.

gestão para adaptar o estoque de bens públicos tangíveis, como os prédios públicos, às necessidades atuais. Por outro lado, pode fazer surgir novas necessidades decorrentes das inovações tecnológicas.

A propósito dos ***sites***, cabe ressaltar que o Decreto nº 4.829, de 3 de setembro de 2003, dispõe sobre a criação do Comitê Gestor da Internet no Brasil – CGIbr e sobre o modelo de governança da Internet no Brasil, entre outras disposições. É esse Comitê que estabelece as diretrizes para a organização das relações entre o Governo e a sociedade, a execução do registro de Nomes de Domínio, a alocação de Endereço IP (*Internet Protocol*) e a administração pertinente ao Domínio de Primeiro Nível (ccTLD – *country code Top Level Domain*), ".br", no interesse do desenvolvimento da Internet no País. A execução de tais diretrizes é feita pelo Núcleo de Informação e Coordenação do Ponto BR – NIC.br[370].

A primeira preocupação que vem à mente a respeito de *sites* públicos, isto é, *sites* governamentais, é como garantir a exclusividade de seu nome. Isso é importante, por exemplo, para evitar o uso privado do nome distintivo do ente público. Os nomes de domínio são os endereços utilizados nos navegadores da internet para acessar os *sites* e eles são concebidos com o objetivo de também facilitar sua memorização[371]. Assim, por exemplo, supondo que uma pessoa desejasse acessar o *site* do Instituto Nacional do Seguro Social – INSS, bastaria digitar INSS na barra de endereços do navegador. Mas não é tão simples, pelo menos não em todos os navegadores ou com qualquer configuração. Parte da utilidade desses nomes e dos problemas envolvidos com eles diminuiu com a invenção dos buscadores como *Ecosia, Google, Yahoo* e *Bing*, entre outros[372]. Com esses buscadores, quando a pessoa busca uma instituição, como o INSS, ela normalmente digita INSS e o buscador indica automaticamente o endereço desse ente. Daí, basta a pessoa clicar no resultado mostrado.

[370] NIC.BR. **Sobre o NIC.br.** Disponível em: https://www.nic.br/quem-somos/ Acesso em: 3 maio de 2022.

[371] NIC.BR. **Registro de novos domínios.** Disponível em: https://registro.br/ajuda/registro-de-novos-dominios/ Acesso em: 3 maio 2022. DUTRA, Daniel. O que é URL? **Techtudo.** 29 fev. 2020. Disponível em: https://www.techtudo.com.br/noticias/2020/02/o-que-e-url-entenda-o-endereco-de-sites-mobile-e-portais-da-internet.ghtml Acesso em: 4 maio 2022.

[372] A propósito, o buscador Ecosia tem como diferencial a promessa de plantar árvores para cada determinado número de buscas efetuadas em seu site.

Na prática, porém, esses buscadores buscam os efetivos endereços pretendidos na internet. A formação desses endereços ou de seus nomes segue uma determinada padronização, pelo menos entre os endereços de domínio de mais alto nível (*top-level domain names – TLDs*). É por isso, por exemplo, que endereços de instituições brasileiras que tenham sido registrados pelo Registro.BR possuem a terminação ".br" e seu final. Cabe destacar que domínios dos Estados Unidos não possuem as últimas duas letras que indicam o país. Assim, enquanto um site registrado no Brasil terminaria, por exemplo, em ".com.br", um site americano terminaria com ".com". É possível que uma instituição brasileira registre seu domínio nos Estados Unidos por meio de um intermediário, hipótese em que não teria a terminação ".br". Além das duas últimas letras do domínio, que indicam o país, as três letras imediatamente antes dessa indicação do país também são utilizadas para indicar tipos genéricos TLD's conforme a natureza do conteúdo da página ou de seu titular. Entre esses domínios genéricos indicados há cinco de natureza internacional e dois exclusivos dos Estados Unidos. Os cinco de natureza internacional são[373]:

1 – .com: para empresas;
2 – .edu: para instituições educacionais;
3 – .net: para computadores que prestam serviços na rede;
4 – ".org": é um tipo de domínio residual para os casos não enquadrados nos demais, como as organizações não governamentais;
5 – ".int": usado para organizações ou banco de dados internacionais

Os dois domínios genéricos de uso exclusivo nos Estados Unidos são:

1 – ".gov": usado para instituições governamentais dos Estados Unidos;
2 – ".mil": usado para as instituições militares dos Estados Unidos.

No Brasil, para entes governamentais, além da possibilidade de uso da terminação ".gov.br", há, por exemplo, a terminação ".jus.br" para órgãos do Poder Judiciário e ".leg.br" para órgãos do Legislativo.

[373] POSTEL, J. **Domain Name System Structure and Delegation**. RFC 1591. Network Working Group. mar. 1994. Disponível em: https://www.rfc-editor.org/rfc/rfc1591.html. Acesso em: 4 maio 2022.

Embora essa terminação do domínio possa servir para distinguir um *site* governamental de um *site* particular, buscadores podem levar as pessoas a se confundirem. Além disso, caso a pessoa digite diretamente o endereço, ela pode também se confundir e substituir o ".gov.br" por ".com.br", que é a terminação mais comum. A propósito, supondo que uma pessoa estivesse pretendendo acessar o *site* da Receita Federal do Brasil, caso ela digitasse www.receitafederal.com.br, em vez de acessar o *site* daquele órgão, ela seria direcionada para um *site* de uma empresa de contabilidade...

Isso ocorre porque não há uma restrição tão grande para os registros dos nomes de domínio. A regra é a liberdade de escolha do nome, desde que atendidas algumas condições, mas principalmente desde que o nome esteja disponível[374].

Além da preocupação com nomes que possam confundir os cidadãos, quando a Administração passa a utilizar *sites*, ela precisa pensar em serviços que passam a ser necessários para proteger seus dados e para evitar que o *site* saia do ar ou fique de qualquer forma indisponível. Esse fato mostra que, ainda que a transição para o digital possa acarretar redução de custos com manutenção de imóveis, pode acarretar custos de outras naturezas para a manutenção e segurança dessas novas tecnologias.

Caso um ente público preste um serviço cuja interação com os usuários seja exclusiva pela internet, seria possível esse ente não possuir um endereço tangível, físico[375]? Seria possível possuir uma sede virtual? Entendemos que sim. Se a razão de ser de determinado ente público é a prestação de certo serviço público que é realizado exclusivamente pela internet, sem necessidade de comparecimento pessoal do administrado, não há razão para se exigir uma sede física. Vamos supor que eventualmente um cidadão queira questionar algum ato desse ente judicialmente. Nota-se no Código de Processo Civil que mesmo o processo judicial dá preferência para comunicações eletrônicas (arts. 246, §2º, e 270, por exemplo). Aliás, mesmo os administrados podem adotar domicílio eletrônico para fins de comunicação com a Administração Pública, como se nota no art. 42 da Lei

[374] NIC.BR. **Registro de novos domínios**. Disponível em: https://registro.br/ajuda/registro-de-novos-dominios/ Acesso em: 3 maio 2022.

[375] Devemos tomar cuidado com a palavra "físico". É que objetos de natureza digital não deixam de ser físicos, no sentido de estarem sujeitos à leis físicas da natureza, como as relativas às propriedades dos elétrons, para dar apenas um exemplo.

nº 14.129, de 2021. Como entes públicos são criados por lei, nada impede a lei de estabelecer um domicílio virtual do ente criado.

10.3.2. Sistemas

Vulgarmente um sistema é definido como um conjunto de partes que se integram e se inter-relacionam. Em razão dessa integração, o funcionamento de cada parte afeta e é afetado pelo funcionamento das demais. Classificamente também é conceituado como "conjunto estruturado ou ordenado de partes ou elementos que se mantêm em interação, ou seja, em ação recíproca, na busca da consecução de um ou de vários objetivos"[376]. Do ponto de vista filosófico essa é apenas uma das definições, havendo ainda, por exemplo, a que considera o sistema como um todo em que as partes se ligam umas às outras de forma dedutiva, sendo todas vinculadas a um único princípio[377].

Para o que interessa aqui, precisamos conceituar os sistemas para fins de gestão ou, mais especificamente, para execução das atividades da Administração Pública. Os sistemas ligados à gestão podem ser estudados a partir de três perspectivas, segundo Emerson de Oliveira Batista: a) cibernética e administração; b) teoria matemática da administração; e c) teoria dos sistemas. Porém, para ele, a que importaria seria a escola da cibernética e administração[378].

A cibernética compreende, entre outras acepções, o estudo sobre "todas as máquinas possíveis". As máquinas da cibernética são autômatos, que funcionam por meio de mensagens que permitem a correção de erros durante a execução de suas atividades. Essa correção constante ocorre por meio de uma retroalimentação (*feedback*). Em razão desse processo de comunicação, ou seja, de envio e recebimento de mensagens, a cibernética abrange a teoria da informação[379].

376 BATISTA, Emerson de Oliveira. **Sistemas de informação**: o uso consciente da tecnologia para o gerenciamento. 2.ed. São Paulo: Saraiva, 2012, p. 31-32.

377 ABBAGNANO, Nicola. **Dicionário de filosofia**. Tradução Alfredo Bosi. São Paulo: Martins Fontes, 2007, p. 1073-1078.

378 BATISTA, Emerson de Oliveira. **Sistemas de informação**: o uso consciente da tecnologia para o gerenciamento. 2.ed. São Paulo: Saraiva, 2012, p. 33.

379 ABBAGNANO, Nicola. **Dicionário de filosofia**. Tradução Alfredo Bosi. São Paulo: Martins Fontes, 2007, p. 154-156.

Os sistemas de informação ou de comunicação, dessa forma, prestam-se a processar dados e fornecer informações, que podem acionar outras atividades. No âmbito da informática (informação automática), a palavra sistema era utilizada normalmente para se referir aos sistemas operacionais, ou seja, aos *softwares* responsáveis pela operação e controle das operações básicas dos computadores (*hardware*). Mas os sistemas que nos interessam não são apenas os operacionais, embora abranjam apenas os ligados à informação e à comunicação, que empregam tecnologia digital para funcionarem. Eles podem abranger apenas a parte do *software* ou o conjunto integrado deste com o *hardware*. Como *software*, sistema pode ser definido como um programa de computador complexo ou como um conjunto integrado de programas que se inter-relacionam. Programa de computador, também chamado de *software* (art. 16-A, III, da Lei nº de 23 de outubro de 1991), ou mais recentemente de aplicativo (*application* ou simplesmente App), como é conhecido o programa para aparelhos móveis (telefones celulares), é um algoritmo desenvolvido para processamento de dados automático em um computador (aqui incluído qualquer aparelho que realize operações de processamento, como tablets e celulares também). As informações resultantes desse processamento servirão de insumo para tomada de decisões e/ou execução de atividades.

Quando a Administração Pública adquire um "*software* de prateleira", isto é, os programas padronizados, tais como os utilizados para edição de textos e planilhas, esse *software* se torna um bem público, como qualquer outro. Os cuidados que deverá ter serão para sua manutenção, incluindo a constante atualização, que normalmente é fornecida gratuitamente pelos desenvolvedores. Antigamente, os *softwares* somente eram fornecidos em mídias tangíveis, como os discos compactos (*compact disks* – CD's). Nesse caso, havia uma preocupação para que tais discos não sofressem avarias que impediriam a reinstalação do *software*, caso necessário. Atualmente, contudo, normalmente os *softwares* são baixados diretamente da internet, eliminando esse risco.

Quando a Administração adquire um *software*, há uma concepção de que o que está sendo adquirido é apenas o direito de uso, a licença de uso. Isso porque, na prática, pode ser inviável impedir a cópia do *software*. Para resguardar o desenvolvedor, então, o art. 9º da Lei nº 9.609, de 1998, prevê que o uso de programas de computador está sujeito a uma prévia licença ou, para sermos mais precisos, o uso será "objeto de contrato de licença". O uso do programa sem a licença está sujeito a penas criminais.

Por outro lado, é necessário investigar a situação de sistemas de informação e de comunicação desenvolvidos pela própria Administração. Nos termos do art. 16 da Lei nº 14.063, de 23 de setembro de 2020, esses sistemas, desde que desenvolvidos exclusivamente por órgãos e entidades da administração direta, autárquica e fundacional dos Poderes e órgãos constitucionalmente autônomos dos entes federativos deverão se sujeitar a licença de código aberto, ou seja, será permitida a sua utilização, cópia, alteração e distribuição sem restrições entre esses referidos órgãos e entidades. Por outro lado, diante da literalidade do dispositivo legal, a licença não parece abranger particulares.

O objetivo da Lei, em princípio, parece ser facilitar a difusão da tecnologia na Administração Pública, reduzindo os custos para que ela seja realizada.

Essa difusão, por outro lado, pode ser prejudicada quando o criador do *software* não for a Administração e o custo de sua utilização for inviável. Aliás, a relação entre proteção dos direitos autorais relativos a *softwares* e o domínio público apresenta alguns problemas bem pontuados por Marcos Wachowicz ao analisar principalmente a Lei nº 9.609, de 1998. De modo sintético, segundo esse autor: a) de nada adianta a Lei possuir um prazo de proteção do direito de autor de 50 anos, uma vez que em menos de dois anos o programa já se torna obsoleto; b) o prazo de proteção do *software* deve ser compatível com o prazo de proteção do *hardware*, principalmente quando ambos forem interdependentes; c) dada a rápida obsolescência, os criadores acabam calculando um prazo curto para obterem o retorno de seu investimento, de modo que um prazo longo de proteção acaba representando um monopólio sem sentido e indevido; d) não é adequado a lei prever o termo inicial de prescrição a partir da publicação do *software*, pois é difícil precisar no que consistiria essa publicação ou quando ela teria ocorrido[380].

[380] WACHOWICZ, Marcos. **A complexidade do domínio público relativamente ao software**. Grupo de Estudos de Direito Autoral e Industrial – GEDAI/UFPR. http://www.gedai.com.br/wp-content/uploads/2012/07/dominio_publico_software.pdf Acesso em: 5 maio 2022.

Além desses problemas, há preocupações específicas voltadas para a contratação de sistemas de informação. Esses sistemas, em contratações públicas, são tratados por um conceito ampliado denominado de soluções de Tecnologia da Informação e Comunicação – TIC, tema que será tratado no Capítulo 13.

10.3.3. Bens digitais e outros

As coisas coletivas tendem a ser negligenciadas. Cada um tende a priorizar os cuidados com aquilo que tem mais interesse, que são as próprias coisas particulares, em detrimento das coletivas, talvez por acreditar que o coletivo será cuidado por todos. A título de curiosidade, foi por esse motivo que Aristóteles criticou a ideia de Platão de que os filhos de determinados cidadãos deveriam ser cuidados por toda a sociedade, como se fossem filhos coletivos[381].

Se essa tendência já é preocupante com os bens tangíveis, haveria razões para exigir uma atenção especial aos novos tipos de bens? Depende. Alguns dos novos tipos de bens, notadamente os de natureza digital, podem não estar sujeitos a deterioração. Assim, em comparação com um edifício, por exemplo, haveria uma nítida vantagem, pois enquanto o edifício exige cuidados de manutenção, o bem digital pode não exigir cuidado algum. Essa desnecessidade de manutenção pode representar uma vantagem, principalmente para bens de natureza pública, ante a tendência ao descuido mencionada no início deste tópico.

Mas esse bem pode consistir, por exemplo, num conjunto de dados armazenados em determinado tipo de mídia, como, digamos, um *pendrive*[382].

[381] PLATO. **The republic**: with an translation by Paul Shorey. Cambridge, Massachusetts: Harvard University Press, 1937, p. 427; 453 (Livro V). ARISTÓTELES. **A política**. Trad. Nestor Silveira Chaves. Rio de Janeiro: Nova Fronteira, 2011, p.105-106. ARISTÓTELES. **Política**. Livro II, Capítulo I, §10, 1261b.

[382] O *pendrive* é um dispositivo portátil de armazenamento. Esse nome decorre do fato de o dispositivo ter originalmente o formato de uma caneta, que se escreve *pen* em inglês (ANGELOVSKA, Emilija. Difference Between Flash drive and Pen drive. **Difference Between Similar Terms and Objects**, 21 jun. 2018, Disponível em: http://www.differencebetween.net/technology/difference-between-flash-drive-and-pen-drive/. Acesso em: 5 maio 2022). Por sua vez, historicamente *drive* é o nome atribuído aos locais ou discos onde a informação era armazenada. Nos computadores, normalmente o "*drive* C:" designava um disco rígido (*hard disk*) embutido no equipamento. Os discos removíveis normalmente eram introduzidos nos

Nesse caso, pode ser necessário transferir os dados periodicamente para dispositivos mais novos para garantir que eles não sejam corrompidos. Também será necessário um cuidado para que o dispositivo não seja extraviado.

O perigo do extravio é ainda mais preocupante no caso de chaves que são necessárias para acessar determinados "pseudo-bens", como é o caso de algumas das chamadas *criptomoedas*. Chamamos aqui de "pseudo-bens" pois há algumas características que as diferenciam dos bens tradicionais. Essa diferenciação não vem ao caso aqui. Tomando o sistema *Bitcoin* como exemplo e supondo que a Administração Pública adquira algumas *bitcoins*, o que importa frisar é que, caso ela perca sua chave privada (senha ou código) isso representará na prática a perda da "propriedade" dessas criptomoedas, uma vez que se tornarão inacessíveis. A situação também pode ocorrer em relação à propriedade de "bens" digitais como os representados ou associados a *non-fungible tokens*. Como tais bens pertenceriam à Administração, é necessário um sistema de governança que garanta o acesso à chave privada somente aos agentes públicos responsáveis pela gestão do bem. Esse sistema também precisará tratar das situações de substituição do titular do cargo. Questão interessante poderá surgir se a senha não puder ser alterada e o agente público responsável deixar a Administração. Como evitar um uso indevido da chave? Uma possível solução talvez seja a utilização de um sistema intermediário. Esse sistema intermediário guardaria a chave de acesso. Daí, tal sistema forneceria chaves exclusivas para os agentes responsáveis e registraria qual das chaves foi utilizada em cada acesso. Com isso, seria possível determinar quem praticou alguma operação em relação ao bem. Os agentes públicos que deixassem o cargo poderiam ter a chave exclusiva cancelada, impedindo, desse modo, o compartilhamento indevido.

Dada a possibilidade de empresas pretenderem criar um mundo virtual em que as pessoas tenham uma maior imersão, é provável que nesse mundo virtual passem a existir bens virtuais e surgir conflitos que necessitem de uma regulação especial. Esse exemplo justifica o fato de deixarmos no título desse tópico a referência a "outros bens". A partir do momento em que algo passa a ser objeto de relações jurídicas

drives "A:" e "B:". Os *drives*, utilizando os antigos toca-fitas como analogia, corresponderiam aos locais onde eram introduzidas as fitas k7.

econômicas, independentemente de seu enquadramento jurídico ou de sua natureza, acabará havendo a demanda por soluções jurídicas específicas.

Esses outros possíveis bens aqui referidos poderão surgir no chamado *metaverso*[383]. Trata-se de uma palavra que se origina do prefixo grego "meta" (além, sobre) juntando-se com a palavra universo. A ideia seria de um universo paralelo ou de uma extensão de nosso mundo conhecido, mas de natureza distinta. É na prática uma reprodução gráfica de um espaço em três dimensões (3D) de natureza digital, acessível mediante equipamentos como óculos 3D, que permitem interagir nele. É uma mistura de videogame com realidade virtual associada à introdução de elementos para possibilitar entretenimento e mesmo atividades da vida cotidiana.

Para exemplificar a ideia, sabemos que atualmente é possível fazer compras de supermercados pela internet. Mas vamos imaginar que, em vez de simplesmente escolhermos os produtos em uma lista na tela do computador, fosse possível ver na tela do computador imagens do interior do próprio mercado. Vamos supor que seja possível percorrer as imagens dos corredores do supermercado e escolher os produtos na prateleiras, simulando um visita ao local. Vamos incrementar ainda mais esse exemplo supondo que haja um óculos 3D que nos faça ver como se estivéssemos efetivamente dentro do supermercado. Acrescentemos ainda sons do interior do mercado. Nesse exemplo, é como se houvéssemos sido transportados para o interior do supermercado. É possível ainda que, em vez de imagens do supermercado, haja imagens criadas e computador e animações que reproduzam o supermercado real. As possibilidades são muitas.

Embora a ideia do *metaverso* não seja nova, somente o avanço da velocidade da internet e dos equipamentos para possibilitar a transferência de enormes quantidades de dados rapidamente é que tornou viável a concretização e aprimoramento dela[384].

383 SCHLEMMER, Eliane; BACKES, Luciana. Metaversos: novos espaços para construção do conhecimento. **Revista Diálogo Educacional**, v. 8, n. 24, p. 519-532, 2008.

384 SARAI, Leandro. Comentários sobre o Direito na era da abstração. **Conjur**. Opinião. 2 dez. 2021. Disponível em: https://www.conjur.com.br/2021-dez-02/leandro-sarai-comentarios--direito-abstracao. Acesso em: 5 maio 2022.

Em breve, por exemplo, será possível que o Poder Público preste atendimento aos cidadãos no *metaverso*. Em vez de o cidadão conversar com um agente público, ele poderá ser atendido por um avatar controlado por inteligência artificial. Caso esse avatar não atenda a necessidade do cidadão, o atendimento poderá ser direcionado para um agente público de verdade. A interação poderá ocorrer por meio de uma videochamada ou mesmo por uma animação em que o avatar é controlado pelo agente público. O que ocorrerá efetivamente nesse novo mundo, somente o futuro dirá.

10.4. Natureza dos dados

É inegável que dados podem ter valor, econômico ou não. Um banco de dados sobre determinadas pessoas, por exemplo, pode indicar preferências e ajudar campanhas de *marketing* direcionadas que são muito mais efetivas para proporcionar a venda de produtos e serviços. Uma pessoa que permita a uma empresa que ela tenha acesso a determinados dados pessoais seus, para que oferte produtos e serviços customizados, pode se beneficiar por ter suas preferências melhor atendidas. A empresa também se beneficia por ter mais chances de manter a fidelidade do cliente.

Do ponto de vista jurídico, nos termos do art. 5º, LXXIX, da Constituição, "é assegurado, nos termos da lei, o direito à proteção dos dados pessoais, inclusive nos meios digitais." Ainda no art. 5º, encontramos no inciso XII o direito ao sigilo de dados. Essa proteção é um direito fundamental, do ponto de vista constitucional. Também podemos enquadrá-la entre os direitos da personalidade regidos pelos arts. 11 e seguintes do Código Civil[385].

Nossa preocupação aqui diz respeito, todavia, aos dados, pessoais ou não, detidos pela Administração Pública. Considerando que o Estado mantém relações jurídicas com todos os cidadãos, ele tende a possuir, ainda que potencialmente, acesso a um volume considerável de dados pessoais e não-pessoais.

A partir do momento em que a Administração possui algo de valor, caberia cogitar de alguma forma de, quando permitido legalmente, explorar esse valor? Deve haver, por exemplo, algum tipo de remuneração ao Instituto Brasileiro de Geografia e Estatística – IBGE[386] para acessarmos

[385] FIUZA, César. **Direito Civil**: Curso Completo. São Paulo: RT, 2016, Disponível em: https://proview.thomsonreuters.com/launchapp/title/rt/monografias/96371818/v18/document/109578525/anchor/a-109578525. Acesso em: 6 maio 2022.

[386] IBGE. Disponível em: https://www.ibge.gov.br/ Acesso em: 8 maio 2022.

as informações por ele disponibilizadas? A resposta deve depender de um critério que aponte o melhor caminho para a sociedade e para o interesse público[387].

Sobre as questões colocadas na abertura do Capítulo, acerca da natureza dos dados, nem sempre seu enfrentamento será necessário para a solução de problemas práticos.

Por exemplo, quanto aos dados pessoais detidos pela Administração, a Lei Geral de Proteção de Dados Pessoais (LGPD) e a Lei de Acesso à Informação (LAI) já tratam adequadamente sobre o que pode ou não ser feito com eles. Em razão disso, pode ser irrelevante discutir aqui se são bens ou não, apesar de suas peculiaridades.

Quanto a essas peculiaridades, vale destacar que, enquanto bens corpóreos podem ser objeto do direito de sequela, ou seja, o direito de reavê-los de quem os detenha indevidamente, para um bem incorpóreo existe a possibilidade de tal bem estar sendo usado indevidamente por um terceiro, sem que seu titular deixe de deter esse bem. Daí não haveria necessidade de reaver o bem, mas apenas de impedir o uso indevido por terceiro. Mas pode ser que o bem intangível realmente seja subtraído do legítimo detentor. Basta pensar, por exemplo, o que ocorreria se um terceiro invadisse um banco de dados da Administração, copiasse esses dados e os excluísse de tal banco de dados. Nessa hipótese, a Administração deixaria de deter os dados.

Para essa situação, inquestionavelmente, precisamos determinar se se aplicaria o direito de sequela, ou seja, a faculdade inerente à propriedade de reaver um objeto de quem injustamente o detenha. Essa solução jurídica, caso aplicável, sanaria a questão prática. Para ser aplicável, contudo, precisaríamos, em primeiro lugar, determinar se os dados seriam enquadrados como bens, ou seja, se seriam objeto dessa relação jurídica. Segundo o conceito doutrinário de bens, acreditamos ser cabível esse enquadramento[388].

387 DETTER, Dag. FÖLSTER, Stefan. **The public wealth of nations**: how management of public assets can boost or bust economic growth. Palgrave Macmillan, 2015, e-book.

388 MARQUES NETO, Floriano de Azevedo. **Bens públicos**: função social e exploração econômica – O regime jurídico das utilidades públicas. Belo Horizonte: Fórum, 2014, p. 40-52; COELHO, Fábio Ulhoa. **Curso de Direito Civil**. v. 1, São Paulo RT, 2020 [recurso eletrônico], p. RB-9.1.

Além de serem enquadráveis como bens, precisaríamos determinar se a Administração poderia ser considerada proprietária de tais bens, uma vez que o direito de sequela é um direito inerente à propriedade.

Surge aqui, então, a necessidade de distinguir a figura jurídica do titular, no caso de dados pessoais, da figura do proprietário desses dados. Titular dos dados pessoais é somente a pessoa natural a que se referem, segundo a LGPD. Por outro lado, a pessoa que detenha esses dados, podendo deles fazer uso, pode ser considerada como proprietária, ainda que a propriedade não seja plena. Assim, a Administração poderia ser considerada proprietária dos dados contidos em seu banco de dados, com as restrições da LGPD e da LAI. Também poderia ser proprietária de dados de outros tipos, como os de pessoas jurídicas, hipótese em que não seriam dados pessoais e que não haveria incidência da LGPD.

De todo modo, como dito, supondo que tais dados, pessoais ou não, sejam imprescindíveis para execução de política pública, não se afasta seu enquadramento entre as coisas incorpóreas sobre as quais se podem exercer as faculdades do direito de propriedade. Daí que a Administração poderia utilizar o direito de sequela para reaver seus dados subtraídos.

Outra solução jurídica possível seria se socorrer do instituto da posse previsto no art. 1.196 e seguintes do Código Civil. Com essa solução, ainda que alguém alegue que a Administração Pública não é proprietária dos dados subtraídos, inegavelmente ela os possuía legitimamente e os usava. Como o uso é uma das faculdades inerentes ao direito de propriedade, ela poderia ser considerada possuidora e se socorrer das ações possessórias.

Esses exemplos mostram que titular não é necessariamente detentor ou proprietário dos dados pessoais. E há ainda uma outra distinção, de caráter jurídico e filosófico, que também precisa ser mencionada: O dado não se confunde com seu respectivo registro, embora no presente Capítulo estejamos tratando de ambos indistintamente. Por exemplo, se determinada pessoa possui olhos azuis, essa característica é um dado pessoal, que pode estar ou não registrado em algum pedaço de papel ou em alguma outra mídia. O direito em relação a esses dados talvez diga respeito apenas à garantia de que seus respectivos registros sejam corretos. Também protege a faculdade da pessoa de decidir quem poderá ter acesso a eles. Mas como o universo de dados pessoais de uma pessoa pode ser vasto, pode ocorrer de tal faculdade não abranger todo ele.

Para analisar a relação entre os dados pessoais e os direitos da personalidade, tomemos a imagem da pessoa para fazer uma comparação. Não se diz que alguém tem direito à imagem. A pessoa tem sim direito à proteção de sua imagem. Nesse aspecto, não parece haver distinção em relação a seus dados. Aliás, a imagem também integra o conceito de dado pessoal, na medida em que permite identificar a pessoa a que se refere. Assim, independentemente de um dado pessoal ser enquadrado como bem, sua proteção estaria incluída entre os direitos da personalidade.

Cabe destacar, todavia, que, embora os direitos da personalidade sejam, nos termos do art. 11 do Código Civil, em regra intransmissíveis, os dados de uma pessoa ou, mais precisamente, os registros desses dados, podem ser transmitidos, embora a transmissão possa ser controlada pelo respectivo titular.

Por fim, para responder se um dado de que a Administração Pública é proprietária seria um bem público, é imprescindível fazer uma última distinção. Esse dado será bem público apenas e tão somente no sentido de pertencer a ela. Mas não será público no sentido de ser acessível ao público, ou seja, o dado poderá ser sigiloso ou ser dotado de restrições de acesso, por força da LGPD e da LAI.

Referências

ABBAGNANO, Nicola. **Dicionário de filosofia**. Tradução Alfredo Bosi. São Paulo: Martins Fontes, 2007.

ALEMANHA. **Civil Code in the version promulgated on 2 January 2002** (Federal Law Gazette [Bundesgesetzblatt] I page 42, 2909; 2003 I page 738), last amended by Article 4 para. 5 of the Act of 1 October 2013 (Federal Law Gazette I page 3719). Disponível em: https://www.gesetze-im-internet.de/englisch_bgb/englisch_bgb.html#p0270 Acesso em: 28 abr. 2022.

ANGELOVSKA, Emilija. Difference Between Flash drive and Pen drive. **Difference Between Similar Terms and Objects**, 21 jun. 2018, Disponível em: http://www.differencebetween.net/technology/difference-between-flash-drive-and-pen-drive/. Acesso em: 5 maio 2022).

ARISTÓTELES. **A política**. Trad. Nestor Silveira Chaves. Rio de Janeiro: Nova Fronteira, 2011, p.105-106.

ASSOCIAÇÃO BRASILEIRA DA PROPRIEDADE INTELECTUAL. **O que é propriedade intelectual?** Disponível em: https://abpi.org.br/blog/o-que-e-propriedade-intelectual/ Acesso em: 27 abr. 2022.

BATISTA, Emerson de Oliveira. **Sistemas de informação**: o uso consciente da tecnologia para o gerenciamento. 2.ed. São Paulo: Saraiva, 2012.

BRANCO, Sérgio. **O domínio público no direito autoral brasileiro**: Uma Obra em Domínio Público. Rio de Janeiro: Lumen Juris, 2011.

BRASIL. Ministério da Economia. **Governo federal define novas regras para o teletrabalho.** 30 jul. 2020. Disponível em: https://www.gov.br/economia/pt-br/assuntos/noticias/2020/julho/governo-federal-define-novas-regras-para-o-teletrabalho Acesso em: 27 abr. 2022.

BRASIL. Ministério da Economia. **Governo federal economiza R$ 1,419 bilhão com trabalho remoto de servidores durante a pandemia**. 3 ago. 2021. Disponível em: https://www.gov.br/economia/pt-br/assuntos/noticias/2021/agosto/governo-federal-economiza-r-1-419-bilhao-com-trabalho-remoto-de-servidores-durante-a-pandemia Acesso em: 27 abr. 2022.

BRASIL. Ministério da Economia. **TáxiGov**. Disponível em: https://www.gov.br/economia/pt-br/assuntos/gestao/central-de-compras/taxigov Acesso em: 27 abr. 2022.

BRASIL. Ministério da Gestão e Inovação. **MobGov**. Disponível em: https://www.gov.br/gestao/pt-br/assuntos/central-de-compras/mobgov/usuarios#:~:text=O%20MobGov%20%C3%A9%20um%20novo,%C3%A9%20a%20evolu%C3%A7%C3%A3o%20do%20T%C3%A1xiGov. Acesso em: 27 jan. 2024.

BRASIL. **Sistema Doações.** Portal de Compras do Governo Federal. Disponível em: https://www.gov.br/compras/pt-br/sistemas/doacoes/doacoes Acesso em: 27 abr. 2022.

CABRAL, Flávio Garcia. **O conteúdo jurídico da eficiência administrativa**. Belo Horizonte: Fórum, 2019.

CABRAL, Flávio Garcia; SARAI, Leandro. **Manual de Direito Administrativo**. Leme/SP: Mizuno, 2022.

CÂNCIO, Maria Miguel Gomez de Almeida Pereira. **Domínio público intelectual?** 2012. Dissertação (Mestrado em Direito Administrativo)- Universidade Católica Portuguesa, Faculdade de Direito – Escola de Lisboa, 2012, Disponível em: https://repositorio.ucp.pt/bitstream/10400.14/10920/3/Trabalho%20Final%20de%20Mestrado%20-%20Dom%C3%ADnio%20P%C3%BAblico%20Intelectual.pdf Acesso em: 3 maio 2022.

COELHO, Fábio Ulhoa. **Curso de Direito Civil**. v. 1, São Paulo RT, 2020 [recurso eletrônico], p. RB-9.1.

COMPARATO, Fábio Konder. A transferência empresarial de tecnologia para países subdesenvolvidos: um caso típico de inadequação dos meios aos fins. **Revista da Faculdade de Direito**, Universidade de São Paulo, v. 77, p. 277-291, 1982.

CONSELHO NACIONAL DE JUSTIÇA, **Provimento nº 100, de 26/05/2020**, do Corregedor Nacional de Justiça, Disponível em: https://atos.cnj.jus.br/atos/detalhar/3334 Acesso em: 27 abr. 2022.

CONTRAN, **Resolução Contran nº 809/20**, Disponível em: https://www.gov.br/infraestrutura/pt-br/assuntos/transito/conteudo-contran/resolucoes/Resolucao8092020.pdf Acesso em: 27 abr. 2022.

DETTER, Dag. FÖLSTER, Stefan. **The public wealth of nations**: how management of public assets can boost or bust economic growth. Palgrave Macmillan, 2015, e-book.

DUTRA, Daniel. O que é URL? **Techtudo.** 29 fev. 2020. Disponível em: https://www.techtudo.com.br/noticias/2020/02/o-que-e-url-entenda-o-endereco-de-sites-mobile-e-portais-da-internet.ghtml Acesso em: 4 maio 2022.

FALORCA, Jorge; RODRIGUES, Calejo; DA SILVA, Mendes. **A utilidade das aplicações informáticas na gestão da manutenção de edifícios**. Porto: FEUP, 2011. Disponível em: https://www.researchgate.net/profile/Jorge-Falorca/publication/337991099_A_utilidade_das_aplicacoes_informaticas_na_gestao_da_manutencao_de_edificios_-_The_utility_of_computer_applications_in_buildings_maintenance_management/links/5dfb5c57299bf10bc366798b/A-utilidade-das-aplicacoes-informaticas-na-gestao-da-manutencao-de-edificios-The-utility-of-computer-applications-in-buildings-maintenance-management.pdf Acesso em: 27 abr. 2022.

FIUZA, César. **Direito Civil**: Curso Completo. São Paulo: RT, 2016, Disponível em: https://proview.thomsonreuters.com/launchapp/title/rt/monografias/96371818/v18/document/109578525/anchor/a-109578525. Acesso em: 6 maio 2022.

MAGALHAES, Joao Marcelo Rego; CAMINHA, Uinie. O Uber e a reinvenção do Direito Administrativo: os novos horizontes da regulação das atividades econômicas. **Revista Eletrônica do Curso de Direito da UFSM**, Santa Maria, RS, v. 14, n. 1, e32560, jan./abr. 2019. ISSN 1981-3694. Disponível em: https://periodicos.ufsm.br/revistadireito/article/view/32560 Acesso em: dia mês. ano. doi: http://dx.doi.org/10.5902/1981369432560.

MARQUES NETO, Floriano de Azevedo. **Bens públicos**: função social e exploração econômica – O regime jurídico das utilidades públicas. Belo Horizonte: Fórum, 2014.

MARTÍN-RETORTILLO, Sebastián. Aspectos administrativos del crédito. In: NIGRO, Mario; MARTÍN-RETORTILLO, Sebastián. **La disciplina pubblicistica del credito**. Padova: Cedam, 1970.

MARTÍN-RETORTILLO, Sebastián. Interventi. In: NIGRO, Mario; MARTÍN-RETORTILLO, Sebastián. **La disciplina pubblicistica del credito**. Padova: Cedam, 1970.

MARTINS, Murilo; DE ALMEIDA, Victor Hugo. Análise juslaboral da relação de trabalho entre motoristas por aplicativo e a empresa uber: aspectos e consequências sociojurídicos. **Revista do Direito do Trabalho e Meio Ambiente do Trabalho**, v. 3, n. 1, p. 55-75, 2017.

MAZZUCATO, Mariana. **O Estado empreendedor: desmascarando o mito do setor público vs. setor privado**. Tradução Elvira Serapicos. Portfolio-Penguin, out. 2014, e-book.

NIC.BR. **Registro de novos domínios.** Disponível em: https://registro.br/ajuda/registro-de-novos-dominios/ Acesso em: 3 maio 2022.

NIC.BR. **Sobre o NIC.br.** Disponível em: https://www.nic.br/quem-somos/ Acesso em: 3 maio de 2022.

OSÓRIO, Fábio Medina. Reflexões sobre o conceito de atividade político-partidária de juízes: inaugurações de obras públicas, atuações em redes sociais e participações em cultos religiosos. **Revista da Escola da Magistratura do TRF da 4ª Região,** n, v. 16.

PLATO. **The republic**: with an translation by Paul Shorey. Cambridge, Massachusetts: Harvard University Press, 1937, p. 427; 453 (Livro V).

POSTEL, J. **Domain Name System Structure and Delegation**. RFC 1591. Network Working Group. mar. 1994. Disponível em: https://www.rfc-editor.org/rfc/rfc1591.html. Acesso em: 4 maio 2022.

RODRIGUES JUNIOR, Otavio Luiz. A influência do BGB e da doutrina alemã no direito civil brasileiro do século XX. **Revista dos Tribunais**, São Paulo, v. 102, n. 938, p. 79-155, 2013.

RODRÍGUEZ, Carmen Fernández. Aproximación al concepto de dominio público inmaterial en los derechos sobre invenciones y creaciones. **Revista de administración pública**, n. 146, p. 129-155, 1998.

SARAI, Leandro. Comentários sobre o Direito na era da abstração. **Conjur**. Opinião. 2 dez. 2021. Disponível em: https://www.conjur.com.br/2021-dez-02/leandro-sarai-comentarios-direito-abstracao. Acesso em: 5 maio 2022.

SARAI, Leandro. Noções Gerais e Críticas sobre o Regime dos Bens Públicos. **BDA**, nº 6, ano XXVIII, São Paulo: NDJ, p. 664-682, jun. 2012. Publicado também na **Revista da Procuradoria-Geral do Banco Central**. v.8. n.1. p. 103-136, jun. 2014.

SCHLEMMER, Eliane; BACKES, Luciana. Metaversos: novos espaços para construção do conhecimento. **Revista Diálogo Educacional**, v. 8, n. 24, p. 519-532, 2008.

SUNDARARAJAN, Arun. **Economia compartilhada**: o fim do emprego e a ascensão do capitalismo de multidão. Tradução André Botelho. São Paulo: Senac, 2019.

VIEIRA, Miguel Said. **Os bens comuns intelectuais e a mercantilização.** Tese (Doutorado em Educação)-USP, 2014. Disponível em: https://www.teses.usp.br/teses/disponiveis/48/48134/tde-01102014-104738/publico/MIGUEL_SAID_VIEIRA.pdf Acesso em: 3 maio 2022.

WACHOWICZ, Marcos. **A complexidade do domínio público relativamente ao software**. Grupo de Estudos de Direito Autoral e Industrial – GEDAI/UFPR. http://www.gedai.com.br/wp-content/uploads/2012/07/dominio_publico_software.pdf Acesso em: 5 maio 2022.

WIPO – World Intellectual Property Organization. **What is intellectual property.** Disponível em: https://www.wipo.int/about-ip/en/ Acesso em: 3 maio 2022.

11.
O ESTADO REGULADOR DAS NOVAS TECNOLOGIAS

Uma grande dificuldade do regulador é ao mesmo tempo garantir a inovação e impedir um desenvolvimento irregular das iniciativas.

Para entender melhor esse problema, é necessário trazer algumas noções conceituais acerca da própria ação estatal reguladora.

Dentro dela, o presente tópico pretende abordar algumas questões acerca de como essa regulação lida com as novas tecnologias e como ela mesma, a atividade regulatória, é afetada pelas inovações tecnológicas.

11.1. O que é regulação estatal?

Em nosso sistema normativo, o termo "regulação" é utilizado em diversos sentidos. A forma plurissignificativa de utilização desse termo explica-se pela conveniência de o direito ser edificado com o uso de uma linguagem compreensível pela maior parte dos brasileiros e estrangeiros, que são os destinatários por excelência dos comandos normativos[389].

Assim, nas ocasiões em que a Constituição da República faz referência à atividade de regular e aquelas que lhes são comuns ou cognatas – como regulação (substantivo), regulada ou regulador (adjetivo) –, pretende-se referir à produção de normas jurídicas pelo Estado; daí falar-se em

[389] Neste sentido: ZOCKUN, Maurício; ZOCKUN, Carolina Zancaner. *Law and Economics* à brasileira: o consequencialismo inconsequente,. **Consultor Jurídico**. Disponível em: https://www.conjur.com.br/2023-out-13/zockune-zockun-law-and-economics-brasileira

regulação estatal. A Constituição da República faz referência à regulação estatal como meio de produção normativa primária (atribuição constitucionalmente confiada ao Poder Legislativo; *e.g.*, art. 5º, XXXI, XLVI, art. 18, § 2º) ou secundária (atribuível ao aparato estatal para dar cumprimento à lei; *e.g.*, art. 5º, LXXI, art. 21, XI, art. 49, V, art. 84, IV, art. 87, II), havendo ocasiões que se faz alusão às duas espécies normativas (primária e secundária), caso do art. 102, I, 'q'. Mas não é só[390].

Segundo a Constituição da República, a regulação estatal pode ser realizada no exercício da função legislativa (art. 102, I, 'q', *e.g.*), administrativa (art. 102, I, 'q', *e.g.*) e jurisdicional (art. 103-B, § 4º, I), além de também poder ser realizada pelo Ministério Público nas funções que lhe são típicas (art. 130-A, § 2º, I). Neste contexto, passamos a nos referir à regulação estatal desempenhada no exercício da função administrativa como regulação administrativa.

11.2. O que é regulação administrativa?

Especialmente no passado as leis previam detalhadamente os casos de sua incidência, o momento da sua aplicação e como os particulares deviam ou não deviam se comportar em face das suas disposições. Nesses casos, afirma-se que a norma veiculada na lei é completa ou autoexecutável, pois a irradiação dos seus efeitos se dá sem a necessidade de produção normativa ulterior, seja em nível legal ou infralegal.

Ao lado dessas leis, outras veiculam normas incompletas, pois o objeto nelas identificado para fins de incidência ou o comportamento e/ou a abstenção que se pretende impor ao particular demanda complementação por outra norma, de mesmo nível hierárquico ou não. Esse é o campo das denominadas "leis quadro", inspiração das denominadas *lois cadre*, do direito francês.

Quando leis de baixa densidade normativa – campo das "leis quadro" – impõem a atuação do Estado, o Poder público se encontra na contingência de realizar a denominada regulação administrativa. Assim, dá-se a regulação administrativa nos casos em que o objeto ou matéria legislada já está veiculada em lei formal, mas de modo incompleto tornando a lei

[390] Destaca-se em: ZOCKUN, Carolina Zancaner; ZOCKUN, Maurício. A regulação administrativa e o princípio da legalidade. In: ZOCKUN, Maurício. (Org.). **Aspectos gerais da lei de liberdade econômica**. 1ed.Curitiba: Íthala, 2022, v. 1, p. 11-21.

não "autoexecutável". Nessas circunstâncias, incumbirá ao Estado, no exercício da função administrativa, desenvolver aquela matéria legislada, conferindo-lhe contornos técnicos e/ou objetivos, sem o que a norma edificada não terá aptidão para irradiar os seus efeitos.

Modernamente a regulação administrativa está atrelada ao denominado "poder normativo das agências reguladoras". Em rigor, trata-se de um "banho de loja" dado ao instituto, incutindo-lhe ares mais contemporâneos, mas, em absoluto rigor, é um instituto centenário.

Um conhecido exemplo de regulação administrativa são as denominadas "normas penais em branco", cujo preceito normativo não está suficientemente desenvolvido em lei formal. Daí porque, ainda no campo penal, Guilherme de Souza Nucci reconhece a legitimidade de esta regulação administrativa complementar um conceito veiculado em lei sem que, com isto, seriam inobservados os princípios da legalidade e da tipicidade[391].

Estribado na teoria das normas e tipos penais – em tudo aplicável aos mais variados ramos do direito –, pode-se afirmar que, no campo do direito público, o desenvolvimento do preceito normativo contido na lei por meio da regulação administrativa – editada no exercício de função administrativa – é elemento integrante e indissociável daquele.

Oswaldo Aranha Bandeira de Mello teve a felicidade de captar a essência do que modernamente se denomina regulação administrativa, ainda que ao seu tempo outra fosse a designação, qual seja regulação autorizada ou delegada. Disse ele: "Os regulamentos autorizados ou delegados são aqueles emanados pelo Executivo em razão de habilitação legislativa que lhe é conferida pelo Legislativo, porém nos termos dessa determinação de competência, para desenvolver os preceitos constantes da lei de habilitação, que delimita seu âmbito a respeito (...) De certo modo, portanto, os dispositivos complementares, em desenvolvimento, estão virtualmente contidos na lei de habilitação, embora tenha uma força de alterar a ordem jurídica anterior'"[392].

[391] NUCCI, Guilherme de Souza. **Curso de direito penal:** parte geral: artigos 1º a 120 do código penal. 5.ed. Rio de Janeiro: Forense, 2021, p.156-159.

[392] BANDEIRA DE MELLO, Oswaldo Aranha. **Princípios gerais de direito administrativo.** Volume I: Introdução. 3.ed. São Paulo: Malheiros, 2007, p. 363-364 (item 39.3).

Logo como se materializa a regulação administrativa? Por meio dos centenários e conhecidos regulamentos autorizados e delegados (e não por meio de regulamento autônomos, esses manifestamente incompatíveis com a nossa ordem jurídica).

Deste modo, dá-se a legítima regulação administrativa quando o objeto ou matéria legislada já está veiculada e plasmada em lei formal, circunstância em que incumbirá ao Estado, no exercício da função administrativa, desenvolver aquela matéria legislada, conferindo-lhe contornos técnicos e/ou objetivos, sem o que a norma edificada não terá aptidão para irradiar os seus efeitos.

Essas razões pelas quais discordamos daqueles que qualificam a regulação estatal, bem como a sua subespécie – a regulação administrativa –, como a atividade desenvolvida pelo Estado de interferência ou intervenção no exercício da liberdade privada. Afinal, como se procurou demonstrar, tanto como fonte normativa primária ou como secundária, a regulação consiste no desempenho de uma atividade normativa que não está confinada aos escaninhos da regulação do exercício da liberdade ou da propriedade privada.

11.3. Quando o estado regula por si e quando regula por homologação

Com a mudança do papel do Estado implementada desde a década de 90, o Poder Público vem deixando de desempenhar diretamente o que a ordem jurídica lhe impõe[393]. Com isso, tem-se delegado o exercício da regulação administrativa aos particulares, sob a sua ulterior homologação, conforme ocorre no lançamento tributário, nosso conhecido há mais de sessenta anos.

E sem ingressar no movediço campo das dissenções doutrinárias – pois aqui os rótulos que pretendem disciplinar esse fenômeno são amplos e variados –, optamos denominar essa hipótese de regulação administrativa 'sob homologação estatal', ainda que alguns denominem essa figura de autorregulação.

Mesmo antes do advento da Lei da Liberdade Econômica e da Lei das Agências Reguladoras Federais, reconhecia-se que a regulação

[393] Sobre o cumprimento indireto do dever estatal de prestar os serviços de saúde: ZOCKUN, Maurício; FRITOLI, Fernanda Ghiuro Valentini. A prestação do serviço de saúde pelo Estado. **Revista do Advogado**, Ano XL, n. 146, junho de 2020, p.106.

administrativa devia ser preferencialmente precedida de audiência pública, participação dos interessados e procedimento de Análise de Impacto Regulatório (AIR); a ANVISA, por exemplo, foi uma das pioneiras na adoção da AIR.

E por que a regulação administrativa é publicizada, aberta aos diversos atores do setor regulado, no que se inclui a população, e acrescida de AIR? Para viabilizar que as normas a serem eventualmente editadas a esse propósito colham em adequada magnitude os interesses a serem disciplinados, de modo que a regulação administrativa a ser produzida atinja o resultado mais adequado possível, sem prejuízo do paulatino acompanhamento dos resultados perpetrados em razão dessa regulação [denominado de procedimento de Análise de Resultado Regulatório (ARR)].

Assim, a qualitativa participação do administrado na regulação administrativa é um dos desideratos democráticos em vista dos quais se busca o desenvolvimento de uma atividade estatal mais eficiente e afinada à adequada persecução do interesse público. Afinal, não se pode regular de costas para o administrado.

Ora, se a regulação administrativa 'sob homologação estatal' é uma espécie da regulação administrativa, em princípio nela também deve ser assegurada a qualitativa participação do administrado.

E dizemos que essa qualitativa participação dos administrados é, em princípio, possível, pois antevemos a possibilidade de essa regulação administrativa ter por exclusivo destinatário os operadores do setor regulado. Nesse caso, como a regulação administrativa 'sob homologação estatal' não causa impacto direto aos administrados em geral, não se justifica essa qualitativa participação dos administrados; ao menos não na sua integralidade.

Esse parece ser esse o caso, por exemplo, de parcela da legislativamente denominada autorregulação do setor ferroviário, que tem por um dos objetivos fixar os "padrões exclusivamente técnico-operacionais da execução do transporte ferroviário" (art. 44, I, da Lei federal 14.273, de 2021). No entanto, nos casos em que essa regulação pretende assegurar a "neutralidade com relação aos interesses dos usuários" (art. 44, IV, da Lei federal 14.273, de 2021), evidentemente que os usuários devem participar desse processo, pois eles podem ser atingidos por essa regulação. Aliás, nesse caso vislumbrando-se, inclusive, a possibilidade de realização de

AIR, de forma a apurar se a regulação administrativa 'sob homologação estatal' que se pretende realizar será efetivamente neutra em relação aos usuários.

11.4. Há matéria "sob reserva regulatória"?[394]

Ao tratar do conteúdo dos regulamentos delegados ou autorizados, Oswaldo Aranha Bandeira de Mello enunciou a essência da legítima regulação administrativa. Disse ele:

> Os regulamentos autorizados ou delegados são aqueles emanados pelo Executivo em razão de habilitação legislativa que lhe é conferida pelo Legislativo, porém nos termos dessa determinação de competência, para desenvolver os preceitos constantes da lei de habilitação, que delimita seu âmbito a respeito. Alguns autores sustentam que eles se confundem com as ordenanças delegadas. Não obstante, diferenciam-se a delegação do poder de legislar e a autorização para completar os contornos da lei, desenvolvendo-a dentro da órbita circunscrita, e em matéria pertinente à atividade da Administração Pública. Uma coisa é delegar o poder de legislar sobre o direito educacional, e outra é habilitar o Executivo a regulamentar texto de lei em que se fixam as diretrizes a respeito. Ao levar a efeito essa delegação, o faz na conformidade da matéria de marcada no texto legal. De certo modo, portanto, os dispositivos complementares, em desenvolvimento, estão virtualmente contidos na lei de habilitação, embora tenha uma força de alterar a ordem jurídica anterior[395].

Logo, dá-se a legítima regulação administrativa quando o objeto ou matéria legislada já está veiculada e plasmada em lei formal, circunstância que incumbirá ao Estado, no exercício da função administrativa, desenvolver aquela matéria legislada, conferindo-lhe contornos técnicos e/ou objetivos, sem o que a norma edificada não terá aptidão para irradiar os seus efeitos.

[394] Conforme lineamentos de palestra proferida por Maurício Zockun e Carolina Zancaner Zockun na Faculdade de Direito da PUC/SP em outubro de 2023.

[395] **Princípios gerais de direito administrativo**. Volume I: Introdução. 3.ed. São Paulo: Malheiros, 2007, p. 363 e 364 (item 39.3).

Isso não significa dizer que regulação administrativa e regulamento executivo sejam institutos coincidentes, a despeito da existência de pontos em comum entre eles[396].

Assim, a complementação ou o desenvolvimento do preceito normativo primário por meio da regulação administrativa não vulnera, em tese, o princípio da legalidade, pois o sistema normativo admite que os elementos integrantes da norma jurídica sejam descritos de maneira exaustiva (denominados de tipos fechados ou cerrados) ou de modo genérico (denominados tipos abertos).

Nesse contexto, o Poder Legislativo tem liberdade para disciplinar legislativamente aspectos técnicos fundamentais à aplicação da lei?

Todos sabem que o Poder Legislativo exerce tipicamente a função legislativa. Assim, as opções políticas da Nação estão constitucionalmente afiançadas à deliberação dos representantes eleitos do povo que, mediante regular processo legislativo, podem editar lei inovando o ordenamento jurídico de modo inaugural ou, como o próprio texto constitucional prevê, regulando uma dada matéria.

No entanto, certos comportamentos reguláveis demandam, para além de uma deliberação política, a fixação dos contornos técnicos sem os quais os comandos prescritos não irradiarão seus efeitos. Não se trata, no entanto, de fixar os pormenores necessários à aplicação da lei (campo reservado aos denominados regulamentos executivos). Trata-se da complementação da própria norma primária, cujo preceito normativo nela veiculado está estribado em conceitos cujo desenvolvimento e delimitação são confinados em outros campos do conhecimento humano, não compreendidos no direito.

Neste contexto, questiona-se: o Poder Legislativo está constitucionalmente investido na competência para fixar originalmente na lei esses contornos técnicos? Ou seja: para além da deliberação política, o Poder Legislativo pode dispor sobre temas técnicos de forma a tornar o comando normativo veiculado em lei autoexecutável sem que, para tanto, haja prévio estudo técnico revelador de qual é a opção legítima ou quais as alternativas legítimas?

[396] Confira a distinção em: ZOCKUN, Carolina Zancaner; ZOCKUN, Maurício. A regulação administrativa e o princípio da legalidade. In: ZOCKUN, Maurício. (Org.). **Aspectos gerais da lei de liberdade econômica**. 1ed. Curitiba: Íthala, 2022, v. 1, p. 11-21.

É induvidoso, por exemplo, ser válido à lei facultar a venda de medicamentos à população em geral. Sem embargo disto, essa mesma lei poderia arrolar quais medicamentos podem e não podem ser vendidos à população sem que, tecnicamente, sejam previamente demonstrados os benefícios ou os eventuais malefícios que esses produtos podem proporcionar aos usuários? E mais: poderia essa mesma lei prever, adicionalmente, quais medicamentos poderão ser dispensados com ou sem retenção de receita ou, ainda, quais serão os medicamente controlados (medicamentos chamados de "tarja preta") sem a aludida e prévia manifestação técnica?

Na mesma toada, é certo que a lei poderia prever que os serviços de transmissão de dados por meio de redes móveis sejam prestados com boa qualidade. No entanto, essa mesma lei poderia prever que o serviço de transmissão de dados será de boa qualidade se for garantida, por exemplo, a velocidade mínima de dados de 1 Gb, associada à latência de máxima de 7 ms tornando, assim, autoexecutável o preceito normativo de "serviço de boa qualidade"? E isso tudo sem que a(s) entidade(s) técnica(s) qualificada(s) previamente se manifeste(m) e opine(m) sobre o tema (variável, inclusive, segundo a localidade, rede de infraestrutura disponível, número de usuário e tecnologia utilizada)?

A nosso juízo, e como regra geral, aspectos técnicos necessários à aplicação da lei não podem ser fixados originalmente pelo Poder Legislativo. Algumas razões nos levam a essa conclusão:

(i) preceitos normativos que exigem detalhamento técnico para a irradiação de seus efeitos demandam contínua adaptação. Isso porque as circunstâncias técnicas e fáticas que recomendavam sua produção com uma dada configuração ou formatação podem se modificar rapidamente com o passar do tempo, tornando a medida outrora adotada inadequada à tutela do interesse público ou, pior, lesiva ao propósito que justificou sua edição.

Tome-se, por exemplo, o denominado rodízio de veículos automotores, disciplina normativa que proíbe a utilização de certas espécies de veículos em determinados dias da semana e horários em uma dada delimitação geográfica, de modo a viabilizar o fluxo mais escorreito do trânsito em grandes cidades. Parece-nos não competir à lei disciplinar a amplitude territorial do rodízio, os dias nos quais essa limitação se operará e, ainda, quais tipos de veículos podem e não podem ser excepcionados dessa regra, segundo a sua finalidade, combustível utilizado, alocação de passageiros etc.. Afinal, como o bem comum perseguido pela lei impõe a regulação de um fenômeno social fluído e dinâmico, a solução técnica a ser adotada pelo Poder Público poderá recomendar a ampliação, redução ou supressão, transitória ou definitiva, dessa limitação, inclusive em curtíssimo período de tempo. Em vista dessas características, a fixação em lei de todos os elementos necessários à sua imediata aplicação (tornando-a, pois, autoexecutável) desaguará no induvidoso amesquinhamento do interesse público. Isso porque são os elementos técnicos, dinâmicos e fluídos que definirão em que medida e extensão o bem comum perseguido pela lei, nas circunstâncias concretas, será atingido do melhor modo possível.

Logo, parece-nos que a fixação desses detalhamentos técnicos no âmbito da própria lei amesquinha a tutela do bem comum, pois (a) o exercício da competência legislativa é, como regra, facultativo, o que significa dizer que o preceito técnico inadequado permanecerá no corpo da lei enquanto não houver vontade política capaz de sacá-lo do texto ou, então, modificá-lo; (b) o Judiciário não poderá substituir a deliberação técnica veiculada na lei, pois, nesse caso atuaria como "legislador positivo" fora das excepcionais hipóteses em que isso é constitucionalmente permitido[397]; (c) a declaração de invalidade do preceito técnico veiculado desaguaria em anomia ainda mais prejudicial à tutela do interesse público; (d) o rompimento da "desatualização" do preceito técnico veiculado na lei demandaria que o Poder Judiciário fosse dotado da competência para impor esse impositivo agir do Poder Legislativo, o que não se prevê no exercício da função jurisdicional. Semelhante encargo pode ser imposto ao Poder Legislativo se houver omissão passível de rompimento judicial por meio de mandado de injunção ou ação direta de inconstitucionalidade por omissão, o que não é a hipótese; e

(ii) a inovação normativa concretizada pelo Poder Legislativo será levada adiante por meio da vontade política que viabilizou o preenchimento de cargos eletivos pelos representantes eleitos pelo povo. Assim,

[397] Sobre o assunto: ZOCKUN, Maurício. A separação dos poderes e o Judiciário como legislador positivo e negativo. **Revista Eletrônica de Direito do Estado (REDE)**. Salvador, Instituto Brasileiro de Direito Público, n. 35, jul.-set./2013, disponível em: http://www.direitodoestado.com.br/codrevista.asp?cod=707

é com base na confiança depositada pelos titulares do Poder nos agentes políticos que a ordem jurídica pode ser inovada de modo inaugural. Desse modo, pode-se dizer que é a vontade política (dos eleitores e daqueles que foram eleitos) que legitima a inovação da ordem jurídica, fixando os rumos da Nação. Em nenhum momento, portanto, esses agentes públicos foram submetidos ao escrutínio público meritório capaz de aferir ou atestar a sua capacidade para desempenharem função estatal de índole ou estatura técnica. A habilitação dos agentes políticos eleitos é de índole política e pelo seu simples *status* de cidadão, como todos sabem. Logo, esses agentes políticos não estão constitucionalmente habilitados para decidir outra matéria, senão a política. Tanto é assim que, para o desempenho de alguns dos seus misteres técnicos, contam com auxílio de órgão próprio (Tribunal de Contas) que, entretanto, não participa ou integra o processo legislativo. Por essa razão, não existe campo constitucionalmente possível para atuação técnica dos parlamentares.

A despeito disso, parece-nos haver legítimo espaço de atuação política nesse campo nos casos em que o Poder Legislativo veicule em lei uma solução que emergiu a partir de um estudo técnico empreendido (desde que, evidentemente, a solução positivada seja prestante à tutela do interesse público), o que se dá por meio do denominado procedimento de "Avaliação de Impacto Legislativo"[398]. Nesse caso, é importante frisar, a deliberação técnica será edificada pelo próprio Poder Legislativo, mas em procedimento instaurado no âmbito do Poder Legislativo. Assim, por meio da "Análise de Impacto Legislativo", o Parlamento fez uma opção política dentre as várias opções tecnicamente possíveis e satisfativas do interesse público[399]. E nisso há legítima atuação do Poder Legislativo em campo técnico a ser incorporado na lei, desde que –coerentemente com a premissa que elegemos – a disciplina a ser fixada não tenha por objeto um fenômeno social fluído e dinâmico, hipótese na qual a regulação da

[398] Sobre o tema: MENEGUIN, Fernando B. Avaliação de impacto legislativo. In: **Releitura: compilação de textos para discussão**. Brasília: Senado Federal, Subsecretaria de Edições Técnicas, Ano 1, número 2 (jul/dez 2010), disponível em http://www2.senado.leg.br/bdsf/handle/id/496290.

[399] Como se dá, por exemplo, com a maioridade penal, cuja fixação da consciência decorre de um leque de alternativas possíveis, tendo o legislador elegido uma delas: 18 anos.

matéria deve ser igualmente fluída e dinâmica, procedimento antitético à rígida ritualística para criação e modificação das leis.

Essa tormentosa questão já foi enfrentada por alguns Ministros do Supremo Tribunal Federal nos autos da Ação direta de inconstitucionalidade 5.501, ocasião na qual se apreciou a constitucionalidade da Lei federal 13.269, de 2016, que autorizou uso da fosfoetanolamina sintética – comumente chamada de "pílula do câncer" – por pacientes diagnosticados com neoplasia maligna. O caso foi o seguinte: o Congresso Nacional aprovou lei autorizando o consumo da "pílula do câncer", animado pela divulgação realizada por setores da sociedade em 'lives', redes sociais e grupos de WhatsApp, a respeito dos supostos efeitos virtuosos desse medicamento (no que foi o embrião do fenômeno da cloroquina, verificado ao tempo da pandemia da COVID-19). Sensíveis ao clamor popular que ganhou as redes sociais, o Parlamento decidiu autorizar o uso e consumo da "pílula do câncer" sem qualquer espécie de "Análise de Impacto Legislativo".

O voto proferido pelo então Ministro Marco Aurélio caminhou no sentido da ideia que sustentamos. Nele o Ministro Marco Aurélio afirmou que (i) "Ao dever do Estado de ofertar remédios contrapõe-se a responsabilidade de zelar pela qualidade e segurança dos produtos em circulação no território nacional, ou seja, atuar impedindo o acesso a certas substâncias. A norma impugnada não se amolda a esses parâmetros"; (ii) "O controle dos medicamentos fornecidos à população leva em conta a imprescindibilidade de aparato técnico especializado supervisionado pelo Executivo. A atividade fiscalizatória – artigo 174 da Lei Maior – faz-se mediante atos administrativos concretos de liberação, devidamente precedidos por estudos técnico-científicos e experimentais. Ante o postulado da separação de poderes, o Congresso Nacional não pode autorizar, atuando de forma abstrata e genérica, a distribuição de droga"; e, aqui o voto toca em aspecto que consiste no que denominamos de "reserva regulatória" (interdita à atuação do Parlamento), (iii) "A esperança que a sociedade deposita nos medicamentos, sobretudo aqueles destinados ao tratamento de doenças como o câncer, não pode se distanciar da ciência. Foi-se o tempo da busca desenfreada pela cura sem o correspondente cuidado com a segurança e eficácia dos fármacos utilizados. O direito à saúde não será plenamente concretizado se o Estado deixar de cumprir a obrigação de assegurar a qualidade de droga mediante rigoroso crivo científico, apto a afastar desengano, charlatanismo e efeito prejudicial"; e (v) "É no mínimo temerária e potencialmente danosa a liberação genérica do tratamento sem realização dos estudos clínicos correspondentes, em razão da ausência de elementos técnicos assertivos da viabilidade da substância para o bem-estar".

Assim, caso o tema objeto da deliberação legislativa demande prévia apreciação técnica – para se buscar a melhor solução satisfativa do interesse público –, o Parlamento não pode dispor originalmente sobre a matéria.

Mas há vozes em sentido contrário, pois, reconhecemos, o tema é tormentoso. Nessa mesma ação direta de inconstitucionalidade, o Ministro Fachin, por exemplo, afirmou que a ingestão da "pílula do câncer" poderia ser autorizada em lei, pois é atribuição do Parlamento decidir à margem de uma deliberação técnica nos casos em que o paciente está em condição terminal; nessa hipótese – de "condição terminal" –, a política e a fé prevalecem sobre as deliberações técnicas. Eis o que nos parecer relevante do voto proferido pelo Ministro Fachin: "É nessa dimensão estrita do estágio terminal que se pode considerar aplicável a Lei em questão. Isto é, apenas quando não houver outras opções eficazes é que a relativização do controle estabelecido por ela pode ser tido por consentâneo com a Constituição. Em casos tais, pode o Congresso Nacional, no exercício de sua competência privativa para regular o funcionamento do sistema único de saúde, reconhecer o direito de pacientes terminais a agirem, ainda que tendo que assumir riscos desconhecidos, em prol de um mínimo de qualidade de vida".

Procurando traduzir o voto proferido em termos mais prosaicos: (i) "ruim com a 'pílula do câncer', pior sem ela"; ou, ainda, (ii) "pior que está não fica". Com isso, e segundo o pensamento do Ministro Fachin, relativiza-se a necessidade de prévia deliberação técnica para subsequente deliberação parlamentar.

Com todas as vênias ao voto proferido pelo Ministro Fachin, parece-nos que outro deve ser o endereçamento das deliberações legislativas fundadas em elementos técnicos, na esteira do que afirmamos e também do voto proferido pelo Ministro Marco Aurélio. Ao nosso juízo, haverá "reserva regulatória" em favor dos órgãos técnicos do Estado nos casos em que, para tutela do interesse público, haja necessidade de empreender estudos capazes de identificar qual ou quais as melhores medidas capazes de tutelar o bem comum, inclusive na hipótese em que essa providência demandar contínua adaptação.

Nesse contexto, (i) ou muito bem esse estudo deverá ser empreendido no curso de procedimento de "Análise de Impacto Legislativo", caso em que a solução edificada poderá ser veiculada em lei tornando-a, nessa particular, autoexecutável; ou, (ii) na hipótese em que se impõe a contínua adaptação da solução técnica – providência incompatível com o rito do processo legislativo e o exercício facultativo dessa função estatal –, será interdito à lei exaurir a matéria, atribuindo esse detalhamento ao aparato estatal competente, que disporá como regular a matéria.

11.5. A transformação digital e o uso de novas tecnologias pelo estado e pela sociedade

No que consiste a denominada transformação digital? Segundo o Ministério da Ciência, Tecnologia e Inovação, inovação digital se qualifica como "(...) o processo de mudança estrutural que incorpora o uso da tecnologia digital na busca de melhor desempenho, otimização de resultados e mudanças procedimentais em diversas esferas de uma sociedade, tais como: economia, governo, ciência, educação, indústria, mercado de trabalho, saúde, cidades, comunicação global, turismo, agronegócio, entre outros. As tecnologias digitais proporcionam as ferramentas para uma profunda transformação na atuação do governo, na competitividade e produtividade das empresas, assim como na capacitação e inclusão na sociedade, para que todos possam se desenvolver e prosperar"[400].

É induvidoso que o setor privado tem atuado com inegável protagonismo na transformação digital, causando significativo impacto na sociedade e nas relações governamentais. Diante deste protagonismo privado, qual é o papel legislativamente reservado ao Estado em relação à transformação digital?

A ordem jurídica comina ao Poder Público o dever de desenvolver, por si ou por outrem, novas tecnologias que lhe pareçam satisfativas do interesse público. Esse desenvolvimento ocorrerá por conta do próprio Estado, seja pelo desinteresse do setor privado em elaborá-las, seja porque dizem respeito a temas sensíveis para o Poder Público, cuja restrição de

[400] Ministério da Ciência, Tecnologia e Inovação. Disponível em: https://www.gov.br/mcti/pt-br/acompanhe-o-mcti/transformacaodigital. Acessado em 25.1.2024.

acesso aos particulares é recomendável (como se processou nos modernos sistemas de fiscalização digital desenvolvidos pela Receita Federal do Brasil e, ainda, com o PIX). Além disso, o Poder Público também se vê na contingência de promover medidas que procurem incentivar a transformação e a difusão das novas tecnologias digitais em nossa sociedade, como preconiza a denominada Lei de Inovação.

Neste sentido, a Lei Federal 10.973, de 2004, disciplina a "inovação e a pesquisa científica e tecnológica no ambiente produtivo". Essa lei – também conhecida como Lei de Inovação – tem por objetivo geral estimular a inovação tecnológica (art. 1º) por meio da cooperação entre entidades públicas e privadas na área de pesquisa e desenvolvimento (arts. 3º e 4º). Para tanto, incentiva-se a participação da União em empresas que desenvolvam atividades de inovação (art. 3º-B), inclusive adquirindo participação societária minoritária (art. 5º), secundada por contratos de transferência de tecnologia e propriedade intelectual advindas das pesquisas e desenvolvimento empreendidos (art. 6º) ou, ainda, o seu licenciamento (art. 5º, § 2º). Segundo essa lei, o Poder Público pode incentivar financeiramente pesquisas tecnológicas (arts. 3º e 9º-A), inclusive por meio de benefícios tributários.

A Lei de Inovação também fomenta a cooperação entre o setor público e privado no desenvolvimento de novas tecnologias (art. 9º), inclusive com a criação de parques tecnológicos e incubadoras de empresas (art. 3º-B). Além disso, incentiva a democratização na utilização e disseminação da tecnologia criada, seja por meio da transferência de tecnologia, seja por meio de licenciamento em caráter não exclusivo, desde que a inovação seja reconhecida como de relevante interesse público (art. 6º, § 5º).

Com apoio dessa lei, o Ministério da Ciência, Tecnologia e Inovação elaborou a denominada "Estratégia Brasileira para a Transformação Digital (E-Digital)" para o período 2022-2026. A atualização dessa estratégia, que ocorre em ciclos de quatro anos, está prevista no art. 3º do Decreto nº 9.319/2018, que institui o Sistema Nacional para a Transformação Digital (SinDigital), composto pela Estratégia Brasileira para a Transformação Digital (E-Digital).

Segundo a Estratégia Brasileira para a Transformação Digital (E-Digital), Ciclo 2022-2026, o eixo de transformação digital foi revisado, passando a se orientar pelos seguintes parâmetros: (i) a transformação continua sendo empreendida por meio da internet; (ii) as tecnologias digitais relacionadas, como a Internet das Coisas, Agro 4.0, a Inteligência Artificial, a análise de grandes bases de dados (*Big Data*), a computação em nuvem; (iii) os sistemas móveis; (iv) as redes sociais e de colaboração; (v) os sistemas ciberfísicos, *deep learning*; (vi) a segurança da informação; (vii) a segurança cibernética; (viii) a computação de alta performance; (ix) a computação quântica e o – já decadente – metaverso.

Para que essa estratégia produza o resulta esperado, elegeram-se cinco eixos temáticos habilitadores. E no que consistem esses eixos temáticos habilitadores? Eles se prestam à criação, ampliação e difusão do conhecimento necessário à adequada transformação digital; prestam-se, portanto, à edificação das bases fundamentais sem as quais a transformação digital não se aperfeiçoará ou se aperfeiçoará de modo menos eficiente do que o desejável. Eis, portanto, o *rol* dos referidos eixos temáticos habilitadores: (i) Infraestrutura e acesso às Tecnologias de Informação e Comunicação, (ii) Pesquisa, Desenvolvimento e Inovação, (iii) Confiança no ambiente digital. (iv) Educação e capacitação profissional e, por fim, (v) Dimensão internacional.

O noticiado Decreto nº 9.319/2018 arrola os objetivos gerais e objetivos específicos de cada um desses eixos[401]:

[401] Reprodução do quadro existente na publicação divulgada pelo Ministério da Ministério da Ciência, Tecnologia e Inovação: https://www.gov.br/mcti/pt-br/acompanhe-o-mcti/transformacaodigital/arquivosestrategiadigital/e-digital_ciclo_2022-2026.pdf

Eixos Habilitadores	Objetivo geral (Decreto nº 9.319/2018 e suas alterações)	Objetivos específicos (Decreto nº 9.319/2018 e suas alterações) (BRASIL, 2018a)
A. Infraestrutura e acesso às Tecnologias de Informação e Comunicação	Ampliar o acesso da população à internet e às tecnologias digitais, com qualidade de serviço e economicidade.	• Levar redes de transporte de dados de alta capacidade a todos os municípios brasileiros; • Expandir as redes de acesso em banda larga móvel e fixa, em áreas urbanas e rurais; • Disseminar as iniciativas de inclusão digital.
B. Pesquisa, Desenvolvimento e Inovação (PD&I)	Estimular o desenvolvimento de novas tecnologias, com a ampliação da produção científica e tecnológica, e buscar soluções para desafios nacionais.	• Integrar os instrumentos viabilizadores de promoção da PD&I, bem como as infraestruturas de pesquisa destinadas ao desenvolvimento das tecnologias digitais; • Aprimorar os marcos legais de Ciência, Tecnologia e Inovação (CT&I); • Utilizar o poder de compra público para estimular o desenvolvimento de soluções inovadoras baseadas em tecnologias digitais.
C. Confiança no ambiente digital	Assegurar que o ambiente digital seja seguro, confiável e propício aos serviços e ao consumo, com respeito aos direitos dos cidadãos.	• Aprimorar os mecanismos de proteção de direitos no meio digital, inclusive nos aspectos relativos à privacidade e à proteção de dados pessoais, e reconhecer as especificidades desse ambiente; • Fortalecer a segurança cibernética no País, com estabelecimento de mecanismos de cooperação entre entes governamentais, entes federados e setor privado, com vistas à adoção de melhores práticas, coordenação de resposta a incidentes e proteção da infraestrutura crítica; e • Reforçar os instrumentos de cooperação internacional entre autoridades e empresas de diferentes países, de maneira a garantir a aplicação da lei no ambiente digital.
D. Educação e capacitação profissional	Formar a sociedade para o mundo digital, com novos conhecimentos e tecnologias avançadas, e prepará-la para o trabalho do futuro.	• Conectar escolas públicas, urbanas e rurais, com acessos de banda larga, e disponibilizar equipamentos para acesso a tecnologias digitais; • Incorporar as tecnologias digitais nas práticas escolares, com desenvolvimento do pensamento computacional entre as competências dos estudantes; • Reforçar as disciplinas matemática, ciências, tecnologias e engenharias e as trilhas de formação técnica para atuação em setores da economia digital, com foco no empreendedorismo; e • Promover o aprimoramento das formações inicial e continuada dos professores, no que se refere ao uso da tecnologia em sala de aula.
E. Dimensão internacional	Fortalecer a liderança brasileira nos fóruns globais relativos a temas digitais, estimular a competitividade e a presença das empresas brasileiras no exterior e promover a integração regional em economia digital.	• Promover a ativa participação do País nas iniciativas de coordenação e de integração regional em economia digital, assim como nas instâncias internacionais que tratam o tema com prioridade; • Estimular a competitividade e a presença no exterior das empresas brasileiras com atuação nos segmentos digitais; • Promover a expansão de exportações por meio do comércio eletrônico e apoiar a inserção de pequenas e médias empresas brasileiras neste segmento.

Fonte: Decreto nº 9.319 de 21 de março de 2018 (BRASIL, 2018a)

Edificados esses eixos habilitadores, a Estratégia Brasileira para a Transformação Digital (E-Digital) pretende, com isso, atingir as seguintes transformações digitais: (i) Transformação Digital da Economia, (ii) Economia Baseada em Dados, (iii) Um Mundo de Dispositivos Conectados, (iv) Novos Modelos de Negócio, e (v) Transformação Digital: Cidadania e Governo.

A condensação desses múltiplos eixos integrantes da Estratégia Brasileira para a Transformação Digital (E-Digital) foi graficamente representada da seguinte forma pelo Ministério da Ciência, Tecnologia e Inovação[402]:

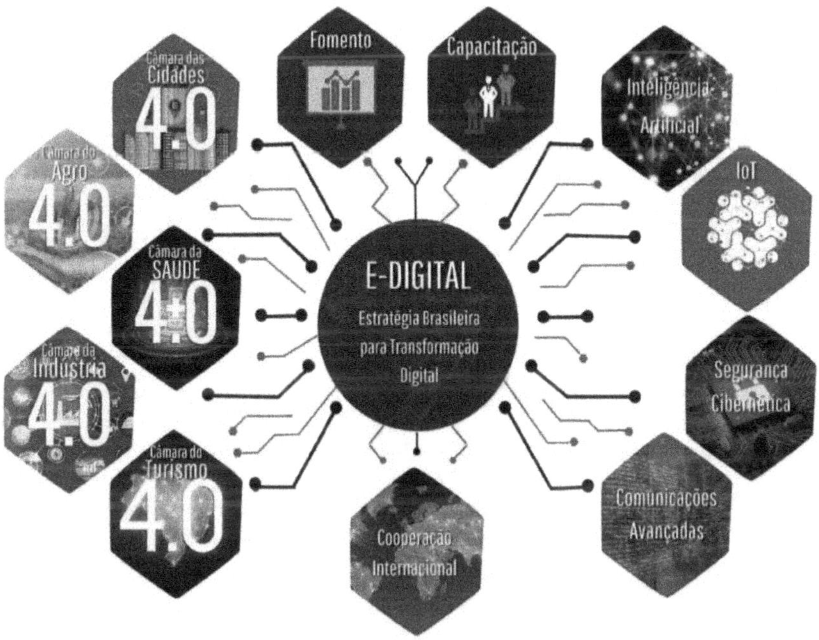

Nesse contexto de transformação digital, criaram-se as condições propícias para o nascimento do denominado *Governo Digital*; uma iniciativa legislativa que procura impor ao Governo Federal o dever de aplicar

[402] Vide: https://app.powerbi.com/view?r=eyJrIjoiNmZiODNiNzYtNzQ1ZC00NDU4LWJ-jZmQtNzgwNjc1MzRkMzg4IiwidCI6ImJlYTY1MTZiLTY4ZjAtNGI0OC04ZDAxLWJkNz Y5YTEzZjA2NSJ9

concretamente parte desses eixos transformadores na prestação de serviços eletrônicos. Essa iniciativa está veiculada na Lei nº 14.129, de 2021, que tem por propósito a "desburocratização, inovação e transformação digital" no âmbito federal.

11.5.1. O que é o "governo digital"?

Lei do "Governo Digital" pretende impor à Administração direta e indireta da União[403] – cuja definição equivocada também abrange os Poderes Legislativo e Judiciário, além do Ministério Público da União e Tribunal de Contas da União (art. 2º, I) – o dever de dar concreta aplicabilidade ao princípio da eficiência na prestação de atividades públicas em favor da sociedade por meio da oferta de "serviços digitais" (art. 3º, I). Essa iniciativa já está em prática em razão da construção de inúmeras plataformas digitais no âmbito federal[404], tudo levado a cabo por meio de regulação administrativa, já que os comandos legais produzidos a esse propósito apenas cuidaram de fixar o norte a ser complementado por meio de atividade regulamentar. Mas não só.

Por meio do "Governo Digital" também se impôs à União (na equivocada latitude da definição legal) o dever de empregar os meios digitais na otimização das rotinas do trabalho, o que já está em prática em inúmeros setores do Estado[405]. Ademais, o Poder Público deve assegurar que

[403] Excepcionada as empresas estatais exploradoras de atividades econômicas (art. 2º, § 1º).

[404] Caso das plataformas do (i) "Governo Digital": https://www.gov.br/governodigital/pt-br; e (ii) Portal Nacional de Contratações Públicas(PNCP) https://www.gov.br/pncp/pt-br. Nessa particular a fragmentação dos "serviços digitais" – do "Governo Digital" e do "PNCP" – caminha na contramão da diretriz fixada pelo art. 3º, II, da Lei do "Governo Digital", segundo o qual se orientou a disponibilização em "plataforma única". No âmbito do Município de São Paulo, por exemplo, os administrados em geral podem solicitar a prestação de um amplo plexo de atividades pelo aplicativo 156 (https://sp156.prefeitura.sp.gov.br/portal/servicos-online), dentro os quais se incluem: (i) transporte público e adaptável para pessoas com deficiência; (ii) manutenção de guias, sarjetas e postes; (iii) solicitação para a construção de calçadas em áreas públicas e praças; (iv) notícia de suposta poluição sonora em estabelecimentos é empresariais; (v) identificação de locais com rede móvel (WiFi) pública e gratuita; (vi) sugestão de cardápio para a merenda escolar; (vii) poda de árvore etc..

[405] No âmbito judicial utiliza-se largamente o PJe (https://www.cnj.jus.br/programas-e-acoes/processo-judicial-eletronico-pje/) e eProc. No âmbito administrativo federal utiliza-se largamente a plataforma SEI (https://www.gov.br/economia/pt-br/acesso-a-informacao/sei). (https://www.trf4.jus.br/trf4/controlador.php?acao=noticia_

essas múltiplas plataformas sejam capazes de recepcionar e enviar informações e dados entre si, no que se denomina "interoperabilidade" (art. 3º, XIV).

11.5.2. O modo de acesso ao governo digital

Ao mesmo tempo em que a Lei do "Governo Digital" incentiva a utilização de meios digitais para o desempenho de atividades públicas internas e também com os administrados de um modo geral (no que e denomina de "serviços digitais") (art. 3º, III), ela também assegura a possibilidade de atendimento pessoal (art. 3º, XVI) e tratamento adequado ao idoso (art. 3º, XXIV).

Nesse contexto, essa Lei recomenda que as demandas dos administrados sejam atendidas por meio de autosserviço eletrônico (art. 3º, X), no qual a prestação buscada pode ser fruída automaticamente (art. 4º, I) por meio de meios ativos – como a denominada "transparência ativa" (art. 4º, XI) – eliminando-se exigências regulatórias desnecessárias (art. 3º, XII) e economicamente custosas[406] (art. 3º, XI).

11.5.3. O governo digital e a privacidade

A adoção do "Governo Digital" proporciona grande fluxo de informações e dados pessoais entre Governo e a sociedade. Nesse contexto, a lei incentiva a utilização dos dados armazenados em plataformas públicas, pelo Estado e pela sociedade, especialmente para formulação de políticas públicas, de pesquisas científicas, de geração de negócios e de controle social (art. 3º, XXIII).

Em sintonia com o previsto na lei do "Governo Digital", a LGPD prevê que a Administração Pública poderá realizar o tratamento de dados[407] e

visualizar&id_noticia=27298#:~:text=H%C3%A1%20pouco%20mais%20de%2020,Juizado%20Especial%20Federal%20de%20Londrina).

406 Em sinergia com a Lei da Liberdade Econômica, que impede a criação de obrigações retardem a persecução dos interesses dos administrados e aumentem os custos de transações sem a demonstração dos benefícios (art. 4º, V).

407 A LGPD define tratamento de dados como "toda operação realizada com dados pessoais, como as que se referem a coleta, produção, recepção, classificação, utilização, acesso, reprodução, transmissão, distribuição, processamento, arquivamento, armazenamento, eliminação, avaliação ou controle da informação, modificação, comunicação, transferência, difusão ou extração" (art. 5º, X, da LGPD).

compartilhá-los[408] para execução faz políticas públicas nela previstas e outras que sejam legislativamente autorizadas.

Nesse cenário, como no acesso às plataformas governamentais os dados pessoais são compulsoriamente fornecidos, a lei do "Governo Digital" assinala a necessidade de sua anonimização, que poderá ser relativizada quando essa informação for imprescindível à própria tutela do interesse público.

11.5.4. O governo digital democrático

O Brasil tem mais *smartphones* do que habitantes e, segundo apurado, "O smartphone domina a maioria dos usos, como nos bancos, compras e mídias sociais"[409]. Em sintonia com a realidade social, a Lei do Governo Digital (art. 14) prevê que a prestação de serviços públicos deverá ocorrer por meio de tecnologias de amplo acesso pela população o que, no contexto em que vivemos, traduz-se em aplicativos para *smartphones*.

Mas essa Lei, evidentemente, não define como e por qual plataforma se dará esse amplo acesso; hoje ele se aperfeiçoa por meio dos telefones celulares. Daí a inteligência da Lei em fixar apenas o desiderato democrático do acesso aos denominados serviços públicos digitais e permitir que as atividades técnicas regulamentares a serem desenvolvidas pelo Estado (em colaboração com a sociedade) constantemente adaptem a acolham tecnologias que, mais democraticamente, permitam o desfruto dessas atividades estatais pela população.

11.6. A regulação da transformação digital pelo estado e os ambientes controlados de experimentações (sandbox regulatórios)

Afirmou-se que o Poder Público tem frequentemente delegado o exercício da regulação administrativa aos particulares, naquilo que denominamos regulação administrativa 'sob homologação estatal'.

[408] A LGPD define o compartilhamento de dados como a "comunicação, difusão, transferência internacional, interconexão de dados pessoais ou tratamento compartilhado de bancos de dados pessoais por órgãos e entidades públicos no cumprimento de suas competências legais, ou entre esses e entes privados, reciprocamente, com autorização específica, para uma ou mais modalidades de tratamento permitidas por esses entes públicos, ou entre entes privados" (art. 5º, XVI, da LGPD).

[409] Vide: https://eaesp.fgv.br/sites/eaesp.fgv.br/files/u68/fgvcia-pesti-panorama-2023.docx

O campo da transformação digital, como também se assinalou, é essencialmente desenvolvido pelos particulares e frequentemente antecede qualquer espécie de normatização. A inovação, como se sabe, avança em campo inexplorado pelo ângulo fático, tecnológico e, por óbvio, jurídico. Nesse contexto, a inovação, a transformação e o invento precedem à norma que pretenda disciplinar o seu desenvolvimento.

Esse fato da vida não foi desconsiderado pelo legislador, como se pode constatar pela interpretação de algumas passagens da Liberdade Econômica (Lei nº 13.874, de 20 de setembro de 2019).

Segundo o art. 4º, IV: "Art. 4º. É dever da administração pública e das demais entidades que se vinculam a esta Lei, no exercício de regulamentação de norma pública pertencente à legislação sobre a qual esta Lei versa, exceto se em estrito cumprimento a previsão explícita em lei, evitar o abuso do poder regulatório de maneira a, indevidamente: (...) IV – redigir enunciados que impeçam ou retardem a inovação e a adoção de novas tecnologias, processos ou modelos de negócios, ressalvadas as situações consideradas em regulamento como de alto risco".

Além disto, o art. 3º, VI, da mesma lei, prevê: "Art. 3º São direitos de toda pessoa, natural ou jurídica, essenciais para o desenvolvimento e o crescimento econômicos do País, observado o disposto no parágrafo único do art. 170 da Constituição Federal: (...) VI – desenvolver, executar, operar ou comercializar novas modalidades de produtos e de serviços quando as normas infralegais se tornarem desatualizadas por força de desenvolvimento tecnológico consolidado internacionalmente, nos termos estabelecidos em regulamento, que disciplinará os requisitos para aferição da situação concreta, os procedimentos, o momento e as condições dos efeitos".

Há, pois, liberdade para inovação em nossa sociedade, mesmo na hipótese de inexistência de norma que discipline especificamente essa atividade, salvo se ela for potencialmente danosa.

Por essa razão, para evitar a deflagração de resultados danosos à coletividade, a legislação prevê ambientes para criação e experimentação dessas novas tecnologias (que, adulando-se a nomenclatura estrangeira, passou-se a denominar de *sandbox* regulatório). Nesse âmbito, a inovação com características potencialmente deletérias – especialmente em relação às atividades públicas ou de relevância pública – têm sua disponibilização ao público condicionada à prévia aprovação do Poder Público.

O incentivo à experimentação e à existência de ambientes normativamente destinados à experimentação são historicamente contemplados na legislação brasileira.

Em 1934 o Decreto federal 24.548 aprovava o Regulamento Sanitário Animal e previa em seu art. 84 que "tornando-se necessário realizar algum trabalho de caráter *experimental*, ou adquirir conhecimentos relacionados com os trabalhos que se realizam em outros estabelecimentos, fica o diretor do S. D. S. A. autorizado a solicitar a colaboração do chefe dêsses estabelecimentos".

Em 1946 o Decreto-lei 8.547 criou no Departamento Nacional da Produção Animal (DNPA) o Instituto de Zootecnia e previu em seu art. 3º que, "além de realizar os estudos e pesquisas previstos no art. 2º, o Instituto de Zootecnia será o órgão planejador e coordenador dos trabalhos *experimentais* a serem executados nos estabelecimentos zootécnicos do DNPA".

O Código de Trânsito Brasileiro (Lei Federal 9.503, de 1997) prevê na redação original do art. 80, § 2º, que "O CONTRAN poderá autorizar, em caráter *experimental* e por período prefixado, a utilização de sinalização não prevista neste Código".

O Decreto federal 10.615, de 2021, prevê, no âmbito Programa de Apoio ao Desenvolvimento Tecnológico da Indústria de Semicondutores, instituído pela Lei nº 11.484, de 31 de maio de 2007, que a pesquisa, desenvolvimento e inovação nas áreas de microeletrônica, dos dispositivos semicondutores e mostradores da informação (*displays*), de optoeletrônicos, de ferramentas computacionais (*software*) de suporte a projetos e de metodologias de projeto e de processo de fabricação desses dispositivos compreende o trabalho teórico ou *experimental* realizado de forma sistemática para a aquisição de conhecimentos, com vistas a atingir objetivo específico, descobrir novas aplicações ou obter ampla e precisa compreensão dos fundamentos subjacentes aos fenômenos e fatos observados, sem definição prévia para o aproveitamento prático dos resultados (art. 13, I).

A Lei federal 7.940, de 1989, alterada pela Lei federal 14.317, de 2022, passou a prever a existência de ambiente regulatório *experimental* no âmbito da CVM (art. 3º, XII).

O Decreto federal 11.453, de 2023, que disciplina os mecanismos de fomento do sistema de financiamento da cultura também se presta a "apoiar as atividades culturais de caráter inovador ou *experimental*" (art. 3º, IX).

O Decreto federal 7.646, de 2011, nessa parte alterado pelo Decreto 11.161, de 2022, proíbe a incorporação, pelo SUS, de tecnologias em saúde de uso *experimental* (art. 15, § 5º).

A Lei federal 6.360, de 1976, veiculou o que nos parece ser um dos pilares característicos desse ambiente de *experimentação*: a aplicação de um plexo de normas condizentes com essa singular atividade no campo dos medicamentos.

Com efeito, o ambiente experimental – tantas vezes incentivado e contemplado pela legislação – se propõe à inovação. É, pois, um ambiente de teste, no qual o erro, a falha, o defeito, o engano e a generalidade das imperfeições são elementos integrantes e indissociáveis do processo de criação de uma nova tecnologia.

Daí o art. 23 da Lei federal 6.360, de 1976, prever, em sua redação original, que "estão igualmente isentos de registro os medicamentos novos, destinados exclusivamente a *uso experimental*, sob controle médico, podendo, inclusive, ser importados mediante expressa autorização do Ministério da Saúde". Afinal, como os medicamentos para uso experimental se prestam à inovação nesse campo do conhecimento humano e científico e, por isso mesmo, não se destinam ao consumo da população em geral, eles são isentos de registro.

Nesse ambiente experimental, edifica-se um plexo de normas que viabiliza o regular desenvolvimento de atividades naturalmente imperfeitas e que, se fossem prontamente disponibilizadas à população em geral, seriam qualificadas como ilícitas ou poderiam colocar em risco a vida, a saúde ou o patrimônio dos potenciais usufrutuários.

Alguns sustentam que esse ambiente de experimentação é criado para "suspender temporariamente a obrigatoriedade de cumprimento de normas exigidas para atuação em determinados setores, permitindo que empresas possam usufruir de um regime diferenciado para lançar novos produtos e serviços inovadores no mercado, com menos burocracia e mais flexibilidade, mas com o monitoramento e a orientação dos órgãos reguladores"[410]. Parece-nos uma visão equivocada. Não há suspensão

[410] Vide: https://portal.tcu.gov.br/data/files/86/75/3F/4B/669A38102DFE0FF7F18818A8/SandBox%20Regulatorio.pdf

alguma de normas nesse ambiente, que já nasce com a formatação jurídica necessária para que a imperfeição e suas consequências sejam não apenas toleradas, mas incentivadas, pois inerentes à formação do conhecimento e à edificação de soluções novas (para problemas novos ou já conhecidos).

Nesse sentido, a ANTT foi bastante feliz ao definir esse procedimento de experimentação como: "(...) procedimentos para o funcionamento de um *sandbox* regulatório (ambiente regulatório experimental), em que o regulador pode ousar, errar, testar, rejeitar e reformular hipóteses, ajustar propostas e chegar mais rapidamente a soluções efetivas para os problemas regulatórios"[411]. Aliás, esse procedimento instaurado pela ANTT frutificou e desaguou na edição Resolução ANTT 5.999, de 3.11.2022, que passou a disciplinar esse ambiente experimental no âmbito daquela agência.

Há ambientes regulatórios experimentais que figuram nas paradas de sucesso e estão na "boca do povo" (ou que estão no *hype* e figuram nos *trending topics*, para aqueles que gostam de se valer de expressões em língua inglesa). São eles: os *sandboxes* regulatórios atualmente realizados pela ANPD, ANTT, CVM, Banco Central e Susep.

Em outubro de 2023 a ANPD publicou consulta pública sobre o seu programa piloto de *sandbox* regulatório acerca do uso de Inteligência Artificial e boas práticas de proteção de dados[412].

Em 2022 a ANTT iniciou o projeto de experimentação pretendendo aferir a possibilidade de utilização do sistema de cobrança de pedágio conhecido como de passagem livre (*free flow*) nas rodovias federais concedidas[413].

Desde 2021 a CVM instaurou ambientes de experimentação em diversas frentes[414]: (i) "serviço de escrituração de valores mobiliários para empresas em estágio inicial de desenvolvimento, oferecendo solução em formato *Software-as-a-Service* para registro de titularidade de instrumentos de dívida e de participação societária, possibilitando controle da tabela

411 Vide: https://portal.antt.gov.br/resultado/-/asset_publisher/m2By5inRuGGs/content/id/3119150

412 Vide: https://www.gov.br/anpd/pt-br/documentos-e-publicacoes/documentos-de-publicacoes/sandbox_regulatorio___estudo_tecnico__versao_publica_.pdf

413 Vide: https://portal.antt.gov.br/resultado/-/asset_publisher/m2By5inRuGGs/content/id/5615170

414 Vide: https://www.gov.br/cvm/pt-br/assuntos/normas/sandbox-regulatorio

de capitalização atual e futura. Os clientes atendidos serão sociedades limitadas que tenham realizado ou estejam no processo de realizar ofertas públicas de valores mobiliários regulamentadas pela CVM, com foco nas sociedades empresárias de pequeno porte que emitem via plataformas eletrônicas de investimento participativo (*crowdfunding* de investimento)"; (ii) mercado de balcão organizado em que se pretende ofertar a oportunidade a terceiros de comprar valores mobiliários no mercado secundário, ou seja, fora das rodadas de ofertas públicas do *crowdfunding*, representados em *tokens* emitidos na rede de *DLT Quorus*; (iii) criação de um mercado de balcão organizado, no qual serão negociados valores mobiliários de *startups* em regime de *crowdfunding*, acessível diretamente por investidores cadastrados na empresa que propôs esse ambiente de experimentação, sem a necessidade de intermediação por instituição integrante do sistema de distribuição. Segundo a proposta de experimentação, os valores mobiliários negociados no mercado organizado serão escriturados pela proponente, por meio da utilização da ferramenta de *Distributed Ledger Technology* (DLT), e serão *tokenizados* pela *nTokens*, por meio de tecnologia *blockchain*, dentre outros[415].

As iniciativas experimentais da SUSEP são reguladas por meio da Resolução 381, de 2020, e são periodicamente abertas ao público por meio de edital de chamamento para projetos inovadores[416].

Já o Banco Central nos brindou com o PIX e avança em inúmeros outros projetos, dentre os quais o Real Digital e seus desdobramentos[417].

É bastante palatável que as inovações relacionadas ao desenvolvimento de atividades públicas ou de relevância pública sejam incrementadas com a utilização da inteligência artificial em setores que não são tradicionalmente por ela atingidos. Com a profusão desse processo de experimentação, aproxima-se o momento em que será conveniente a fixação de estruturas normativas gerais capazes de fixar balizas mínimas orientativas desse proceder do Estado, a exemplo do que recentemente se deu com a Análise de Impacto Regulatório.

[415] Vide: https://www.in.gov.br/en/web/dou/-/resolucao-n-381-de-4-de-marco-de-2020-246507718

[416] Vide: https://www.in.gov.br/web/dou/-/edital-eletronico-susep-n-1/2021-334115727

[417] Vide: https://www.bcb.gov.br/estabilidadefinanceira/real_digital_faq

11.7. Quando regular?

A regulação (em sentido amplo) de novas tecnologias se justifica em razão das falhas de mercado (assimetrias de informação, violação à livre concorrência, externalidades etc.) e promoção de valores sociais e culturais. Essas justificativas ganham maior destaque com o surgimento de novos contextos de mercado, como as tecnologias digitais em rede e a preservação do direito à privacidade.

No entanto, o debate sobre a legitimação da intervenção estatal em novas tecnologias não pode ser travado sem se considerar a importância da promoção e preservação da inovação como fator de produção essencial ao desenvolvimento econômico das sociedades. Tal perspectiva influencia as decisões governamentais não apenas sobre cabimento da regulação, mas sobre o tempo e a forma de sua implementação[418].

Deve-se perceber que, embora o primeiro impulso seja o de afastar a regulação, em algum momento a sua necessidade será imposta. Os próprios sujeitos desenvolvedores e aplicadores das novas tecnologias acabam demandando certa regulamentação, pois, além do seu reconhecimento, traz segurança para que as atividades se desenvolvam sob o amparo do Direito. No entanto, uma lógica do confronto com o setor inovador ou de soluções regulatórias unilaterais por parte do Estado não parece trazer bons resultados, ademais do fato de que o desenvolvimento de novas tecnologias é ágil e sempre disposto a contornar os obstáculos regulatórios[419].

Outro questionamento envolvendo a regulação, e que não possui respostas apriorísticas, refere-se a quando se deve regular.

O questionamento sobre "quando" regulamentar representa o cerne do chamado Dilema de Collingridge. Segundo a indagação feita por David Collingridge, em um estágio inicial do desenvolvimento de uma tecnologia, a regulação mostra-se problemática em razão da falta de informações sobre o provável impacto da tecnologia. Por outro lado, em um momento posterior a regulação é igualmente problemática, porque

[418] BAPTISTA, Patrícia Ferreira; KELLER, Clara Iglesias. Por que, quando e como regular as novas tecnologias? Os desafios trazidos pelas inovações disruptivas. **Revista de Direito Administrativo**, v. 273, 2016, p.159.

[419] BAPTISTA, Patrícia Ferreira; KELLER, Clara Iglesias. Por que, quando e como regular as novas tecnologias? Os desafios trazidos pelas inovações disruptivas. **Revista de Direito Administrativo**, v. 273, 2016, p.159.

a tecnologia torna-se mais difusa na sociedade, tornando dispendiosa e menos efetiva a implementação de quaisquer mudanças exigidas pelos reguladores. Logo, quando regular?[420]

Embora se possa cogitar que a regulação seja anterior (*ex ante*) ao próprio uso da tecnologia, a velocidade e a intensidade das novas tecnologias (em especial as disruptivas) fazem com que isso, por vezes, seja improvável. A regulação pressupõe uma certa reflexão e maturação sobre os possíveis efeitos advindos das novas tecnologias. Já o uso e criação das tecnologias em si ocorrem de maneira célere e com um potencial exponencial de expansão. São operações que, em regra, ocorrem em ritmos e momentos diferenciados[421].

Além disso, a escolha do "quando" deve levar em conta os riscos advindos da nova tecnologia. Tecnologias que envolvam entretenimento, por exemplo, terão naturalmente um prazo diferenciado de regulação em relação a tecnologias armamentistas. De qualquer maneira, uma regulação tardia pode mostrar-se extremamente danosa, ao mesmo tempo que uma regulação precoce pode inviabilizar o desenvolvimento tecnológico. Deve-se, caso a caso, buscar o ponto temporal adequado, afastado de excessos.

Referência

BANDEIRA DE MELLO, Oswaldo Aranha. **Princípios gerais de direito administrativo.** Volume I: Introdução. 3ª ed. São Paulo: Malheiros, 2007.

BAPTISTA, Patrícia Ferreira; KELLER, Clara Iglesias. Por que, quando e como regular as novas tecnologias? Os desafios trazidos pelas inovações disruptivas. **Revista de Direito Administrativo**, v. 273, 2016.

BRASIL. **Ministério da Ciência, Tecnologia e Inovação.** Disponível em: https://www.gov.br/mcti/pt-br/acompanhe-o-mcti/transformacaodigital. Acesso em: 25.1.2024.

BRASIL. Ministério da Ciência, Tecnologia e Inovação. **Estratégia Brasileira para a Transformação Digital (E-Digital). Ciclo 2022- 2026**. Brasília: Ministério da Ciência, Tecnologia e Inovação, 2022. Disponível em: https://www.gov.br/mcti/pt-br/acompanhe-o-mcti/transformacaodigital/arquivosestrategiadigital/e-digital_ciclo_2022-2026.pdf. Acesso em: 24.1.2024.

[420] COLLINGRIDGE, David. **The social control of technology.** New York: St. Martin's Press, 1980.

[421] CABRAL, Flávio Garcia; SARAI, Leandro. Manual de Direito Administrativo. 2.ed. Leme: Mizuno, 2023, p.1058.

BRASIL. Ministério da Agricultura, Pecuária e Abastecimento. **Potencialidades e desafios do agro 4.0: GT III "Cadeias Produtivas e Desenvolvimento de Fornecedores" Câmara do Agro 4.0 (MAPA/MCTI).** Brasília: Ministério da Agricultura, Pecuária e Abastecimento. Secretaria de Inovação, Desenvolvimento Sustentável e Irrigação, 2021. Disponível em: https://www.gov.br/agricultura/pt-br/assuntos/inovacao/agricultura-digital/GT3VERSAOABNT.pdf. Acesso em: 20.1.2024.

BRASIL. TCU: https://portal.tcu.gov.br/data/files/86/75/3F/4B/669A38102DFE0FF7F18818A8/SandBox%20Regulatorio.pdf. Acesso em: 21.1.2024.

BRASIL. ANTT. https://portal.antt.gov.br/resultado/-/asset_publisher/m2By5in-RuGGs/content/id/3119150. Acesso em: 27.1.2024

BRASIL. ANTT. https://portal.antt.gov.br/resultado/-/asset_publisher/m2By5in-RuGGs/content/id/5615170.. Acesso em: 26.1.2024

BRASIL. ANPD. **Sandbox Regulatório – Estudo Técnico ANPD.** Brasília: ANPD, 2023. Disponível em: https://www.gov.br/anpd/pt-br/documentos-e-publicacoes/documentos-de-publicacoes/sandbox_regulatorio___estudo_tecnico__versao_publica_.pdf. Acesso em: 25.1.2024.

CABRAL, Flávio Garcia; SARAI, Leandro. **Manual de Direito Administrativo**. 2.ed. Leme: Mizuno, 2023.

COLLINGRIDGE, David. **The social control of technology**. New York: St. Martin's Press, 1980.

MEIRELLES, Fernando S. **Apresentação e Relatório da 34ª Pesquisa Anual de Uso de TI**. São Paulo: FGV, 2023. Disponível em: https://eaesp.fgv.br/sites/eaesp.fgv.br/files/u68/fgvcia-pesti-panorama-2023.docx. Acesso em: 23.1.2024.

MENEGUIN, Fernando B. Avaliação de impacto legislativo. **Releitura: compilação de textos para discussão**. Brasília, Senado Federal, Subsecretaria de Edições Técnicas, Ano 1, número 2 (jul/dez 2010), disponível em http://www2.senado.leg.br/bdsf/handle/id/496290. Acesso em: 19.1.2024.

NUCCI, Guilherme de Souza. **Curso de direito penal:** parte geral: artigos 1º a 120 do código penal. 5.ed. Rio de Janeiro: Forense, 2021.

ZOCKUN, Maurício. A separação dos poderes e o Judiciário como legislador positivo e negativo. **Revista Eletrônica de Direito do Estado (REDE)**, Salvador, Instituto Brasileiro de Direito Público, n. 35, jul-set/2013, disponível em: http://www.direitodoestado.com.br/codrevista.asp?cod=707. Acesso em: 18.1.2024.

ZOCKUN, Carolina Zancaner; ZOCKUN, Maurício. A regulação administrativa e o princípio da legalidade. In: ZOCKUN, Maurício. (Org.). **Aspectos gerais da lei de liberdade econômica**. Curitiba: Íthala, 2022.

ZOCKUN, Maurício; FRITOLI, Fernanda Ghiuro Valentini. A prestação do serviço de saúde pelo Estado. **Revista do Advogado**, Ano XL, n. 146, junho de 2020.

ZOCKUN, Maurício; ZOCKUN, Carolina Zancaner. Law and Economics à brasileira: o consequencialismo inconsequente. **Consultor Jurídico**. Disponível em: https://www.conjur.com.br/2023-out-13/zockune-zockun-law-and-economics-brasileira. Acesso em: 22.01.2024.

12.
FOMENTO NA ATIVIDADE DE INOVAÇÃO E TECNOLOGIA

Na construção teórica de Norberto Bobbio acerca da natureza das normas do ordenamento jurídico, o fomento estaria entre as normas que buscam obter comportamentos conformes à ordem jurídica e por meio de medidas indiretas de incentivo, seja por meio da facilitação desses comportamentos, seja por meio do oferecimento de vantagens[422].

Trata-se de uma ferramenta útil para que o Estado consiga atender as diretrizes e concretizar o programa constitucional do desenvolvimento[423]. Esse desenvolvimento é indispensável para que o país elimine ou reduza sua dependência da tecnologia externa[424]. Para alcançá-lo, deve haver uma política deliberada de realização desse objetivo constitucional[425], sem que o

[422] BOBBIO, Norberto. **Da estrutura à função**: novos estudos de teoria do direito. Tradução de Daniela Beccaccia Versiani. Barueri, SP: Manole, 2007, p.15-16.

[423] BERCOVICI, Gilberto. **Direito econômico do petróleo e dos recursos minerais.** São Paulo: Quartier Latin, 2011, p. 208; BERCOVICI, Gilberto. Estado intervencionista e constituição social no brasil: o silêncio ensurdecedor de um diálogo entre ausentes. In: SOUZA NETO, C. P.; SARMENTO, D. B. G. (Orgs.) **Vinte anos da constituição federal de 1988.** Rio de Janeiro: Lumen Juris, 2009, p. 725-738, p. 732-733; BERCOVICI, Gilberto. **Desigualdades regionais, estado e constituição.** São Paulo: Max Limonad, 2003, p. 295.

[424] GRAU, Eros. **A ordem econômica na constituição de 1988.** 14. ed. São Paulo: Malheiros, 2010, p. 231.

[425] BERCOVICI, Gilberto. **Desigualdades regionais, estado e constituição.** São Paulo: Max Limonad, 2003, p. 37.

desenvolvimento interno represente um isolamento do país em relação aos demais países[426], mas sim que lhe garanta melhores condições de satisfazer os direitos fundamentais de seu povo.

Se a ciência, a tecnologia e a inovação podem contribuir para esse objetivo, seu emprego não estará sujeito à discricionariedade da Administração. Em vez disso, será um dever do gestor adotar os novos conhecimentos, até porque o desenvolvimento é um direito[427].

Um aspecto que é crucial quando se trata da utilização de recursos públicos para promoção de pesquisas, buscando novos conhecimentos científicos e tecnológicos, é o fato de que o simples ato de investir não é garantia de sucesso. Dito de outra forma, o investimento pode ser feito de forma perfeitamente lícita, a aplicação dos recursos pode ser realizada de modo totalmente auditado e verificado e ser destinada exatamente como planejado. Porém, não há garantia de que o resultado será a criação de novo conhecimento ou descoberta ou aprimoramento de tecnologia, ou seja, não há certeza de que haverá inovação.

Isso ocorre porque é da natureza do processo criativo a ocorrência de falhas, de erros, de tentativas frustradas. A experiência, isto é, os testes empíricos muitas vezes são a única forma de verificar a verdade de proposições. São essas experiências ou testes fracassados que constituem o insumo ou o caminho para o sucesso, para a verdade. Para exemplificar essas assertivas, basta imaginar uma pesquisa buscando identificar algum material mais resistente do que o aço, mas que atenda a outros requisitos, como, por exemplo, certa flexibilidade ou peso máximo. Assim, encontrados materiais que atendam a esses requisitos, é necessário realizar o teste de resistência e compará-lo com a resistência do aço. Nesse processo, muitos materiais poderão ser destruídos para verificar se sua resistência supera ou não a do aço. Essa destruição, em vez de representar desperdício de recursos públicos, constituirá na verdade um pré-requisito, uma necessidade para a descoberta buscada.

[426] GRAU, Eros. **A ordem econômica na constituição de 1988**. 14. ed. São Paulo: Malheiros, 2010, p. 232; 234.

[427] REIS, Camille Lima; CARVALHO, Fábio Lins de Lessa. O fomento às novas tecnologias na Administração Pública como direito ao desenvolvimento. **International Journal of Digital Law**, Belo Horizonte, ano 1, n. 3, p. 11-28, set./dez. 2020.

Em suma, o investimento em ciência e tecnologia não é suficiente para garantir o progresso, mas é condição indispensável para o desenvolvimento. O que se pode ter por certo é que o investimento adequado pode aumentar as chances de descobertas e que a ausência de investimento é garantia do fracasso e do atraso tecnológico.

Outra questão que precisa ser tratada quando se cogita de utilizar recursos públicos para atender interesses particulares diz respeito à legitimidade dessa utilização. Com efeito, havendo inúmeras demandas sociais, deve-se buscar uma justificativa para o direcionamento de recursos públicos para fins que beneficiarão diretamente determinadas empresas. Do ponto de vista jurídico, a norma se basta a justificar esse direcionamento de recursos. Porém, esse direcionamento somente estará de acordo com o princípio republicano se se verificar uma abertura de acesso em igualdade de condições a todos os interessados que atenderem os requisitos necessários à participação. Não é demais mencionar que o avanço tecnológico nem sempre representará um benefício para uma única empresa. A difusão de tecnologia possibilita, por exemplo, o ganho de competitividade de todas as empresas que tenham acesso a ela. A prosperidade das empresas pode gerar empregos e renda, além de representar uma defesa em face da concorrência internacional. Produtos inovadores podem representar um benefício social por si só. Basta pensar, por exemplo, em produtos que consumam menos energia ou que sejam de alguma forma mais sustentáveis. Enfim, é necessário adotar uma visão holística quando se trata dos efeitos sociais que o uso de recursos públicos gera ao ser direcionado para a ciência, a tecnologia e a inovação.

Vejamos então, em primeiro lugar, o regime constitucional acerca do papel do Estado em relação à ciência, à tecnologia e à inovação, principalmente no que diz respeito ao fomento.

12.1. O regime constitucional

A preocupação com o desenvolvimento tecnológico já aparecia expressamente no texto original da Constituição de 1988, mas ganhou mais força com a Emenda Constitucional nº 85, de 26 de fevereiro de 2015[428].

[428] CREPALDE, Juliana; RAPINI, Márcia Siqueira; SINISTERRA, Ruben Dario Novo arranjo jurídico para a colaboração entre ICT e empresas com base no artigo 3º da Lei nº 10.973/04, alterado pela Lei nº 13.243/16: a experiência da UFMG. *In:* MONTEIRO, Vitor; RAUEN,

Atualmente, a Constituição conta com uma série de dispositivos voltados ao tratamento do tema.

Já no artigo 5º, entre os direitos fundamentais, o inciso XXIX determina que a lei assegure aos autores de inventos industriais privilégio temporário para sua utilização, bem como que proteja as criações industriais, com o objetivo de atender o interesse social e o desenvolvimento tecnológico e econômico do País.

Entre as competências comuns da União, dos Estados, do Distrito Federal e dos Municípios, o art. 23 prevê no inciso V o dever de proporcionar os meios de acesso à cultura, à educação, à ciência, à tecnologia, à pesquisa e à inovação, indicando que esses valores se prestam à difusão.

A importância da destinação de recursos públicos para ciência, tecnologia e inovação justificou que essa destinação fosse excepcionada da vedação do inciso 167, VI, da Constituição. Com efeito, o §5º desse artigo admite que recursos públicos inicialmente previstos para uma categoria de programação orçamentária sejam aplicados para aquelas finalidades com o objetivo de viabilizar os resultados de projetos restritos a essas funções, mediante simples ato do Poder Executivo, ou seja, sem a necessidade da autorização legislativa prévia.

Outra norma peculiar de Finanças Públicas está no § 5º do art. 218 que faculta aos Estados e ao Distrito Federal vincular parcela de sua receita orçamentária a entidades públicas de fomento ao ensino e à pesquisa científica e tecnológica. Na Constituição apenas algumas destinações podem ter essa vinculação prévia de receita, como é o caso de saúde (art. 198, §2º) e de educação (art. 212 e art. 212-A).

O fomento à pesquisa e à tecnologia está presente tanto na política agrícola, no art. 187, III, quanto nas atribuições do sistema único de saúde, no art. 200, V, da Constituição.

Como não poderia deixar de ser, no Capítulo constitucional voltado à educação e à cultura, há disposição clara no §2º do art. 213 para permitir que recursos públicos sejam destinados a atividades de pesquisa, de extensão e de estímulo e fomento à inovação realizadas por universidades e/ou por instituições de educação profissional e tecnológica.

André Tortato; MOURÃO, Carolina Mota (Orgs.). **Soluções jurídicas para a inovação** [recurso eletrônico]. São Paulo : Instituto de Estudos Avançados, Universidade de São Paulo, 2022, p. 243.

A promoção científica e tecnológica nacional também deve estar entre os objetivos traçados pelo plano nacional de educação, nos termos do inciso V do art. 214 do texto constitucional.

As criações científicas, artísticas e tecnológicas, por sua vez, integram o patrimônio cultural brasileiro, conforme inciso III do art. 216.

O Capítulo IV do Título VIII (da Ordem Social) regula especificamente a ciência, a tecnologia e a inovação. Embora esse Capítulo esteja na Ordem Social, é inegável sua importância para a Ordem Econômica e para o desenvolvimento nacional em todas as vertentes.

Aliás, não foi por outra razão, portanto, que Gilberto Bercovici[429] destacou que a "Constituição de 1988 tem expressamente uma Constituição Econômica voltada para a transformação das estruturas sociais".

Com efeito, a ordem social e a ordem econômica não são departamentos estanques desconexos entre si. Ao contrário, a relação entre elas é tão densa e profunda que frequentemente ao tratarmos de uma estamos também tratando da outra[430].

A Constituição, no art. 218, mais uma vez evidencia o cabimento da ação estatal para promover e incentivar o desenvolvimento científico, a pesquisa, a capacitação científica e tecnológica e a inovação. Entre os objetos a receber esse cuidado estatal, o §1º do art. 218 coloca como prioritária a pesquisa científica básica e tecnológica, por considerá-la idônea não apenas para atender o bem público, mas para trazer o progresso da ciência, tecnologia e inovação.

Sabendo que os objetos de estudo são incontáveis, novamente a Constituição direciona a ação estatal prevendo no §2º do art. 218 que a pesquisa deva ser voltada à solução dos "problemas brasileiros e para o desenvolvimento do sistema produtivo nacional e regional". Assim, se houver demanda de recursos para realizar uma pesquisa para solução de um problema de outro país e outra demanda de recursos concorrente para uma pesquisa voltada a problemas nacionais, essa última terá prioridade.

Os incentivos estatais não se restringem à atividade de pesquisa e desenvolvimento, mas também à formação de pessoal para realizar essas

[429] BERCOVICI, Gilberto. **Constituição Econômica e Desenvolvimento**. São Paulo: Malheiros Editores, 2005, p. 30.

[430] ZOCKUN, Carolina Zancaner. **Da Intervenção do Estado no Domínio Social**. São Paulo: Malheiros Editores, 2009, p. 143.

atividades nas áreas de ciência, pesquisa, tecnologia e inovação. Mesmo as atividades de extensão tecnológica também podem ser apoiadas, inclusive com fornecimento de recursos e garantia de condições especiais de trabalho para as pessoas que se dedicam a ela, nos termos do §3º do art. 218. As atividades de extensão, no meio acadêmico, significam a difusão dos conhecimentos universitários e de seus produtos para o mercado e a sociedade. Nesse sentido, apenas a título de exemplo, é a Resolução nº 7, de 18 de dezembro de 2018, do Presidente da Câmara de Educação Superior do Conselho Nacional de Educação do MEC[431], que prevê em seu art. 3º que "a Extensão na Educação Superior Brasileira é a atividade que se integra à matriz curricular e à organização da pesquisa, constituindo-se em processo interdisciplinar, político educacional, cultural, científico, tecnológico, que promove a interação transformadora entre as instituições de ensino superior e os outros setores da sociedade, por meio da produção e da aplicação do conhecimento, em articulação permanente com o ensino e a pesquisa." De forma mais concisa, também apenas como ilustração, a Resolução nº 10/2020, do Conselho de Extensão, Cultura e Assuntos Estudantis da Universidade Federal de Uberlândia, prevê em seu art. 1º que "a extensão tecnológica é a atividade que, integrada ao ensino e à pesquisa, auxilia no desenvolvimento, no aperfeiçoamento e na difusão de soluções científicas e tecnológicas e na sua disponibilização à sociedade e ao mercado."[432]

O apoio estatal também pode ser destinado a empresas, desde que, nos termos da lei e segundo o §4º do art. 218 da Constituição, invistam em: a) pesquisa; b) criação de tecnologia adequada ao País; e c) formação e aperfeiçoamento de seus recursos humanos. A Constituição permite o apoio também para empresas que adotem em seu sistema de remuneração prêmios de produtividade desvinculados do salário. Essa norma constitucional evidencia uma tendência à associação entre Estado e sociedade na

[431] BRASIL, Ministério da Educação. **Resolução nº 7, de 18 de dezembro de 2018, do Presidente da Câmara de Educação Superior do Conselho Nacional de Educação.** Disponível em: http://portal.mec.gov.br/index.php?option=com_docman&view=download&alias=104251-rces007-18&category_slug=dezembro-2018-pdf&Itemid=30192. Acesso em: 9 maio 2022.

[432] UNIVERSIDADE FEDERAL DE UBERLÂNDIA. Resolução nº 10/2020, do Conselho de Extensão, Cultura e Assuntos Estudantis. 18 nov. 2020. Disponível em: http://www.reitoria.ufu.br/Resolucoes/resolucaoCONSEX-2020-10.pdf. Acesso em: 9 maio 2022.

promoção do bem comum. Ela é confirmada no §6º desse mesmo artigo, que determina a articulação não apenas entre entes públicos em todas as esferas de governo, mas também privados.

Para que o Estado alcance seu objetivo de alcançar o desenvolvimento científico, a realização de pesquisas, a capacitação científica e tecnológica e a inovação, ele está autorizado pelo §7º do art. 218 da Constituição inclusive a apoiar essas atividades até mesmo no exterior, desde que realizadas por instituições públicas. Essa atuação se justifica desde que haja benefícios ao país. Dado o avanço do conhecimento e a complexidade das questões da atualidade, muitos problemas somente podem ser enfrentados por uma ação conjunta, que muito pode ganhar com visões e experiências distintas de nacionais e estrangeiros.

A busca de autonomia tecnológica mencionada no início do Capítulo conta com previsão expressa no art. 219 da Constituição entre os objetivos do mercado interno. Aqui, novamente a Constituição ressalta a parceria entre o Estado e entes privados, inclusive empresas, para gerar inovação e difundi-la na sociedade. Entre as possibilidades dessas parcerias há também o compartilhamento de recursos humanos especializados e capacidade instalada, mediante contrapartida financeira ou não financeira assumida pelo ente beneficiário, tudo conforme dispuser a lei.

Entre as novidades introduzidas na Constituição pela Emenda Constitucional nº 85, de 2015, está o o Sistema Nacional de Ciência, Tecnologia e Inovação (SNCTI), composto por entes públicos e privados para buscarem o desenvolvimento científico e tecnológico e a inovação em regime de colaboração.

Cabe analisar, então, a Lei nº 10.973, de 2 de dezembro de 2004, conhecida como Lei de Inovação Tecnológica, para verificar um pouco a regulamentação das normas constitucionais aqui citadas.

12.2. Lei de inovação tecnológica

A Lei nº 10.973, de 2004, conhecida como Lei de Inovação Tecnológica não é o único diploma que trata do tema da inovação.

Há diversas normas esparsas no ordenamento jurídico que tem relação com o assunto, contribuindo ou às vezes até prejudicando seu desenvolvimento.

A Lei nº 8.248, de 23 de outubro de 1991, conhecida como Lei de Informática, por exemplo, traz normas para estimular a indústria nacional de tecnologia da informação. Ela estabelece a preferência por produtos e serviços nacionais nas contratações públicas, além de trazer incentivos fiscais, entre outras medidas.

As leis que protegem a propriedade intelectual, também para dar outro exemplo, afetam de alguma forma o desenvolvimento das criações de natureza intelectual. Da mesma forma, a Lei nº 11.196, de 21 de novembro de 2005, conhecida como "Lei do Bem", traz incentivos fiscais para a inovação[433].

Por sua vez, a Lei nº 10.973, de 2004, nasce com um enfoque mais amplo de promover o avanço tecnológico. Apesar de algumas limitações em seu texto original, ele já era reconhecido como relevante para esse avanço[434]. Essa Lei passou por importantes alterações, principalmente por força da Lei nº 13.243, de 11 de janeiro de 2016, editada em cumprimento à Emenda Constitucional nº 85, de 2015.

Para o que importa aqui, será trazido um breve panorama da Lei nº 10.973, de 2004, que objetiva incentivar a inovação e a pesquisa científica e tecnológica no ambiente produtivo, para capacitar tecnologicamente as pessoas, obter autonomia tecnológica e desenvolvimento do sistema produtivo nacional e regional do País. Nota-se que desde o início a Lei já deixa claro o inter-relacionamento que deve haver entre Estado e mercado para que seus objetivos sejam alcançados.

12.2.1. Princípios e definições

A Lei estabelece 14 princípios para serem observados na concretização de seus objetivos, que podem ser assim descritos: 1) reconhecimento

433 PORTO, Geciane Silveira; MEMÓRIA, Caroline Viriato. Incentivos para inovação tecnológica: um estudo da política pública de renúncia fiscal no Brasil. **Revista de Administração Pública** [online]. 2019, v. 53, n. 3, p. 520-541. Disponível em: https://doi.org/10.1590/0034-761220170340. Acesso em 16 maio 2022.

434 MATIAS-PEREIRA, José; KRUGLIANSKAS, Isak. Gestão de inovação: a lei de inovação tecnológica como ferramenta de apoio às políticas industrial e tecnológica do Brasil. **RAE-eletrônica**, v. 4, n. 2, Art. 18, jul./dez. 2005, Disponível em: https://www.scielo.br/j/raeel/a/dsjQSfvMtrSkVdgf95WmLLf/?format=pdf&lang=pt Acesso em: 16 maio 2022; KRUGLIANSKAS, I.; MATIAS-PEREIRA, J. Um enfoque sobre a Lei de Inovação Tecnológica do Brasil. **Revista de Administração Pública**, Rio de Janeiro, RJ, v. 39, n. 5, p. 1011 a 1029, 2005. Disponível em: https://bibliotecadigital.fgv.br/ojs/index.php/rap/article/view/6577. Acesso em: 16 maio. 2022.

dos objetivos da Lei como necessários estrategicamente para o desenvolvimento econômico e social; 2) natureza contínua da realização dos objetivos, inclusive com fornecimento de recursos humanos, econômicos e financeiros; 3) busca da redução das desigualdades regionais; 4) descentralização nas esferas de governo e desconcentração nos entes federados para a realização das atividades previstas na Lei; 5) cooperação e interação entre o setor público e o privado; 6) estímulo à inovação nas Instituições Científica, Tecnológica e de Inovação (ICTs) e nas empresas, inclusive para a atrair, constituir e instalar centros de pesquisa, desenvolvimento e inovação, bem parques e polos tecnológicos no País; 7) promoção da competitividade das empresas no mercado interno e internacional, até para que elas sobrevivam e, com isso, mantenham a atividade econômica ativa e contribuam com o nível de emprego, além de gerarem recursos para as políticas públicas; 8) contribuição para a geração de ambientes propícios para a inovação e as atividades de transferência de tecnologia; 9) manutenção contínua dos processos de formação e capacitação científica e tecnológica, principalmente em razão da rápida obsolescência dos conhecimentos nesse âmbito; 10) aprimoramento institucional das ICTs; 11) utilidade e conveniência dos instrumentos de fomento e de crédito, inclusive por meio de seu constante aprimoramento; 12) simplificação da gestão e do controle dos projetos de ciência, tecnologia e inovação, devendo o controle priorizar resultados; 13) uso do poder de compra do Estado para fomentar a inovação, o que pode ser feito ao direcionar as contratações públicas para bens e serviços inovadores; e 14) ajuda e integração de inventores independentes às atividades das ICTs e ao sistema produtivo.

Além desses princípios para orientar a aplicação da Lei, ela também traz 15 definições importantes para esclarecer os termos nela utilizados, assim resumidos: 1) agência de fomento: ente público ou privado voltado ao financiamento de atividades relacionadas aos objetivos da Lei para a promoção da ciência, tecnologia e inovação; 2) criação: abrange invenção, modelo de utilidade, desenho industrial, programa de computador, topografia de circuito integrado, cultivar (ainda que essencialmente derivada) e qualquer desenvolvimento tecnológico que gere ou possa gerar novo produto, processo ou aperfeiçoamento incremental; 3) criador: pessoa física inventora, obtentora ou autora de criação; 4) incubadora de empresas: arranjo organizacional voltado a incentivar e apoiar empresas inovadoras; 5) inovação: introdução de novidade, ainda que mero melhoramento ou agregação de novas funcionalidades ou características, no ambiente produtivo e social, em termos de produtos, serviços ou processos; 6) Instituição Científica, Tecnológica e de Inovação (ICT): órgão ou entidade da administração pública direta ou indireta ou pessoa jurídica de direito privado sem fins lucrativos legalmente constituída sob as leis brasileiras, com sede e foro no País, que inclua em sua missão institucional ou em seu objetivo social ou estatutário a pesquisa básica ou aplicada de caráter científico ou tecnológico ou o desenvolvimento de novos produtos, serviços ou processos; 7) Núcleo de Inovação Tecnológica (NIT): arranjo de uma ou mais ICTs voltado à gestão da política de inovação, conforme as atribuições previstas na Lei de Inovação; 8) fundação de apoio: fundação regida principalmente pela Lei nº 8.958, de 20 de dezembro de 1994, com finalidade de apoiar projetos educacionais, institucionais e voltados à inovação, que sejam de interesse das ICTs; 9) pesquisador público: agente público com atribuição funcional de pesquisa, desenvolvimento e inovação; 10) inventor independente: pessoa física, não ocupante de cargo, emprego ou função pública, que seja inventor, obtentor ou autor de criação; 11) parque tecnológico: arranjo organizacional entre uma ou mais ICTs aberto à participação de empresas e voltado ao desenvolvimento tecnológico, à inovação e ao desenvolvimento empresarial por meio da sinergia entre a atividade produtiva e a de pesquisa; 12) polo tecnológico: conjunto de empresas predominantemente de menor porte em determinado espaço geográfico com atuação em áreas relacionadas, vínculos operacionais com ICT, laboratórios organizados e intercâmbio de recursos para estratégias de *marketing* e vendas; 13) extensão tecnológica: uma das atividades da educação, ao lado do ensino e pesquisa, que é voltada a transpor os muros das universidades para fazer chegar à sociedade e ao mercado os resultados em termos de tecnologia obtidos nas atividades acadêmicas; 14) bônus tecnológico: subvenção com recursos públicos a empresas de menor porte, destinada ao pagamento do acesso à infraestrutura de pesquisa e desenvolvimento tecnológicos, de contratação de serviços tecnológicos especializados e de transferência de tecnologia complementar a esses serviços; e 15) capital intelectual: conjunto do conhecimento das pessoas de uma organização, passível de aplicação em projetos de pesquisa, desenvolvimento e inovação.

Cabe ressaltar que essas definições legais normalmente captam apenas características mais comuns ou predominantes em determinado tempo e local. Nem sempre elas serão adequadas, principalmente na área de ciência e tecnologia em que a mudança faz parte da natureza da inovação.

Deve-se ter cuidado, assim, para que não haja prejuízo ao cumprimento do objetivo da Lei em situações em que não haja um perfeito enquadramento na definição legal, apesar de ser clara a intenção do legislador de abranger a situação para que seus objetivos sejam cumpridos.

De modo geral, a concretização dos referidos princípios para atingir os objetivos traçados pela Lei se dá primordialmente por meio de estímulos, ou seja, atividade de promoção. Esses estímulos são direcionados a: a) constituir de ambientes especializados e cooperativos de inovação; b) propiciar a participação das ICTs no processo de inovação; c) promover a inovação nas empresas; d) apoiar o inventor independente; e e) instituir fundos de investimento. Vejamos cada uma dessas atividades.

12.2.2. Constituição de ambientes especializados e cooperativos de inovação

O estudo não apenas da constituição, mas principalmente do desenvolvimento de um ambiente propício à inovação, que se mantenha ao longo do tempo de forma sustentável, pode se socorrer do que já foi produzido no campo do estudo do desenvolvimento econômico.

Se o desenvolvimento é algo desejável, questiona-se, primeiro, se cabe ao Estado realizar alguma ação e, segundo, qual deveria ser a primeira delas e, mais do que isso, a sequência de passos necessários para tanto. Muitas vezes, algumas atividades dependem de outras, por serem complementares entre si. Como cada indivíduo ou empresa realiza apenas sua própria atividade, o mercado acabaria não tendo condições de constituir o ambiente desenvolvido por si próprio, principalmente aquele em que há grandes projetos envolvidos. A partir dessa premissa, teóricos como Rosenstein-Rodan sustentam que caberia ao Estado dar o grande impulso (*big push*), principalmente nos países em desenvolvimento. A síntese dessa teoria é a de que nada pode ser feito até que tudo possa ser feito[435]. Além dessa teoria, Gilberto Bercovici elenca outras que sustentariam a ação estatal no caso brasileiro. Uma delas seria a Teoria dos Pólos de Crescimento de François Perroux, para quem cada indústria induz o nascimento de outras,

[435] KISHTAINY, Niall et alli. **O livro da economia**. Trad. Carlos S. Mendes Rosa. São Paulo: Globo, 2013, p.188-193.

gerando polos de difusão e, por natureza, desenvolvimentos desiguais. A teoria de Gunnar Myrdal, por sua vez, apresenta a circularidade causal dos processos sociais, com decisões que tanto poderiam gerar efeitos regressivos (*backwash effects*) quanto progressivos (*spread effects*). Para esse autor, os países menos desenvolvidos nasceriam em razão da fraqueza dos efeitos propulsores. A teoria de Albert Hirschman admite que o desenvolvimento ocorre normalmente de forma desequilibrada e seria a fraqueza das relações entre as regiões diversas que prejudicaria o desenvolvimento do conjunto delas[436]. Apesar da importância dessas teorias, para Gilberto Bercovici a principal influência no Brasil viria da teoria do subdesenvolvimento da CEPAL, segundo a qual a relação interna entre as regiões mais e menos desenvolvidas seria semelhante à relação entre as nações avançadas e as periféricas no que diz respeito às condições de troca e de transferência de renda[437].

Essa teorias já tiveram o mérito de superar a questão da necessidade da ação estatal para promover o desenvolvimento. Tanto é que a Constituição e, por conseguinte, a Lei de Inovação já partem dessa premissa ao preverem a ação de fomento. Falta direcionar, todavia, a aplicação dos recursos públicos para que haja resultados ótimos em termos de retorno para a sociedade.

Especificamente sobre os modelos necessários para formar um ambiente inovador sustentável, uma teoria normalmente citada é o modelo da hélice tripla, que coloca em inter-relação o governo, a indústria e a academia, partindo da premissa de que eventuais conflitos entre duas partes podem ser mais facilmente solucionados com a participação da terceira parte[438].

De certa forma, a Lei acerta ao não prever formas específicas de atuação, pois isso poderia criar amarras incompatíveis com o ambiente

[436] BERCOVICI, Gilberto. **Desigualdades regionais, estado e constituição**. São Paulo: Max Limonad, 2003, p. 64-66; FIORI, José Luís. Introdução: De volta à questão da riqueza de algumas nações. In: FIORI, José Luís (Org.). **Estados e moedas no desenvolvimento das nações**. 4.ed. Rio de Janeiro: Vozes, p. 27.

[437] BERCOVICI Gilberto. **Desigualdades regionais, estado e constituição**. São Paulo: Max Limonad, 2003, p. 66-67; 95-105.

[438] ETZKOWITZ, Henry; ZHOU, Chunyan. Hélice Tríplice: inovação e empreendedorismo universidade-indústria-governo. **Estudos Avançados** [online]. 2017, v. 31, n. 90 [Acessado 19 Agosto 2022], pp. 23-48. Disponível em: https://doi.org/10.1590/s0103-40142017.3190003 . ISSN 1806-9592. https://doi.org/10.1590/s0103-40142017.3190003.

inovador. Ela apenas fornece estruturas ou instrumentos para serem utilizados, permitindo certo grau de liberdade na concretização e uso de suas normas[439].

Essa liberdade possibilitará o teste de variadas estratégias. Todavia, de modo a otimizar o Sistema Nacional de Ciência, Tecnologia e Inovação, o ideal é que todos os projetos em andamento sejam mantidos registrados em um banco de dados, contendo métricas e avaliações para fins de comparação. Com isso, experiências exitosas poderão ser aplicadas em outros projetos e fracassos poderão ser evitados. Além disso, evita-se que haja gastos redundantes e pulverizados, em vez de esforços concentrados e coordenados[440].

Entre as medidas previstas pela Lei para a criação de ambientes inovadores, está a autorização para que pessoas políticas e suas agências de fomento formem alianças ou colaborem com empresas e entidades sem fins lucrativos, incluindo ICTs, para a concretização dos objetivos da Lei, ou seja, atividades de pesquisa e desenvolvimento para geração de produtos, processos e serviços inovadores e a transferência e a difusão de tecnologia.

Segundo Juliana Crepalde, Márcia Siqueira Rapini e Ruben Dario Sinisterra[441], esses ambientes teriam elementos distintos dos acordos de parceria de pesquisa e desenvolvimento previstos no art. 9º da Lei de Inovação, bem como dos contratos de transferência e de licenciamento de tecnologia tratados pelo art 6º e dos contratos para a prestação de serviços tecnológicos do art. 8º, pois, em vez de estabelecerem um objeto determinado a ser entregue, estabelecem apenas "possibilidades de interação".

439 VERDE, Lucas Henrique Lima; MIRANDA, João Irineu de Resende. **O futuro da propriedade intelectual no Brasil**: Análise Econômica do Direito sobre o Marco da Ciência, Tecnologia e Inovação [recurso eletrônico]. Porto Alegre/RS: Editora Fi, 2019, p. 27.

440 VERDE, Lucas Henrique Lima; MIRANDA, João Irineu de Resende. **O futuro da propriedade intelectual no Brasil**: Análise Econômica do Direito sobre o Marco da Ciência, Tecnologia e Inovação [recurso eletrônico]. Porto Alegre/RS: Editora Fi, 2019, p. 21-24.

441 CREPALDE, Juliana; RAPINI, Márcia Siqueira; SINISTERRA, Ruben Dario Novo arranjo jurídico para a colaboração entre ICT e empresas com base no artigo 3º da Lei nº 10.973/04, alterado pela Lei nº 13.243/16: a experiência da UFMG. *In:* MONTEIRO, Vitor; RAUEN, André Tortato; MOURÃO, Carolina Mota (Orgs.). **Soluções jurídicas para a inovação** [recurso eletrônico]. São Paulo : Instituto de Estudos Avançados, Universidade de São Paulo, 2022, p. 246.

Por meio da Lei, a Financiadora de Estudos e Projetos - FINEP, o Conselho Nacional de Desenvolvimento Científico e Tecnológico - CNPq e as Agências Financeiras Oficiais de Fomento são autorizadas a firmar convênios e contratos, sem licitação, por prazo determinado, com as fundações de apoio, objetivando auxiliar Instituições Federais de Ensino Superior e ICTs nos projetos de ensino, pesquisa, extensão, desenvolvimento institucional, científico e tecnológico e estímulo à inovação, bem como na gestão administrativa e financeira relativa a esses projetos.

O Estado ainda é autorizado a apoiar a formação de ambientes promotores da inovação, abrangendo também os parques e polos tecnológicos e as incubadoras de empresas, como forma de incentivar o desenvolvimento tecnológico, o aumento da competitividade e a interação entre as empresas e as ICTs. Serão os próprios ambientes que elaborarão as regras para fomento, concepção e desenvolvimento de projetos em parceria e para seleção de empresas participantes. O apoio estatal poderá incluir a cessão de bens imóveis, mediante contrapartida obrigatória, e a participação na criação e na governança das entidades gestoras desses ambientes.

A busca de constituição desses ambientes pode também abranger a atração de entidades estrangeiras para interagirem com entes nacionais e terem acesso aos instrumentos de fomento.

A atuação estatal precisará dar tratamento diferenciado específico para as empresas de menor porte.

Especificamente por parte das ICTs públicas, há autorização legal para que o apoio seja feito com compartilhamento de seus espaços, bens e capital intelectual, mediante contrapartida, por prazo determinado e formalização por meio de contrato ou convênio, sempre assegurando isonomia na participação dos interessados.

Uma forma de atuação mais ativa das pessoas políticas é a possibilidade de sua participação minoritária no capital social de empresas, buscando atender os objetivos da lei, inclusive por meio da exigência de que eventuais descobertas sejam licenciadas. A alienação dessa participação dispensará licitação e os recursos obtidos serão aplicados necessariamente em pesquisa, desenvolvimento ou em novas participações. As ações detidas pela União ou suas entidades poderão possuir poderes especiais, como o direito de veto em determinadas matérias.

12.2.3. Participação das icts no processo de inovação

As ICTs ganham papel de destaque na Lei de Inovação, o que pode ser notado pela grande quantidade de normas dessa Lei voltadas especificamente para essas instituições[442].

Suas criações intelectuais podem ser exploradas pela sociedade mediante instrumentos de transferência de tecnologia e de licenciamento para outorga de direito de uso. Essa exploração poderá ser em regime de exclusividade ou não, a depender da natureza da criação. Em regra, a possibilidade de explorar a propriedade intelectual das ICTs depende de oferta pública.

As ICTs que possuam o ensino entre suas atividades principais necessariamente precisam observar a Lei de Inovação na formação de seus alunos, como determina o art. 27.

Assim como as criações das ICTs podem ser exploradas por terceiros, as ICTs também podem receber o direito de uso ou de exploração de criação protegida.

Além desse papel de difusor de tecnologias, as ICTs também podem prestar serviços técnicos especializados voltados a concretizar os objetivos da Lei. Para tanto, seu pessoal envolvido no serviço pode receber uma retribuição pecuniária variável, com natureza de ganho eventual, da ICT ou da entidade apoiada.

As ICTs também podem atuar em regime de parceria nas atividades que envolvam os objetivos da Lei e seus agentes e alunos, no caso das ICTs públicas, podem receber bolsas dessas instituições, das fundações de apoio e das agências de fomento. Nos instrumentos de parceria é necessário que seja definido o destino e o tratamento dos produtos oriundos das pesquisas.

Os recursos públicos para concretização dos objetivos da Lei podem ser concedidos às ICTs ou diretamente aos pesquisadores, mediante instrumento de formalização e o dever de prestar contas. Os recursos, quando destinados a entes sem fins lucrativos, poderão ser aplicados

[442] CABRAL, Mário André Machado; ALEM, Nichollas de Miranda. ICT de empresas? Oportunidades e desafios. *In:* SANTOS, Fabio Gomes dos; BABINSKI, Daniel Bernardes de Oliveira (Orgs.). **Decreto federal de inovação**: novas oportunidades. Cadernos de Direito e Inovação, vol. 2. Núcleo Jurídico do Observatório da Inovação e Competitividade do Instituto de Estudos Avançados da Universidade de São Paulo, 2019, p. 99-101.

na cobertura de despesas operacionais e administrativas incorridas na execução dos projetos voltados a cumprir os objetivos da Lei.

Uma questão importante que demanda tratamento cuidadoso para evitar litígios diz respeito aos direitos sobre criações intelectuais. O acaso pode fazer com que algo aparentemente sem valor seja fonte de grandes lucros. Daí que uma criação desprestigiada, ao fazer sucesso, pode-se tornar fonte de inúmeros conflitos intermináveis na Justiça.

Ciente disso, a Lei autoriza em seu art. 11 que ICTs cedam seus direitos sobre criação ao criador gratuitamente ou a terceiros mediante remuneração. É necessário que haja uma análise cuidadosa nessa cessão, seja para evitar que uma criação importante para o desenvolvimento de algo benéfico para a sociedade acabe não sendo explorado, seja para que não haja subavaliação do objeto cedido[443].

Uma grande preocupação no campo das criações intelectuais está na manutenção do segredo, uma vez que elas são facilmente copiadas. Por isso, a Lei expressamente veda a divulgação por parte de agentes da ICT quanto a criações, sem que haja expressa autorização.

Caso a ICT aufira ganhos econômicos em decorrência de uma criação, seu criador terá assegurada participação de 5% a 1/3, aplicando-se a norma do parágrafo único do art. 93 da Lei nº 9.279, de 1996, que trata das situações em que o criador desenvolve suas criações de forma subordinada dentro de um ambiente organizacional, como ocorre na relação entre empregado e empregador.

Visando aproveitar os talentos da Administração Pública, a Lei de Inovação facilita a prestação de serviço de seus agentes na qualidade de pesquisador público, principalmente a ICTs. Mas a Lei também admite que essa atividade seja exercida em empresas e mediante remuneração, observadas certas condições.

De modo a haver uma ação organizada e racional da ICT, a Lei de Inovação determina a instituição de uma política de inovação compatível com a política nacional de ciência, tecnologia e inovação e com a política industrial e tecnológica nacional. Além disso, sua política deverá traçar claramente diretrizes e objetivos para o uso de seus recursos.

[443] VERDE, Lucas Henrique Lima; MIRANDA, João Irineu de Resende. **O futuro da propriedade intelectual no Brasil**: Análise Econômica do Direito sobre o Marco da Ciência, Tecnologia e Inovação [recurso eletrônico]. Porto Alegre/RS: Editora Fi, 2019, p. 43.

A gestão da política da ICT deve ser apoiada por um Núcleo de Inovação Tecnológica, próprio ou em associação com outras ICTs, que poderá ter personalidade jurídica própria. Esse Núcleo pode realizar atividades importantes de avaliação de projetos, de análise da conveniência e oportunidade de buscar proteção de certas criações ou de estabelecer relações com outras instituições públicas ou privadas, entre outros exemplos.

Até como forma de manter a coerência e a coordenação da política nacional e o uso racional dos recursos públicos, a ICT pública e a privada que recebem recursos públicos são obrigadas a prestar informações ao Ministério da Ciência, Tecnologia e Inovação.

12.2.4. Inovação no setor privado

O Estado é autorizado a promover e a incentivar a pesquisa e o desenvolvimento de produtos, serviços e processos inovadores em entidades privadas, mesmo as com fins lucrativos. A ação estatal, que sempre precisa estar vinculada ao atendimento das prioridades das políticas nacionais industrial e tecnológica, pode envolver recursos materiais e humanos, e utilizar instrumentos como subvenções, financiamentos, incentivos fiscais e bolsas entre outros.

Da mesma forma como já mencionado no tópico anterior, aqui também, segundo o art. 21, em norma voltada para as agências de fomento, deve haver programas específicos para a promoção da inovação nas empresas de menor porte, que também podem contar com extensão tecnológica promovida pelas ICTs.

Conforme já mencionado acima, as atividades de pesquisa e desenvolvimento possuem de forma inata o risco de insucesso. Também não há prazo certo para que o resultado, ainda que de fracasso, seja concretizado. Apesar disso, a destinação de recursos públicos, principalmente quando direcionada ao setor privado, demanda algum tipo de governança e controle, não apenas para garantir a aplicação dos recursos no fim previsto, mas também para avaliar as realizações decorrentes dessa aplicação. A avaliação é indispensável para que se julgue se o fluxo de recursos deve continuar na mesma destinação ou ser alterado para outro fim. Aliás, caso os beneficiários saibam que podem perder sua fonte de auxílio, terão um incentivo importante para se empenharem em suas atividades. Obviamente que a atividade intelectual depende muito da criatividade e da inspiração, e isso também precisa ser sopesado. Mas há casos em que fica nítido se os recursos estão sendo bem empregados ou desperdiçados. E em se tratando de recursos públicos, o cuidado deve ser redobrado.

Aliás, o art. 27-A da Lei, embora busque simplificar e uniformizar o processo de prestação de contas dos recursos utilizados, estabelece o prazo anual para sua ocorrência, demonstrando essa preocupação com o acompanhamento periódico[444].

Esse controle periódico também é notado no art. 20 da Lei, que trata de contratação de ente público ou privado, que possua entre seus fins o desenvolvimento de atividades de pesquisa e desenvolvimento tecnológico. Segundo esse artigo, é possível que a remuneração seja estabelecida de modo proporcional aos resultados obtidos e com pagamentos adicionais condicionados ao atingimento de metas. Ainda nos termos desse artigo 20, há dois objetos possíveis para essa contratação. Um deles é a obtenção de produto, serviço ou processo inovador, ou seja, um objeto genérico. O outro, talvez com mais chances de sucesso, envolve a solução de problema técnico específico. Nesse último caso, a necessidade de solução representa um bom norte para orientar o resultado do contrato.

A contratação prevista no art. 20 da Lei é conhecida como encomenda tecnológica e está mais detalhada nos arts. 27 e seguintes do Decreto nº 9.283, de 7 de fevereiro de 2018.

Quanto às bolsas mencionadas acima, seu objetivo é a formação de quadros de pessoal qualificado para contribuir para os objetivos da Lei. Esse talvez seja um dos principais fatores para que haja sucesso no atingimento desses objetivos, pois a capacitação de profissionais pode gerar um efeito multiplicador, na medida em que cada pessoa formada

[444] SILVA FILHO, Allen dos Santos Pinto da. As novidade e possibilidades na busca de prestação de contas por resultado. *In:* SANTOS, Fabio Gomes dos; BABINSKI, Daniel Bernardes de Oliveira (Orgs.). **Decreto federal de inovação**: novas oportunidades. Cadernos de Direito e Inovação, vol. 2. Núcleo Jurídico do Observatório da Inovação e Competitividade do Instituto de Estudos Avançados da Universidade de São Paulo, 2019, p. 77-79; SANTOS, Fabio Gomes dos. Prestação de contas simplificada e voltada a resultados: uma oportunidade de aprimoramento nas relações público-privadas e entre entes públicos. *In:* SANTOS, Fabio Gomes dos; BABINSKI, Daniel Bernardes de Oliveira (Orgs.). **Decreto federal de inovação**: novas oportunidades. Cadernos de Direito e Inovação, vol. 2. Núcleo Jurídico do Observatório da Inovação e Competitividade do Instituto de Estudos Avançados da Universidade de São Paulo, 2019, p. 71-76.

pode, até mesmo informalmente, transmitir conhecimentos no ambiente em que atua.

13.2.5. Inventor independente

As invenções voltadas a fins econômicos, ou seja, para serem aproveitadas na indústria e distribuídas ao mercado, podem não chegar a ser exploradas por uma série de razões, como, por exemplo, a ausência de interesse das empresas, a incerteza quanto à viabilidade de seu emprego industrial ou os custos envolvidos. Ante a complexidade das incertezas e os custos, pode ocorrer de os inventores sequer realizarem o depósito da patente, até porque mesmo esse depósito tem um custo, conforme art. 19, VI, da Lei nº 9.279, de 1996.

Tendo isso em vista, a Lei prevê uma espécie de parceria entre o inventor e ICT pública, por meio da qual essa instituição pode avaliar a viabilidade de aproveitamento da criação do inventor independente e promover sua exploração. Para tanto, deve ser ajustada a forma de compartilhamento dos ganhos econômicos entre o inventor e a ICT.

Além das ICTs públicas, os entes políticos e suas agências de fomento também podem atuar no apoio do inventor para concretizar o aproveitamento das criações intelectuais, inclusive auxiliando na constituição de empresa para tanto ou na transferência da tecnologia para empresas existentes.

12.2.6. Dos fundos de investimento

Indiscutivelmente, a forma mais comum e mais fácil de apoiar atividades que buscam a inovação tecnológica é a entrega de pecúnia, a título gratuito ou oneroso. Ciente disso, o legislador previu a figura dos fundos mútuos destinados a investir especificamente em empresas cuja atividade principal seja a inovação. Esses fundos se sujeitarão às normas aplicáveis previstas na Lei nº 6.385, de 7 de dezembro de 1976, e deverão montar carteira diversificada de valores mobiliários de emissão dessas empresas. Dessa forma, os investimentos desses fundos tanto poderão assumir a forma de participação no capital das empresas, como é o caso, por exemplo, das ações, ou a forma de empréstimo, como é o caso, por exemplo, das debêntures. Tudo dependerá da política do fundo, os riscos envolvidos e a expectativa de retorno entre outros fatores.

12.3. Inovação como fim ou como meio?

Quando se estuda o fomento à inovação a partir da Lei de Inovação, esse foco pode fazer com que a inovação aparente ser um fim em si mesmo. Porém, de uma perspectiva mais ampla, quando se tem em vista os objetivos fundamentais previstos o art. 3º da Constituição, será possível perceber que a inovação seria um meio para alcançá-los.

Dada a tendência humana de mimetizar comportamentos, algo nítido no campo empresarial, em que novidades são rapidamente difundidas e incorporadas por concorrentes, os ganhos extraordinários resultantes de produtos, serviços e métodos inovadores podem ser reduzidos rapidamente. Mas há ganhos de natureza permanente, como, por exemplo, descobertas ou criações que contribuem para a sustentabilidade.

De todo modo, além de serem fundamentais para o desenvolvimento nacional, as inovações acabam sendo um campo fértil para a produção de novas riquezas e para a saúde da economia[445]. Apesar do lado positivo da inovação, ela não deve ser buscada apenas por esse motivo. Fato é que, sem ela, a concorrência internacional pode levar o país a um cenário preocupante, em que a nação deixa de ser produtora de bens e serviços para se tornar apenas consumidora, porém, com uma renda cada vez menor, até que nem mesmo o consumo possa ser concretizado. Isso porque empresas podem migrar para mercados mais competitivos, restando ao país o mero papel de ser uma grande mina ou uma grande fazenda, ou seja, um simples fornecedor de insumos básicos, sem geração importante de empregos, até porque a inovação também nesse campo substituiu a mão de obra por máquinas.

Se o incentivo à inovação é um consenso, questão mais complexa é a política a respeito da proteção das criações. Essa questão envolve o prazo e as condições da proteção oferecida para a criação intelectual. Além disso, não basta uma estrutura jurídica adequada, que atenda aos interesses dos criadores. É necessário ainda que esse sistema jurídico seja efetivo, impedindo que esses interesses sejam prejudicados indevidamente por terceiros.

[445] VERDE, Lucas Henrique Lima; MIRANDA, João Irineu de Resende. **O futuro da propriedade intelectual no Brasil**: Análise Econômica do Direito sobre o Marco da Ciência, Tecnologia e Inovação [recurso eletrônico]. Porto Alegre/RS: Editora Fi, 2019, p. 15-26.

Essa preocupação é essencial para que o sistema de fomento tenha sucesso, além da busca de conscientização dos potenciais beneficiários quanto aos instrumentos de incentivo previstos na Lei[446].

Referências

BERCOVICI, Gilberto. **Constituição Econômica e Desenvolvimento**. São Paulo: Malheiros Editores, 2005.

BERCOVICI Gilberto. **Desigualdades regionais, estado e constituição**. São Paulo: Max Limonad, 2003.

BERCOVICI, Gilberto. **Direito econômico do petróleo e dos recursos minerais**. São Paulo: Quartier Latin, 2011.

BERCOVICI, Gilberto. Estado intervencionista e constituição social no brasil: o silêncio ensurdecedor de um diálogo entre ausentes. In: SOUZA NETO, C. P.; SARMENTO, D. B. G. (Orgs.) **Vinte anos da constituição federal de 1988**. Rio de Janeiro: Lumen Juris, 2009.

BOBBIO, Norberto. **Da estrutura à função**: novos estudos de teoria do direito. Tradução de Daniela Beccaccia Versiani. Barueri, SP: Manole, 2007.

BRASIL, Ministério da Educação. **Resolução nº 7, de 18 de dezembro de 2018, do Presidente da Câmara de Educação Superior do Conselho Nacional de Educação.** Disponível em: http://portal.mec.gov.br/index.php?option=com_docman&view=download&alias=104251-rces007-18&category_slug=dezembro-2018-pdf&Itemid=30192. Acesso em: 9 maio 2022.

CABRAL, Mário André Machado; ALEM, Nichollas de Miranda. ICT de empresas? Oportunidades e desafios. *In:* SANTOS, Fabio Gomes dos; BABINSKI, Daniel Bernardes de Oliveira (Orgs.). **Decreto federal de inovação**: novas oportunidades. Cadernos de Direito e Inovação, vol. 2. Núcleo Jurídico do Observatório da Inovação e Competitividade do Instituto de Estudos Avançados da Universidade de São Paulo, 2019.

CREPALDE, Juliana; RAPINI, Márcia Siqueira; SINISTERRA, Ruben Dario Novo arranjo jurídico para a colaboração entre ICT e empresas com base no artigo 3º da Lei nº 10.973/04, alterado pela Lei nº 13.243/16: a experiência da UFMG. *In:* MONTEIRO, Vitor; RAUEN, André Tortato; MOURÃO, Carolina Mota (Orgs.). **Soluções jurídicas para a inovação** [recurso eletrônico]. São Paulo: Instituto de Estudos Avançados, Universidade de São Paulo, 2022.

[446] VERDE, Lucas Henrique Lima; MIRANDA, João Irineu de Resende. **O futuro da propriedade intelectual no Brasil**: Análise Econômica do Direito sobre o Marco da Ciência, Tecnologia e Inovação [recurso eletrônico]. Porto Alegre/RS: Editora Fi, 2019, p. 128.

ETZKOWITZ, HENRY e ZHOU, CHUNYAN. Hélice Tríplice: inovação e empreendedorismo universidade-indústria-governo. **Estudos Avançados** [online]. 2017, v. 31, n. 90 [Acessado 19 Agosto 2022], pp. 23-48. Disponível em: https://doi.org/10.1590/s0103-40142017.3190003 . ISSN 1806-9592. https://doi.org/10.1590/s0103-40142017.3190003.

FIORI, José Luís. Introdução: De volta à questão da riqueza de algumas nações. In: FIORI, José Luís (Org.). **Estados e moedas no desenvolvimento das nações**. 4.ed. Rio de Janeiro: Vozes, 2012.

GRAU, Eros. **A ordem econômica na constituição de 1988**. 14. ed. São Paulo: Malheiros, 2010.

KISHTAINY, Niall et alli. **O livro da economia**. Trad. Carlos S. Mendes Rosa. São Paulo: Globo, 2013.

KRUGLIANSKAS, I.; MATIAS-PEREIRA, J. Um enfoque sobre a Lei de Inovação Tecnológica do Brasil. **Revista de Administração Pública**, Rio de Janeiro, RJ, v. 39, n. 5, p. 1011 a 1029, 2005. Disponível em: https://bibliotecadigital.fgv.br/ojs/index.php/rap/article/view/6577. Acesso em: 16 maio. 2022.

MATIAS-PEREIRA, José; KRUGLIANSKAS, Isak. Gestão de inovação: a lei de inovação tecnológica como ferramenta de apoio às políticas industrial e tecnológica do Brasil. **RAE-eletrônica**, v. 4, n. 2, Art. 18, jul./dez. 2005, Disponível em: https://www.scielo.br/j/raeel/a/dsjQSfvMtrSkVdgf95WmLLf/?format=pdf&lang=pt Acesso em: 16 maio 2022.

PORTO, Geciane Silveira; MEMÓRIA, Caroline Viriato. Incentivos para inovação tecnológica: um estudo da política pública de renúncia fiscal no Brasil. **Revista de Administração Pública** [online]. 2019, v. 53, n. 3, p. 520-541. Disponível em: https://doi.org/10.1590/0034-761220170340. Acesso em 16 maio 2022.

REIS, Camille Lima; CARVALHO, Fábio Lins de Lessa. O fomento às novas tecnologias na Administração Pública como direito ao desenvolvimento. **International Journal of Digital Law**, Belo Horizonte, ano 1, n. 3, p. 11-28, set./dez. 2020.

SANTOS, Fabio Gomes dos. Prestação de contas simplificada e voltada a resultados: uma oportunidade de aprimoramento nas relações público-privadas e entre entes públicos. *In:* SANTOS, Fabio Gomes dos; BABINSKI, Daniel Bernardes de Oliveira (Orgs.). **Decreto federal de inovação**: novas oportunidades. Cadernos de Direito e Inovação, vol. 2. Núcleo Jurídico do Observatório da Inovação e Competitividade do Instituto de Estudos Avançados da Universidade de São Paulo, 2019.

SILVA FILHO, Allen dos Santos Pinto da. As novidade e possibilidades na busca de prestação de contas por resultado. *In:* SANTOS, Fabio Gomes dos; BABINSKI, Daniel Bernardes de Oliveira (Orgs.). **Decreto federal de inovação**: novas oportunidades. Cadernos de Direito e Inovação, vol. 2. Núcleo Jurídico do Observatório da Inovação e Competitividade do Instituto de Estudos Avançados da Universidade de São Paulo, 2019.

UNIVERSIDADE FEDERAL DE UBERLÂNDIA. **Resolução nº 10/2020**, do Conselho de Extensão, Cultura e Assuntos Estudantis. 18 nov. 2020. Disponível em: http://www.reitoria.ufu.br/Resolucoes/resolucaoCONSEX-2020-10.pdf. Acesso em: 9 maio 2022.

VERDE, Lucas Henrique Lima; MIRANDA, João Irineu de Resende. **O futuro da propriedade intelectual no Brasil**: Análise Econômica do Direito sobre o Marco da Ciência, Tecnologia e Inovação [recurso eletrônico]. Porto Alegre/RS: Editora Fi, 2019.

ZOCKUN, Carolina Zancaner. **Da Intervenção do Estado no Domínio Social**. São Paulo: Malheiros Editores, 2009.

13. CONTRATAÇÕES PÚBLICAS E AS INOVAÇÕES CIENTÍFICAS E TECNOLÓGICAS

Atualmente já há mais de 2 bilhões de pessoas comprando *on-line* e há uma evidente tendência de aumento no percentual dessas transações ao ponto de haver estimativas que indicam que elas chegarão a 95% até 2040[447].

É interessante notar que a Administração Pública nesse aspecto já realiza de certa forma a maioria de suas contratações *on-line*, até porque, pelo menos no âmbito federal, o pregão eletrônico se tornou obrigatório para bens e serviços comuns desde o Decreto nº 5.450, de 31 de maio de 2002, e com a Lei nº 14.133, de 1º de abril de 2021, a tendência é que a adoção de atos digitais se intensifique. Atualmente, para se ter ideia, eis os valores envolvidos em cada modalidade de contratação:

[447] CARTER, Rebekah. A lista definitiva de estatísticas de comércio eletrônico para 2022. **Findstack**. 13 mar. 2022. Disponível em: https://findstack.com/pt/ecommerce-statistics/#:~:text=2.14%20bilh%C3%B5es%20de%20pessoas%20est%C3%A3o%20comprando%20online.&text=Para%20colocar%20isso%20em%20perspectiva,que%20em%202020%2C%20por%20exemplo. Acesso em: 26 abr. 2022.

TABELA 11.1: **Participação de cada modalidade de contratação em termos de valor e %**

Modalidade de contratação	Valor da contratação	%
PREGÃO	R$631.861.126.345,47	80,92%
DISPENSA DE LICITAÇÃO	R$78.766.358.349,33	10,09%
INEXIGIBILIDADE DE LICITAÇÃO	R$62.298.368.066,02	7,98%
CONCORRÊNCIA	R$5.937.706.961,96	0,76%
TOMADA DE PREÇOS	R$1.712.564.375,66	0,22%
CONCORRÊNCIA INTERNACIONAL	R$258.293.971,81	0,03%
CONVITE	R$50.298.931,40	0,01%
CONCURSO	R$4.853.552,27	0,00%
TOTAL	R$780.889.570.553,92	100,00%

Fonte: BRASIL, Painel de Compras[448]

Como se nota na tabela, mais de 80% das contratações, em termos de valor, são realizadas por meio de pregão. Como a regra no âmbito federal é a utilização do pregão eletrônico, isso evidencia que hoje a maioria das contratações, em termos de valor, já ocorre de forma eletrônica. Vale mencionar que mesmo as contratações diretas, que somam praticamente 18%, acabam também sendo realizadas eletronicamente, pois é raro agentes públicos se dirigirem até os estabelecimentos dos fornecedores para firmar contratos.

A questão que se formula diante dessa realidade é: o que muda em relação às contratações públicas com a introdução da tecnologia e das inovações como um todo no cotidiano da Administração?

Como já tivemos oportunidade de apontar, a forma como se relacionam as contratações públicas e as inovações tecnológicas pode ser dividida em

[448] Disponível em: http://paineldecompras.economia.gov.br/processos-compra Acesso em: 26 abr. 2022.

quatro grupos: a) inovações tecnológicas como objeto da contratação, ou seja, essa relação ocorre quando a Administração pretende contratar uma solução tecnológica; b) inovações tecnológicas como instrumento de contratação, isto é, o uso das inovações para a condução do processo de contratação; c) inovações tecnológicas como instrumento de gestão contratual, que consiste no uso de ferramentas inovadoras pela Administração para auxiliar nas tarefas rotineiras necessárias durante a execução do contrato; e d) inovações como instrumento de controle contratual, tanto pelos gestores quanto pelos órgãos de controle[449].

Para abranger todos os aspectos da inovação científica e tecnológica iremos utilizar apenas o termo inovação.

13.1. Contratação de objeto envolvendo inovação

Talvez o objeto que tenha a inovação como característica mais evidente seja a solução de tecnologia da informação e de comunicação (TIC). Na vigência das normas gerais de licitação anteriores à Lei nº 14.133, de 1º de abril de 2021, as contratações de soluções de TIC eram regulamentadas pela Instrução Normativa nº 1, de 4 de abril de 2019, do Secretário de Governo Digital do Ministério da Economia (IN SGD 1/2019). Nessa IN SGD 1/2019, a solução de TIC consiste no "conjunto de bens e/ou serviços que apoiam processos de negócio mediante a conjugação de recursos de TIC", desde que enquadrados em uma das 13 definições de seu Anexo II, que abrange: 1) materiais e equipamentos; 2) desenvolvimento e sustentação de sistemas; 3) hospedagem de sistemas; 4) suporte e atendimento de usuários de TIC; 5) infraestrutura de TIC; 6) comunicação de dados; 7) softwares e aplicativos; 8) impressão e digitalização; 9) consultoria em TIC; 10) computação em nuvem; 11) internet das coisas; 12) segurança da informação e privacidade; e 13) análise de dados, aprendizado de máquina e inteligência artificial.

De modo geral, as preocupações com essas contratações no âmbito da Administração Pública envolvem apurar as efetivas necessidades da Administração como um todo, as melhores soluções para essas necessidades, compatibilizar as contratações com o planejamento estratégico, priorizar o atendimento das demandas, racionalizar as contratações para

449 IWAKURA, Cristiane Rodrigues; CABRAL, Flávio Garcia; SARAI, Leandro. Tecnologia, governo digital e a nova lei de licitações. **Revista do TCE-RJ**, v.3, n.1, p.34-45, jan./jun.2022.

evitar gastos desnecessários ou redundantes, remunerar os contratados mediante entregas objetivamente mensuráveis e de acordo com preço adequado de mercado, considerar na precificação todos os custos efetivos e necessários durante toda vida útil da solução contratada, garantir interoperabilidade e compatibilidade entre as soluções contratadas. Muitas dessas preocupações decorrem dos aspectos intangíveis das soluções de de TIC.

As preocupações acima apontadas foram abordadas nessa IN ao se exigir em relação às contratações de TIC: a) compatibilidade com o Plano Diretor de TIC do órgão, que deverá estar integrado ao seu planejamento estratégico como um todo; b) previsão no Plano Anual de Contratações; c) observância da Política de Governança Digital do Decreto nº 8.638, de 15 de janeiro de 2016; e d) integração na Plataforma de Cidadania Digital do Decreto nº 8.936, de 19 de dezembro de 2016, quando tiverem por objetivo a oferta digital de serviços públicos. O objetivo dessas disposições foi fazer com que as soluções contratadas entrassem na ordem de prioridade das demandas da organização, além de racionalizar sua aplicação para as demandas, evitando, por exemplo, desperdício de recursos por perda de economia de escala ou mesmo por gastos duplicados. Também são tratadas de forma detalhada na parte relativa ao planejamento da contratação.

Mas é importante ressaltar que inovação não se restringe a TIC. De todo modo, o art. 2º, VII, da Lei nº 14.133, de 2021, dispõe expressamente (e desnecessariamente) que ela se aplica a "contratações de tecnologia da informação e de comunicação".

O art. 26, §2º, dessa Lei permite a adoção de margem de preferência de até 20% na contratação bens e serviços nacionais resultantes de desenvolvimento e inovação tecnológica no país, conforme definido em regulamento do Poder Executivo federal. Se o objeto da contratação for sistema de TIC considerado estratégico em ato do Poder Executivo federal, o §7º do art. 26 autoriza a realização de licitação exclusiva para bens e serviços com tecnologia desenvolvida no País produzidos de acordo com o processo produtivo básico de que trata a Lei nº 10.176, de 11 de janeiro de 2001.

O Decreto nº 11.890, de 22 de janeiro de 2024, em seu artigo 2º, estabelece hipótese de margem de preferência adicional entre: (i) produtos manufaturados nacionais resultantes de desenvolvimento e inovação tecnológica realizados no País e produtos manufaturados estrangeiros; ou (ii) serviços nacionais resultantes de desenvolvimento e inovação tecnológica realizados no País e serviços estrangeiros.

A margem de preferência adicional é cumulativa em relação à margem de preferência normal.

Nos processos licitatórios realizados no âmbito da administração pública federal direta, autárquica e fundacional, os produtos manufaturados nacionais e os serviços nacionais resultantes de desenvolvimento e inovação tecnológica realizados no País poderão ter margem de preferência adicional de até dez por cento, que, acumulada à margem de preferência normal, não poderá ultrapassar vinte por cento (art. 3º, §1º, do Decreto).

Para contratação tendo como objeto inovação tecnológica, o art. 32, I, *"a"*, da Lei autoriza a utilização da modalidade diálogo competitivo, o que permite maior flexibilidade para que o objeto seja mais bem especificado para atender as necessidades da Administração, antes da efetiva fase competitiva.

Se o objeto envolver serviços majoritariamente dependentes de tecnologia sofisticada e de domínio restrito ou bens e serviços especiais de TIC, entre outros, o critério de julgamento deverá ser necessariamente de técnica e preço, como determina o art. 36, §1º, da Lei.

O objeto que envolva de alguma forma pesquisa e desenvolvimento científico e tecnológico é motivo para a Lei autorizar a dispensa de licitação em cinco hipóteses previstas no art. 75: 1) contratações feitas por ICT ou agência de fomento com transferência de tecnologia ou licenciamento de direito de uso ou de exploração de criação protegida, mediante demonstração da vantagem para a Administração (inc. IV, "d"); 2) bens ou serviços produzidos ou prestados no País que envolvam, cumulativamente, alta complexidade tecnológica e defesa nacional (inc. IV, "f"); 3) transferência de tecnologia de produtos estratégicos para o Sistema Único de Saúde (SUS) (inc. XII); 4) contratação de instituição brasileira que atue com pesquisa, ensino e desenvolvimento (inc. XV); 5) para aquisição, pela União, Estados, DF e Municípios, de insumos estratégicos para a saúde produzidos por fundação que tenha por finalidade apoiar essas pessoas políticas e tenha sido criada para esse fim específico em data anterior a 1º/4/2021, desde que o preço contratado seja compatível com o praticado no mercado (inc. XVI).

Também quando o objeto da contratação envolve inovação tecnológica, existe a possibilidade de utilização do procedimento de manifestação de interesse (PMI) previsto no art. 81 da Lei. Nesse caso, o PMI é realizado para encontrar uma solução adequada às necessidades da Administração. Uma vez obtida tal solução, então sim é feita contratação para concretização dessa solução. Segundo o art. 81, o PMI se destina à propositura e a realização de "estudos, investigações, levantamentos e projetos de soluções inovadoras que contribuam com questões de relevância pública".

No âmbito das normas específicas para os contratos, o art. 93 da Lei se preocupou com os projetos e serviços técnicos especializados, notadamente os que envolvam soluções de TIC. Para eles, exigiu expressamente, como regra geral, que o autor ceda todos os direitos patrimoniais a eles relativos para a Administração, inclusive para livre uso e alteração. Quando a criação aqui referida for insuscetível de privilégio, essa cessão deverá incluir o fornecimento de todos os dados, documentos e elementos de informação pertinentes à tecnologia de concepção, desenvolvimento, fixação em suporte físico de qualquer natureza e aplicação da obra. Mas a Lei permite que nos casos em que a contratação envolva atividade de pesquisa e desenvolvimento de caráter científico, tecnológico ou de inovação, a cessão não seja exigida, conforme os ditames da Lei nº 10.973, de 2 de dezembro de 2004, hipótese em que posterior alteração do projeto pela Administração Pública exigirá comunicação ao autor e registro nos órgãos ou entidades competentes.

Um último aspecto da Lei nº 14.133, de 2021, ainda entre as normas contratuais, está no art. 114, que autoriza que contratos de natureza contínua para operação de sistemas estruturantes de TIC tenham vigência máxima de até 15 anos.

Sobre a Lei nº 10.973, de 2004, citada acima, além do aspecto do fomento à inovação, tratado no Capítulo 12, cabe destaque, no que diz respeito à inovação como objeto contratual, para a encomenda tecnológica, prevista no inciso V do §2º-A do art. 19 dessa Lei. No Decreto nº 9.283, de 7 de fevereiro de 2018, que regulamentou essa Lei, a encomenda tecnológica se encontra nos arts. 27 e seguintes. De acordo com essas normas, a encomenda tecnológica: a) é um objeto a ser contratado com entidade voltada para atividades de pesquisa; b) de reconhecida capacitação tecnológica no setor; c) com vistas à realização de atividades de pesquisa, desenvolvimento e inovação; d) que envolvam risco tecnológico; e e) para solução de problema técnico específico ou obtenção de produto, serviço ou processo inovador[450].

Ainda dentro do tópico da inovação como objeto da contratação, há dois pontos que merecem um aprofundamento. O primeiro é a inovação contratada com *startups*, conforme o regime da Lei Complementar nº 182, de 1º de junho de 2021. O segundo é a contratação de inteligência artificial.

13.1.1. Lei complementar 182/2021

A Lei Complementar nº 182, 2021, instituiu o marco legal das *startups* e do empreendedorismo inovador. *Startup*, conforme art. 4º dessa Lei, são "as organizações empresariais ou societárias, nascentes ou em operação recente, cuja atuação caracteriza-se pela inovação aplicada a modelo de negócios ou a produtos ou serviços ofertados". Importa mencionar no presente capítulo que essa Lei inseriu em seu art. 3º, entre seus princípios e diretrizes, o incentivo à contratação, pela Administração Pública, de soluções inovadoras elaboradas ou desenvolvidas por *startups.*

Para a contratação dessas soluções, a Lei instituiu um regime especial de licitação, além de duas modalidades peculiares de contratos. As contratações tratadas por essa Lei têm por finalidade: a) o atendimento de necessidade pública que exija solução inovadora com emprego de tecnologia; e b) a promoção da inovação no setor produtivo por meio do uso do poder de compra do Estado.

A contratação pode ter por objeto o teste de solução inovadora com ou sem risco tecnológico. Como muitas vezes sequer o problema a ser enfrentado é bem delimitado e, com muito mais razão, as possíveis soluções são desconhecidas, a descrição do objeto da licitação pode se limitar à indicação do problema e dos resultados esperados com os desafios tecnológicos a serem superados. A Lei expressamente dispensa a descrição detalhada da solução, até porque se espera que os próprios contratados ajudem nessa tarefa.

O prazo entre a divulgação do edital e o recebimento das propostas será de no mínimo 30 dias corridos. As propostas serão julgadas por comissão de 3 membros de reputação ilibada e reconhecido conhecimento do assunto, sendo um necessariamente servidor público do órgão contratante

[450] Para orientações sobre a contratação de encomenda tecnológica, cf. as cartilhas do TCU, disponíveis em: https://portal.tcu.gov.br/encomenda-tecnologica-etec.htm

e um necessariamente professor de instituição pública de ensino superior. O exigido conhecimento no assunto, obviamente, não pode significar que os membros conheçam previamente a solução, pois se assim fosse a contratação seria desnecessária. O conhecimento deve ser apenas o suficiente para permitir que avaliem a adequação das soluções propostas.

Tendo em vista a variabilidade das soluções que podem surgir e o subjetivismo em sua avaliação, a Lei procura delimitar de modo exemplificativo alguns critérios para esse exame, abrangendo: a) em que medida a solução será eficaz e, se for o caso, o montante da economia proporcionada; b) nível de desenvolvimento da solução proposta, o que pode ser importante caso o prazo para solução seja exíguo; c) a "viabilidade e a maturidade do modelo de negócio da solução", ou seja, esse critério não analisa a solução em si, mas a estrutura que irá fornecê-la; d) a "viabilidade econômica", isto é, a compatibilidade entre o custo da solução e os recursos disponíveis; e e) a justificativa que demonstre que a solução escolhida é melhor do que as outras funcionalmente equivalentes em termos de custo e benefício, análise que precisará traçar algum parâmetro de comparação. Mesmo que a solução, individualmente considerada, tenha o maior preço entre as propostas apresentadas, ela poderá ser escolhida, caso haja recursos financeiros e ela seja a melhor segundo esse último critério. Além disso, também poderá haver a contratação ainda que a proposta tenha preço superior ao estimado, desde limitado ao teto estabelecido e que haja justificativa baseada na demonstração quanto aos custos e benefícios em termos de inovações, redução do prazo de execução ou de facilidade de manutenção ou operação.

É possível ainda que mais de uma proposta seja selecionada, desde que o edital defina quantas serão escolhidas. A habilitação dos licitantes somente será feita em relação aos que forem escolhidos, e, com exceção da regularidade perante a Seguridade Social, poderá ser dispensada a regularidade fiscal e a prestação de garantia, desde que haja justificativa.

Os contratos previstos na Lei Complementar nº 182, de 2021, podem ser de dois tipos: 1) Contrato Público para Solução Inovadora (CPSI); e 2) Contrato de Fornecimento.

O CPSI tem vigência limitada, em princípio, a 12 meses, prorrogável por até igual prazo, e valor limitado a R$ 1,6 milhões, salvo se o edital fixar limite menor. Referido valor pode sofrer atualização por ato do Poder Executivo. A remuneração desse contrato pode utilizar como critérios:

a) preço fixo; b) preço fixo mais remuneração variável de incentivo; c) reembolso de custos sem remuneração adicional; d) reembolso de custos mais remuneração variável de incentivo; ou e) reembolso de custos mais remuneração fixa de incentivo. Se houver risco tecnológico, os pagamentos, além de observar o critério previsto, também serão efetuados de modo proporcional à execução do objeto, segundo o cronograma físico-financeiro aprovado.

Tendo em vista o risco tecnológico envolvido, é possível que o contratado receba pagamento mesmo que o resultado não seja alcançado, salvo a parte de remuneração de incentivo, cujo recebimento só ocorrerá conforme o resultado obtido. Se, na execução do contrato, ficar evidenciada a inviabilidade técnica ou econômica, poderá haver rescisão antecipada. Como regra geral, o pagamento deve ser feito após execução dos serviços, porém, de forma justificada, é permitido pagamento antecipado para garantir meios necessários à implementação da fase inicial do projeto.

Por sua vez, o Contrato de Fornecimento é uma decorrência do CPSI, ou seja, uma vez desenvolvida uma solução, o Contrato de Fornecimento se presta a viabilizar juridicamente a entrega de forma contínua dessa solução para a Administração. Esse contrato pode ser firmado sem licitação com a empresa que havia firmado o CPSI e com prazo de 24 meses, prorrogável por até igual prazo. Para o Contrato de Fornecimento, incluídas suas eventuais prorrogações, o valor pode atingir até 5 vezes o limite fixado para o CPSI. Havendo mais de uma empresa que tenha firmado CPSI, o Contrato de Fornecimento, mediante justificativa, poderá ser firmado com aquela que tiver melhor desempenho no atendimento das necessidades da Administração em termos de custo e benefício envolvendo qualidade e preço.

13.1.2. Contratação de inteligência artificial

A contratação de inteligência artificial (IA) demanda um tópico à parte não apenas por todas as características inovadoras que apresenta, mas principalmente pelas questões que suscita. A esse respeito, o Fórum Econômico Mundial elaborou alguns documentos para servirem de guia para auxiliar governos no emprego dessa tecnologia, preocupando-se com aspectos de inovação, eficiência e ética. Esses documentos incluem diretrizes para a contratação pública de IA; orientações para políticas e para agentes públicos ligados às contratações; descrição de desafios e oportunidades encontrados em alguns casos práticos; e um estudo de casos do Reino Unido[451].

Quanto às diretrizes para contratação, foram prescritas dez: 1) procurar focar no problema a ser resolvido, descrevendo os desafios e oportunidades, e não na especificação da solução, de modo a permitir um diálogo com o mercado; 2) definir os benefícios buscados com a IA e os riscos envolvidos; 3) compatibilizar a contratação de IA com os objetivos estratégicos da instituição de modo a aprimorar sua concretização; 4) considerar a legislação vigente, principalmente a respeito da proteção de dados; 5) considerar a viabilidade de acesso aos dados necessários para que a IA possa funcionar; 6) considerar as limitações e imperfeições dos dados disponíveis para evitar problemas como vieses; 7) trabalhar com equipe multidisciplinar, de modo a trazer uma visão plural para a contratação; 8) preocupar-se com a possibilidade de controle das soluções de IA e com a transparência dessas soluções; 9) procurar manter o contratado engajado com a transferência de tecnologia e com a avaliação dos riscos de longo prazo; e 10) procurar criar um ambiente justo de competição entre os interessados em fornecer as soluções, permitindo sua participação mesmo antes da efetiva fase competitiva e garantir a interoperabilidade das soluções para que não haja dependência ou subordinação a determinadas empresas[452].

No tocante a essas diretrizes, as três primeiras têm por foco encontrar uma solução para problemas da Administração e que seja compatível com os objetivos estratégicos institucionais. O grande problema aqui é que muitas vezes sequer o problema é percebido. Por isso, nem sempre será o problema que será divulgado, mas poderá ser também uma situação observada e uma situação pretendida. Por exemplo, pode ser que certo órgão possua um determinado nível de produtividade. Essa produtividade pode não ser um problema, mas o órgão pode pretender aumentar a produtividade para que os cidadãos sejam atendidos em menor tempo.

[451] WORLD ECONOMIC FORUM. **AI procurement in a box**: Project overview. Toolkit. Jun. 2020. Disponível em: https://www3.weforum.org/docs/WEF_AI_Procurement_in_a_Box_Project_Overview_2020.pdf Acesso em: 10 jun. 2022.

[452] WORLD ECONOMIC FORUM. **AI Procurement in Box:** AI Government Procurement Guidelines. Jun. 2020. Disponível em: https://www3.weforum.org/docs/WEF_AI_Procurement_in_a_Box_AI_Government_Procurement_Guidelines_2020.pdf Acesso em: 10 jun. 2022, p.11-12.

As diretrizes 4 a 5 podem ser divididas em dois grupos. Em primeiro lugar, é necessário considerar se os dados que irão ser necessários poderão ser acessados, os riscos envolvidos e a qualidade desses dados. Essa preocupação é essencial, uma vez que sem os dados e sem uma qualidade mínima, a IA pode ser inútil e, com isso, o gasto público com a solução será desperdício. Em segundo lugar, supondo que os dados efetivamente possam ser acessados, é necessário considerar todos os riscos envolvidos com seu tratamento, como a possibilidade de vazamento irregular ou o seu uso indevido, entre outras questões.

A equipe multidisciplinar é essencial para que haja um ambiente criativo propício à inovação.

As diretrizes 8 e 9 dizem respeito ao conhecimento que se deve ter sobre o funcionamento das soluções. Por exemplo, supondo que seja contratada uma solução de IA que obtém dados pessoais para realizar agendamentos de consultas médicas. É necessário que o contratante tenha como auditar o código de programação e verificar se o programa eventualmente não envia os dados indevidamente para outro destinatário. Mesmo que o programa funcione perfeitamente e não realize esse envio indevido, é necessário que haja um cuidado especial para que as pessoas envolvidas com os trabalhos não realizem essa violação de dados. Além da preocupação com os dados, pode haver necessidade, também por exemplo, de apurar se o sistema não pode ser manipulado para dar preferência indevidamente a certas pessoas na marcação de consultas. Por fim, é necessário criar os estímulos certos para que a Administração não fique nem desamparada nem dependente da contratada.

A última diretriz procura conciliar a necessidade de a Administração obter a melhor solução, mas buscando mecanismos que permitam comparar as soluções e ao mesmo tempo garantir um ambiente competitivo sadio.

A questão da transparência é especialmente importante quando a solução for utilizada para tomada de decisões. Nesse caso, é importante que a instância recursal necessariamente tenha a participação de humanos para corrigir eventuais equívocos da solução de IA.

A contração da IA também precisa considerar a facilidade de integração da solução, ou seja, de operação pelos agentes públicos e pelo público interessado, se for o caso. Por exemplo, se a solução também envolver o desenvolvimento de um *site*, será necessário propiciar facilidade de acesso e de compreensão para os objetivos da contratação sejam adequadamente alcançados. De nada adianta uma solução que ninguém entende ou consegue operar.

Quanto aos riscos, a análise deve ser a mais abrangente possível para antever possíveis consequências de falha no funcionamento. Por exemplo, já há relatos de veículos autônomos que causaram acidentes[453]. Se as estatísticas mostrarem que, apesar da possibilidade de acidentes, a segurança seria maior com veículos autônomos, talvez haja bons motivos para sua adoção. Surgirão então questões sobre a responsabilidade pelo acidente, se seria do "passageiro" ou da empresa fabricante do veículo, que não serão tratadas aqui.

13.2. Instrumento de contratação

No que diz respeito à aplicação da inovação como instrumento de contratação, como dito acima, no âmbito federal, pelo menos no âmbito federal, a partir do Decreto nº 5.450, de 2005, foi instituído o pregão na modalidade eletrônica, possibilitando, em tese, a participação online de licitantes de qualquer parte do mundo, por meio da internet.

O sistema responsável pela condução do procedimento licitatório já era parte do Sistema Integrado de Administração de Serviços Gerais – SIASG, instituído pelo art. 7º do Decreto nº 1.094, de 23 de março de 1994. O SIASG, por sua vez, é o sistema informatizado de apoio às atividades operacionais do Sistema de Serviços Gerais – SISG, que integra os órgãos da Administração Pública Federal direta, autárquica e fundacional. O SIASG já incluía as funções de: a) divulgação e a realização das licitações; b) emissão de notas de empenho; c) registro dos contratos administrativos; d) catalogação de materiais e serviços; e e) cadastro de fornecedores. As contratações públicas federais eram operadas pelo chamado sistema Comprasnet, no Portal de Compras do Governo Federal. Mais recentemente, o sistema migrou para o Portal Compras Governamentais e, então, para o Portal Gov.br, em razão do Decreto nº 9.756, de 11 de abril de 2019, que instituiu o portal único "gov.br" e buscou trazer regras de unificação dos canais digitais do Governo federal.

[453] MUNIZ, Guilherme Blanco. Vídeo: carro autônomo do Google se envolve em acidente nos Estados Unidos. **AutoEsporte**. 5 maio 2018. Disponível em: https://autoesporte.globo.com/carros/noticia/2018/05/video-carro-autonomo-do-google-se-envolve-em-acidente-nos-estados-unidos.ghtml Acesso em: 10 jun. 2022.

Mas as inovações não se restringem aos sistemas eletrônicos. Não se pode olvidar de toda estrutura jurídica que acompanha e dá base aos algoritmos que serão executados. A estrutura jurídica se manifesta, por exemplo, nas novas modalidades de licitações e novas normas que são editadas para possibilitar, cada vez mais, melhores contratações. O diálogo competitivo e o procedimento de manifestação de interesse são dois exemplos dessas inovações para servir de instrumento das contratações públicas.

Ainda entre inovações jurídicas, também podem ser citadas as soluções propostas pela advocacia pública para concretização das normas. Cite-se, por exemplo, o Parecer n. 00001/2022/CP-CT&I/DEPCONSU/PGF/AGU exarado nos autos do Processo NUP: 00407.016484/2022-50, que tratou do instrumento jurídico a ser utilizado pelas Instituições Científicas, Tecnológicas e de Inovação públicas federais para a prestação de serviços técnicos especializados nas atividades voltadas à inovação e à pesquisa científica e tecnológica, conforme disposto no art. 8º da Lei nº 10.973, de 2 de dezembro de 2004.

Além disso, os já citados catálogos de bens, serviços e obras previstos no inciso LI do art. 6º da Lei nº 14.133, de 2021, são também inovações importantes que servem de ferramentas para as contratações. Eles consistem em um sistema eletrônico que permite a gestão centralizada, o controle de preços e a padronização de itens a serem contratados. No âmbito federal, a propósito, foram instituídos o CATSER – Catálogo de Serviços e o CATMAT – Catálogo de Materiais[454]. Com esses catálogos, sempre que é necessário contratar algo, haverá uma tendência de buscar contratar conforme os padrões já presentes neles, salvo quando as especificações existentes não atenderem às necessidades de determinados casos. Ao tornar comuns algumas contratações e, somado a isso, realizar um planejamento anual de contratações, a Administração consegue realizar

[454] BRASIL, Secretaria Especial de Desburocratização, Gestão e Governo Digital. Secretaria de Gestão Pública
Departamento de Normas e Sistemas de Logística. Coordenação-Geral dos Sistemas de Compras Governamentais. **CATSER – Catálogo de Serviços & CATMAT – Catálogo de Materiais.** Brasília, 2020, Disponível em: https://www.gov.br/compras/pt-br/acesso-a--informacao/manuais/manual-siasg/manual-siasg-catalogo/manual-catmat-e-catser-2020.pdf Acesso em: 13 jun. 2022.

contratações conjuntas, ganhando em escala e propiciando economia de recursos[455].

Finalmente, em breve será possível que certames licitatórios e contratos sejam conduzidos automaticamente por sistemas de informática, principalmente conforme sejam aperfeiçoados os critérios de julgamento e de avaliação para que alcancem um nível de objetividade passível de incorporação nas máquinas. Atualmente, por exemplo, é possível comparar automaticamente os preços ofertados e automaticamente verificar o melhor deles. Porém, quanto ao exame de requisitos de habilitação, como os atestados de capacidade técnica, por exemplo, ainda não se tem notícia de que haja sistemas automáticos de análise, embora a inteligência artificial de reconhecimento de textos já esteja em estágio avançado e passível de emprego para essa atividade.

13.3. Instrumento de gestão

Na parte da gestão contratual, a inovação auxilia na automatização da verificação oportuna de procedimentos a serem realizados, como reajustes, prorrogações e novas contratações. Também possibilita aprimorar as rotinas de manutenção, pois sistemas eletrônicos possibilitam manter organizados registros de todos os bens e serviços que precisam de manutenção, emitindo alertas e organizando a alocação dos recursos necessários em tempo oportuno.

A nova Lei de Licitações, em seu art. 19, III, determina expressamente que, no caso de obras, sejam instituídos sistemas informatizados de acompanhamento, inclusive com recursos de imagem e vídeo. Com isso, fiscais de contrato e a população, de qualquer lugar, via internet, podem verificar efetivamente o que está sendo feito na obra.

Em obras e serviços de engenharia, o art. 19, §3º, recomenda que sempre que possível seja utilizada a Modelagem da Informação da Construção (*Building Information Modelling – BIM*) ou outras tecnologias similares ou mais avançadas. A BIM consiste num conjunto de tecnologias e processos integrados para, de modo colaborativo, criar, usar e atualizar modelos digitais de uma construção, conforme definição do Decreto

455 BRASIL. **Catálogo Eletrônico de Padronização.** Portal de Compras do Governo Federal. Disponível em: https://www.gov.br/compras/pt-br/pncp/catalogo-eletronico-de-padronizacao Acesso em: 16 jun. 2022.

nº 10.306, de 2 de abril de 2020. Com ela, é possível prever e impedir erros que causariam enormes prejuízos, além de atrasos na conclusão de projetos. A propósito, o Decreto nº 11.888, de 2 de janeiro de 2024, dispõe sobre a Estratégia Nacional de Disseminação do Building Information Modelling no Brasil – Estratégia BIM BR, instituída com o objetivo de promover um ambiente adequado ao investimento em BIM e a sua difusão no País.

A tecnologia também vai permitir que dados sobre o cumprimento dos contratos sejam reunidos gerando pontuações para os contratados que cumpriram adequadamente os contratos e que servirão como vantagem para eles em futuras contratações em que o critério de julgamento também envolva técnica, conforme art. 88, §4º, combinado com o art. 36, §3º, e art. 37, III, da Lei nº 14.133, de 2021.

13.4. Instrumento de controle

A Lei nº 14.133, de 2021, inova ao tratar de forma específica do controle das contratações nos arts. 169 a 173[456]. O art. 169 faz menção expressa à utilização de recursos de tecnologia da informação para avaliação e aprimoramento contínuos das práticas de gestão de riscos e de controle preventivo.

O uso de tecnologias passa a ser não apenas útil, mas imprescindível, uma vez que a cada vez há uma complexidade maior nas contratações geridas e um volume crescente informações, o que torna os recursos humanos e materiais da Administração relativamente mais escassos para dar conta de todas as demandas. Somente com recursos inovadores capazes de automatizar tarefas é que se poderá responder adequadamente a todas essas demandas. Além disso, a enorme quantidade de dados ultrapassa a capacidade de seres humanos isoladamente darem conta de perceber padrões presentes no conjunto de contratações geridas.

No âmbito do Tribunal de Contas da União, a propósito, há algum tempo já existem sistemas automatizados, como Alice, Sofia e Mônica, que auxiliam os auditores a detectar fraudes em licitações, bem como

[456] SARAI, Leandro; CABRAL, Flávio Garcia; IWAKURA, Cristiane Rodrigues. O controle das contratações públicas e a nova lei de licitações: o que há de novo?. **Revista Brasileira de Políticas Públicas**, Brasília, v. 11, n. 3. p. 182-204, 2021.

a redigir os relatórios[457]. No Acórdão 1139/2022 do Plenário do TCU, a propósito, há um levantamento da utilização da Inteligência Artificial na Administração Pública e seus possíveis impactos para as atividades de controle. Na Corte e, em especial, na atividade de controle, soluções dessa natureza, segundo referido Acórdão, têm auxiliado nos trabalhos em diversas frentes, como os sistemas Alice (Análise de Licitações e Editais), Monica (Monitoramento Integrado para o Controle de Aquisições), Adele (Análise de Disputa em Licitações Eletrônicas), Sofia (Sistema de Orientação sobre Fatos e Indícios para o Auditor), Carina (Crawler e Analisador de Registros da Imprensa Nacional), e Ágata (Aplicação Geradora de Análise Textual com Aprendizado).

Entre as possíveis aplicações da IA na atividade de controle, segundo esse Acórdão do TCU, podem ser citadas: a) automação de processos robóticos (RPA) a partir de dados fornecidos pelas entidades auditadas; b) otimização de pesquisa; c) rede neural artificial para reconhecer e memorizar dados ou padrões de transação, que podem ser utilizados em casos futuros; d) extração de informações e mineração de dados; e e) processamento de linguagem natural para automatizar classificações de observação de auditoria.

Com o tempo, conforme os órgãos passam a migrar suas atividades para os meios eletrônicos, mais dados ficarão disponíveis, possibilitando ampliar a abrangência das ferramentas automatizadas de controle.

Referências

BRASIL, Secretaria Especial de Desburocratização, Gestão e Governo Digital. Secretaria de Gestão Pública Departamento de Normas e Sistemas de Logística. Coordenação-Geral dos Sistemas de Compras Governamentais. **CATSER – Catálogo de Serviços & CATMAT – Catálogo de Materiais.** Brasília, 2020, Disponível em: https://www.gov.br/compras/pt-br/acesso-a-informacao/manuais/manual-siasg/manual-siasg-catalogo/manual-catmat-e-catser-2020.pdf Acesso em: 13 jun. 2022.

BRASIL. **Catálogo Eletrônico de Padronização.** Portal de Compras do Governo Federal. Disponível em: https://www.gov.br/compras/pt-br/pncp/catalogo--eletronico-de-padronizacao Acesso em: 16 jun. 2022.

[457] FIGUEIREDO, Carla Regina Bortolaz de; CABRAL, Flávio Garcia. Inteligência artificial: *machine learning* na Administração Pública. **International Journal of Digital Law**, Belo Horizonte, ano 1, n. 1, jan./abr. 2020, p.90.

CARTER, Rebekah. A lista definitiva de estatísticas de comércio eletrônico para 2022. **Findstack**. 13 mar. 2022. Disponível em: https://findstack.com/pt/ecommerce-statistics/#:~:text=2.14%20bilh%C3%B5es%20de%20pessoas%20est%C3%A3o%20comprando%20online.&text=Para%20colocar%20isso%20em%20perspectiva,que%20em%202020%2C%20por%20exemplo. Acesso em: 26 abr. 2022.

FIGUEIREDO, Carla Regina Bortolaz de; CABRAL, Flávio Garcia. Inteligência artificial: *machine learning* na Administração Pública. **International Journal of Digital Law**, Belo Horizonte, ano 1, n. 1, jan./abr. 2020.

IWAKURA, Cristiane Rodrigues; CABRAL, Flávio Garcia; SARAI, Leandro. Tecnologia, governo digital e a nova lei de licitações. **Revista do TCE-RJ**, v.3, n.1, p.34-45, jan./jun.2022.

MUNIZ, Guilherme Blanco. Vídeo: carro autônomo do Google se envolve em acidente nos Estados Unidos. **AutoEsporte**. 5 maio 2018. Disponível em: https://autoesporte.globo.com/carros/noticia/2018/05/video-carro-autonomo--do-google-se-envolve-em-acidente-nos-estados-unidos.ghtml Acesso em: 10 jun. 2022.

SARAI, Leandro; CABRAL, Flávio Garcia; IWAKURA, Cristiane Rodrigues. O controle das contratações públicas e a nova lei de licitações: o que há de novo?. **Revista Brasileira de Políticas Públicas**, Brasília, v. 11, n. 3. p. 182-204, 2021.

WORLD ECONOMIC FORUM. **AI procurement in a box**: Project overview. Toolkit. Jun. 2020. Disponível em: https://www3.weforum.org/docs/WEF_AI_Procurement_in_a_Box_Project_Overview_2020.pdf Acesso em: 10 jun. 2022.

WORLD ECONOMIC FORUM. **AI Procurement in Box:** AI Government Procurement Guidelines. Jun. 2020. Disponível em: https://www3.weforum.org/docs/WEF_AI_Procurement_in_a_Box_AI_Government_Procurement_Guidelines_2020.pdf Acesso em: 10 jun. 2022.

14.
CONTROLE DA ADMINISTRAÇÃO E TECNOLOGIAS

Mecanismos de controle e uma Administração Pública digital são questões complementares e que se influenciam reciprocamente. Conforme aponta Vanice Regina Lírio do Valle, o Relatório da Pesquisa em *E-Government* de 2020 evidencia que, de 14 (quatorze) países com índice mais alto de governança digital no mundo, 12 (doze) apresentam índice de serviços on-line superior a 90% (noventa por cento)[458].

Como seria intuitivo imaginar, em pesquisa realizada por Lauren de Almeida Barros Azevedo, Jaqueline Albino e Josiel Maimone de Figueiredo, constatou-se que a adoção dessas novas ferramentas tecnológicas pelos organismos públicos pode contribuir de forma significativa à área de controle, auxiliando a tomada de decisões; a indicação e previsão de potenciais riscos, garantindo, assim, economicidade e maior efetividade das ações[459].

De fato, é verificável que a utilização de mecanismos tecnológicos pelos órgãos de controle traz uma série de vantagens: a execução de *softwares* inteligentes automatizados garante uma maior imparcialidade, pois se

[458] VALLE, Vanice Lírio do. Três axiomas para o agir administrativo fundado em novas tecnologias de informação e comunicação. **International Journal of Digital Law**, Belo Horizonte, ano 2, n. 1, jan./abr. 2021, p.25.

[459] AZEVEDO, Lauren de Almeida Barros; ALBINO, Jaqueline; FIGUEIREDO, Josiel Maimone de. O uso da inteligência artificial nas atividades de controle governamental. **Cadernos técnicos da CGU**, Volume II, abr.2022, p.40.

encontram isentos de concepções pessoais casuísticas. O desacordo entre a solução padrão estabilizada e o desfecho do caso serão facilmente percebidos e acessados; gera-se redução de custos, em especial quando o tempo gasto se mostra como elemento determinante de custo para a Administração. Perde-se menos tempo com comunicação e acesso de documentos físicos e arquivos, bem como retira do agente a responsabilidade por tomada de decisões corriqueiras, que podem ser automatizadas; e há igualmente economia com custos de transporte para o controlador[460].

Saliente-se que a análise de inovações e uso de tecnologias no controle da Administração demanda, outrossim, uma compreensão do controle envolvendo as contratações públicas. Quando se menciona aqui esta forma de controle, refere-se tanto à forma por meio da qual os órgãos responsáveis, com especial destaque aos Tribunais de Contas, avaliarão as contratações que busquem inovação e/ou usam novas tecnologias, quanto à tecnologia utilizada pelos próprios órgãos controladores. Em relação ao segundo aspecto, a tecnologia na atividade de controle, esta vem atualmente expressa como uma determinação no artigo 169 da Lei nº 14.133/2021, que prevê, dentre outros aspectos, que as contratações públicas deverão submeter-se a práticas contínuas e permanentes de gestão de riscos e de controle preventivo, inclusive mediante adoção de recursos de tecnologia da informação.

O referido artigo demanda, portanto, a utilização de recursos de tecnologia da informação para a atividade de controle. Este talvez seja o futuro do Direito como um todo, culminando num novo ramo denominado Direito Digital. As atividades da Administração Pública de maneira ampla, não só a parte das contratações públicas, necessitam estar alinhadas ao uso de tecnologias que sejam capazes de aprimorar sua atuação, cumprindo com o dever de eficiência administrativa constante no *caput* do artigo 37 da Constituição Federal. Nessa toada, a Administração Pública já tem se valido de mecanismos de tecnologia de informação na atividade administrativa, ainda que, por vezes, de maneira tímida, por meio de instrumentos de inteligência artificial fraca ou forte[461].

[460] JESUS, Rafael Santos de. **As novas tecnologias no controle da Administração Pública.** 120 p. Ribeirão Preto. Mestrado (Direito). Universidade de São Paulo (USP), 2018, p. 97.

[461] CABRAL, Flávio Garcia. Comentário ao artigo 169. In: SARAI, Leandro (org.). **Tratado da nova lei de licitações e contratos administrativos**: Lei 14.133/21 comentada por advogados públicos. Salvador: Juspodivm, 2021, p.1358.

14.1. Tecnologia no controle feito pelos tribunais de contas

Um dos maiores representantes da atividade de controle da Administração Pública é, sem dúvidas, o Tribunal de Contas. Responsável pelo controle dos gastos públicos, essa instituição, existente no Brasil desde 1890, cada vez mais tem assumido o protagonismo na conformação da atividade administrativa, sendo que suas atribuições ficam potencializadas quando se acrescenta o elemento tecnológico em sua atuação.

Em 2019, no XXIII Congresso Internacional da INTOSAI (INCOSAI), no qual participam as Entidades Superiores de Fiscalização (EFS), das quais os Tribunais de Contas são um notório exemplo, editou-se como diretriz a ser seguida por elas, dentre outras, "responder de forma eficaz às oportunidades decorrentes dos avanços tecnológicos", no sentido de as EFS poderem "promover a cultura da disponibilização e abertura dos dados, dos códigos fonte e dos algoritmos" e "objetivar um melhor uso de análise de dados em auditorias, incluindo estratégias de adaptação como o planejamento para tais auditorias, o desenvolvimento de equipes experientes em análise de dados e a introdução de novas técnicas na prática de auditoria (fiscalização) pública"[462].

A utilização de tecnologia pelos órgãos de controle externo é questão primordial para o aprimoramento da sua atividade fiscalizatória. A esse respeito, no que tange à oportunidade para o uso da Ciência de Dados no controle externo, pode-se destacar ao menos quatro grandes grupos de tendências: i) uso de análise preditiva para geração de alertas, análise de risco e composição de indicadores no apoio a ações preventivas junto à Administração Pública buscando evitar prejuízos e desperdícios, assim como na seleção de alvos de ações de controle; ii) exploração de bases de dados semiestruturados e não estruturados para a descoberta de conhecimento útil à prática do controle, em particular no apoio ao trabalho processual e na melhoria da assertividade de entendimentos e decisões; iii) uso de informações geoespaciais, tais como bases de dados georreferenciados ou bancos de imagens de satélite e aéreas, associadas a técnicas estatísticas de análise para estudo de cenários em larga escala e acompanhamento remoto de políticas públicas e ações

[462] CAVALCANTE, Crislayne. **O controle externo no pós-pandemia.** 2020. Disponível em: https://irbcontas.org.br/o-controle-externo-no-pos-pandemia/ Acesso em: 20 jan. 2023.

governamentais; e iv) mineração de grafos, em particular na análise de redes de relacionamentos[463].

Vê-se, portanto, que o aprimoramento da atividade de controle externo perpassa obrigatoriamente a incorporação de mecanismos tecnológicos. É nesse sentido que o Tribunal de Contas da União vem se destacando, seja dentre os órgãos de controle, seja dentro da Administração Pública brasileira como um todo.

O primeiro robô utilizado pelo TCU foi o sistema de "Análise de Licitações e Editais", conhecido pelo seu acrônimo ALICE[464]. Ele realiza uma avaliação preventiva, tempestiva e automatizada de editais do Comprasnet (Portal de Compras Governo Federal) e do Diário Oficial da União (DOU)[465].

Já o sistema de "Monitoramento Integrado para o Controle de Aquisições" ou simplesmente MONICA contém informações quanto às aquisições realizadas pela esfera federal, incluindo os Três Poderes, pelas estatais e pelo Ministério Público Federal.

Há também o ADELE ("Análise de Disputa em Licitações Eletrônicas"), outro painel utilizado pela Corte de Contas, que tem como funcionalidade principal acompanhar a dinâmica de pregões eletrônicos, de modo a analisar as informações, em ordem cronológica, de todas as empresas participantes, com a intenção de detectar a existência de indícios de fraude e/ou conluio entre os participantes[466].

A "Aplicação para Geração de Análise Textual Acelerada", denominada ÁGATA, é uma ferramenta desenvolvida para o refinamento e a atualização

[463] BALANIUK, Remis. Novas tecnologias aplicadas ao controle. In: OLIVEIRA, Aroldo Cedraz de (Coord.). **O controle da administração pública na era digital**. 2.ed. Belo Horizonte: Fórum, 2017, p.292-293.

[464] Embora o ALICE tenha sido lançado pelo Ministério da Transparência, Fiscalização e Controladoria-Geral da União no ano de 2015, o TCU começou a utilizá-lo em 2017, sendo que tal ferramenta foi regulamentada por meio da Portaria-TCU nº 296/2018, de 18 de outubro de 2018.

[465] SOUZA, Jéssica Jane de. **A necessidade de regulação do uso da inteligência artificial nas ações de controle do Tribunal de Contas da União**. 143 p. Curitiba. Mestrado (Direito) Centro Universitário Internacional – UNINTER, 2022, p.96.

[466] SOUZA, Jéssica Jane de. **A necessidade de regulação do uso da inteligência artificial nas ações de controle do Tribunal de Contas da União**. 143 p. Curitiba. Mestrado (Direito) Centro Universitário Internacional – UNINTER, 2022, p.96.

dos alertas emitidos pelo ALICE. No sistema ÁGATA, o usuário deverá subsidiar o programa com palavras-chave para que o sistema lhe sugira textos de editais. Posteriormente, o sistema realizará um *machine learning* e passará a fazer sugestões mais acuradas sobre o assunto selecionado, por meio de e-mails[467].

Outro robô de grande relevância é o SOFIA ("Sistema de Orientação sobre Fatos e Indícios para o Auditor", que auxilia o auditor de controle externo na coleta de informações, sendo capaz de relacionar informações dos relatórios com dados que estão à disposição na *big data* do TCU e realizar revisão nos relatórios e instruções gerais[468].

Mencione-se ainda o CARINA ("*Crawler* e Analisador de Registros da Imprensa Nacional"), que rastreia tipologias extraídas do Diário Oficial da União diariamente, de modo complementar à testagem que o ALICE faz nos editais publicados no Comprasnet.

A Corte de Contas Federal possui ainda o *chatbot* ZELLO que, entre os serviços que elabora, emite certidões da entidade via aplicativo de mensagem. De modo simplificado, basta um acesso do interessado, o apontamento do tipo de certidão escolhida, repasse de dados pessoais como CPF e CNPJ e o arquivo é enviado no e-mail informado o que foi solicitado. No decorrer da pandemia da COVID-19, esse serviço foi essencial para a continuidade de funcionamento dos serviços dessa natureza no TCU[469].

Além dos robôs e seus programas auxiliares, a Corte de Contas ainda utiliza como parte das ferramentas de trabalho 77 diferentes bancos de dados. Eles incluem os registros de contas governamentais, a composição das empresas pelo CNPJ, contratações que tenham recursos públicos e as informações sobre os servidores públicos processados

[467] ALVARENGA, Natasja Savério; NICOLASO, Maria Alejandra. O uso da inteligência artificial pela Administração Pública brasileira como ferramenta de controle institucional externo. **IX Encontro Brasileiro de Administração Pública**, São Paulo/SP, 5 a 7 de outubro de 2022. Sociedade Brasileira de Administração Pública Brasil. Disponível em: https://sbap.org.br/ebap-2022/835.pdf Acesso em: 10 jan. 2023.

[468] SOUZA, Jéssica Jane de. **A necessidade de regulação do uso da inteligência artificial nas ações de controle do Tribunal de Contas da União.** 143 p. Curitiba. Mestrado (Direito) Centro Universitário Internacional – UNINTER, 2022, p.96.

[469] SOUZA, Jéssica Jane de. **A necessidade de regulação do uso da inteligência artificial nas ações de controle do Tribunal de Contas da União.** 143 p. Curitiba. Mestrado (Direito) Centro Universitário Internacional – UNINTER, 2022, p.96.

por instâncias de controle. Cite-se ainda a utilização pela instituição da plataforma "Análise Cognitiva", que conta com a participação do Ministério Público Federal e se utiliza da análise de aproximadamente 168 mil documentos que a Administração Pública detém, apenas da Operação Lava Jato, permitindo que se realizem elos entre pessoas físicas e jurídicas[470].

Veja que a utilização desses recursos tecnológicos pelo TCU já tem produzido efeitos positivos objetivamente aferíveis. Conforme Relatório Anual de Atividade do TCU, "no ano de 2021, o montante de benefícios decorrentes das análises efetuadas por meio do Sistema Alice totalizou mais de R$ 426 milhões"[471].

Válido mencionar que antes mesmo da utilização dos robôs, o uso de ferramentas tecnológicas já promovia uma maior eficácia na atividade de controle. No Acórdão nº 1.421/2015-Plenário, por exemplo, utilizaram-se sistemas de informações e georreferenciamento para realizar o controle à distância de obras públicas ou ainda no Acórdão nº 775/2016-Plenário, no qual a Corte de Contas determinou por medida cautelar a suspensão da concessão de benefícios do Programa Nacional de Reforma Agrária, pelo Instituto Nacional de Colonização e Reforma Agrária (Incra) após realizar cruzamento de dados dos beneficiários e de outras bases de dados a que tinha acesso.

Embora o Tribunal de Contas da União seja a referência em termos de utilização de robôs na atuação de controle e fiscalização, outros órgãos de controle[472] também seguem a mesma trilha. De maneira ilustrativa cite-se o robô ESMERALDA, usado pelo TCM-GO; o robô ALICE do TCE-SP; o IRIS (Indicador de Risco em Contratações) usado no TCE-RJ; o ARGUS, do TCM-PA; o *chatbox* JARVIS, do TCE-AM, dentre diversos outros.

[470] TEMER, Milena Cirqueira. Utilização da inteligência artificial: IA na atividade de fiscalização dos Tribunais de Contas. In: SADDY, André (coord.). **Inteligência artificial e direito administrativo**. Rio de Janeiro: CEEJ, 2022, p.515.

[471] TRIBUNAL DE CONTAS DA UNIÃO. **Relatório anual de atividades do TCU**: 2021. Brasília: TCU, 2022, p.50.

[472] Cf. https://irbcontas.org.br/uso-de-robos-pelos-tribunais-de-contas/

14.2. Tecnologia no controle social

O controle da Administração Pública, além da forma institucionalizada, também se realiza e/ou se potencializa por intermédio do controle social. De fato, essa forma de controle é constituída de mecanismos não eleitorais de controle das autoridades políticas, por meio de associações civis, Organizações Não Governamentais (ONGs), movimentos sociais e da imprensa, valendo-se de ferramentas institucionais (provocação de ações legais ou informativas para agências de controle institucionalmente consolidadas) e não institucionais (mobilizações sociais e divulgação de informações e denúncias pela imprensa), servindo como um valioso incremento nos tradicionais mecanismos de *accountability* eleitoral e horizontal[473].

Eduardo Jordão traz três aspectos sobre como a tecnologia pode incrementar o controle social. O primeiro deles seria facilitação do acesso público a dados relevantes, por exemplo, sobre os gastos da Administração Pública, suas atividades e sua performance. Essa utilização poderia servir, inclusive, como gatilho para atuações mais ou menos formais de fiscalização, controle e pressão política. A tecnologia funciona, portanto, como um incrementador da transparência administrativa, oportunizando todo o controle daí decorrente. Assim, o site Painel de Preços desenvolvido pela Secretaria de Gestão do Ministério do Planejamento, Desenvolvimento e Gestão agrega em uma só plataforma dados sobre as compras públicas homologadas no Sistema de Compras do Governo Federal (ComprasNet)[474]. O próprio Portal Nacional de Contratações Públicas (PNCP) terá essa função de centralizar e disponibilizar dados abertos respeitantes às contratações públicas.

O segundo aspecto apontado pelo autor é o fato de que a tecnologia pode facilitar a própria participação popular nas decisões da Administração Pública. Já não se trata de incremento da transparência, mas incremento da participação, que pode ser considerada uma forma de controle prévio da

[473] SMULOVITZ, Catalina; PERUZZOTTI, Enrique. Societal and horizontal controls: two cases of a fruitful relationship. In: MAINWARING, Scott (org.). **Democratic accountability in Latin America**. New York: Oxford University Press, 2003. p. 319.

[474] JORDÃO, Eduardo. A relação entre inovação e controle da Administração Pública. **A&C – Revista de Direito Administrativo & Constitucional,** Belo Horizonte, ano 18, n. 72, abr./jun. 2018, p.137.

atuação administrativa. A Prefeitura de Niterói, por exemplo, conta com o site "Participa Niterói", no qual a população pode votar virtualmente no Plano Plurianual[475] do município. Já as diversas agências reguladoras possuem mecanismos de participação popular que permitem aos cidadãos opinar sobre projetos de normas e de decisões[476].

É nessa mesma linha que aponta Fábio Lins de Lessa Carvalho ao escrever que as novas tecnologias da informação e da comunicação contribuem com a participação social aumentando o engajamento da sociedade. Incentiva-se um verdadeiro "ativismo social"[477].

O terceiro aspecto apontado é a existência de vários aplicativos para telefones móveis que permitem aos cidadãos atuarem, eles mesmos, como fiscais da Administração, levando aos órgãos de controle de forma rápida e fácil problemas de que tenham tido conhecimento. Eduardo Jordão traz como exemplo o aplicativo "Eu Fiscalizo", criado pelo TCU em 2016, e que permite a qualquer indivíduo encaminhar ao tribunal elementos textuais, documentos ou imagens relacionados a possíveis irregularidades. De igual maneira o aplicativo móvel "SAC MPF", desenvolvido pelo Ministério Público Federal em 2016, permite que o cidadão realize denúncias em tempo real, solicite informações processuais e tire dúvidas diretamente com o órgão[478].

Além desses três aspectos, mencione-se também, dentro da ótica do controle social, que as ferramentas tecnológicas permitem uma difusão de

[475] Da mesma maneira o orçamento participativo digital em Belo Horizonte é uma iniciativa em que cidadãos da capital mineira elegem obras prioritárias. Já em sua primeira edição em 2006, foi premiado a França pelo Observatório Internacional da Democracia Participativa como "Boa Prática em Participação Cidadã" (CARVALHO, Fábio Lins de Lessa. A nova lei do governo digital e a possibilidade de incremento da participação social na administração pública brasileira. **International Journal of Digital Law**, Belo Horizonte, v. 3, n. 1, jan./abr. 2022, p.22).

[476] JORDÃO, Eduardo. A relação entre inovação e controle da Administração Pública. **A&C – Revista de Direito Administrativo & Constitucional,** Belo Horizonte, ano 18, n. 72, abr./jun. 2018, p.138.

[477] CARVALHO, Fábio Lins de Lessa. A nova lei do governo digital e a possibilidade de incremento da participação social na administração pública brasileira. **International Journal of Digital Law**, Belo Horizonte, v. 3, n. 1, jan./abr. 2022, p.16.

[478] JORDÃO, Eduardo. A relação entre inovação e controle da Administração Pública. **A&C – Revista de Direito Administrativo & Constitucional,** Belo Horizonte, ano 18, n. 72, abr./jun. 2018, p.139.

informações mais célere, com maior alcance e pelos mais variados meios. O jornalismo investigativo adquire novos contornos e a maneira pela qual essas informações alcançam os administrados se altera. Redes sociais passam a ser canais que começam a concorrer com os veículos tradicionais de imprensa.

É claro que, em especial quanto a esse último ponto, não necessariamente se mostra como um incremento positivo no controle social, já que, se há vantagens na utilização de novas vias digitais para se difundir a informação, ocasionado uma fuga de grandes monopólios da imprensa, por outro lado não há um rigor metodológico e de conteúdo quanto a essas informações. O controle social pelas redes sociais, então, pode começar a se tornar abusivo e a ser afetado por meio das famigeradas *fake news.*

14.3. Mudanças no perfil do controle diante das tecnologias

Não se mostram mais consentâneos com a atividade controladora processos realizados de maneira exclusivamente manual, em uma perspectiva "analógica", sem a utilização de tecnologia (da mais simples, a envolver processos de digitalização e trâmite processual interno, até elaborados mecanismos de inteligência artificial, como os mencionados robôs, podendo-se evoluir até mesmo para o uso de inteligência artificial capaz de, por meio de algoritmos, "aprender" com as decisões já adotadas).

Além disso, os órgãos de controle deverão adequar suas análises e fiscalizações à luz de novas formas de contratação e com objetos inovadores[479]. Embora as premissas ainda sejam as mesmas, devendo atender aos preceitos de controle dos artigos 70 e 71 da Constituição, especialmente, as nuances dos novos objetos envolvendo tecnologia e inovação precisam ser enxergadas à luz de suas finalidades e do estado da arte referente às tecnologias utilizadas.

[479] "(...) as instituições de controle precisam adaptar- se à Era Digital, tanto quanto os governos. Em primeiro lugar, para se adequarem às novas demandas a elas impostas pela sociedade – em termos de novos canais e meios de relacionamento, maior transparência e abertura à participação social. Em segundo, mas não menos importante, para manterem sua capacidade de compreender, analisar e apontar eventuais falhas de funcionamento em políticas, processos de trabalho, produtos e serviços públicos diferenciados e em constante mutação" (COSTA, Gledson Pompeu Correa da. Governo digital, controle digital e participação social. In: OLIVEIRA, Aroldo Cedraz de (Coord.). O **controle da administração pública na era digital**. 2. ed. Belo Horizonte: Fórum, 2017, p. 163).

Assim, por exemplo, analisar de maneira adequada a aplicação do diálogo competitivo, da necessidade, como regra, da prática de atos digitais nos processos licitatórios (artigo 12, VI), a utilização de modelagem digital em relação a serviços de engenharia (artigo 19, V e §3º), dentre outros pontos trazidos pela Lei nº 14.133, de 2021, serão novos desafios aos órgãos de controle, que precisam, acima de tudo, compreender a tecnologia como um catalisador para promover as finalidades públicas (e não como um fim em si mesmo).

Além disso, o uso da tecnologia nas contratações públicas precisa ser avaliado dentro dos parâmetros de validade trazidos pela Lei de Introdução às Normas do Direito Brasileiro (LINDB), com as alterações promovidas pela Lei nº 13.655, de 2018. Com isso quer-se destacar que, ciente das inúmeras deficiências estruturais que diversos órgãos públicos ainda sofrem (sejam fruto de má gestão, sejam fruto de uma real impossibilidade orçamentária), devem os órgãos de controle levar em consideração as dificuldades reais do gestor (artigo 22 da LINDB) no que tange à utilização de tecnologias nos processos de contratações públicas[480].

A tecnologia permite que o controle se torne mais seletivo, mais célere, mais eficiente e mais produtivo. As novas tecnologias mitigam as dificuldades geradas ao controle, pela (a) "distância territorial entre o órgão de controle e o ente, órgão ou agente público controlado"; (b) pela "dificuldade de se buscar informações e dados específicos em arquivos e documentos físicos"; (c) pela "dificuldade de se transmitir dados e informações da entidade controlada para a entidade de controle"; e (d) pelos "altos custos financeiros do exercício da atividade de controle, o que muitas vezes a tornava economicamente irracional". Esses avanços derivam não apenas das tecnologias de comunicação e informação, mas também das tecnologias de transporte, essenciais para o exercício de atividades de controle mais complexas, que superam o mero "controle de escritório" e dependem de inspeções e avaliações in loco de obras públicas e serviços. As dimensões continentais do Brasil, somadas à distribuição de Municípios por localidades distantes e pouco acessíveis são fatores que tendem a impactar de modo expressivo a efetividade do

480 IWAKURA, Cristiane Rodrigues; CABRAL, Flávio Garcia; SARAI, Leandro. Tecnologia, Governo Digital e a nova Lei de Licitações. **Revista da Procuradoria-Geral do Município de Porto Alegre**. v.34, n.35, 2022, p.68.

controle e a dificultar o combate à corrupção e à improbidade, ensejando a impunidade. Mas esses desafios podem ser superados graças a novas tecnologias de deslocamento[481].

Acrescenta-se que a formação de uma rede de controle necessita da aplicação da tecnologia pelos controladores em suas atividades. A tecnologia é substrato essencial para nutrir os fluxos de informação entre os agentes em rede. A tecnologia permitirá a ampliação da capacidade de coleta, armazenamento e processamento de dados, para torná-los úteis ao controlador. Mas ela sozinha não é o bastante. A recepção de novas tecnologias pelos atores envolvidos é o que determinará o sucesso ou fracasso de uma efetiva rede de controle[482].

14.4. Controle sobre as inovações e tecnologias da administração pública

Em relação ao controle exercido nas atividades públicas que se valem de novas tecnologias (e até mesmo rotinas tecnológicas já padronizadas), indo até além das contratações públicas, já se encontram várias análises do TCU, podendo-se mencionar o valioso Acórdão nº 1613/2020, que se refere ao levantamento feito pelo Tribunal para identificar áreas de aplicação das tecnologias da informação chamadas *blockchain* ou livros-razão distribuídos (*Distributed Ledger Technology – DLT*) no setor público.

O TCU, em outra ocasião, determinou à Central de Compras do Ministério do Planejamento, Desenvolvimento e Gestão, que fizesse constar de seus próximos estudos preliminares, que vierem a fundamentar a aquisição de agenciamento de transporte terrestre dos servidores, empregados e colaboradores por demanda, os Serviços de Transporte Individual Privado de Passageiros Baseado em Tecnologia de Comunicação em Rede – STIP que estiverem em operação no Distrito Federal (Uber, Cabify etc.) (Acórdão nº 1223/2017 – Plenário). A análise da Corte de Contas era que já havia outros caminhos para o transporte de passageiros,

[481] MARRARA, Thiago; GASIOLA, Gustavo Gil. Regulação de novas tecnologias e novas tecnologias na regulação. **International Journal of Digital Law**, Belo Horizonte, ano 1, n. 2, maio/ago. 2020, p.130.

[482] JESUS, Rafael Santos de. **As novas tecnologias no controle da Administração Pública.** 120 p. Ribeirão Preto. Mestrado (Direito). Universidade de São Paulo (USP), 2018, p. 94.

como o transporte por meio dos aplicativos, além do tradicional serviço de táxi.

Cite-se, igualmente, a decisão emitida pelo Tribunal de Contas de Minas Gerais, que em resposta à consulta formulada, validou a utilização da ferramenta *Pix* pela Administração Pública. Consignou-se que a utilização da modalidade de pagamento instantâneo *Pix* no âmbito da Administração Pública é permitida, seja na condição de pagadora ou de recebedora, desde que observadas todas as normas legais e contábeis tradicionalmente aplicáveis às movimentações bancárias (Processo nº 1098452 - Consulta - Plenário - 05.05.2021).

Acrescente-se que há inclusive normativos nacionais e internacionais que guiam a realização de fiscalizações na área de tecnologia de informação, a exemplo da Norma ABNT NBR ISO/IEC 38500:2009 (ABNT, 2009) e o *Control Objectives for Information and related Technology* (COBIT) 4.1, para Auditorias de Governança de TI; a Norma ABNT NBR ISO/IEC 27002:2005 - Tecnologia da Informação - Técnicas de Segurança - Código de prática para a gestão da segurança da informação (ABNT, 2005) para Auditoria de banco de dados; e as normas ISO/IEC15408 -*Information technology — Security techniques — Evaluation criteria for IT security* e ABNT NBR ISO/IEC 27002:2005 - Tecnologia da Informação - Técnicas de Segurança - Código de prática para a gestão da segurança da informação (ABNT, 2005), para a Auditoria dos Sistemas de Produção[483].

Não obstante, apesar da existência de mecanismos de controle com viés positivo, estimuladores da inovação (como mencionados acima), deve-se ter cautela com o controle a ser exercido sobre o uso da tecnologia pela Administração Pública. Um controle em excesso, por vezes extrapolando inclusive as competências legais e constitucionais que o órgão de controle possui[484], pode gerar uma inibição da inovação tecnológica e/ou do seu uso.

[483] OLIVEIRA, José Auriço; HOLANDA FILHO, Raimir . Controle externo da governança de tecnologia da informação. **Revista Controle - RTCE**, ano 8, n. 10.1, jan./ jun. 2012.

[484] Os excessos praticados eventualmente por Tribunais de Contas recebem a denominação de "ativismo de contas", o qual pode ser conceituado "o comportamento dos Tribunais de Contas que, a pretexto de se mostrarem proativos ou de serem encarados como concretizadores de direitos fundamentais ou controladores de políticas públicas, acabam por exercer suas atribuições em desconformidade com o que permite o texto constitucional e infraconstitucional, demonstrando a subjetividade na tomada de decisões por seus membros (CABRAL, Flávio

Mencione-se, como exemplo desse cenário, o Acórdão nº 2636/2019 – Plenário, que determinou à Defensoria Pública da União, com base em uma fundamentação bastante frágil[485], que "adote as providências necessárias ao desfazimento da Resolução CSDPU 101/2014", que regulamenta o teletrabalho no âmbito da instituição.

Na mesma trilha, Eduardo Jordão enxerga a possibilidade do impacto negativo do controle sobre a inovação que pode ocorrer na medida em que o controle dificulta o experimentalismo que é essencial a ela. Num cenário de exacerbação do controle e de multiplicidade dos controladores, é fácil compreender a inexistência de incentivos para a inventividade, a adoção de soluções heterodoxas e as tentativas criativas por parte do administrador. Como mecanismo de autopreservação, ele tenderá a adotar as mesmas decisões e práticas que já receberam a aprovação dos órgãos de controle[486] e não verá razões para inovar[487].

14.5. Atuação pedagógica do controle em relação à tecnologia

Os Tribunais de Contas possuem, além das atribuições diretamente relacionadas à fiscalização e aplicação de sanções (vide rol do artigo 71 da Constituição Federal), uma atribuição pedagógica, cabendo-lhes promover capacitações e orientações aos agentes públicos sobre como efetuar devidamente os gastos públicos. A esse respeito, o próprio artigo 173 da nova Lei de Licitações[488] traz essa competência clara em

Garcia. O ativismo de contas do Tribunal de Contas da União (TCU). **Revista de Direito Administrativo, Infraestrutura, Regulação e Compliance**. n. 16, ano 5, p. 215-257, jan./mar. 2021, p.223).

[485] Sobre o referido Acórdão, cf. CABRAL, Flávio Garcia. Ativismo no TCU? **Jornal de Direito Administrativo**, nov.2019.

[486] Fernando Vernalha Guimarães explica que "decidir sobre o dia a dia da Administração passou a atrair riscos jurídicos de toda a ordem, que podem chegar ao ponto da criminalização da conduta. Sob as garras de todo esse controle, o administrador desistiu de decidir. Viu seus riscos ampliados e, por um instinto de autoproteção, demarcou suas ações à sua 'zona de conforto" (GUIMARÃES, Fernando Vernalha. O Direito Administrativo do Medo: a crise da ineficiência pelo controle. **Direito do Estado**, n.71, 2016).

[487] JORDÃO, Eduardo. A relação entre inovação e controle da Administração Pública. **A&C – Revista de Direito Administrativo & Constitucional**, Belo Horizonte, ano 18, n. 72, p. 133-146, abr./jun. 2018.p.145.

[488] Art. 173. Os tribunais de contas deverão, por meio de suas escolas de contas, promover eventos de capacitação para os servidores efetivos e empregados públicos designados para

relação à capacitação no que tange à interpretação/aplicação da Lei nº 14.133/2021[489].

Nesse agir pedagógico, o TCU tem tanto incentivado e fornecido material para inovações, uso de tecnologia e orientações sobre contratações que se relacionam com tecnologias, como vem apresentando modelos de tecnologia e inovação para o próprio controle. Destaquem-se, neste aspecto, os projetos desenvolvidos por intermédio do CoLAB-i, que é um laboratório de inovação vinculado à Escola do TCU, criado no biênio de 2015-2016, que visa a coordenar projetos de inovação aberta que gerem conhecimentos e experiências replicáveis, com destaque para a atuação do controle.

Ainda nessa toada do campo indutor-pedagógico, mencione-se o projeto INOVAMOS, realizado pelo TCU e pelo Banco Interamericano de Desenvolvimento (BID), em parceria com a Agência Tellus, que busca impulsionar e potencializar a compra pública de inovação, apontando possibilidades de atuação conjunta entre diferentes atores ao longo do processo. Assim, pretende-se construir um modelo para as Entidades de Fiscalização Superiores (EFS) e Tribunais de Contas (TCs) apoiarem a compra de inovação na Administração Pública, que seja replicável para tribunais de outras esferas federativas e outros países da América Latina[490].

Sem esgotar a questão, a Corte traz influências também por meio da elaboração de cartilhas e manuais de orientação à sociedade, podendo-se mencionar a edição das cartilhas "Guia de boas práticas em contratação de solução de tecnologia da informação: riscos e controles para o planejamento da contratação" (2012), "Relatório de Pesquisa: Contratação de Soluções Inovadoras pela Administração Pública" (2020) e Encomenda Tecnológica (ETEC)" (2020), por exemplo.

o desempenho das funções essenciais à execução desta Lei, incluídos cursos presenciais e a distância, redes de aprendizagem, seminários e congressos sobre contratações públicas.

[489] CABRAL, Flávio Garcia; SARAI, Leandro. **Manual de Direito Administrativo.** 2.ed. Leme: Mizuno, 2023, p.461.

[490] BANCO INTERAMERICANO DE DESENVOLVIMENTO. **Inovamos**: modelo de apoio a compras públicas deinovação. Washington, D.C.: BID, 2021. Disponível em: https://portal.tcu.gov.br/data/files/02/12/B7/05/1EDC9710FC66CE87E18818A8/Inovamos_modelo_apoio_compras_publicas_inovacao.pdf. Acesso em: 7 dez. 2022.

14.6. Controle judicial e tecnologia

Seguindo semelhante trilha, o Poder Judiciário também vem implementando instrumentos tecnológicos para aprimorar o exercício de suas funções.

Nota-se, já há certo tempo, um processo de digitalização da atividade jurisdicional, com a intenção de gerar maior eficiência na sua atuação, bem como ampliar, até certo ponto, o acesso à Justiça. Nessa linha, cite-se que a partir de 2013 o Conselho Nacional de Justiça (CNJ) elegeu como uma de suas políticas prioritárias a implantação do processo eletrônico nos diversos ramos do Judiciário brasileiro sob o argumento de que isso traria positivo impacto na taxa de congestionamento e que ajudaria a reduzir a colossal quantidade de processos em tramitação no país[491].

Sem adentrar no debate sobre a futura e possível utilização da inteligência artificial para a tomada de decisões judiciais, é certo que os Tribunais vêm fazendo uso de robôs no auxílio de sua atividade jurisdicional[492].

Identifica-se um primeiro grupo de robôs utilizados no auxílio da atividade-meio do Judiciário, relacionada à administração, objetivando melhor gerir recursos financeiros e de pessoal. Nesse sentido, tome-se como exemplo no Tribunal de Justiça do Rio Grande do Sul (TJ-RS) o Chatbot Digep, que responde dúvidas dos servidores quanto aos assuntos relacionados à gestão de pessoas; no Tribunal de Justiça de São Paulo (TJ-SP), o Judi Chatbot, que fornece orientação ao cidadão para entrada de ações relacionadas ao Juizado Especial Cível; e no Tribunal de Justiça do Distrito Federal (TJ-DF), o Amon, que faz o reconhecimento facial de quem ingressa no tribunal, a partir de fotografias, visando aumentar a segurança do fórum[493].

[491] MARQUES FILHO, Lourival Barão; CABRAL, Flávio Garcia. Políticas judiciárias e insuficiência de accountability: processo eletrônico x taxa de congestionamento na Justiça do Trabalho. **Seqüência Estudos Jurídicos e Políticos**, v. 42, n. 89, 2022, p.2.

[492] Para maiores considerações sobre o assunto, vide pesquisa realizada pelo Centro de Inovação, Administração e Pesquisa do Poder Judiciário, sob a Coordenação do Ministro Luis Felipe Salomão, disponível em: https://ciapj.fgv.br/sites/ciapj.fgv.br/files/relatorio_ia_2fase.pdf

[493] SALOMÃO, Luis Felipe; TAUK, Caroline Somesom. Objetivos do sistema de inteligência artificial: estamos perto de um juiz robô?. **CONJUR**. 11 mai. 2022. Disponível em: https://www.conjur.com.br/2022-mai-11/salomao-tauk-estamos-perto-juiz-robo Acesso em: 20 jan. 2023.

Uma segunda categoria de robôs, conforme apontado por Luis Felipe Salomão e Caroline Somesom Tauk, visa à automação dos fluxos de movimentação do processo e das atividades executivas de auxílio aos juízes, por meio da execução de tarefas pré-determinadas, dando apoio à gestão de secretarias e gabinetes, fazendo triagem e agrupamento de processos similares, classificação da petição inicial, transcrição de audiências etc.. É o caso, por exemplo, do Athos, no STJ, que faz a identificação e o monitoramento de temas repetitivos, assim como há a ferramenta que otimiza a identificação e indexação das peças processuais dos autos originários; no Tribunal Regional Federal da 3ª Região (TRF-3), o Julia (Jurisprudência Laborada com Inteligência Artificial) auxilia na localização de processos sobrestados, cujas decisões devam ser reformadas em função do julgamento do tema de repercussão geral ou recurso repetitivo; no Tribunal Regional Federal da 4ª Região (TRF-4), há ferramenta que faz o agrupamento de apelações por similaridade de sentença; no Tribunal de Justiça do Amapá (TJ-AP), o Tia auxilia na identificação de demandas repetitivas, assim como a ferramenta do Tribunal de Justiça da Bahia (TJ-BA); no Tribunal de Justiça de Alagoas (TJ-AL), o Hércules faz a triagem de petições em processos de execução fiscal; e, nos Tribunais de Justiça do Acre (TJ-AC), do Rio de Janeiro (TJ-RJ) e do Distrito Federal (TJ-DF), há a Toth que auxilia os advogados na classificação correta das petições[494].

Um terceiro grupo concerne àqueles robôs que dão suporte para a elaboração de minutas de sentença, votos ou decisões interlocutórias. Cite-se, ilustrativamente, o Victor, no STF, que auxilia na identificação da presença de temas de repercussão geral; no STJ e nos Tribunais Regionais do Trabalho da 8ª e da 9ª Regiões (TRT-8 e TRT-9), há ferramentas para auxiliar na admissibilidade dos recursos; no Tribunal Regional Federal da 1ª Região (TRF1), o Alei (Análise Legal Inteligente), que, dentre outras tarefas, pretende associar o processo judicial com análise de julgados anteriores e buscar jurisprudência; no Tribunal de Justiça do Espírito Santo (TJ-ES), o Argos, e no Tribunal de Justiça do Paraíba (TJ-PB), o Midas, auxiliam nas decisões sobre o deferimento ou indeferimento da justiça gratuita; no Tribunal de Justiça do Mato Grosso do Sul (TJ-MS)

[494] SALOMÃO, Luis Felipe; TAUK, Caroline Somesom. Objetivos do sistema de inteligência artificial: estamos perto de um juiz robô?. **CONJUR**. 11 mai. 2022. Disponível em: https://www.conjur.com.br/2022-mai-11/salomao-tauk-estamos-perto-juiz-robo Acesso em: 20 jan. 2023.

a ferramenta de Jurimetria com Inteligência Artificial pretende apontar as tendências de julgamento do órgão baseado nos acórdãos e na jurisprudência; no Tribunal de Justiça de Pernambuco (TJ-PE), o Elis realiza a triagem das petições iniciais dos processos de execução fiscal e, se não houver inconsistências, elabora automaticamente a minuta e a encaminha para a conferência do magistrado; no Tribunal de Justiça de Santa Catarina (TJ-SC) e no Tribunal Regional do Trabalho da 9ª Região (TRF-9), há ferramentas para incrementar a busca de jurisprudência, como o Magus trabalhista[495].

Uma última categoria de programas computacionais busca formas adequadas de resolução de conflitos, em que se usam informações de processos similares para auxiliar as partes a alcançarem a melhor solução. Como exemplo, mencione-se, no Tribunal Regional do Trabalho da 4ª Região (TRT-4), o Icia (Índice de Conciliabilidade por Inteligência Artificial), que estima a probabilidade de o processo ser conciliado no estágio em que se encontra, tarefa similar à desempenhada pelo Concilia JT, do Tribunal Regional do Trabalho da 12ª Região (TRF-12)[496].

Referências

ALVARENGA, Natasja Savério; NICOLASO, Maria Alejandra. O uso da inteligência artificial pela Administração Pública brasileira como ferramenta de controle institucional externo. **IX Encontro Brasileiro de Administração Pública**, São Paulo/SP, 5 a 7 de outubro de 2022. Sociedade Brasileira de Administração Pública Brasil. Disponível em: https://sbap.org.br/ebap-2022/835.pdf Acesso em: 10 jan. 2023.

AZEVEDO, Lauren de Almeida Barros; ALBINO, Jaqueline; FIGUEIREDO, Josiel Maimone de. O uso da inteligência artificial nas atividades de controle governamental. **Cadernos técnicos da CGU**, Volume II, p. 30-42, abr.2022.

BALANIUK, Remis. Novas tecnologias aplicadas ao controle. In: OLIVEIRA, Aroldo Cedraz de (Coord.). **O controle da administração pública na era digital**. 2. ed. Belo Horizonte: Fórum, 2017. p. 291-317.

495 SALOMÃO, Luis Felipe; TAUK, Caroline Somesom. Objetivos do sistema de inteligência artificial: estamos perto de um juiz robô?. **CONJUR.** 11 mai. 2022. Disponível em: https://www.conjur.com.br/2022-mai-11/salomao-tauk-estamos-perto-juiz-robo Acesso em: 20 jan. 2023.

496 SALOMÃO, Luis Felipe; TAUK, Caroline Somesom. Objetivos do sistema de inteligência artificial: estamos perto de um juiz robô?. **CONJUR.** 11 mai. 2022. Disponível em: https://www.conjur.com.br/2022-mai-11/salomao-tauk-estamos-perto-juiz-robo Acesso em: 20 jan. 2023.

BANCO INTERAMERICANO DE DESENVOLVIMENTO. **Inovamos**: modelo de apoio a compras públicas deinovação. Washington, D.C.: BID, 2021. Disponível em: https://portal.tcu.gov.br/data/files/02/12/B7/05/1EDC9710FC66CE87E18818A8/Inovamos_modelo_apoio_compras_publicas_inovacao.pdf. Acesso em: 7 dez. 2022.

CABRAL, Flávio Garcia. Ativismo no TCU? **Jornal de Direito Administrativo**, nov.2019.

CABRAL, Flávio Garcia. Comentário ao artigo 169. In: SARAI, Leandro (org.). **Tratado da nova lei de licitações e contratos administrativos**: Lei 14.133/21 comentada por advogados públicos. Salvador: Juspodivm, 2021.

CABRAL, Flávio Garcia. O ativismo de contas do Tribunal de Contas da União (TCU). **Revista de Direito Administrativo, Infraestrutura, Regulação e Compliance**. n. 16, ano 5,p. 215-257, jan./mar. 2021.

CABRAL, Flávio Garcia; SARAI, Leandro. **Manual de Direito Administrativo.** 2.ed. Leme: Mizuno, 2023.

CARVALHO, Fábio Lins de Lessa. A nova lei do governo digital e a possibilidade de incremento da participação social na administração pública brasileira. **International Journal of Digital Law**, Belo Horizonte, v. 3, n. 1, p. 9-23, jan./abr. 2022.

CAVALCANTE, Crislayne. **O controle externo no pós-pandemia.** 2020. Disponível em: https://irbcontas.org.br/o-controle-externo-no-pos-pandemia/ Acesso em: 20 jan. 2023.

COSTA, Gledson Pompeu Correa da. Governo digital, controle digital e participação social. In: OLIVEIRA, Aroldo Cedraz de (Coord.). **O controle da administração pública na era digital**. 2. ed. Belo Horizonte: Fórum, 2017. p. 141-170.

GUIMARÃES, Fernando Vernalha. O Direito Administrativo do Medo: a crise da ineficiência pelo controle. **Direito do Estado**, n.71, 2016.

IWAKURA, Cristiane Rodrigues; CABRAL, Flávio Garcia; SARAI, Leandro. Tecnologia, Governo Digital e a nova Lei de Licitações. **Revista da Procuradoria-Geral do Município de Porto Alegre**. v.34, n.35, p.58-71, 2022.

JESUS, Rafael Santos de. **As novas tecnologias no controle da Administração Pública.** 120 p. Ribeirão Preto. Mestrado (Direito). Universidade de São Paulo (USP), 2018.

JORDÃO, Eduardo. A relação entre inovação e controle da Administração Pública. **A&C – Revista de Direito Administrativo & Constitucional,** Belo Horizonte, ano 18, n. 72, p. 133-146, abr./jun. 2018.

MARRARA, Thiago; GASIOLA, Gustavo Gil. Regulação de novas tecnologias e novas tecnologias na regulação. **International Journal of Digital Law**, Belo Horizonte, ano 1, n. 2, p.117-144, mai./ago. 2020.

MARQUES FILHO, Lourival Barão; CABRAL, Flávio Garcia. Políticas judiciárias e insuficiência de accountability: processo eletrônico x taxa de congestionamento na Justiça do Trabalho. **Seqüência Estudos Jurídicos e Políticos**, v. 42, n. 89, p. 1–29, 2022.

OLIVEIRA, José Auriço; HOLANDA FILHO, Raimir. Controle externo da governança de tecnologia da informação. **Revista Controle – RTCE**, ano 8, n. 10.1, jan./ jun. 2012.

SALOMÃO, Luis Felipe; TAUK, Caroline Somesom. Objetivos do sistema de inteligência artificial: estamos perto de um juiz robô?. **CONJUR**. 11 mai. 2022. Disponível em: https://www.conjur.com.br/2022-mai-11/salomao-tauk-estamos-perto-juiz-robo Acesso em: 20 jan. 2023.

SMULOVITZ, Catalina; PERUZZOTTI, Enrique. Societal and horizontal controls: two cases of a fruitful relationship. In: MAINWARING, Scott (org.). **Democratic accountability in Latin America**. New York: Oxford University Press, 2003. p.309-331.

SOUZA, Jéssica Jane de. **A necessidade de regulação do uso da inteligência artificial nas ações de controle do Tribunal de Contas da União**. 143 p. Curitiba. . Mestrado (Direito) Centro Universitário Internacional – UNINTER, 2022.

TEMER, Milena Cirqueira. Utilização da inteligência artificial: IA na atividade de fiscalização dos Tribunais de Contas. In: SADDY, André (coord.). **Inteligência artificial e direito administrativo**. Rio de Janeiro: CEEJ, 2022. p.499-520.

TRIBUNAL DE CONTAS DA UNIÃO. **Relatório anual de atividades do TCU**: 2021. Brasília: TCU, 2022.

VALLE, Vanice Lírio do. Três axiomas para o agir administrativo fundado em novas tecnologias de informação e comunicação. **International Journal of Digital Law**, Belo Horizonte, ano 2, n. 1, p.11-28, jan./abr. 2021.